總策畫　林慶彰　劉楚華
主　編　翟志成

景印香港
新亞研究所

新亞學報

第一至三十卷
第十六冊・第八卷・第二期

景印香港新亞研究所《新亞學報》（第一至三十卷）

景印香港新亞研究所《新亞學報》第十六冊

第八卷・第二期　目次

第八卷 第二期

新亞學報

新亞研究所

本學報由美國哈佛燕京學社贈資印行特此誌謝

新亞研究所

目錄

新亞學報編輯畧例

（一）本刊宗旨專重研究中國學術，以登載有關中國歷史、文學、哲學、教育、社會、民族、藝術、宗教、禮俗等各項研究性的論文爲限。

（二）本刊由新亞研究所主持編纂，外稿亦所歡迎。

（三）本刊年出兩期，以每年二月八月爲發行期。

（四）本刊文稿每篇以五萬字爲限；其篇幅過長者，當另出專刊。

（五）本刊所載各稿，其版權及翻譯權，均歸本研究所。

通典所記漢中通秦川驛道考

——散關鳳興漢中道——

嚴耕望

通典一七五，漢中郡「去西京，取駱谷路六百五十二里，斜谷路九百三十三里，驛路一千二百二十三里。」下述去東京亦有此三路里程。驛路當最重要，其程迴遠，而所指未明。

按駱谷所指不待言，斜谷路則由褒城向西北至鳳州，又東北出散關，非漢魏褒斜古道也，已詳漢唐褒斜道考。（刊本學報第八卷第一期）。

今以里數核之，當西北取興州（順政郡）鳳州（河池郡）道，折而東北經鳳翔府（扶風郡），再東至京師也。

通典一七六，興州順政郡，「東南到漢中郡二百八十七里。」（漢中郡節作二百八十里）「去西京九百三十五里。」則由漢中郡西北取興州至京師，恰爲一千二百二十二里，與前舉漢中郡驛道至京里數只一里之差。是此驛道必經興州無疑。

通典順政郡目又云「北至河池郡三百五十里。」又鳳州河池郡目云「去西京五百九十里。」加順政至漢中二百八十七里，凡一千二百二十七里，與漢中郡目所言驛路里數亦僅四里之差。是此驛道又當向北經鳳州也。

同書一七五岐州扶風郡目：「西南到河池郡四百里。」而河池郡目作：「東至扶風郡四百里。」似四百里

景印本・第八卷・第二期

爲正。然元和志二二，鳳州「東北至鳳翔府（卽扶風郡）二百八十里。」同書二，鳳翔府西南至鳳州里數同。又寰宇記三〇鳳翔府，「西南至鳳州二百四十里。」三書記載不同如此。檢一統志，鳳翔府「西南至鳳縣界一百八十里。」漢中府鳳縣「東至鳳翔府寶鷄縣界一百十里。」則鳳翔至鳳縣二百九十里，與元和志畧合。且通典河池郡目又云，「東北到扶風郡陳倉縣界百四十里。」寰宇記一三四，鳳州「東北至鳳翔府陳倉縣大散關爲界一百四十里。」與通典同，皆以散關爲州郡界，去鳳州一百四十里也。按元和志二，鳳翔府寶鷄縣「東北至府九十里。」「散關在縣西南五十二里。」寰宇記三〇鳳翔府，述寶鷄與散關里數，與元和志全同。是鳳翔府距散關一百四十二里也。則卽據通典、寰宇記爲說，鳳翔（扶風郡）至鳳州（河池郡）亦應爲二百八十二里。則元和志所記最正確無疑。

再檢鳳翔府扶風郡東至京兆府里程，通典作三百十七里，元和志作三百一十里，寰宇記作三百一十九里。可謂無大差異。卽採通典里數計之，由京師西至扶風郡三百一十七里，又西南至河池郡（鳳州）二百八十里，又南至順政郡（興州）三百五十里，又東南至漢中郡二百八十七里，共一千二百三十四里，與漢中至京之驛路里數甚近。且漢中至順政里數，通典本書有二百八十里及二百八十七里兩說，若以二百八十里計之，共一千二百二十七里，則與前擧通典所稱驛路里數僅有四里之差，則所謂驛道者當卽由漢中經興、鳳、鳳翔也。

復考玄宗由蜀還京，駕至金牛轉向西北至鳳翔，當經興、鳳二州。

玄宗入蜀，取褒斜道，已詳漢唐褒斜道考。至其回程，舊紀云，至德二年十月「丁卯，上皇發蜀郡。十一月丙申，次鳳翔郡。」是亦取道鳳翔也。鳳翔以南，取褒斜道抑取興州道，行程不明。考常袞爲李採訪請駕停金牛一日表（全文四一六）云：

「伏維陛下，廻鑾巴蜀，指旆咸秦，……稍移玉輦，將至金牛。漢水梁城，郡當所守，蜀門秦寨，路則居中。乃微臣厠侍從之時，宜陛下休羽儀之地。伏望小停仙蹕，寬一日之程，暫奉宸居，喜千年之遇。」

此當爲袞代漢中郡守山南西道採訪使李某所作以上玄宗者。玄宗由成都北來，至三泉縣入漢中郡境，金牛爲第二縣。由金牛北向鳳翔，有東北與西北兩道，東北取褒斜道，西北取興州道，皆至鳳州出散關。（金牛向北兩道，參看拙作唐金牛成都道驛程考，刊史語所集刊第四十本。）如取西北道，則金牛縣爲道上漢中郡境之最後一縣城。如取東北道，則由金牛向東北經西縣、褒城兩縣，皆仍屬漢中郡境。兩縣皆較金牛爲大，且距漢中郡治爲近，褒城爲此道上漢中郡轄境之最後一縣，李某當請駕留褒城一日，俾得多一日之侍奉，然後車駕離開李某轄境而北去。今不請駕留褒城一日，而請留金牛一日。金牛非入境之第一縣，又不得以始入境爲解。明金牛以後，車駕即離漢中郡轄境。是必玄宗至金牛後不向東北取褒斜路，而向西北取興州道，至鳳翔府也。

再觀唐代詩篇所見，文士行旅秦、蜀、興元間，亦多有取道陳倉、鳳州、興州者。詩篇凡僅涉鳳州以北者不錄，蓋不知取鳳興道，抑取褒斜道也。今舉涉鳳州以南者。如蘇頲陳倉別隴州司戶李維琛詩云：「蜀城余出守。」又曉發興州入陳平路云：「旌節指巴岷。」（皆全詩二函二冊。）是由散關取興州入金牛道也。（陳平指金牛，詳金牛成都道考。）　元稹青雲驛詩：「昔遊蜀關下，有驛名青泥。」（元長慶集一。）青泥嶺驛在興州境，當大道，是亦取興州道入蜀也。　李嘉祐有發青泥店至長余縣西涯山口詩。（日本河世寧全唐詩逸卷上，云見秘府論。）長余即長舉之音譌，亦取興州南行也。又鄭谷興州江館云：「向蜀還秦計未成。……坐聽嘉陵江水聲。」（全詩十函六冊鄭谷二。）是亦取興州北至秦、南入蜀也。而玉谿生詩箋注卷一有兩聖女祠詩，一在自南山北歸經分水嶺詩之前，一在其後。箋注以為此諸詩乃令狐楚薨於興元時，商隱往返山南之作。張氏玉谿生年譜卷一開成二年條以為箋注所論極碻。按分水嶺在唐興州東南八十里，聖女祠在兩當河池間，（詳後文。）是商隱往返山南皆取興鳳道也。

至唐末五代南北屢次用兵，幾皆取散關鳳州興州至西縣道。舉其著者：其一，僖宗光啓二年，車駕幸興元，叛將王行瑜追乘輿由散關經鳳州至興州，爲扈從都將敗於州南之大唐峰，乃循原路北却。

光啓二年，朱玫逼乘輿，僖宗由鳳翔經寶雞，入散關，由小道至西縣，（小道詳後考。）達興元。而玫遣將由鳳興大道追之。通鑑二五六述其事甚詳，茲節其要云：「朱玫遣其將王行瑜將邠寧河西兵五萬追乘輿。感義節度使楊晟戰數却，棄散關走。行瑜進屯鳳州。」「王行瑜進攻興州，……楊晟棄鎭走據文州。詔保鑾都將李鋋、扈蹕都將李茂貞、陳佩屯大唐峰以拒之。」「九月，李玫將張行實攻大唐峰，李鋋等擊却之，……復取興州，進萬仞寨。」「十二月戊寅，諸軍拔鳳州。」

其二，後梁乾化元年，岐蜀交兵，進退於青泥嶺、興州、西縣道上。

新五代史六三前蜀世家：「以王宗侃爲北路都統，……以攻岐，戰于青泥。宗侃敗績，退保西縣。」同書四四劉知俊傳：茂貞「以知俊爲涇川節度，使攻興元，取興、鳳，圍西縣……。」通鑑二六八後梁乾化元年條述之較詳，引見後文百牢關條。

其三，後唐同光三年，魏王繼岌與郭崇韜伐蜀，由鳳翔入散關，經鳳州、故鎭、興州、三泉，至利州，入劍門。回時經西縣。

入蜀之師所經州鎭，見舊五代史三三唐莊宗紀、舊史五一新史一四魏王繼岌傳，及舊史七四康延孝傳。而通鑑更詳，後文將引述之。回程經西縣，見舊史繼岌傳注引廣記載王氏見聞錄。

其四，後晉後漢之際，後蜀使興元節度使張虔釗出散關經營秦川。師至寶鷄，無功而退，至興州卒。

舊五代史七四張虔釗傳：「長興中，爲山南西道節度使。……末帝起於鳳翔。虔釗……送欵於蜀，孟知祥待之尤厚，僞授本鎭節度使。……晉開運末，蜀人聞契丹入洛，令虔釗率衆數萬將寇秦雍。俄聞漢高祖已定中原，虔釗無功而退。行至興州，感憤而卒。」殿本注引九國志，孟昶使虔釗等率軍五萬出散關，經營三秦，師至陳倉，諸將不相協，遂班師。是虔釗由興元至寶鷄，班師時經興州也。

其五，後周顯德二年，鳳翔節度使王景由大散關進兵取鳳州。宋乾德二年，王全斌伐蜀，由鳳州下興州，進軍三泉，入劍門。

王景由散關用兵，見舊五代史一一五周世宗紀。王全斌伐蜀路線，見宋史二五五全斌本傳。

綜此五事，唐滅前蜀、宋滅後蜀及其他三次南北用兵，皆取散關、鳳、興道。至於其他谷道，僅有偏師小規模之戰鬥，未見有大規模之軍事行動。足見唐末五代時期鳳興道在交通上之重要地位。

紀要二六，歷舉子午駱儻褒斜三谷道在歷史上之軍事行動。下及五代，於駱谷道云：「五季以來，駱谷漸成荒塞。」於子午道云：「五代漢初，晋昌帥趙匡贊附於蜀，蜀遣將李廷珪出子午谷應援。」於褒斜道云：「五代梁乾化初，岐王李茂貞遣將劉知俊侵蜀，（望按實由興州進兵。）圍安遠軍，蜀將王宗弼救安遠，及知俊戰於斜谷，敗之。既而……岐兵……引還，蜀將唐道襲先伏兵於斜谷邀擊又敗之。」按此兩次皆小規模軍事行動，且梁乾初事，即前舉第二事之偏師。據余所留意者尚有一次，即通鑑二九四，周顯德五年，李玉爲水陸制置使判官，由長安率兵二百襲蜀歸安鎮，爲蜀將所斬。此則子午舊道也。

是則通典所謂漢中至京師取驛路一千二百二十三里者，就里程核之，當指興、鳳、鳳翔道而言，再參以君臣行旅與軍事行動之路線，足證散關鳳興道爲南北交通要道，其爲通典「驛路」所指無疑。玆北起鳳翔府扶風郡，南至興元府漢中郡，詳考其行程如次。（凡括弧中所注今地，如不特加說明，即係據一統志，或讀史方輿紀要爲說。）至於鳳翔東達長安之路線甚明，其詳細驛程俟考長安通河西道時始論證之。

鳳翔府（今鳳翔縣）爲京西重鎭。置驛，當甚大。

舊僖宗紀，光啓二年四月，「壬子，朱玫、李昌言迫幸相蕭遘等於鳳翔驛舍，請嗣襄王熅權監軍國事。」而新傳、通鑑云盟百官於鳳翔石鼻驛，誤也。詳下石鼻條。

由府西南行，經潘氏，至石鼻驛，六十里。地一名靈壁。又三十里至寶鷄縣（今縣），有陳倉驛。

寶鷄縣在府西南九十里，見元和志二。縣古名陳倉。褚載有陳倉驛詩（全詩十函八冊）。當在縣治。紀要五五寶鷄縣引志云，「今縣治東有陳倉驛。」蓋承舊置之。

新八二嗣襄王熅傳，朱玫追乘輿不及，刼熅「駐鳳翔，得台省官百餘，乃脅宰相蕭遘等率羣臣盟石鼻驛，奉熅……監軍國事。」通鑑二五六光啓二年「四月壬子，玫逼鳳翔百官奉襄王熅權監軍國事。……盟百官于石鼻驛。」據此，似在鳳翔府城近郊。按舊僖宗紀光啓二年條，述李玫脅羣臣於鳳翔驛舍、請熅監軍國事，不云石鼻驛。考通鑑同卷同年正月述朱玫追乘輿事之行程最詳云：

車駕在鳳翔。「田令孜……刼上幸寶鷄……邠寧鳳翔兵進逼乘輿，敗神策指揮使楊晟於潘氏，鉦鼓之聲聞于行宮。田令孜奉上發寶鷄，留禁兵守石鼻，爲後拒，置感義軍於興鳳二州，以楊晟爲節度使，守散關。……上以傳國寶授（王）建負之以從，登大散嶺。李昌符焚閣道丈餘，將催折，王建扶掖上自煙焰中躍過，夜宿板下。……車駕纔入散關，朱玫已圍寶鷄，石鼻軍潰。玫長驅攻散關，不克。……。」

胡三省注：

「潘氏在寶鷄東北。石鼻在寶鷄西南，亦曰靈壁。蘇軾曰：鳳翔府寶鷄縣武城鎮，即俗所謂石鼻寨也。諸葛武侯所築，去寶鷄三十里。」

檢紀要五五，鳳翔府寶鷄縣，潘氏堡在寶鷄縣東北四十餘里。「石鼻城在縣東北三十里。」一統志鳳翔府卷古蹟目，述潘氏堡地望與紀要同。其述石鼻云：「在寶鷄東。……明統志，石鼻寨在寶鷄縣東四十里。」是潘氏在寶鷄東北四十餘里當無問題。石鼻，距縣三十里，惟胡注云在縣西南，紀要及統志皆云在縣東北，方向恰相反，是當進一步討論者。

按胡三省宋人，本當從其說。然考異引王建紀事云：

「正月辛巳，次陳倉。二月辛亥，朱玫將跍跌師瑀逼行在，破楊晟於潘氏。庚申，陷虢縣。三月甲午，僖宗將移幸梁洋。戊戌，邠師至石鼻。已亥，石鼻不守。庚子，寇逼寶鷄。辛丑，車駕南引。四月庚申，達褒中。」

是石鼻先陷，固當在寶鷄之東。再返觀通鑑之文，石鼻亦當在東。且蘇東坡集卷一有詩題云：

「壬寅二月有詔令郡史分往屬縣決囚禁，自十三日受命出府，至寶鷄、虢、郿、盩厔四縣。既畢事，因朝謁太平宮（畧）。十九日迺歸，作詩五百言……寄子由。」

此詩本注又云：

「十三日宿武城鎮，即俗所謂石鼻寨也。云孔明所築。是夜二鼓，寶鷄火作，相去三十里而見於武城。……十四日，自寶鷄行至虢。……十五日至郿縣。」

觀此行程，石鼻在鳳翔府西南六十里，寶鷄縣東北三十里，必無問題。蓋宋人一般行程，每日兩驛六十里，如陸游初入西州境述懷：「自行劍關南，大道平如席，日高徐駕車，薄暮亦兩驛。」（劍南詩稿三）即其證。東坡職在省決囚禁，決不會出府當日之內，越過寶鷄縣城，再向西南行三十里，共行一百二十里也。故紀要在縣東北三十里之說最爲正確，胡注「西南」必誤，無疑。方輿勝覽云：「寶鷄有石鼻寨，行人自北入蜀者，至此漸入山，自蜀趨洛者，至此漸出山。故蘇軾云：北客初來試新險，蜀人從此送殘山。」（一統志鳳翔府卷古蹟目引。）按蘇軾詩，即石鼻城詩，亦見東坡集卷一。正以當入山區之始，故以禁兵扼守爲後拒。

石鼻驛在寶鷄東北三十里，不在鳳翔府近郊。朱玫脅羣臣，當從舊紀在鳳翔驛舍。新傳及通鑑是年四月條以石鼻實之，蓋亦誤。又胡注云「亦曰靈壁。」按通鑑「留禁兵守石鼻。」而舊紀云「令禁兵守靈壁。」新二〇八宦者田令孜傳作靈壁亢。則一地異名甚明，胡說是也。又宋史三六六吳璘傳，璘鎮河池。金人敗盟，璘又遣姚仲拒于石壁砦敗之。」當即此石鼻也。

【附箭筈嶺】　通鑑二七一，後梁貞明六年條，「十一月……癸卯，蜀將陳彥威出散關，敗岐兵于箭筈嶺。」胡注：「杜佑曰，岐山即今之岐山縣。其山兩岐，故俗呼爲箭筈嶺。」檢通典無此說。且此岐兵指鳳翔而言，彥威出散關，擊鳳翔，不當即至岐山縣。紀要五五，鳳翔府岐山縣，有梁山，在「縣東北五十里。又東連西安府乾州界，其最高處，爲箭筈嶺。」下引梁貞明出軍事以實之。嶺在岐山縣東北五十里以上，於當時用兵路線尤不合。檢一統志鳳翔府卷山川目有箭括山，「在岐山縣東北六十里，南去麟遊縣五十里，亦即岐山。其最高處爲箭括嶺，嶺巔有缺，故名。」是即胡注與紀要所稱引者。一統志同條又有箭筈嶺「在汧陽縣南十里。」下引梁貞明六年事。就當時用兵形勢言，此說爲正無疑。復考宋史三六六吳玠傳：

「富平……大潰，五路皆陷，巴蜀大震，玠收散卒保散關東和尚原……爲死守計。……紹興元年，金將沒立自鳳翔，別將烏魯折合自階成出散關，約日會和尚原。烏魯折合先期至，陳北山，……山谷路狹多石，馬不能行，金人捨馬，步戰，大敗，移軍黃牛，……遂遁去。沒立方攻箭筈關，玠復遣將擊退之。兩軍終不得合。」

此亦汧陽南之箭筈，非岐山之箭括也。且亦見地當大道，陳彥威用兵路線，正可相印證。惟一統志，鳳翔至寶鷄九十里，汧陽（唐故城在今縣西數里）東至鳳翔七十里，南至寶鷄六十里，嶺在汧陽南十里，則自寶鷄經此嶺至鳳翔似不止九十里，是可能爲別一道也。姑存待考。

寶鷄西南渡渭水七里至模壁。

通鑑二八八後漢乾祐元年條記漢蜀交兵事云：

三月，王景崇等反於鳳翔。

六月，「王景崇遣使請降于蜀。」

九月，「蜀兵援王景崇，軍于散關。……李彥從襲擊破之。蜀兵遁去。」

十月，「蜀主遣山南西道節度使安思謙將兵救鳳翔。……丙申，安思謙屯右界（胡注：「右界，蓋寶鷄西界，漢蜀分疆處也。」）漢兵屯寶鷄。思謙遣眉州刺史申貴將兵二千趣模壁，設伏於竹林。丁酉旦，貴以兵數百壓寶鷄而陳，漢兵逐之，遇伏而敗，蜀兵逐北破寶鷄寨。蜀兵去，漢兵復入寶鷄。已亥，思謙進屯渭水。漢益兵五千戍寶鷄。思謙畏之，……辛丑，退屯鳳州，尋歸興元。」

十二月，「王景崇累表告急於蜀。蜀主命安思謙再出兵救之。壬午，思謙自興元引兵屯鳳州。……戊子，思謙進屯散關，遣馬步使高彥儔、眉州刺史申貴擊漢箭筈安都寨破之。（胡注：箭筈嶺名有箭筈關。）庚寅，思謙敗漢兵於玉女潭。漢兵退屯寶鷄。思謙進屯模壁。……食盡引去。」（次年正月書事，「思謙退屯鳳州。」）

考異引下列兩條：

蜀實錄：「十月，安思謙敗漢兵於時家竹林，遂焚蕩寶鷄。十二月，又敗漢兵于玉女潭。」

十國紀年：「蜀廣政十二年正月甲寅，思謙以軍食匱竭，自模壁退次鳳州。」

據此，模壁當在大道上，距寶鷄不遠。紀要五五：寶鷄縣，「模壁寨在縣西南七里。」蓋得其實。一統志鳳翔府卷古蹟目作七十里，是在散關以西，必衍「十」字無疑。

又八九里至三交城（今益門鎮）。

元和志二：寶鷄縣，「三交城在縣西十六里。司馬宣王與諸葛亮相距所築。」寰宇記三〇，寶鷄縣，「三交故城在縣西四十六里。耆舊傳，司馬宣王與諸葛亮相距於此，因築此城。十六國苻健於此置武都郡。」按此城當亦在驛道上，而兩者里數小異。紀要五五又云在縣西三十里，一統志鳳翔府卷古蹟目引通志作四十里。歧異如此。按元和志，陳倉故城在寶鷄東二十里。或者寰宇記、紀要等皆就對故城而言歟？記引耆舊傳，頗有對陳倉故城而言之可能也。今姑從元和志。又紀要有益門城，在縣西南十五里，元末所築以備川蜀，城西據益門山，因名。」一統志同。紀要又云：「益門山在益門城西，山巖險阻，有事梁益者，必取道於此，故曰益門。」一統志云：「益門山在寶鷄縣西南十五里，即秦嶺之北谷，古益州境由此而入，故曰益門。」王士禎蜀道驛程記上，益門鎮南為入棧道之始。疑益門即古三交城地也。

又有三壘坂當在三交以北地區歟？

輿地紀勝六常州景物目下：「西蜀里：韋莊蜀程記言，至寶鷄縣，過三疊板（坂），山川村落，酷似常州之義興境物。」重修毗陵志二七古蹟目，宜興縣，「蜀風在縣西北四十六里。」下引韋莊蜀程記，同。

由三交城又西南至玉女潭。去縣二十五里。

潭當在驛道上，詳前模壁條引通鑑二八八漢乾祐元年條。又見九國志七安思謙傳。紀要五五：寶鷄縣，「玉女潭在縣西南二十五里。」一統志鳳翔府卷山川目，同。

又西南至大散關，自昔爲交通軍事要道，爲開元時代六上關之一。地去寶鷄縣五十二里，即今散關所在。宋世吳玠所守之和尚原即在關外咫尺處。

此關自東漢初年已見史。至建安已降，曹操諸葛亮皆曾由此關進出，紀要五二已畧述之。今不詳列。渭水注：「渭水又與扞水合，水出固道谷，……東北歷大散關而入渭也。」此文見地理書之始。隋志，陳倉有關官，殆即此關。括地志：「散關在岐州陳倉縣東南五十二里。」（老莊申韓列傳正義引。）而元和志二寶鷄縣，「散關在縣西南五十二里。」方位小異。按新志，寶鷄「西南有大散關。」且以今地圖核之，作西南爲正。紀要五五，關在縣西南大散嶺上。一統志去云關在縣西南五十二里，則即舊址，未遷徙也。唐世爲大道所經。唐六典卷六刑部司門郎中條，「京城四面關有驛道者爲上關。」本注：上關六，其一爲岐州散關。足見重要。其後玄宗幸蜀，僖宗幸興元，皆經此，各見本紀。新二〇八田令孜傳：「中人曹知愨者：賊（黃巢）在長安，知愨以清濁二谷之人倚山爲屯，不屈賊。……帝將還，因大言：我且掖衆大散關下，閱羣臣可歸者納之。」正以散關爲必經之路也。

和尚原見前箭括嶺條引宋史吳玠傳述扼守散關外和尚原事，其地亦軍事要衝。宋中興四朝志云：「大散關屬梁泉縣，在寶鷄南，爲秦蜀往來要道。自關距和尚原纔咫尺，兩山關（?）控斗絕，出可以攻，入可以守，實表裏之形勢也。」（一統志鳳翔府卷關隘目引。）是即在散關也。

又通考三二二輿地考，鳳翔府，「和尚原在大散關之東，距寶鷄兩驛，爲形勝必爭之地。此地一失，則路徑散漫，戎馬深入，無所限隔。」距縣兩驛是當在散關東不遠處。又雲麓漫鈔一：「大散關距和尚原纔咫尺，彼嘗憑原，下視散關僅如蟻蛭，故其勢易以危。」與四朝志及通考亦合。是則此原即在大散關，故馬氏云云。而一統志鳳翔府卷山川目引明統志，和尚原在縣西南三十五里。紀要五五，同。必誤無疑。

散關東北地區有遵塗驛，可能即在關與縣之正中間。又關之前後不遠處有當塗驛，亦可能即遵塗之異名。若兩名即爲一驛，則當近散關北口處。

前引通鑑二五六光啓二年條，正月「車駕纔入散關。……石鼻軍潰，玫長驅攻散關，不克。」續云：「嗣襄王熅，……有疾，從上不及，留遵塗驛，爲玫所得，與俱還鳳翔。」胡注：「據熅傳，遵塗驛在石鼻，亦謂之石鼻驛。」紀要五五寶鷄縣條，「遵塗驛舊置於石鼻城中，亦名石鼻驛。」下引光啓二年事云云。當即承胡注爲說。按胡注云據熅傳爲說。今檢舊書一七五熅傳無此兩驛事。新書八二熅傳，羣臣盟石鼻驛，亦不足證明即遵塗驛。是胡注本不足據。復檢舊僖宗紀，光啓二年條書此事云：

「田令孜聞邠州軍至，奉帝入散關，令禁兵守靈壁。玫至，禁軍潰散，遂長驅追駕至遵途驛。嗣襄王熖疾，爲攻所得。」

按靈壁即通鑑之石鼻。是遵塗驛明在石鼻西南，非即石鼻也。然通鑑云，攻散關未克，則遵塗驛又當在散關東北地區。散關距寶鷄僅五十二里，中間只容有一驛，距關與縣皆二十餘里。故疑遵塗驛即在其地。又新五代史六三前蜀世家云：「光啓元年……僖宗幸鳳翔。二年三月，移幸興元。以建爲淸道使，使負玉璽以從。行至當塗驛，李昌符焚棧道，棧道幾斷，建控僖宗馬，冒烟焰中過，宿坂下。……。」參之前條引通鑑，此驛蓋即在大散關前後不遠處。驛名與遵塗驛僅一字之異，疑即一驛。若然，則此驛必近在關之北口矣。

散關西南四五十里至黃牛嶺，王維稱道中「深林密竹，磴道盤曲。」蓋可視爲散關以南驛道之總寫照。王維有詩題云：「自大散以往，深林密竹，磴道盤曲，四五十里至黃牛嶺，見黃花川。」詩云：「危徑幾萬轉，數里將三休，回環見徒侶，隱暎隔林丘，颯颯松上雨，潺潺石中流，靜言深谿裏，長嘯高山頭。」（同文本全詩卷五王維集一。）此詩極能狀散關以南道途所經之實況。

關嶺間有黃牛寨，（今有黃牛舖。）蓋唐末五代所置。通鑑二九二後周顯德二年條，使向訓及鳳翔節度使王景取秦鳳二州。五月「景出兵，自散關趣秦州。……拔黃牛等八寨。」六月，「西師與蜀李廷珪等戰于威武城東，不利。」黃牛寨當距黃牛嶺不遠。胡注：「黃牛等八寨皆當在秦州界。」未見盡是。且宋史三六六吳璘傳：「（紹興）三十一年，金主亮叛盟……遣合喜爲西元帥，以兵扼大散關，遊騎攻黃牛堡。」時合喜南攻，意在鳳、興，則黃牛實當在散關至鳳州道上。同書四〇寧宗紀，嘉定十一年四月「戊午，金人復犯大散關，守將王立遁。己未，金人犯黃牛堡，興元都統吳政拒退之。癸亥，政至大散關。」亦見其在大道上。又吳玠傳，「紹興元年，金將沒立自鳳翔，別將烏魯折合自階、成出散關，約日會和尚原。烏魯折合先期至，陣北山，……金人舍馬步戰，大敗，移岩黃牛。」是其地距散關必不遠。檢一統志漢中府卷關隘目：「黃牛堡在鳳縣東北一百一十五里，接鳳翔府寶鷄縣界。」張圖有黃牛鋪，在散關鳳縣交通線上，當即其地。散關去鳳縣一百四十里（詳下文），黃牛在鳳縣東北一百一十五里，則近在散關西南二十五里。與吳玠傳合。即在黃牛嶺東北地區也。王景自鳳翔繞道散關趣秦州，第一據點當即黃牛，故拔八寨，以黃牛爲首也。而紀要五六謂堡在「縣西北百五十里，近鞏昌徽州及鳳翔隴州界。」非其地。又蜀鑑八王景拔黃牛寨條：「黃牛寨在鳳州東。州去興趙原四十里，原去寨十五里。」是在鳳州東五十五里也。案此爲下文所考之黃花縣地，非黃牛寨也。

黃牛嶺南爲黃花川，置黃花縣，去大散關八十里。後縣廢仍置黃花驛。

黃花川在嶺南，見前引王維詩題。又王維青谿詩云：「言入黃花川，每逐清谿水，隨山將萬轉，趣途無百里。聲喧亂石中，色靜深松裏。」（同文本全詩五王維集一。）此當即繼前詩而作者。又舊五代史一一五周世宗紀，顯德二年，鳳翔節度使王景由散關進兵伐蜀。閏九月「壬子，……王景奏大破西川賊軍於黃花谷。」當即黃花川，當大道也。通典一七六，鳳州黃花縣「有黃花川，爲名。」劉禹錫送趙中丞參山南幕府：「綠樹滿褒斜，西南蜀路賒。驛門臨白草，縣道過黃花。」（輿地紀勝一八三興元府詩目引。）

是川中有黃花縣，爲驛道所經也。又薛能西縣途中二十韻：「未合過黃花。」（同文本全詩二二能集三）當亦指此歟？復檢元和志二二：鳳州梁泉縣，「武德元年析置黃花縣，寶應元年省。」新志，同；而作寶曆元年，顯誤。蓋若爲寶曆，則元和時代仍存，元和志當列縣目。縣雖廢而驛仍存。薛逢有題黃花驛詩云：「孤戍迢迢蜀路長，鳥鳴山館客思鄉。」（全詩八函十冊。）即其證。又揚發有宿黃花館詩（全詩八函六冊），殆亦此地。至其地望，寰宇記一三四，鳳州梁泉縣，「廢黃花縣在州北六十里，……武德元年分梁泉縣置，東有黃花川，因名之，寶曆（亦應之誤）元年，以其地併入梁泉。」九域志三，梁泉縣有黃花鎮。紀要五六，亦作鳳縣北六十里。與寰宇記同。是在散關西南八十里，正當黃牛嶺之南，與王維詩全合。一統志漢中府卷關隘目，黃花鎮在鳳縣東北十里。方向是，而奪「六」字。

王建於鳳州東北築威武城，爲軍事重鎮，當即在黃花縣故址。

通鑑屢書南北用兵威武城事，玆畧舉如次：

梁貞明元年，蜀攻岐，克秦鳳階三州。置武興軍於鳳州。（卷二六九）

貞明五年，蜀王宗播「自散關擊岐，……會大雨而還，分兵戍興元、鳳州及威武城。（胡注：「威武城在鳳州北，蜀所築也。」）（卷二七〇）

貞明六年，蜀分從散關、秦州兩道伐岐，食盡引還，分屯秦州上邽及威武城。（卷二七一）

唐同光二年十一月，「蜀以唐脩好，罷威武城戍。召關宏業等二十四軍還成都。又罷武定武興招討劉

潛等三十七軍。」「罷天雄軍招討，命王承騫等二十九軍還成都。」（卷二七三）

同光三年，唐伐蜀。十月「丁丑，李紹琛攻蜀威武城。蜀指揮使唐思景將兵出降，城使周彥禋等知不能守，亦降。……得城中糧二十萬斛，……因倍道趣鳳州。……戊寅，王承捷以鳳興文扶四州印節迎降。得兵八千，糧四十萬斛。」（卷二七三）

周顯德二年，上謀取秦、鳳。五月，王景自散關，拔黃牛等八寨。六月「壬寅，西師與蜀李廷珪等戰於威武城東，不利。」（卷二九二）

據此紀錄，威武城必當鳳州散關道上無疑。紀要五六，鳳縣有威武城在縣東北六十里。按同光三年十月丁丑，唐兵下威武城，倍道趣鳳州，明日下之。則距鳳州固不遠，紀要之說近之。然則蓋即黃花縣舊地，亦即宋之黃花鎮也。

又西南三十里至唐倉鎮，當置驛。

通鑑二九二後周顯德二年條：

六月「壬寅，西師與蜀李廷珪等戰于威武東，不利。」八月丁未，「王景敗蜀兵。」「蜀李廷珪遣先鋒都指揮使李進據馬嶺寨，又遣奇兵出斜谷，屯白澗。又分兵出鳳州之北唐倉鎮及黃花谷，絕周糧道。閏月，王景遣裨將張建雄將兵二千抵黃花，又遣千人趣唐倉，扼蜀歸路。蜀染院使王巒將兵出唐倉，與建雄戰于黃花，蜀兵敗奔唐倉，遇周兵，又敗。虜巒及其將士三千人。馬嶺白澗兵皆潰。李廷珪高彥傳等退保青泥嶺。」

據此，鳳州東北道中有唐倉鎮，又東北有黃花谷。黃花谷即黃花川谷，在黃花縣地區。唐倉當在縣之西南。水經注二〇漾水注，「北川水……南流逕唐倉城下，南至困冢川入故道水。」是唐倉之名甚古。寰宇記一三四鳳州梁泉縣，「唐倉柵，舊立倉廩，至今謂之唐倉柵。」一統志漢中府卷古蹟目引舊志，鎮在縣北三十里。紀要五六，同。蓋可信。

又三十里至鳳州治所梁泉縣（今鳳縣）。西臨大散水，即故道川。縣東北去散關一百四十里。爲散關驛道之重鎮。東南取褒斜道至興元三百八十里。

去散關里程見寰宇記一三四。元和志二，鳳翔府西南至鳳州二百八十里，（同書二二，同。）寶鷄東北至府九十里，而散關在縣西南五十二里。則散關至鳳州應爲一百三十八里。即可云百四十里也。元和志二二鳳州梁泉縣：「故道水出陳倉縣之大散嶺，西南流入故道川。今州理即故道川也。」寰宇記一三四鳳州梁泉縣：「大散水出縣東界大散嶺，經縣西去城十步。」是城西臨大散水也。

取褒斜道至興元，詳漢唐褒斜道考。（新亞學第八卷第一期）

由梁泉又西三十五里至馬嶺寨。

馬嶺寨，見前唐倉條引通鑑二九二復周顯德二年述王景伐蜀事。九國志李廷珪傳畧同。蜀鑑八王景敗蜀於黃花谷條云：「馬嶺寨在鳳州之西，去州三十五里。」紀要五六，鳳縣有馬嶺關在縣西三十五里，亦曰馬嶺寨。圖書集成職方典五三〇漢中府卷關梁條亦同。而一統志漢中府卷關隘目作縣西四十五里。蓋誤。

又西十五里，至兩當縣（今縣東三十五里）。當置驛。

括地志：「鳳州兩當縣，……在州西五十里。」（河渠書及曹相國世家正義引。）元和志二二，鳳州，「兩當縣東至州五十里。本漢故道縣地……漢高帝引兵從故道出襲雍，謂此也。永嘉之後，地沒氐羌，縣名絕矣。後魏變文爲固，於此置固道郡，領兩當廣鄉二縣。」寰宇記一三四，同。宋會要方域一〇道路：神宗熙寧十年，「成都府路提刑司言，舊路自鳳州入兩當至金牛驛十程。」下引元豐元年事，亦見路經兩當。

方輿勝覽：「兩當縣有兩當驛，東抵汴京，西抵益州，皆三十六程，故曰兩當。」（一統志秦州府卷古蹟目引。）按此當承唐置。

由縣西南七十里至固鎮，爲鳳興道上之軍事重地。且扼北通秦州之要道，尤見地位之衝要。

舊五代史五一唐書魏王繼岌傳：同光三年，爲伐蜀都統。「十月戊寅，至鳳州。……甲申至故鎮。……己丑，繼岌至興州。」同書七四康延孝傳，是年伐蜀，「以前鋒下鳳州，收固鎮，降興州。」是固鎮在在散關、鳳州至興州入蜀道上。又通鑑書五代事時，屢及固鎮。茲畧舉如次：

後梁乾化四年十一月「癸未，　蜀興州刺史兼北路制置指揮使王宗鐸攻岐階州及固鎮，破細沙等十一寨。」（卷二六九）

貞明元年八月，蜀主以王宗綰爲北路行營都制置使，王宗播爲招討使，攻秦州。以王宗瑤爲東北面招討使，王宗翰爲副使，攻鳳州。十一月「已己，蜀王宗翰引兵出青泥嶺克固鎮，與秦州將郭守謙戰於泥陽川。蜀兵敗，退保鹿臺山。……」（同上）

後漢天福十二年，「蜀李繼勳與興州刺史劉景攻固鎮，拔之。何重建請出蜀兵，與階、成兵共扼散關以取鳳州。」（卷二八六）

「何重建遣宮苑使崔延琛將兵攻鳳州，不克，退保固鎮。（同上）

「蜀翰林承旨李昊謂王處回曰：敵復據固鎮，則興州道絕，不復能救秦州矣。請遣山南西道節度使孫漢韶將兵急攻鳳州。……蜀主命漢韶詣鳳州行營。」（同上）

「蜀孫漢韶將兵二萬攻鳳州，軍于固鎮，分兵扼散關以絕援路。」（同上）

後周顯德二年十一月，「王景等圍鳳州，韓通分兵城固鎮，以絕蜀之援兵。戊申，克鳳州，擒蜀威武節度使王環。（是年正月蜀置威武節度使於鳳州。）」（卷二九二）

據此諸條，亦足見固鎮當大道，且爲軍事要地；且似爲東北通鳳州，西北出秦州之軍事重鎮也。考九域志三，鳳州河池縣有固鎮。通鑑二六九胡注：「固鎮在青泥嶺東北，薛史地理志，鳳州固鎮之地，周顯德六年升爲雄勝軍。（按此事亦見薛史周恭帝紀。）」皆即此。又通鑑二七三同光三年胡注：「按今固鎮在鳳州西四程。」是百二十里也。紀要五六鳳縣，「固鎮在縣西百二十里，當畧陽青泥嶺之東北，亦近鞏昌府徽州東界。」而一統志秦州府卷古蹟目，固鎮今徽縣治。地望不同。紀要里數與胡注合，疑爲正。去鳳州百二十里，則去兩當七十里也。

宋代仙人關在鳳州西南百二十里左右，控扼秦鳳兩道，殆即唐五代之固鎮地區歟？

宋史三六六吳玠吳璘傳，紹興初，與金人大戰大散關外和尙原，後退營仙人關，爲死守之計，大敗金軍。遂爲西北防禦第一重鎮。雲麓漫鈔卷一云：

「自講好，關中之地中分爲界。……仙人關外分左右二道，自城（成）州徑天水縣，出皁郊堡，直抵秦州。頃年吳璘大軍嘗由此以出西道，地皆平衍，即其地爲壕塹縱橫，引水縷行，名曰地網，以遏奔衝。此仙人關左出之路也。自兩當縣趨鳳州，直出大散關。關距和尚原纔咫尺，彼嘗憑原下視散關，僅如蟻蛭，故其勢易以危，卒有緩急，仙人關可恃耳。此仙人關右出之路也。」

此條述仙人關形勢極明醒，其爲宋世西北軍事交通重鎮無疑。紀要五六鳳縣，「仙人關在縣南百二十里，近畧陽縣界。」一統志漢中府卷關隘目：「仙人關在鳳縣西南一百二十里，接甘肅秦州徽縣界。」又秦州卷關隘目：「仙人關在徽縣東南六十里，接（畧）鳳縣界。」又同卷山川目：「殺金坪，在徽縣東南六十里，上有仙人關。」兩書里距同。當以接徽縣界爲正，則當今徽縣之東界也。據此里距與方位，與五代之固鎮全合。又前引通鑑各條，亦見固鎮西北通秦州，東北通鳳州，與宋仙人關形勢亦合。似爲一地。而日本栗棘庵所藏宋輿地圖，仙人關在兩當、河池、青泥嶺之西。當續考。

又西南五十里至河池縣（今徽縣西十五里），因河池川得名。城西臨故道水，城內有河池戍。

此並見元和志二二及寰宇記一三四。雖未明言驛道經河池縣。然宋會要方域一〇之五道路條，元豐元年，劉忱奏：「今若行河池舊路……可減河池兩當二里三驛。詔三驛不減，餘並從之。」是河池在舊道上也。城臨故道水，及下文比勘鳳興青泥路程亦其旁證。

有神女祠，在兩當縣西三十五里（即今兩當縣）以西，河池縣東十五里（即今徽縣）以東之大道上，即固鎮仙人關地區。豈仙人關即因聖女神像而名耶？

玉谿生詩箋注一有兩聖女祠詩，一在自南山北歸經分水嶺詩之前，一在其後。箋注以爲此諸詩乃令孤楚薨於興元時，商隱往返山南之作。前聖女祠乃馳赴興元時作。後詩乃由興元回京時作。張氏玉谿生年譜會箋卷一，開成二年條，以爲箋注所論極碻。按後一詩云：「查靄逢仙跡，蒼茫滯客途，何年歸碧落，此路向皇都。」下云：「從騎裁寒竹，行車蔭白榆。」其爲令孤楚薨於興元後奉喪北歸時所作無疑。箋注據此諸詩謂商隱往返興元皆取散關鳳興道，並引水經注述聖女神事。然未指明地望。今檢水經注二〇漾水注云：

「故道水又西南歷廣香交，合廣香川水。……故道水又西南入秦岡山，尚婆水注之。山高入雲，遠望增狀若嶺紆曦軒峰枉月駕矣。懸崖之側列壁之上，有神象，若圖指狀婦人之容。其形上赤下白，世名之曰聖女神。至於福應衍違，方俗是祈。……尚婆水歷兩當縣之尚婆城南，魏固道郡治也。西南至秦岡山，入故道水。故道水又右會黃盧山水。……故道水南入東益州之廣業郡界……。」

據此，聖女神在秦岡山。一統志秦州卷山川目，秦岡山在兩當縣南。太廣泛。今按酈注，山臨故道水，在廣香交之西南，亦在兩當縣之尚婆城西南，而在黃盧山水之東或北，亦在廣業郡東北邊界之外。檢一統志秦州卷古蹟目，「廣鄉鎮，今兩當縣治。水經注廣香水，……其後譌爲廣鄉。……宋史地理志，兩當縣，至道元年移治廣鄉鎮。九域志，縣在鳳州西南八十五里。」是廣鄉鎮在今兩當縣，即唐世兩當故城西三十五里也。一統志同目又云：尚婆城在今兩當縣西。是秦岡山當在今兩當縣西（或西南）古尚婆城之西（或西南），即唐世兩當縣西三十五里之西或西南頗遠也。又同卷山川目：「黃盧山水在徽縣東南。」是秦岡山又當在唐河池縣東十五里之東。後魏廣業郡，元和志二二云在唐之同谷縣。是在今成縣治。然則唐世秦岡山聖女祠，當在兩當縣西三十五里之西，而在河池縣東十五里之東，殆可斷言。

河池南行二十七里至青泥嶺，爲軍事要地。有青泥驛。又東南五十三里至興州長舉縣（今畧陽縣西北一百二十里），在嘉陵水北十里。

元和志二二：興州長舉縣，「青泥嶺在縣西北五十三里接溪山東，即今通路也。懸崖萬仞，上多雲雨，行者屢逢泥淖，故號爲青泥嶺。」寰宇記一三五，全同。元長慶集二古詩青雲驛：「昔遊蜀關下，有驛名青泥。」即此地，是置驛也。宋會要方域一〇驛傳雜錄：「景德二年九月四日，詔興州青泥舊路依舊置舘驛，並驛馬遞鋪等。其新開白水路，亦任商旅往來。先是屢有言新路便近，亦有言青泥路雖遠一驛，然經久難於改易者。故下詔俱存之。」唐時已當驛道，故云經久。

通鑑二六八：梁乾化元年，「岐王使劉知俊之擊蜀。……戰于青泥嶺。蜀兵大敗，馬步使王宗浩奔興州。」又二六九：梁貞明元年，「蜀王宗翰引兵出青泥嶺，克固鎮。」又二九二：周顯德二年，蜀李廷珪爲周兵屢敗於黃花谷，唐倉鎮，「馬嶺、白澗兵皆潰，李廷珪高彥儔等退保青泥嶺。蜀雄武節度使韓繼勳棄秦州，奔還成都。……成階二州皆降。」（按九國志畧同。）則其地不但當驛道，且爲軍事要地。

元和志二二興州長舉縣，「嘉陵水去縣南十里。」寰宇記一三五，同。按通鑑二七三，後唐同光三年，魏王繼岌伐蜀，李紹琛爲先鋒，下鳳州。「李紹琛等過長舉，興州都指揮使程奉璉將所部兵五百來降。

……興州刺史王承鑒棄城走，紹琛等克興州。」是長舉亦在大道上。李嘉祐有發青泥店至長余縣西涯山口詩（日本河世寧全唐詩逸卷上，云見秘府論。）長余即長舉之音譌。亦當大道之證。

關於里程，前引元和志二二，嶺在長舉縣西北五十三里。寰宇記同。今詳檢通典、元和志、寰宇記所記鳳興間里程如次：

通典一七六	元和志二二	寰宇記一三四、一三五、
興州北至鳳州三百五十里	鳳州東（南之譌）至興州三百三（五之譌）十里 興州北至鳳州三百五十里	興州北至鳳州三百五十六里
鳳州西南到興州長舉縣界百九十里		鳳州西南至興州長舉縣青泥嶺爲界一百九十六里
興州東北到鳳州河池縣百五十里		興州東北至鳳州河池縣界一百六十里
	鳳州兩當縣東至州五十里 鳳州河池縣東至州一百七十里 興州長舉縣南至本州一百里（九域志同） 青泥嶺東南至長舉縣五十三里	與元和志同 與元和志同 興州長舉縣南至本州八十里 青泥嶺在接溪山東。山東南至長舉縣五十二里

觀上表，三書里距小異不過數里，今參校三書約定鳳興總程三百五十里，鳳州西南至兩當縣五十里，至河池縣一百七十里，至兩州界即河池長舉兩縣界之青泥嶺一百九十七里。青泥東南至長舉五十三里，長舉至興州一百里，（寰宇記作八十里，蓋就唐前故城言，詳後引元統志。）則河池縣南至青泥嶺當爲二十七里。

長舉近處有萬仞寨，下臨嘉陵江。又有乾渠渡蓋在萬仞之北，燕子岩蓋在萬仞之南。

宋史二五五王全斌傳，「乾德二年冬，……下詔伐蜀。……十二月，率兵拔乾渠渡，萬仞、燕子二砦，遂下興州。」同書一太祖紀述此事云，「克萬仞、燕子二砦，下興州。」是此三地皆當在興州以北。按舊五代史四六唐書末帝紀，淸泰元年「(馮)暉爲興州刺史，屯乾渠。蜀人來侵，暉自屯所奔歸鳳翔。」是乾渠當在道上。又通鑑二五六光啓二年，王行瑜據鳳州。「進攻興州。」九月，「金吾將軍滿存與邠軍戰，破之，復取興州，進萬仞寨。」是必亦當大道。檢一統志漢中府卷關隘目萬仞寨條及山川目寶子山條，皆引元統志。其寶子山條引云：「萬仞山在長舉廢縣後，蒼崖架日，危峰矗雲，上有白起寨，下枕嘉陵江，有關。」按長興廢縣即唐長舉縣也。乾渠渡燕子寨當亦在長舉南北矣。（一統志漢中府山川目有燕子河條，又西漢水條亦述及燕子河。在寧羌州，非其地。）

長舉縣南三里有槃頭故城，或當在驛道上。

元和志二二興州治長舉縣，「槃頭故城在縣南三里，因水盤屈爲名。」寰宇記一三五，同。後魏槃頭郡蓋治此。舊唐地志，興州長舉縣「本治槃頭城，貞觀三年移於今所。」是唐初長舉縣即治此城也。故疑亦當大道。

又東南至興州治所順政縣（今畧陽縣治），去長舉縣一百里。城在平地，南臨嘉陵江，有江舘。地處交通商業中心，亦爲軍事要道。

元和志，長舉縣南至州一百里。九域志同。而寰宇記作八十里。檢一統志漢中府卷古蹟目：「元統志：長舉廢縣，先在州北八十二里，唐貞觀二年移治在州西一百里。至元十二年併入畧陽。縣志，在縣西一百二十里。」則當作一百里。寰宇記八十里乃貞觀以前故城耳。

元和志，興州治所順政縣，「嘉陵江水經縣南，去縣百步。」有江舘，見鄭谷興州江舘詩（全詩十函六冊）。詩云：「向蜀還秦計未成，……坐聽嘉陵江水聲。」當即臨嘉陵江而建者。

通鑑二七三，唐同光二年，伐蜀，李紹琛爲先鋒，下鳳州。「過長舉，興州都指揮使程奉璉將所部……來降。……辛己，興州刺史王承鑒棄城走，紹琛等克興州。」及其他前已徵引之史料，具見興州爲此道上軍事必經必爭之地。元和志云，興州「即漢武都郡之沮縣。……蜀以其處當衝要，遣薛舒爲武興督，守之。……即其處也。城雖在平地，甚牢實。周迴五百許步，唯開西北一門，外有壘，三面周匝。」是自古爲軍事要地矣。又舊唐志，興州順政縣，「晉置武興蕃，以處互市。」是又自昔爲互市中心。

縣南五里至興城關。開元時爲十三中關之一。關在縣南五里，見元和志二二興州順政縣目。寰宇記一三五，同。當在道上。唐六典六刑部司門條：「京城四面關有驛道者爲上關，餘關有驛道及四面關無驛道者爲中關。」本注，中關一十三，其一即興州興城關。按此關非四面關，是必當驛道者。即當此大驛道也。

又東南四十四里至大城戍。

元和志二二，興州順政縣有「大城戍，在縣東南四十九里。」寰宇記一三五，同。一統志漢中府卷古蹟目，「大桃戍在畧陽縣東，宋元嘉十一年，蕭承之討楊難當，其黨趙温等自南城奔走，退據大桃。元和志有大城戍，……寰宇記謂之大桃戍。元統志，大桃驛在縣東四十五里，蓋即大桃也。」唐亦當在大道上。

州東南又有大唐峰當大道，蓋亦大城戍南北歟？

通鑑二五六，唐光啓二年七月，「王行瑜進攻興州。感義節度使楊晟棄鎮，走據文州。詔保鑾都將李鋋扈蹕都將李茂貞陳佩屯大唐峰以拒之。……九月，朱玫將張行實攻大唐峰，李鋋等擊卻之。金吾將軍滿存與邠軍戰，破之，復取興州，進守萬仞寨。」亦見五代史記三〇李茂貞傳。紀要五六、一統志漢中府卷山川目皆云在畧陽縣東南，是也。又宋史二五五王全斌傳：「乾德二年冬，……詔伐蜀。……遂下興州，……進拔石圖、魚關、白水二十餘寨。……進軍三泉。」同書太祖紀云，「下興州，連拔石圖等二十餘砦。」此諸砦當在興州以南，亦當有在大道上者，不可考矣。

大城戍東南三十里至分水嶺。又東南渡沮水約一百里至西縣。

唐人詠秦蜀間分水嶺詩，就余所留意者得下列三家：

其一，玉谿生詩箋注卷一有自南山北歸經分水嶺詩及聖女祠詩。箋注以爲自興元北歸時所作，張氏年譜會箋亦同此說。是也。此點及聖女祠地望並已詳前考。分水嶺詩題意最明。則此分水嶺當在興元西行經興鳳向散關道上無疑。復按詩云：「水急愁無地，山深故有雲，那通極目望，又作斷腸分。鄭驛來雖及，燕台哭不聞，猶餘遺意在，許刻鎮南勳！」其時令狐楚薨於興元，商隱從柩北歸，此當起程不久，途逢分水嶺，故感慨而作。是此分水嶺當不能遠過漢水上流。

其二，全詩九函二冊薛能集三收能自蜀返京途中諸詩，有北歸留題三學山，行次靈龕驛，籌筆驛，嘉陵驛（三首），西縣途中二十韻，西縣作，分水嶺望靈寶峰，水簾吟，褒斜道中，題褒城驛（二首）等詩。大抵按時次排列，但有誤，且恐亦非皆歸程所作，所取路線當由劍南至漢水上流，東北至褒城取褒斜道而還。此無疑者。能與商隱北歸異道，但亦經分水嶺，嶺在西縣前後。

其三，吳融有分水嶺詩云：「南隨去馬通巴棧，北逐歸人達渭城。」（全詩十函七冊融集三。）雖不曉其分水嶺以北究取褒斜道或興鳳道，然嶺在秦蜀之交，亦即西縣金牛縣前後則亦甚明。

按此三家中，前兩家由山南北達秦川之路線不同，第三家所行路線不詳，而皆經分水嶺，可能爲一地，亦可能爲兩地或三地，然必在秦蜀之交漢水上流則大同也。檢一統志漢中府卷山川目飛仙嶺條：「分水嶺在畧陽縣東南八十里，嶺下水流分東西，因名。」又秦州卷山川目，「分水嶺在兩當縣東十里，一嶺而東西兩溝。」又王士禎蜀道驛程記卷上，寧羌州南百牢關之南有分水嶺。（距州當在五六十里以上。）明清時代，秦蜀接壤地區，地名分水嶺之可考者得此三地。兩當縣地位太北，定非薛能所經，亦非吳融所詠。觀玉谿詩意，亦非其詩所指。寧羌南之分水嶺地位偏南，薛、吳二人所指雖可能爲此處，（詳論金牛道。）然絕非商隱所經。（寧羌州南分水嶺，不但地位偏南，不可能爲商隱所經。且寧羌地區又有金牛驛，百牢關，亦見於驛程記。唐宋之金牛本在三泉東北六七十里，而驛程記之金牛驛在大安驛南三十里以上，大安即唐宋之三泉也。唐百牢關在西縣西郊或三十里。而驛程記之百牢關在寧羌州南，關南爲分水嶺，去唐之西縣更遠。疑皆宋末以後地名徙移所致。）商隱所經，惟畧陽東南者地望最爲近似。茲詳考論如次：

通典一七五：漢中郡，「西北到順政郡二百八十里。」興州順政郡，「東南到漢中郡二百八十七里。」而元和志二二，興元府「正西微北至興州二百五十里。」興州條，里數同。是較通典少三十里或三十七里。檢寰宇記一三三興元府卷，一三五興州卷，各與通典全同。而一三三西縣條又云，「西北至順政縣一百五十里。」又與元和志合。今按一統志，畧陽縣即唐之興州，在漢中府西北二百九十里。則通典里數似爲近實。又據元和志、寰宇記，西縣東至興元一百里，（元和志西至府一百里，西乎譌。）則西北至興州當爲一百八十里或一百八十七里。今此分水嶺在畧陽東南八十里，則唐世當在西縣西北地區無疑。亦即有在畧陽至西縣道上之可能。考水經注二〇漾水注云：

「沔水出東狼谷，逕沮縣入漢。漢中記曰：嶓冢以東，水皆東流，嶓冢以西，水皆西流。即其地勢源流所歸，故俗以嶓冢爲分水嶺。」

此爲漢水上源地名分水嶺見於今傳載籍之最早者。觀其地望與一統志畧陽東南之分水嶺似頗相當。故紀要五六述此嶺云：「或曰即水經注所出狼谷也，沮水出焉。」（畧陽縣飛仙嶺條。）

今檢水道提綱一三，漢水有二源，一由西南出寧羌北稍西九十里之嶓冢山（此今嶓冢）；一由西北出，即沔水，亦即沮水。考漢地志：武都郡沮縣（今畧陽縣東）「沮水出東狼谷南至沙羡南入江。過郡五行四千里。」水經二七，「沔水出武都沮縣東狼谷口。」酈注：「沔水一名沮水，……縣亦受名焉。……沔水又東南逕沮水戍而東南流注漢，曰沮口。……尚書曰，嶓冢導漾，東流爲漢。」夏本紀正義引括地志，「嶓冢山，水始出山沮洳，故曰沮水，東南爲瀁水，又爲沔水，至漢中，爲漢水。」是古人以沮水亦即沔水，爲漢水之主源也。禹貢：嶓冢導漾，東流爲漢，當於沮沔求之，如酈注。即嶓冢山當在今畧陽之東，即唐興州以東不太遠處。通典一七五，漢中郡金牛縣「有嶓冢山，禹導漾水至此爲漢水，亦曰沔水。」禹貢錐指、漢地志補注皆從此說，已成定論。按唐金牛縣，元和志、寰宇記皆云在興元府西一百八十里，（寰宇記在褒城縣條下。）即西縣西八十里。是金牛縣城距興州不過百里之遙（此非謂金牛在興元與興州綫上。）謂嶓冢山在金牛縣境，形勢固無不合。則酈注二〇之嶓冢山分水嶺當即唐世之嶓冢山也。然夏本紀正義引括地志：「嶓冢山在梁州金牛縣東二十八里。」（據地理書鈔檢。）又元和志二二金牛縣，「嶓冢山，縣東二十八里，漢水所出。」（方輿紀勝一八三引元和志亦同。皆與括地志合。寰宇記一三三，金牛已廢。而三泉縣有「嶓冢山，在縣東一十八里。」與括地志、元和志皆異。按通典，嶓冢山屬金牛縣。新志，寶應元年，省金牛縣入西縣。而九域志，三泉縣，乾德五年以縣直隸京師。管鎮二，其一金牛，在「縣東六十里，有嶓冢山。」據元和志，金牛縣在三泉東北七十里，此云六十里，距離亦畧合，是此鎮卽金牛廢縣改置者，並由西縣度屬三泉耳。寰宇記或卽因此而係於三泉歟？然山亦決不在三泉縣東一十八里。頗疑寰宇記編者，將元和志金牛縣項下之嶓冢山條直移於三泉縣項下，又譌「二」爲「一」耳。唐世嶓冢山在金牛縣境實無可疑者。）是在西縣金牛兩縣間，在西縣西不過四五十里，地位太偏東南。且元和志二二，興州順政縣（即州治），「沮水出縣東北八十二里。」寰宇記一三五，順政縣「沔水一名沮水，源出縣東北八十二里小谷下。」此述沔水源，與前人所述全合。何以元和志金牛縣下又云漢水近出西縣西四五十里之嶓冢山？是自相乖異。且一統志漢中府卷山川目沮水條，引沔縣志，「水出縣北百八十里母猪山，南流經縣西三十里至沮口合漢。（此漢指發源寧羌之漢水南源而言。）」此即水經注之沮口也。是元和志嶓冢山之位置恰在沮口之西不遠處，其非沮水之源無疑，亦絕非古人所謂導漾之嶓冢也。按古之嶓冢大山，當是一山脈名稱，蓋自唐興州之東，申延至西縣金牛間，仍有嶓冢之名耳，非只此一峰也。沮水之源既在今畧陽東北八十里處，是水經注之東狼谷在此。其所稱嶓冢分水嶺當在縣東至東南達金牛縣境一帶，則一統志畧陽東南八十里之分水嶺正其地矣。故此嶺名分水之見史，在唐以前，唐承之以至於今耳。商隱詩之分水嶺當即此地，殆可斷言，即爲當時驛道所經矣。且一統志漢中府卷山川目又云：

「飛仙嶺在畧陽縣東南。方輿勝覽，嶺在沔縣東三十里。相傳徐佐卿化鶴昇仙之地。上有閣道百餘間，即入蜀大路。元統志：此路舊由西縣過，經由沮水。宋太平興國五年移改於是嶺。府志，嶺在縣東南四十里。」

按此條「沔縣」當爲「沔州」之譌，即唐之興州也。（此節引方輿勝覽云沔縣東三十里。致上下文不可通解。今按畧陽縣本唐興州治所順政縣。北宋州縣仍舊。開禧三年，改州曰沔州，縣曰畧陽。元至元二十年移沔州治鐸水縣。後省縣入州。明初降州爲縣。詳一統志同卷沿革目。是宋世無沔縣之名，此條引方輿勝覽「沔縣」必「沔州」之譌。即仍述畧陽縣事，非沔縣也。後續檢得杜甫集飛仙閣詩詳注及鏡銓皆引方輿勝覽，均作興州東三十里。更爲强證矣。）則飛仙嶺乃宋太平興國以後驛道所經，至於唐之舊道，則東度沮水過西縣也。是尤唐世驛道經此分水嶺之明證。蓋驛道由興州治所順政縣東南行，經此嶺渡沮水至西縣也。

復考新二二五下黃巢傳：「（王）鐸……置關於沮水、七盤、三溪、木皮嶺，以遮秦隴。」蓋即當沮水路置關防也。按曹操由陳倉、河池進兵擊張魯至陽平關，（詳後文。）當即循沮水而東者。又水經注二七沔水注：「沔水又東南逕沮水戍，而東南流注漢，曰沮口。」疏：「會貞按：通鑑，晉寧康元年，梁州刺史楊亮遣子廣與秦梁州刺史楊安戰，廣兵敗，沮水諸戍皆委城奔潰。注：晉蓋阻沮水列戍以備秦，戍在今沔縣西北。」是沮水爲魏晉以來之通道，唐代承沿之耳。檢水道提綱一三，沔水有三源，中爲沮水，西爲瀘水，東爲丙水，三水俱會於沮水舖南，東南曲曲流八十餘里入漢。此沮水舖殆即古沮水戍歟？

西縣在漢水北岸，今沔縣城西蓋不出十里處，一名白馬城。置驛，一名白馬驛。

西縣地望，據元和志及九域志，在興元府西一百里。寰宇記，東至褒城縣七十里，褒城至興元三十三里。檢一統志漢中府卷，沔縣在府西一百十里。而行水金鑑七一，「沔縣在府西稍北九十里。」是唐宋之西縣當距今沔縣治所不遠。案一統志同卷古蹟目，西縣故城在沔縣西。……明統志在縣西四十里。」只云在縣西，尙與百里之程畧相合。若縣西四十里，則不合。考水經沔水注：「沔陽縣故城……南臨漢水，北帶通逵。……南對定軍山，……諸葛亮……遺令葬于其山。」檢一統志漢中府卷古蹟目：「沔陽故城在沔縣東南。……寰宇記，故城在梁州西八十四里，西縣東南十六里。（行水經鑑引亦作十六里。

今本寰宇記作六十里。必無此距離，當是倒誤。）……府志，在縣東十里。」是沔陽故城在今沔縣東南約十餘里處。禹貢錐指及行水金鑑，均言「沔縣故城在今沔縣東南十里。」是也。又元和志二二，定軍山在西縣東六十里。而一統志漢中卷山川目引元和志，作西縣東南十里。檢寰宇記一三三，諸葛武侯冢在西縣東南一十里。輿地紀勝一八三，定軍山在西縣南十餘里。是今本元和志「六」爲「南」之譌文。山實在唐宋西縣東南十餘里也。綜此言之，沔陽故城在唐西縣東南十餘里，今沔縣東十里。定軍山在沔陽對岸，在唐西縣東南十餘里。亦在今沔縣東南十餘里，則唐宋之西縣正當今之沔縣，或當即在今城西三五里處。又按元和志、寰宇記（褒城縣條），金牛縣在興元西一百八十里，是在西縣西八十里。一統志漢中府卷古蹟目引府志，「金牛故城在沔縣西南九十里。」是唐宋西縣故城在今沔縣西亦決不出十里。此又得一證矣。此地區古城甚多，明統志蓋誤指歟？（可能爲古白馬城、陽平關，詳後文。）又寰宇記一三三引郡縣道里記云：「西縣本名白馬城，因山以名縣，又曰濜口城。」似唐之西縣即古白馬城。實蓋不然，但不碍亦有白馬之名，蓋古白馬城本在此西地區不遠。（詳下文），就近借用，未嘗不可。且西縣治所亦未嘗不可能有遷徙。（禹貢錐指：「大業初改置西縣，其故城在沔縣界，西去唐西縣治白馬城五里。」不知何據，是曾遷治也。）惟元和志時代，西縣斷應在今沔縣西不出十里耳。

西縣置驛，一名白馬驛，皆見元稹詩。元氏長慶集一七（同文本全詩一七）錄使東川詩二十二首，西縣驛其一。又一爲漢江上笛，云：「今夜聽時在何處，月明西縣驛南樓。」有序云：「二月十五日夜，於西縣白馬驛南樓聞笛。」是西縣驛即白馬驛也。又薛逢有題白馬驛詩云：「晚麥芒乾風似秋，旅人方作蜀門遊，家林漸隔梁山遠，客路長依漢水流。」又云：「强指豐碑哭武侯。」（全詩八函十册。）與此處地望正合。

縣西南三十步有百牢關，爲開元時七下關（？）之一。此關自唐初已極見衝要。其地當鳳興道與褒斜道相會入蜀之口，即秦、梁南通成都之總樞紐也。唐末至宋，西縣地位之見重，正以此故。

六典卷六刑部司門郎中條本注，下關七，百牢其一。（按此關當驛道，當爲中關，非下關。待考。）此關爲南北交通樞紐，蓋始顯於唐初之續高僧傳。續僧傳二五法琳傳云：

貞觀中得罪，「勅徙于益部僧寺。行至百牢關菩提寺，因病而卒。……沙門慧序經理所苦，……葬於東山之頂，高樹白塔，勒銘誌之，行路望者，知便涙下。序本雍州武功人，本住京輦，後移梁益。以百牢衝會，四方所歸，道俗栖投，往還莫寄，序乃宅寺關口，用接遠賓，故行旅賴之，詠歌盈耳。」

按此似爲今傳史料顯示此關衝要之最早記載。至唐中葉，元和志二二興元府西縣目述此關云：

「百牢關在縣西南三十步，隋置白馬關，後以黎陽有白馬關，改名百牢關。自京師趣劍南，達淮左，皆由此也。」

按金牛道在百牢關之西南，由興元或褒斜道入劍南者必經百牢，固不待言。然元和志此處所謂「自京師趣劍南達淮左」者，當非指由褒斜道南來而言。蓋取褒斜道南來固可由此關入劍門，但東趣淮左，則不須經此關也。前論通典所記漢中北至秦川之驛道係指興鳳道而言，元和以後，褒斜始常置驛，（已詳褒斜道考。）元和志此條「自京師」南趣之道，實當就散關鳳興道而言，謂由興州東南行至百牢關，或南入劍門至成都，或東經興元，循漢水至淮左也。是則不但由興元褒城向西，須經此關入劍南，即鳳興驛道亦東南經此關，然後再折而西南入劍南也。則此關實爲蜀口，衝要可知。杜工部夔州歌十絕句第一首云：「白帝高爲三峽鎮，瞿塘險過百牢關。」亦正以瞿塘爲蜀之東門，百牢爲蜀之北門也。（此關，注家皆指爲西縣之百牢關，是也。觀老杜由成州入蜀紀行諸詩，知其道由興州至綿谷，當取金牛道。蓋實曾經百牢歟？故能取與瞿塘作具體比較也。然又道經飛仙閣，似又不經百牢，詳金牛道考。）

關當興元褒斜道與鳳興道會合入蜀之口既明之矣。茲續論關之位置。元和志云，西縣西南三十步。畿輔叢書本、岱南閣叢書本、聚珍叢書本均同。隋地志，漢川郡西縣有關官。不言關在縣之何處。通典一七五漢中郡西縣，「隋置關在縣西南。今名百牢關。」又寰宇記一三三西縣，「百牢關在縣西南。隋開皇中置，以蜀路險，號曰百牢關。一云在百牢谷。」新志只云在西縣西南。是在縣西南無異說。而輿地紀勝一八三興元府景物下：「百牢關在西縣三十里。」一統志漢中卷關隘目引作「西縣西三十里。」是兩書有「三十步」「三十里」之異。蓋仍以元和志三十步之說爲正。何者？考五代史記六三前蜀世家云：

「（建）以王宗侃爲北路都統，……以攻岐，戰于青泥，宗侃敗績，退保西縣，爲茂貞兵所圍，建自將擊之，岐兵敗解去，建至興元而還。」

通鑑二六八乾化元年條詳其事云：

「岐王使劉知俊李繼崇將兵擊蜀。………王宗侃王宗賀唐道襲王宗紹與之戰于青泥嶺，蜀兵大敗。馬步使王宗浩奔興州，溺死於江。………先是步軍都指揮使王宗綰城西縣，號安遠軍，宗侃宗賀等收散兵走保之。知俊繼崇追圍之。……蜀主以昌王宗鐬爲應援招討使，……將兵救安遠軍。……岐兵解圍遁去。」

此明鳳興道向東南來，以西縣爲衝途也。前蜀世家又云：「（衍）乾德…二年冬，北巡至於西縣。」通鑑二七一梁貞明六年，述此事云：「蜀主下詔北巡……九月次安遠城。」此亦西縣爲衝途之證。然此猶可謂王宗侃等以興元爲後方支援，故退守西縣，蜀主北巡亦以興元爲前方重鎮，（事實上尤重秦州。）西縣當興州至興元道上，亦當興元入蜀道上，固不待論者。復考續通鑑長編五述王全斌伐蜀事云：

「全斌—遂取興州，……刺史藍思綰退保西縣。全斌又攻石圖魚關白水閣二十餘寨皆拔之。……蜀招討使韓保正聞興州破，遂棄山南，退保西縣。馬軍都指揮使史延德以先鋒至，保正懦懼不敢出，遣兵數萬人依山背城結陣自固，延德擊走之，追擒保正及其副李進，獲糧三十餘萬斛（本注：「九國志言，保正棄興元保西縣，王師進攻西縣，遂擒保正。十國紀年，並實錄載保正被擒處則三泉也。國史保正進傳與九國志同，今從之。」今按宋史王全斌傳：「先鋒史延德進軍三泉，敗蜀軍數萬，擒招討使韓保正副使李進。……既而崔彥進康延澤等逐蜀軍過三泉，遂至嘉陵。」則擒保正蓋在破西縣之後，佔領三泉之前，故史書兩歧。）崔彥進與馬軍都監康延澤等逐北過三泉遂至嘉川。」（參看宋史二五五王全斌傳。）

此條明示西縣當興元入蜀道，亦當興州入蜀道。故興州刺史藍思綰退守西縣，興元節度使韓保正亦退守西縣，蓋圖扼守道口，北可抵禦宋師，南可退入劍南也。此則西縣當秦梁兩路入蜀道口之強證矣。前引元統志云，宋太平興國五年以前，興州入蜀大道經西縣，誠不誤。蜀人特置安遠軍者，正以此耳。寰宇記一三三，西縣「本屬興元府，皇朝平蜀後，以此縣當要衝，申奏公事，直屬朝廷。」蓋亦以其當興元與鳳興兩道會合入蜀之口，故特收爲直隸縣歟？前考百牢關當興元入蜀與鳳、興入蜀兩道會合處，今又證明西縣亦當此兩道會合入蜀之口。三線交會只能有一點，則關即在西縣之近郊必矣。今檢申報舘新地圖，畧陽（唐興州）大道向東直渡沮水至沔縣，然後一路向東直趨漢中，一路向西南經沮口入蜀，殆即唐世舊路線歟？

自關向西南行三十里，踰沮口，又五十里，中經嶓冢山至金牛縣，即入蜀大道也。百牢嶓冢間六十里，兩壁山對立不斷，漢水中流，道出其間，依山臨水，至爲險峻，此蜀口之形勢也。

杜甫夔州歌：「瞿塘險過百牢關。」鏡銓一三引圖經云：「孔明所建，兩壁山相對六十里不斷，漢江水流其間，乃入金牛益昌路也。」按關在西縣，縣至金牛八十里。嶓冢山在金牛縣東二十八里，皆見前引元和志、括地志，並參金牛成都道考。則所謂六十里不斷當即指關至嶓冢山之南麓而言耳。又考水經沔水注，沮水入漢，曰沮口，在盪水口白馬城之西。一統志漢中卷山川目沮水條引沔縣志，「水南流逕縣西三十里至沮口合漢。」是沮口當在唐西縣之西約二十餘里或三十里處，亦即當西縣與嶓冢山東南抵漢水處（即括地志、元和志所記之嶓冢山。）之間也。由西縣百年關至金牛八十里，當沿漢水西北岸而行，則必中渡沮口也。

關防要重如此，故常見於文士之吟詠。

見於唐人詩篇者有元稹百牢關兩首（不同時，元長慶集一六、一七各一首。）其一云：「那堪七年內，五度百牢關。」又有李商隱餞席重送從叔余之梓州：「武關猶悵望，何況百牢關。」（同文本全詩二〇商隱集三。）武元衡有詩題爲：「元和癸巳余領蜀之七年奉詔徵還一月二十八日清明途經百牢關因題石門洞」。觀元氏詩尤見爲必經之地。

西縣百牢關地區或稍西三數十里有古城，曰白馬城，一曰濜口城，一曰陽平關，故西縣城、百牢關皆有白馬之名。

按水經注二七　水注云：

「沔水一名沮水。……水出河池縣，東南流入沮縣，會于沔。沔水又東南逕沮水戍，而東南流注漢，曰沮口，所謂沔漢者也。……沔水（卽漢水）又東經白馬戍南，濜水入焉。水北發武都氐中，南逕張魯城東。……初平中，劉焉以魯爲督義司馬，住漢中，斷絕谷道，用遠城治，因卽峭嶺周廻五里，東臨睿谷，杳然百尋，西北二面連峯接崖，莫究其極，從南爲盤道，登陟二里有餘。濜水又南逕張魯治東。水西山上有張天師堂，于今民事之。庾仲雍謂，山爲白馬塞，堂爲張魯治，東對白馬城（卽戍城），一名陽平關。濜水南流入沔，謂之濜口。其城（按卽白馬城）西帶濜水，南面沔川，城側二水之交，故亦曰濜口城矣。沔水又東逕武侯壘南，諸葛武侯所居也。南枕沔水，水南有亮壘，背山向水。中有小城，廻隔難解。沔水又東逕沔陽縣故城南……其城南臨漢水，北帶通逵，南面崩水三分之一。……南對定軍山。……沔水又東逕西樂城北，城在山上，周三十里，甚險固。城側有谷謂之容裘谷，道通益州。」

此段描述沔陽故城東西形勢甚詳，而縣西之陽平關、白馬城與張魯城最爲險要。按張魯據陽平關以阻曹兵，見後引三國魏志太祖紀建安二年條。其後劉備據之以敗曹兵。玉海二四：「文選晉紀論，三關電掃。注：吳志賀劭曰，劉氏據三關之險。張瑩漢南記曰，蜀有陽平關、江關、白水關，此爲三關。」是陽平關爲漢末以來之重鎮。魏書地形志，梁州華陽郡沔陽縣有白馬城，此城在南北朝世極重要，故魏書屢見。如卷一〇一氐傳，楊難當據武都，稱藩於劉義隆。義隆以蕭思話爲梁州刺史，未至。難當舉兵，「襲梁州，破白馬，遂有漢中之地。」又卷七一夏侯道遷傳，爲蕭衍梁州長史帶漢中郡守，叛附於魏。衍白馬戍主尹天寶引兵圍道遷於南鄭，賴武興氐軍，乘虛躡後，得敗天寶。事又見卷六五邢巒傳云，道遷內附，「白馬以西猶未歸順。」據氐傳，巒遂因釁，滅武興，以爲武興鎮。又卷七一淳于誕傳：「孝昌初……誕行華陽郡帶白馬戍。」凡此皆足見白馬城戍當武興（即唐之興州）漢中中道之要。瀘口見通鑑晉義熙三年條，云氐王楊盛遣軍臨瀘口。（此條據熊會貞引。）而據酈注，此陽平、白馬、瀘口三名者實爲一地，今據酈注作圖如次：

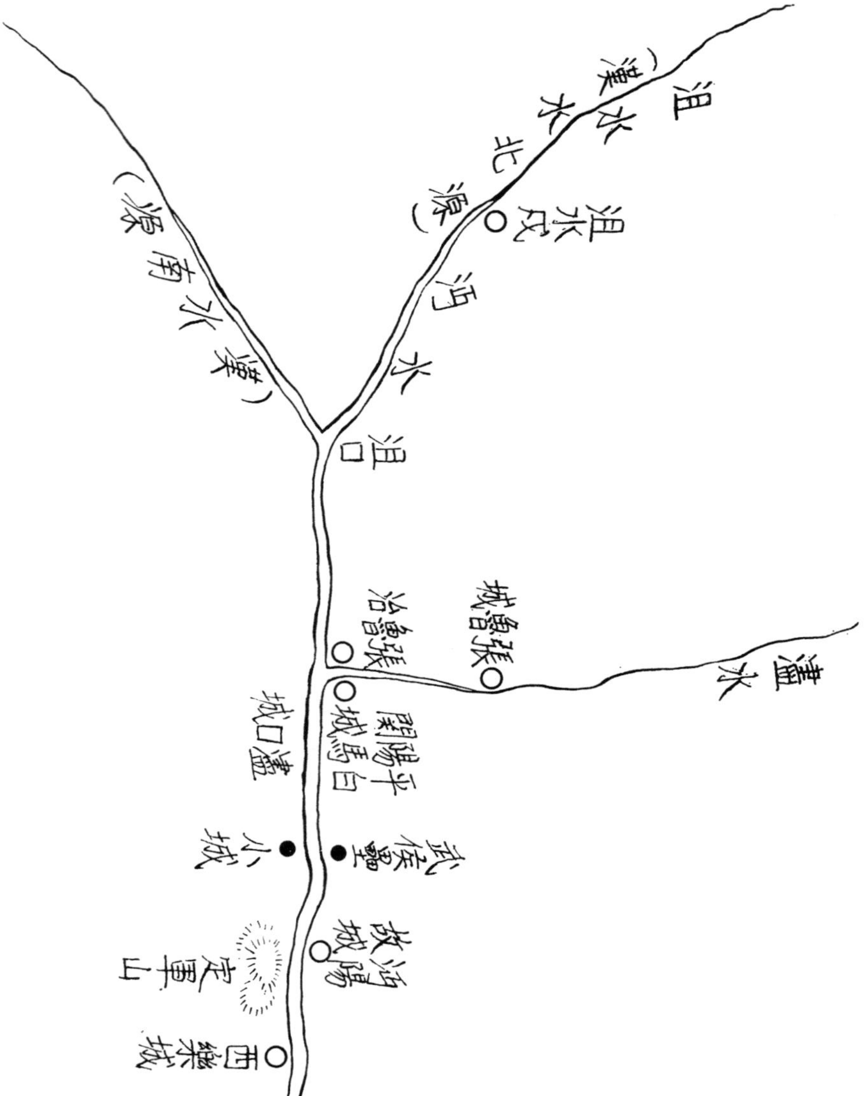
沮水（漢水北源）
（漢水南源）
沮水戍
沔水
沮口
張魯城
張魯治
漾水
平陽關
白馬城
漾口城
武侯壘
小城
沔陽故城
定軍山
西樂城

又寰宇記一三三西縣目云：

「郡縣道里記云：西縣本名白馬城，因山以名縣。又曰濜口城，即宋於此城偏立華陽郡。周城（地之譌）圖記云：後魏宣武帝正始中分沔陽縣地置嶓冢縣，屬華陽郡。開皇三年罷郡，置白馬鎮於古諸葛城，縣理不改。大業二年，改嶓冢縣爲西縣，以縣西南有諸葛所立西樂城，舊名張魯城，理於此。」

「白馬山。漢水記云：西縣有白馬山。又張衡家傳云：衡於濜口升仙，時乘白馬，後人遙望山中往往有白馬，因而以爲名。」

「濜水源出縣北四十五里獨石谷，南流經縣西二百步，南注漢水。」

「西樂城古城甚險，因號爲張魯城，在縣西十里。」

此數條亦述西縣及縣西形勢。據此，唐宋西縣即古白馬城，在濜水口東岸。檢一統志漢中卷山川目濜水條：「府志有龍門溝在縣北一里，東有臥龍山，西有烽燧山，其中如門，故名。又云：白馬河在縣西三十步，出龍門溝南入漢水（圖書集成職方典五二九漢中府卷引沔縣志，「白馬水在縣西三十里，出龍門溝，南入漢水。」又有「步」「里」之異。）即濜水也。」則唐西縣即在今沔縣，亦即白馬城一名濜口城一名陽平關之故址也。然水經注上段似頗有錯誤。據此注：漢之北源沮水與南源會合處爲沮口，再向東流至沔陽西之武侯壘以西地區，濜水北發武都氏中，南流來會，謂之濜口，口東即白馬城。水既發源武都氏中，當甚長。以今地按之，沮口以東至沔縣三十里間，無大水南流入漢水，一統志漢中卷山川目濜水條無以爲釋，乃引府志，以今沔縣北之小水龍門溝釋之。前引寰宇記所稱濜水長度亦僅四十餘里。

蓋唐西縣今沔縣地區，實無相當之水以應之也。檢續行水金鑑一四九引皇朝通志云：

「漢水……源出寧羌州北之嶓冢山……經沔縣西南，有沔水合濜水沮水來會。」

又水道提綱一三漢水目云：

「漢水源出寧羌州北之嶓冢山……東北流，經沔縣西南境，有大安水自西北來會，又東北經青陽鋪南。又東北，有沔水會濜水沮水自北來會，曰濜口。又東經縣城南。」

本注云：

「沔水上源有三，一曰濜水，出西北山，東南流經峽口北，又東南流。一曰上沮水，出北山，南流經沮水鋪西南。一曰丙水，自東北山西南流至鋪南，三水俱會。又東南曲曲流八十餘里入漢。」

是則沮濜各爲漢水南北兩源中北源沔水之一上源，會合於沮水鋪（蓋古之沮水戍）是爲沔水，東南流八十里至與漢水南源相會處，稱爲濜口。此種形勢明即水經注之沮口。又前引沔縣志，沮口在縣西三十里。而行水金鑑七一亦云「濜水在沔縣西三十里。」是濜口即沮口至明。蓋沮濜會爲沔水後，三名皆得通稱耳。濜水之源既在沮水鋪西北，故酈注云出武都氐中爲不謬，然酈注所謂濜水口則無可位置矣。玆據皇朝通志及水道提綱，參之前引一統志濜水條，作圖如次：

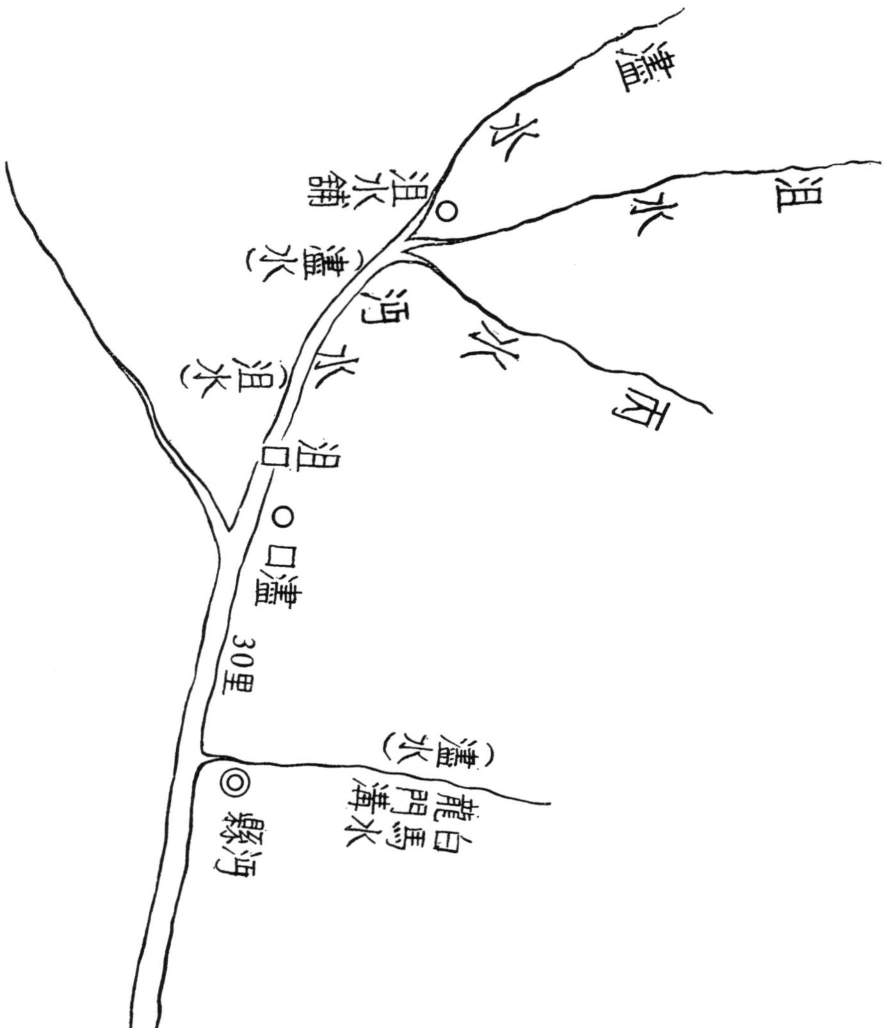
滹水
沮水
丙水
沮水舖
泒水
沮口
滹口
30里
泒縣

此圖與前圖顯不相合。即就此圖論，瀘水即沮水、沔水之互名，入漢之口亦兼瀘口沮口兩名。而龍門溝亦被擬爲瀘水。其岐紛如此。前引寰宇記引郡縣道里記，西縣本名白馬城，又曰瀘口城。宋白從之（通鑑二五六光啓二年條胡注引。）若今之龍門溝果爲古瀘水。則此說是也。唐西縣既即古白馬城、瀘口城，則張魯城當在其北。而通典一七五漢中郡西縣條云：

「關城，俗名張魯城，在縣西四十里。」（元和志，「關城」作「故關城」又作「三十八里」。但列於金牛縣目下，誤。玉海二四「故關城今在梁州金牛縣西。」從元和志之誤也。寰宇記張魯城在縣西十里，蓋脫「四」字。）

據此，張魯城當在今沔縣西四十餘里，即當在今瀘口（即沮口）西北十餘里處，不在今龍門溝水上流也。（如在溝水上流四十里，是在縣北。）且關城亦屢見魏書。魏書六五邢巒傳，夏侯道遷以漢中內附，詔巒爲梁漢都督。「巒至漢中，白馬以西猶未歸順。」巒遣將擊之，「軍鋒所臨，賊皆類附。……乘勝追奔至關城之下，城降。蕭衍輔國將軍任僧幼等三十餘將率南安、廣長、東洛、大寒、武始、除口、平溪、桶口諸郡之民七千餘戶相繼而至。」又卷七四傳豎眼傳：「武興氐楊集義反叛，……攻圍關城，梁州刺史邢巒遣豎眼討之，……頻破走之，乘勝追北，仍剋武興。」足見關城當武興漢中間之要道，在白馬之西，不在今沔縣之北，通鑑之說是也。張魯城即關城，既在今沮口(即瀘口)西北十餘里。則酈注所謂白馬城陽平關瀘口城三名一地者即在漢水南北兩源會合處之沮口（即瀘口），不在今龍門溝入漢處也。曹操伐魯自西北武都氐中來，此處固可爲曹公兵路之口，張氏兄弟築城拒守。（詳篇末引魏志太祖紀建安二十年條。）正當在此。其後遂爲武興、漢中間之軍事要衝也。疑沮瀘兩水自古即爲一水之互稱。（或如今日上源各爲一水，會合後可互稱。）酈注誤分爲二。其所稱濜口實即今之濜口亦稱沮口者。以其誤分沮濜兩口爲二地，後人不得已乃舉沔縣西郊龍門溝小水以實之耳。白馬城濜口城陽平關三名一地既在今濜口即沮口處，前舉一統志引明統志云，唐西縣在今沔縣西四十里者，蓋亦誤指此諸古城而言耳。總之，古白馬城陽平關當在今濜口一名沮口處，即唐西縣百牢關西三十里；否則，即在今沔縣西數里唐西縣城百牢關地區；可疑距離不過三十里耳。

通典六七建安二十年條胡注：「或曰陽平關即今興元百牢關，是也。」（此謂漢末蜀漢之陽平關也。水經注疏：「文選于令昇晉紀總論注引張瑩漢南記，蜀有陽平、江關、白水，此名三關。」謂陽平扼蜀口也。）可能得其實。余本亦從輿地紀勝，以爲百牢關在西縣西三十里，即當沮口。然縣當三道之會，關亦當三道之會，其證過強，不能擬爲兩地，故仍從元和志以關在縣西三十步也。

白馬城，有捷道北通廻車戍。唐世有所謂桑林道者，蓋即此道之北段歟。有此捷徑，蓋亦增重西縣與百牢關在交通軍事上之地位。

元和志二二鳳州梁泉縣：

「廻車戍在縣西北六十里。梁太清五年，西魏遣雍州刺史達奚武爲大都督及行台楊寬率衆七萬，由陳倉路，取廻車戍，入斜谷關，出白馬道，謂此也。」

按此云「出白馬道」，必南至白馬城。縣「西北」當作「西南」或「東南」，詳漢唐褒斜道考第二節。

至唐末僖宗光啓二年西幸興元，以褒谷棧道爲石君涉所燒，乃改由「他道」至西縣，達興元。當亦此道也。詳褒斜道考第四節。張魯所以沿灊水築張魯城，又築白馬城者，蓋亦以當捷徑之衝歟？

復考太平廣記二三八文處子條云：

「有處子姓文，居漢中，……以燒煉爲業，但留意於爐火者咸爲所欺。……文遂夜遁，欲向西取桑林路，東趨斜谷以脫其身，出門便爲猛虎所逐，不得西去，遂北入王子山，……及曉……擒之。」

按一統志漢中府卷山川目：「王子山在南鄭縣北，接褒城縣界。」桑林當在其西。又考通鑑二七九後唐清泰元年條云：

「興州刺史劉遂清……聞帝入洛。乃悉集三泉、西縣、金牛、桑林戍兵以歸。自散關以南，城鎮悉棄之，皆爲蜀人所有。」

據此，桑林又當在西縣以北，興州以東地區，正即白馬通廻車道地帶矣。然紀要五六沔縣白崖條云：

「百丈坡在縣東北二十里。輿程記，由鳳縣南百里桑平舖而入，至此而出，路長二百里，爲古陳倉道。漢高祖出故道襲陳倉，蓋由此。今荒塞。」（一統志漢中卷山川目百丈城條畧同。）

按漢祖出「故道」，當爲唐鳳興道，附論於本文之後，非此道也。然此地有古道當爲事實。一統志度水條云：「水經注，度水出陽平北山，……南逕陽平縣故城東。又南逕沔陽縣故城東，而南流注於漢水。府志有舊州河在縣東二十五里，源出百丈坡，南流入漢。按元沔州治鐸水縣，縣以鐸水得名，鐸度聲相近，是度水即鐸水亦即舊州河也。」是則此道北端起鳳縣南百里之桑平舖，南端至百丈坡，蓋畧循度水，至今沔縣東二十餘里處爲出口。桑平舖當在廻車戍之南或東南。則此道與白馬道之南口雖有數十里之距離，而北端蓋實一道，至少極相近，後代所謂桑平者，蓋即唐之桑林歟？是亦一間道也。文處子欲由漢中向西，取桑林道東趨斜谷者，蓋即欲迂迴此道，以避追捕耳。

由百牢西縣向東即爲本文所考驛道。東行三十里至鐸水入漢處，有間道蓋西北至桑林戍，與白馬道會通鳳州迴車戍。水口蓋置驛，北宋置鐸水鎮。

九域志八興元府西縣有鐸水鎮。一統志漢中府卷古蹟目：「鐸水故城在沔縣東。……元統志，沔州治鐸水縣，本西縣舊鎮，戊午年，……改鎮爲縣。至元二十年，……移沔州來治。縣東至興元府七十里……東北至褒城縣六十里。」是北宋西縣鐸水鎮在縣東三十里也。又據前條引一統志山川目度水條，鐸水即古度水，在沔縣東二十五里。是鎮在漢水北鐸水入漢處。惟唐作鐸水抑作度水，尙待考耳。就里距而言，鐸水入漢處正在唐之西縣東約三十里處，當置驛，正即北宋鐸水鎮地矣。

間道通鳳州，說詳前條。

又東十餘里至黃沙水口，有女郎祠在漢水南岸，爲此區名勝。

隋地志，褒城縣有女郎山。王維送揚長史赴果州（全詩二函八冊）：「褒斜不容幰，之子去何之？鳥道一千里，猿聲十二時，官橋祭酒客，山木女郎祠。」足見女郎祠在褒斜入蜀道中，或距道不遠，爲當時名勝。考水經注二七沔水注：「漢水又左得度水口……又東黃沙水左注之。水北出遠山，山谷邃險……水側有黃沙屯，諸葛亮所開也。其水南注漢。水南有女郎山，山上有女郎冢，……山上直路下出，不生草木，世人謂之女郎道。下有女郎廟，及擣衣石，言張魯女也。有小水北流入漢，謂之女郎水。」又魏書地形志，梁州華陽郡沔陽縣有白馬城、黃沙城。一統志漢中府卷山川目：「輿地紀勝，西縣有青羊峽，黃沙水所出。府志，黃沙河在縣東四十里，源出雲濛山。」則自北朝至今，皆名黃沙，在今沔縣東四十里，即唐之西縣東四五十里也。據酈注，女郎山即當黃沙水入漢處之漢水南岸。一統志，「在褒城縣西南」是也。

又東至褒城縣（今褒城縣南十里打鐘壩），距西縣約七十里。有褒城驛，甚宏大。

寰宇記一三三，褒城縣在興元府西三十三里，西縣東至興元府褒城縣七十里。是也。元和志二二，西縣，「西至府一百里，。」西爲東之譌。褒城縣「東至府三百三十里。」蓋三十三里之譌，或三十里之衍。則西縣至褒城七十里或不足七十里。唐褒城位置，及褒城驛情形，已詳褒斜道考。

由縣驛北出褒斜道至秦川。由縣驛東渡褒水循漢水北岸三十三里至興元府，有漢川驛。

出褒斜至秦川，已詳褒斜道考。褒城至興元里距詳前引寰宇記、元和志。元長慶集一七使東川諸詩，其梁州夢，本注云：「是夜宿漢川驛，夢……遊曲江……倏然而寤。」則興元驛名漢川。

綜上所考，此線驛路所經，由鳳翔府（扶風郡）向西南行至寶鷄縣，渡渭水，入散關，畧循故道水，經鳳州治所梁泉縣，兩當縣，河池縣，青泥嶺，長舉縣，至興州治所之順政縣，興城關，折而東南，經分水嶺，渡沮水至西縣城、百牢關，又循漢水北岸，東至興元府（漢中郡、梁州）治所之南鄭縣，全程約九百一十里或有零。開元時代，上關六，中關一十三，下關七，此道不滿千里，竟各居其一，亦見其重要性。蓋因此道驛程，較褒斜新道爲平坦歟？

宋會要方域一〇之三：「神宗熙寧十年……成都府路提刑司言，舊路（指此文所考者）自鳳州入兩當至金牛驛十程，計四百九里，閣道平坦。……若新路自鳳州，由白澗至金牛驛（此指唐褒斜新道）計三百八十五里，雖減兩驛，比舊路只少二十四里。隨山崎嶇，登陟甚難……。」比較兩路地勢，當唐世已然。

稽之前史，曹操征張魯即循此道。

三國志魏書武帝紀，建安二十年條：

「三月，公西征張魯，至陳倉。……四月，公自陳倉以出散關，至河池。氐王竇茂衆萬餘人，恃險不服。五月，公攻屠之。……秋七月，公至陽平。張魯使弟衛，與將楊昂等據陽平關，橫山築城十餘里，攻之不下。……公乃……乘險夜襲，大破之，……魯潰奔巴中，公軍入南鄭。」

按東漢河池縣在今甘肅徽縣西。陽平關之地望，當在今沔縣西三十里之沮口，一名濜口處，或即在沔縣不遠，已詳前考。是曹操進兵路線，自陳倉入散關，向西南，經今徽縣，又東南經今沔縣至南鄭也。亦即唐之散關、鳳、興、西縣道無疑矣。

殆亦即漢高祖出陳倉之「故道」歟？

史記高祖本紀：「八月，漢王用韓信之計，從故道還襲雍王章邯。邯迎擊漢陳倉，雍兵敗還走。……漢王遂定雍地，東至咸陽。」集解：「地理志，武都有故道川。」考證：「故道原非地名，蓋是舊有秦蜀相通之道，而棧道張良所燒者爲今道。今道已燒殘不通，故從故道而往也，後世因爲縣名耳。」所論似爲正。然其道究何所指？

考張良敎高祖燒絕酈襃間之襃斜道，而今襃城鳳縣間之連雲道又爲北魏所開之廻車道，已詳漢唐襃斜道考，皆非此所謂故道也。又前引紀要五六漢中府沔縣白崖條云：「百丈坡在縣東北二十里。輿程記，由鳳縣南百里桑平鋪而入，至此而出，路長二百里，爲古陳倉道。漢高祖出故道襲陳倉，蓋由此。今荒塞。」一統志漢中府卷山川目百丈坡條畧同，惟無高祖一句。按此爲鳳縣南通白馬城與鐸水口之間道，前白馬城條已詳論之，道當隘小，恐亦非高祖所出之故道也。按漢志有故道縣，在今鳳縣西北接甘肅兩當縣境。（一統志漢中卷。）又有故道水，始見於酈注。水經注二〇云：

「濁水又東南，兩當水注之。水出陳倉縣之大散嶺，西南流入故道川，謂之故道水，西南逕故道城之東，……又西南歷廣香交，……又西南入秦岡山，尙婆水注之。……水源北出利喬山……歷兩當縣之尙婆城南，魏故道郡治也。西南至秦岡山入故道水。……故道水南入東益州之廣業郡界，……又西南注于濁水。濁水南逕槃頭郡東，又南注漢水。」

元和志二二鳳州節亦云：

「故道水出陳倉縣之大散嶺，西南流入故道川，今州理即故道川也。」

「河池縣東至州一百七十里。……故道水經縣城西。」

是則故道水係今嘉陵江之東源，由大散嶺向西南流經鳳縣、兩當、徽縣至畧陽者。唐之散關鳳興道正即循此水，故疑漢祖出故道即唐世此道也。復考華陽國志三蜀志：「叢帝（開明）生盧帝。盧帝攻秦至雍。」雍在唐之鳳翔，疑亦循此道。蓋戰國以前此道已通，後襃斜道建成，此道壅廢，遂稱「故道」歟？

民國五十六年三月十八日草成初稿，同月二十六日訂正完畢，四月二十九日再訂，六月十六日三訂。近又增訂一過。此次訂正，主要者爲增補續高僧傳述百牢關一條，以見此關在唐初已居交通衝途。又關之位置本有在西縣之西三十步與三十里兩說。就史證言，當作三十步，就形勢言，似當作三十里。前此從三十里之說。後得觀申報館新地圖，舊日大道由畧陽直東渡沮水至沔縣，不經沮口，則就形勢言仍不碍關之即在西縣左近也。故改從元和志三十步之說。惜不能親履其地一觀地形耳。又本文考證常與拙作漢唐褒斜道考、唐金牛成都道考相涉。前者刋見本學報第八卷第一期，後者將刋於歷史語言研究所集刊第四十本，讀者可取互看。

五十七年三月二十一日。

唐代漢中通散關鳳翔驛道圖

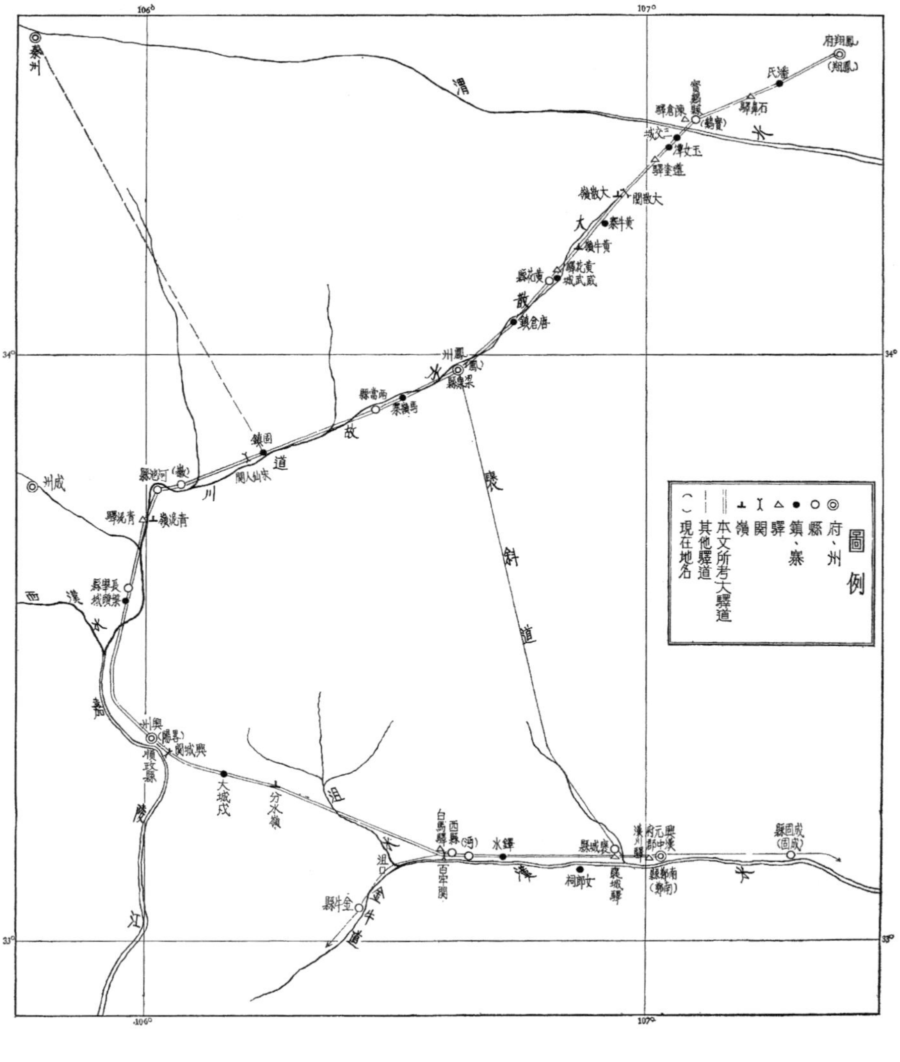

編按：原圖修復放大見圖錄冊，圖版九

陽明學與朱陸異同重辨（一）

唐君毅

上篇　導言、綜述陸王之共同義、象山之工夫論，與朱子疑象山爲禪之論

一　導言

吾前著朱陸異同探源（本刊八卷一期），嘗試論朱陸之言，同原于二程之學之一方面。于朱陸之異，不宜只如世之由其一主尊德性、一主道問學，一主心與理爲一、一主心與理爲二去說，而當自其所以言尊德性之工夫上說。朱子之工夫，要在如何化除人之氣稟物欲之偏蔽，足使心與理不一者，以使心與理一。象山則重正面的直接教人自悟其心與理之未嘗不一者，而即以此心此理之日充日明爲工夫。于心之一問題，則沿朱子之論由二程傳來之中和、未發已發等問題，其早年與張欽夫書，即嘗言當以心爲主而論之，而疑于伊川以降以「性爲未發、心爲已發」以性爲寂體、心爲動用之說，乃由思慮未發時心體之昭昭自在，以言心體之獨立意義，而契于呂與叔之論。朱子在心性論上，確立此心體之自存自在，而依此心體之虛靈明覺，以言其內具萬理，以主乎性，外應萬事，以主乎情。此虛靈明覺,不自爲障碍,亦不能爲所具之理流行之障礙，則其發用流行，亦當心理如如，不特體上是一，用上亦當一。惟以人有氣稟物欲之雜，而心之用，乃恒不如理，而理若只超越於此心之上；故人當前現有之心，可合理,亦可不合，而心與理即于此可說爲二。此二,乃以其心之有夾雜或間隔，使之

二。則由工夫而更去此間隔，二者又終不得而二矣。此其與象山之別，唯在象山重在教人自悟其心與理之一，則爲一正面的直接工夫，而不同于朱子之欲去此使心理不一之間隔，以使心與理一，兼爲由反「反面」以成正面之間接工夫者。至朱子所疑于象山之學者，即要在言其不知此氣稟物欲之雜，而或更連此雜，以求自把捉其心。象山疑于朱子者，則吾于該文未有所論。然象山唯嘗疑朱子之不明道，多揣量之功，少體悟之實，固未嘗責朱子之不知心與理一。至朱子于象山之言心，或又疑其心只是一知覺而無理而鄰于禪，于象山之言心之旨，有所誤解；然于象山合人心道心爲一之言，則固嘗稱之，未盡以爲不然也。故朱陸異同之原，應首在工夫論上去看。而重在以心理之一不一，辨朱陸異同者，蓋始于後之學者，而王陽明與羅整菴，與明清儒之爲程朱之學者，言之尤多。朱陸在世時，固未嘗自覺其異同在此也。此後人自覺及此問題，以論朱陸之異同在此，固未嘗不可。然吾意則以爲如說其異同在此，則當連朱子所以說心理爲二之理由去說方備，此即所謂氣稟物欲之雜，爲心與理之間隔，足使心與理二者，故此二亦可由工夫使之不得而二，以歸于一。由此而朱陸之言心與理，異自是異，而非無會通之點。而朱陸言之難通者，乃在朱子之在宇宙論上，恒以心爲氣之靈，以氣之變化無常，遂不能極成其在心性論中「心之未發時之自存自在」之義。又朱子于心之體用動靜，必分別說，固未嘗不可，然亦更當說體用動靜之不二，方爲備足。象山則從不自氣上說心，又善能通心之體用動靜，以說發明本心與涵養之功，則其言自有其勝義。此爲吾前文之大旨。而觀以後陸王之流之思想之發展，則正在不更自氣上說心，並通心之體用動靜以言其非氣之所能蔽，氣亦屬心體之流行之用。此則後賢明有進于朱子之勝義，不可誣也。此則詳在吾原性篇。故即依吾等後人之觀點，以言朱陸異同在心與理之一不一，亦未至眞問題所在。此眞問題乃在畢竟氣與心及理之關係，當如何看。此則吾探原文及原性篇當合參者。吾今茲之此文，則意在進而對象山與陽明言心即理之切實義，與朱子言格物窮理之義，亦一一加以說明，並試更祛除朱陸與其徒間之若干誤解。而其歸則在進而論陽明與朱陸之同與異。要旨則在指出世之以陽明與象山之學合稱陸王，固原有其可合稱之理。然陽明之學又實由朱子所論之問題、與義理而轉出。其歸宗義之近象山，乃自大處言之，此固不可疑。此文亦將一一指出。然此自大處言之者，抑亦尚是陽明學之粗迹。若其精義所存，則與朱子之別在毫厘間，而皆可說由朱子之義轉近一層而得。故由朱子之學以通陽明之學，其勢至順。陽明與朱子正有其同處，而共異于象山者。陽明之學乃始于朱而歸宗于陸。則謂陽明之學爲朱陸之綜合，亦未嘗不可。合此以見朱子與陸王間，與其後學間之相非，浸至相視如異端，以自壞此儒學之門庭之言，亦正可由細觀三賢之學之共同之問題，與其所言之義理之實際，而見其多可加以化除。然後吾人可更分別就其所長之義，以光大發揚之于今世。若言儒學之異端，則孟子時在楊墨，而漢儒不更闢楊墨；唐宋時在佛老，而王學之流，亦多不闢佛老。蓋闢之而通其蔽，納其是，即不復更闢矣。在今日而言儒學之異端，則不在楊墨，亦不在佛老，而別有所在。對今日之異端而言，程朱陸王，皆大同而小異，其異亦未必皆相矛盾衝突。則昔之爲朱子與陸王之學者，其相視如異端之門戶之見，不可不破。然吾人亦當如實而知其大同小異之處，果何所在，與其異中之未嘗無義理之相承相輔之迹，乃確知其異不礙同，方可更疏暢八百年來儒學之生命。則儒者果欲闢今世之異端，而更通其蔽，納其是，其更大之事何在，亦可得而言矣。

此朱子與陸王之門戶之見，所以當破者，以此諸賢之爲學，皆原無意立門戶；且亦未嘗只以辨學之同異爲要，而歸在論義理之是非；又皆未嘗以天下之義理之是者，皆盡于其所已言之中。此三點似涉題外，然亦未嘗不與本文之宗趣，與所言之義有關。故下文一一引三賢之語爲證。

如以朱子而論，彼之講學即未嘗自標一宗旨。朱子語類百二十一卷記「世昌問：先生教人有何宗旨？曰：某無宗旨，尋常只教人隨分讀書。」宗旨尚不立，何門戶之有。朱子之教人讀書，又隨處要人勿先自立說，唯言「諸家說有異同處，最可觀」（語類卷十一）。然亦非只觀其異同而止，更須看「那家說得是，那家說得非。……所以是者是如何，所以非者是如何，少間這正當道理，自然光明燦爛，在心目間，如指掌。」故又謂：「天下義理，只有個是與非而已，是便是是，非便是非，既有着落，……自然道理浹洽，省記不忘。」（皆見語類卷百二十一）此即博觀他人之說，以求知義理之是非，爲着落處、歸宿處之言也。又謂「若使孔子之言未是處，也只還他未是。」（語類卷百二十二）是即孔子言之是非，亦當辨也。朱子固嘗言「這個道理甚活，其體渾然、其中粲然，上下數千年，眞是昭昭然天地間，前聖相傳，所以斷然而不疑。」（語類卷百十七）然就此理之粲然而說出者言之，却又可謂「義理無窮，前人恁地說亦未必盡，須自把來橫看豎看，儘深入儘有在。」（語類卷九又卷百十三亦有同類語）又嘗謂于不同之說，固當知其是非；然即其非者，「自是一說，自有用處，不可廢也。」（語類卷七十六）其不同者更儘可皆是。故曰：「元亨利貞，文王重卦，只是大亨利正而已。到夫子却解作四德，豈可以一理爲是，一理爲非？」（語類卷七十六）此即言義理之無窮，聖人亦不能說盡也。

以象山而論，則象山嘗謂「平生所說，未嘗有一說。」（象山全集卷三十五）又謂「此理所在，豈容有門戶？學者又要各護門戶，此尤鄙陋。」（全集卷三十四）「學者求理，當惟理之是從。理乃天下之公理，心乃天下之公心；聖賢之所以爲聖賢，不容私而已。顏曾傳夫子之道，不私孔子之門戶，孔子亦無私門戶與人。」（全集卷十五與唐司法）此即象山之不自立說，謂學無門戶之言也。象山亦言「天下之理，當論是非，豈當論同異。」（全集卷十五與薛象先）又曰：「天下之理，唯一是而已。……彼其所以交攻相非，而莫之統一者，無乃未至于一是之地而然耶？抑亦是非固自有定，而惑者不可必其解，蔽者不可必其開，而道之行不行，亦有時與命耶？」（全集卷三十四策問）象山又屢斥以異端之名指佛老之說，謂「孔子時佛教未入中國，老子之學不著」（全集卷三十四）則孔子無以異端指佛老之理。此非謂象山贊同佛老，唯是謂象山之不以異同定是非也。象山嘗作書攻王順伯，門人謂「也不是言釋，也不是言儒，唯理是從否？陸子曰然。」（全集卷三十五語錄）此唯理是從，即唯「理之是者」是從。此理之是者，即人心之所同然同是之義理，而爲人心之同的一端。故謂「子先理會同的一端，則凡異者皆異端」（卷三十四語錄）「不同此理，即異端矣」（卷十五與薛象山）自此人心所同然同是之義理處看，則「天下正理，不容有二。若明此理，天地不能異此，鬼神不能異此，千古聖賢不能異此；若不明此理，私有端緒，即是異端，何止佛老？」（卷十五與陶贊仲）又曰：「聖人雖累千百載，其所知所覺，不容有異，曰若合符節，曰其揆一也，非眞知此理者，不能爲此言也。」（卷十五與吳斗南）又曰「近世尙同之說甚非，理之所在，安得不同。古之聖賢，志同道合，乃可共事，然所以不同者，以理之所在，不能盡見。」（全集卷二十二雜說）然象山之此言，亦非謂天下之義理，皆爲一聖賢之所已盡見、所已盡言，聖賢之所已言者皆雷同之謂。故又謂：「自古聖賢，發明此理，不必盡同。夫子所言，有文王周公所未言，孟子所言，有夫子所未言，理之無窮如此。…… 譬之奕然，國手下棋，雖所不同，然均是這般手段。」（卷三十四語錄）又謂

「千古聖賢，同堂同席，必無盡合之理。」（卷三十四語錄）再謂「天下之理，若以吾平生所經歷言之，眞所謂伐南山之竹，不足以受我辭。」（卷三十四語錄）故包恢撰三陸先生祠堂記，更引上語，並記象山嘗言「吾今日所明之理，凡七十餘條」云云。（卷三十六）象山又言「理不可泥言而求，而非言無以喩理；道不可以執說而取，而非說無以明道。理之衆多，則言不可以一方指；道之廣大，則說不以一體觀。」（卷六與包詳道）此皆言義理之廣大無窮，聖賢之言亦可互異，故不可以一端盡，亦不可一體觀也。

至于陽明之講學，則明言「良知之說，眞吾聖門正法眼藏」（卷五與鄒謙之）「致知二字，眞是箇千古聖傳之秘。」（傳習錄下）其詩亦有「莫道聖門無口訣，良知兩字是參同」之句。此固可謂明標出一講學宗旨，不同朱陸之未嘗立說者。門人更有謂其言良知，乃泄天機者；然陽明答曰：「聖人已指示人，只爲後人揜慝，我發明耳。」亦不以此良知之論，爲其個人所立之義或自造之一學說，如西方哲學家之所爲也。陽明又言：「學貴得之心。求之于心而非也，雖其言之出于孔子，不敢以爲是也；……求之于心而是也，雖其言之出于庸常，不敢以爲非也。」（答羅整菴書傳習錄中）「先儒之學，得有淺深，則其爲言，亦不能無同異。學者唯當反之于心，不必苟其同，亦不必求其異。要在于是而已。今學者于先儒之說，苟有不合，不妨致思。而終有不同，固亦未甚害。但不當因此而遂加非毀。」（全集卷五書石川卷）故又言：「且問自己是非，莫問朱陸是非。」（卷二啓問道通書）「君子之學，豈有心于同異。……假使伯夷，柳下惠，與孔孟同處一堂，……其議論論斷，亦不能皆合。……後之學者，全是黨同伐異之私心浮氣所使，將聖賢事業，作一塲戲看了也。」（全書卷六答友人問）此則明言學者當唯求其是，不必苟同，亦不當徒事于非毀，以立門戶，更不可將聖賢之學之同異爭辯，如一場戲看也。傳習錄上記學者或問古人論道往往不同曰：「見得自己心體，即無時無處，不是此道，無古無今，無終無始，更有甚同異？」此則謂學問終將只求見道，而不見有人之異同之謂。至陽明嘗謂「理一而已矣，心一而已矣，故聖人無二教，而學者無二學。」(全書卷十博約說)此乃就教學之宗旨方向之至約處言，非謂聖人所言之義理有定限，亦非謂聖人能將天下之理一口道盡。故謂「某近來卻見得良知兩字，日益眞切，……若至其極，雖聖人天地不能無憾，故說此兩字，窮刼不能盡。」(卷六寄鄒謙之)此即言人出自良知而言之義理，原無窮盡也。又傳習錄下載學生問「文王作彖，周公繫爻，孔子贊易，何以各自看不同？先生曰：聖人何能拘死格？只要出于良知，便各自爲說何害？雖天予之聖，亦無天下之理，皆已盡明，無復可明之理。」又曰：「義理無定在、無窮盡，吾與吾子言之十年、再二十年、五十年，未有止也。」(傳習錄上)是見陽明亦以義理無窮盡也。

吾于上文畧指出三賢爲學，皆未嘗意在自立一說，皆未嘗有門戶之見，于義理雖皆言當知其同異，亦皆尤重辨其是非；又皆言義理之無窮，非聖賢之言所能盡，自亦非諸賢之所已言者之所能盡。此即以見此三賢之學雖不同，然于此關涉到學問之同異是非，與義理之無窮之所見上，即皆未嘗不同。三賢之于其所學，固皆有自信不疑之處，亦皆謂直接孔孟顏曾之傳，于漢唐儒者，不在眼中。故朱子有「漢唐以下諸儒說道理……直是說夢」(語類卷九十三)之語。象山言「千五百年之間……蠹食蛆長于經傳文字之間者，何可勝道，方今熟爛敗壞」(卷一與姪孫濬)又言「區區自謂孟子之學，自是而一明。」陽明亦言「孔孟既沒，此學失傳」(卷八與魏師孟卷)又言「顏子沒而聖學亡」(卷七別湛甘泉序)。是皆志在接千載不傳之學。然皆同尊周程，實未嘗目空千古。唯朱子于明道伊川之言說，亦多有所疑。象山謂「伊洛諸賢，研道益深，講道益詳，志向之專，踐行之篤，乃漢唐所無有，其所植立成就，可謂盛矣。」然又謂未見「如曾子之能信其皜皜……如子思之能達其浩浩……如孟子之長于知言」（全集與姪孫濬）。陽明則于周程朱陸雖皆致推崇，而于伊川及朱陸，亦皆有評論，其詩乃有「影響尚疑朱仲晦」與「支離羞作鄭康成」一句並說，更嘗謂「象山之言細看有粗處」（傳習錄下）。此則皆由三賢之學所嚮慕者之高，與其爲學又皆欲求一眞是處，乃更不爲苟同之論。此非世之貢高我慢者之可比。是皆可由其言之皆懇摯眞切而知之，非世之所得而妄議者也。

吾于上文所不厭覼縷，加以列舉之言之中，三賢同有文王、周公、孔子于易之所見之不同之言。亦皆是舉之以證先後之聖賢，雖相承相繼，而所言之義理，儘可異而俱是，以顯義理之無窮。則吾人于三賢所言之義理之異而俱是者，豈不可亦本此態度觀之？固不當如守門戶之見者，唯舉此以責彼，如朱子所謂「見他人如此所說，又討個義理，責其不如彼說；其如彼說，又責其不如此說。」以使其所言之義理無一爲是也。然于其異而不皆是者，亦當辨其是非；其不能辨是非之處，亦當使其同異分明，不能一概和會。故朱子未嘗謂「君舉却欲包羅和會衆說，不令相傷，其實都不曉得衆說之是非得失，自有合不得處也。葉正則亦是如此，可嘆！可嘆！」（全書卷五十三答劉公度）至朱子之言「諸家說有異同處最可觀」，則謂于不能辨是非之處，亦當先知其同異也。象山亦嘗言于交加糊塗之說，當求其分明，故謂：「講學固無窮，然須頭項分明，方可講辨。若自交加糊塗，則須理會得交加糊塗處分明。如楊朱、墨翟、老、莊、申、韓，其道雖不正，其說自分明。若是自分明，雖不是，亦可商搉理會。……子夏、子游、子張，各知其有不同，乃有商量處。縱未能合道，亦各自分明。」（卷四與諸葛誠之）又謂「最是于道理中鶻突不分明人，難理會。某平生最怕此等人。世俗之過卻不怕。」（卷三十五）然象山又不如朱子多在文字上，與人辨學術之是非，故更嘗謂「人心有消殺不得處，便去引文棄義，牽枝引蔓，牽今引古，爲證爲靠」，又謂「學之不講久矣，吾人相與扶持于熟爛之餘，何敢以戲論參之。」（卷十四與嚴泰伯）則著述之事，又非象山之所重。陽明則嘗答季明德言季之文曰：「必欲如此節節分疏引證，……又連綴數聖人紙上之陳迹，而入之于此一欵條例之中，……」之弊之後，更言「千經萬典，顚倒條例，皆爲我之用，一涉拘執比擬，則反爲所縛。雖或特見妙詣，開發之益，一時不無，而意必之見，流注潛伏，蓋有反爲良知之障蔽，而不自知覺者矣。」（全書卷六）故陽明亦不重著述。當吾觀此上所引象山之斥戲論，與陽明之言分疏比擬之害之言時，亦未嘗不爲之惶悚。然當今茲諸賢之學絕而道喪之世，吾權衡輕重，仍寧宗上引朱子之言，以觀三賢之學之同異，以求象山所謂頭項分明，及陽明所謂「開發之益」。則于三賢之言，就「紙上之陳迹」，「引文牽義」，「入于欵例」，以爲之分疏比擬，而參以戲論之事，亦不可免。然吾人今果能由此分疏比擬之功，以知三賢之學之所實有之同異，則亦當可由其同是者之以相證，而益見其是；其異而俱是者，即可據以證三賢所同言之「義理之無窮」；而由其學之異所致相非之言，其未必是者，則亦當可由此分疏而見。合此三者，則正所以見三賢之學，其同在一儒學之大流中，其立義之相承相輔之迹，與此中之慧命之相續而不斷者。當亦不失爲一彰顯三賢之學，于今世之一道。若必慮陽明所言「意必之見，流注潛伏，以爲良知之蔽障」，則亦未嘗不可于吾言既畢之後，更斬除枝蔓。能造此所謂良知之蔽障者，是吾人之良知，而能破除之者，亦是吾人之良知，則又何害乎？

本文之目標歸在言陽明之學之同有本于朱陸所言之義，以矯世之唯將陸王屬一學派與程朱爲對壘之偏。然欲論此，又須更畧及于世所謂朱陸之異，與陸王之同。此世所謂朱陸之異，吾于朱陸異同探原一文，唯就其原于朱陸以前之儒學，與原于朱陸言心之義者而論；乃未及于一般所謂朱陸之同異，與其學術之「流」之所以異。然此一般所謂朱陸之異，其中亦有同處，及實異而不相悖者，今並當一補述。至世所謂陸王之同言心即理，雖大致不差，然亦多有空言不切，須重加說明，並加補述者。然後可進而論陽明之學承朱子之問題，而轉進一層之義。故此下之文當分三篇，上篇爲陸王之同處之重加說明，並一論象山言工夫論所特重之義，而非朱子之陽明之所重者，以爲後文較論之資。中篇爲世所謂朱陸之異同之補述，下篇爲陽明與朱子之關係之重辨。此中，上篇以象山爲主，而兼及陽明，中篇以朱子爲主，而兼及象山，下篇以陽明爲主，而兼及朱子。中篇以上篇爲對照，又爲下篇之所據，而下篇又還通于上篇所論及于象山陽明者。又此上篇、中篇，皆平鋪論列，徵引文獻，要在取信，不必皆涉義理之精微。下篇論義，則層層轉進，多涉精微，宜兼有廢書卷之功者，方可期于共喻。是則三篇之內容與作法之不同，玆先加說明，以便讀者之觀覽者也。

二　陸王言心即理之切實義

世所謂陸王之同，恆就二家皆言心即理爲說。此言固是。然昔之評論陸王之言心即理之學者，或謂其爲任心以爲理，則全不是。其或以陸王之言心即理，即以心之虛靈知覺爲天理，如羅整菴困知記之說；或只以守此心之精神不外用，如陳淸瀾之學蔀通辨所論，則皆有一大誤解。而其原亦有由朱子疑象山爲禪之言而來者。至朱子之所以有此疑之故，則當更加解釋。然朱子于象山之言心之義，要亦無全部之了解。朱子于象山之學，意其

「只管說個心，萬法流出，都無許多事。」（語類九十二）則此語是否可用以說象山，當看此心與許多事作何解爲定。依朱子之所謂虛靈明覺心去解，則亦不切合。至吾人之由觀象山之有「宇宙即吾心，吾心即宇宙，」言千百世之上，千百世之下，東西南北之聖人，此心同此理同，以及宇宙內事即己分內事，己分內事，即宇宙內事等言，陽明之有吾人之良知天地萬物之靈明等言，即直下意陸王之言心即理，乃在證成一唯心論；亦未能循陸王之言，以相應而說。吾意此象山之言宇宙即吾心之論，陽明之言良知即天地萬物之靈明之言，與吾于朱陸異同探原所論，象山言本心之體用動靜不二，與陽明之類此之義，固是象山陽明之學之所歸宗義。其是否唯心論，當視唯心論之義如何而定。然要之不同于一般西方哲學由思辨建立之唯心論，陸王之學亦實不重在立一論。此上之諸歸宗義，亦皆由其言德性工夫而顯示。象山陽明之言心即理，與即心見理之工夫，亦初不宜自此歸宗義講起，而更有其切實可循之義可說。今若不先經此切實可循之義，便說此歸宗義，則亦可如朱子所謂「只學得一場大話，互相恐嚇，而終無補于爲己之實也」（朱子大全卷五十三答高應朝）「金溪之徒，不事講學，只將個心來作弄，胡撞亂撞」。（語類卷百廿一）今按象山嘗言「汝耳自聰，目自明，見父自能孝，事兄自能弟，本無少缺，不必他求，自立而已」。（象山全集卷三十四語錄）陽明用象山此語，改能字爲知字，則謂「見父自然知孝，見兄自然知弟，見孺子自然知惻隱：此便是良知。」（傳習錄上）此即陸王言心即理之人人當下切實可循之義。此義初不外就人之本已有之德性之表現于心知者，指其爲此心之發用，更直下自省其中之有此心之理在。世間亦實無人能謂在對父對兄有孝弟之時，此孝弟之理不在心，而只在父與兄之聲音相貌之上，而爲吾人之耳目聞見之所得，然後知之于心者也。則陽明之問「孝之理其果在吾之心耶？抑果在親之身邪？假而在于親之身，則親歿之後，吾心遂無孝之理耶？夫物（如父等非物質之物也）理不外于吾心，外吾心而求物理，無物理矣。遺物理而求吾心，吾心又何物耶？心之體，性也。性即理也。有孝親之心，即有孝之理，無孝親之心，即無孝之理矣。有忠君之心，即有忠之理，無忠君之心，即無忠之理矣。理豈外于吾心耶？」（陽明全書卷二答顧東橋書）凡此所問，固皆可不待言，而人皆能知此忠孝之理，在此忠孝之心也。由此更觀象山之廣說：「心、一心也，理、一理也。此心此理，不容有二，愛其親者，此理也；敬其兄者，此理也；見孺子將入井，而有怵惕惻隱之心者，此理也；可羞之事則羞之，可惡之事則惡之者，此理也。是知其爲是，非知其爲非，此理也。宜辭而辭，宜遜而遜者，此理也；敬，此理；義，亦此理也。……孟子曰所不慮而知者，其良知也，所不學而能者，其良能也。」（全集四與曾宅之）則亦皆人人自反省其惻隱、羞惡、辭讓、是非之心，而即能自知其此心之爲合理，而爲此理之所在者。此理固唯是道德上之當然應然之理，而非其他所謂外在事物之自身，所以存在之「事理」或「物理」，亦非任何其他之超越的玄理之類者也。

此上言道德上之「當然應然之理」，在吾人道德的心之發用中，初非謂此心此理之無一般所謂「所對之外物」；而實正以此心之自始即有其所對之外物，而後有此心之發用。如父君與孺子，即初皆所謂外物也。象山陽明皆未嘗謂天地萬物乃此心之所變現，唯存在于此主觀之心內；亦初未嘗謂此天地萬物無其自身所以存在之理。（註）則其思想非西方之知識論上之唯心論甚明。至對此道德的理，所以必說其原自此道德的心，而非由外

註：陽明傳習錄下有山中之花與此心俱寂，又有人死即其天地萬物與之俱去之言。此只是就人心知與其所知，俱起俱寂，以見心知與其所知之合爲一事，而初非就天地萬物之自身，而問其客觀存在與否。此問題對陽明之學言，亦原

不必問者也，看本文下篇。

來者，則又正在吾人之必先于外物有聞見，然後方繼而有吾人對之之道德的心情、意念與行爲，如忠孝之心情之類。此即正見此諸忠孝心情等，乃繼外物之聞見，而吾人更對此外物加以回應時，所表現者。故此乃斷然屬于吾人對外物之回應之事，而不屬于外物之來感，以爲吾人所見聞之事者。故此心情，亦必然爲吾人之自己所內發，而此心情中之理，如忠孝，亦爲與此心情俱發而發之性情之理，而斷然不能爲視由外至或外鑠者矣。此乃孟子之所一論而論定之義，而象山陽明之即承之而說一切道德上之四端萬善，皆由心而發。此乃亦原無疑義之可言者也。

象山與陽明依此道德的理與道德的心俱發之義，以言此理之在此心，初亦未嘗否認人心之發，另有其不合此道德上之理者。象山固嘗言人心之有私欲意見爲之病，故其早年即有洗心之論，謂必須此心中之「人爲之妄，滌之而無餘」（全集二十九），然後見天理。故象山亦嘗謂：「有所蒙蔽，有所移奪，有所陷溺，則此心爲之不靈，此理爲之不明。……心當論邪正，……以爲吾無心，即邪說也。」此即謂人之心，固原可有蒙蔽，以成不合理之邪心，謂吾無心，固爲邪說；謂吾人無此邪心，亦邪說也。陽明之所以言人當反求諸其心，正謂「善惡之機，眞妄之辨，舍吾心之良知，將何所致其體察乎。」（答顧東橋書）故陽明之致良知之工夫，必待吾人存此心之天理之善之眞，而去其心之人欲之惡之妄。謂人之心除合天理者外，有種種當去之邪妄與不善者，陸王固無異辭，亦無人能有異辭也。則謂陸王之教人任心以爲理，或以「凡心之所發，無非妙理」，則陸王固無此說，而任何人未嘗眞能如此說也。謂道德的理原爲道德的心之所發或心之所發，固不能由邏輯上之換位

陽明學與朱陸異同重辨（一）　六五

法，以謂凡心之所發，皆合道德的理也。若其然也，則一切德性工夫皆無。此乃順世外道，虛無主義，一任雜染罪惡流行之論，凡言有道德工夫者，亦皆無此說者也。

然人之謂其道德的心與理之外，別有不合此道德的理之心者，其所以變化此後者之心，以有其德性之工夫，而使其心情意念行爲，皆化爲合理之道，則有種種之不同。世之爲宗教之學或其他之學者，或昔之爲儒學者，固有或以爲此當求諸神，法諸天，而賴社會之風教之陶養，政治上法律之獎懲，或名教禮制之規範，並動人以爲善之利，與爲惡之害；然後乃能使人得變化其心情、意念、行爲之不合理而不善者。此皆以道之大原，出于己之外之天、他人與結果之計慮之說，而與孔子與顏曾思孟之傳，以道之大原出于己之內心之根本義，相違者也。宋明儒自程朱更大張道之大原出于心性之義，其初則偏在言其出于性，而性即理。陸王乃特重言道或理之出于心，然亦謂此理即心之性。其言心即理，猶言心即性也。陸王之所以必重說此心即理，則以人果知得：此道德的理之即在此心之發用中，即同時可知得：人之所以化除其不合理之心情意念行爲之「能」，亦在此心中，更可由此以知得：此心自亦有「能化除此一切不合理者」之理之性。人在眞求化除其一切此不合理者之時，固當先自信其能化除之。即彼往求諸天、求諸人以助之化除者，亦必然同時相信在此人之自身上，此諸不合理者，原有當化除而被化除之可能，即其在人之自身上，有「由有而無」之理；亦即必歸于謂在人自身上，原自有能化除之之理或性也。若然，人固可直下認取此「人原自有之此能化除之」之性之理，自求化除之，而不必外求諸天、求諸人矣。此則唯賴人先由自覺其一切道德的心情意念行爲中之理，原在此心之中；然後能于其道德上修養工夫之上，眞正求諸己，而不外求諸天、人與他人等。緣此而後人方知「宇宙之間如此廣濶，吾身立于其間，須大做一個人」(象山全集三十五)；亦緣此而後人方知：「學問思辨之功，雖其困勉至于人一己百，而擴充之極，至于盡性知天，亦不過致吾人之良知而已。」(答顧東橋)此即陸王言心即理之義，所以承儒學之正傳者也。

至于此道德的工夫之事，所以不當求諸外在之天與人，必當求諸己，又必當謂人心原有「能作此工夫，以化除一切不合理之心情意念行爲」之性之理者；則由凡彼「求諸外」者，在其求諸外時，其心即已傾側欹倒于外，便終不能眞化除此不合理者于其心之內。由是其所成就之道德，即皆不免孟子所謂行仁義，或義襲而取，而終不能實有諸己。此亦孔孟程朱陸王，一脈相傳，同無異義者。而象山之言心即理，則又特意在使人由自覺其理之在心，而直下先有一自信自立，並以此自信自立，爲其德性工夫之所據，以使其工夫更易于得力。陽明又更言其說心即理之故曰：「我如今說個心即理，……只爲世人分心與理爲二，故便有許多病痛。……如五伯攘夷，獨尊周室，即是一個私心。只心有未純，往往慕悅其所爲，要來外面做得好看，都與心不相干。分心理爲二，其流至伯道之僞，而不自知。我說心即理，便來心上做工夫，不去襲義，于義便是王道之眞。」(傳習錄下)此即謂人不知心即理，必以行爲之表面合理爲自足，而不更問其發此行爲之內在的心情意念之是否合理，即不能求其內在的心情意念之合理，而不免于僞；亦不能知吾人之心，原有「能自化除其內在的心情意念之不合理者」之理之性，而自做實現此理此性之心上工夫也。陽明于象山文集序(全書卷七)，又發揮象山言心即理之義曰：「蓋王道息而伯術行，功利之徒，外假天理之近似，以濟之，而以欺于人。曰天理固如是。不知既無其心，尚何有所謂天理者乎？自是而後，分心與理爲二，而精一之學亡。世儒之支離外索于刑名器數之末，以求明其所謂物理者，而不知吾心即物理，初無假于外也。佛老之空虛，遺棄于人倫事物之常，求明其所謂吾心者，而不知物理即吾心，不得而遺也。」此段文則一方言析心與理爲二，謂理不內在于心，必以之爲外，而人乃必不免以凡外表行事之合理者，即理之所在，而伯道之僞，即由此起。一方更言由人之視理于外，乃更不求在內心下工夫，以求其心之精純不雜，而一于天理。則世儒之支離于外，與佛老之空虛于內之病，皆緣之而致。此則兼王道之熄、伯術之盛、與後世之學術之風氣之衰，以言此心即理之義，所關係于世道人心者之大，以見心即理之義之不容不立者也。

上述陸王之言心即理，同時承認人心之意念行爲之有不合理者，須由自覺此理之在心者，更加以化除，而自下工夫，以使心皆如理。一切心之不合理而不如理，是謂放心，而學亦可以求放心一言概之。求放心，乃心之自求。自求放心之學，即曰心學。象山嘗曰：「自孟子言學問之道求放心，是發明……孟子既說了，下面更注脚便不得」（全集卷三十五語錄）。又言「愚不肖者不及焉，則蔽于物欲而失其本心；賢者智者過之，則蔽于意見而失其本心。」（卷一與趙監）則人之無論賢愚不肖，其本心固常失而常放，即皆不能不有求其放心之學也。陽明紫陽書院序（全書卷七）更申孟子與象山之旨曰：「孟氏所謂學問之道無他，求其放心而已矣。博學者，學此者也；審問者，問此者也；愼思者，思此者也；篤行者，行此者也。心外無事，心外無物，故心外無學。是故曰：父子盡吾心之仁，君臣盡吾心之義；言吾心之忠信，行吾心于篤敬；懲心忿，窒心慾，遷心善，改心過，處事接物，無往而非求盡吾心，以自慊也。」陽明答顧東橋書曰：「心即理。學者，學此心也；求者，求此心也。孟子之學問之道無他，求其放心而已矣。」此心學乃以心之自求放心爲學，即于心上學，固非不學也。

至問此陸王心即理之義中，所謂理之內容如何。則當注重者，是象山陽明皆未嘗論此心畢竟有多少理。昔儒于此心之性理之內容，固有加以討論者。如漢儒即多承孟子中庸言五常之性，宋儒周子亦本五行言五性。唯程伊川則嘗謂性中無孝弟，只有仁義禮智等。朱子于仁義禮智四德與信更加分別，謂信只是理之實，即實有四德之名，而與四德不同。然朱子言四德亦只就大綱而別爲四，朱子固亦謂心性中具萬理，以爲其與生俱生之明德。然象山陽明則不本五行言性，亦未嘗有種種有關五常四德之討論。象山唯泛言一切四端萬善，皆原本于心，而無意指出此心之理之項目件數。蓋象山之言心即理，乃重在教人自其心之發用上，自覺其中之理。在心未發用處，此理不可見；而在心之發用處看，則心之遇物無窮，心之發用無窮，則此理之表現，亦當無窮；不能以四端五常盡舉也。故象山嘗曰：「孟子就此四端上指示人，豈是人人只有此四端而已。」（卷三十四頁二十一）又謂「近來論學者言擴而充之，須于四端上逐一充，焉有此理？孟子當來，只是發出人有是四端，以明人性之善，不可自暴自棄。苟此心之存，則此理自明，當惻隱處自惻隱，當羞惡、當辭遜，是非在前，自能辨之。當寬裕温柔，自寬裕温柔，當發强剛毅，自發强剛毅，所謂溥博淵泉，而時出之。」（全集三十四）此明見象山不重此四端之件數，以求于其上一一加工，唯重在言此心之理，如「淵泉之時出」而無盡。則此心之理，原無一定項目件數。故其言此心此理，亦非指包含其項目件數之一總體之心，總體之理。此所謂「此」字，乃謂即此心之發用所在，便是其中之理之所在，如用今語釋之，即「何處有心，何處便有理」；即以使人隨處即本心良知呈現處，識得天理。由此而象山之言一本心，初唯是于一切本心之表現，皆溯其原于一本，方謂其自一本原而流出；固非欲人先把捉此一本原，或本心之總體，以之籠統包括一切也。蓋自此中之一一表現或流出者看，固自有分別；而由其流出之無盡，則原不能就其項目件數，加以歷數，以納之于一總體也。由此以觀，則朱子與後之爲朱學者謂象山之言，「只揀一個籠統的說話，將來籠罩，只是要尋這一條索，却不知道都無所得穿。」（語類二十七），其意雖皆可解，然以謂象山之言此心此理之說即如此，即顯見其不恰當也。

至于陽明之言心即理，乃即心之良知之是是非非以見理。心之良知之是是非非，乃對事物而見。事物皆具體之事物，而良知天理之表現，即皆連于此具體之事物。具體之事事物物，固一一分別，而良知天理之是是非非，亦即顯一分別義。故「良知天理」之不能視爲一包括項目件數之總體之名，而唯所以言一切良知天理之表現，皆同原而共本，即更較象山之言本心者，顯然易見，無煩多論矣。

三　聖賢、學者，與愚夫愚婦之心同理同

由上文吾人可知陸王之言心即理，非意在以一本心或良知之理，籠統包括一切理，而唯在教人由其心之種種發用中，自識其心之理，而知其由一本原而出。此乃意在教人之由此理之原在吾心，而本之以成其自求放心之學。緣是而吾人即當進而對象山陽明所謂心同理同、人之良知之同，更求有一的解。以象山之心同理同之義而言，大率世人之驟聞象山之言千百世之上下、東西南北之此心此理同者，恆易直下便宛若見得一超越于四海古今之上之一形而上的大心、大理，如在目前。然此見只是想像，却尚未落實，亦不親切。象山之言心同理同，實亦未嘗直說一切聖人之心與所見之理全同。吾人于本文第一節中，已引及象山言千古聖賢，同堂同席，議論無盡合之理。此外象山復明言「聖人並世而生、同堂而學、同朝而用，其氣稟德性所造，豈能盡同？至其同

者，則禹益湯武同也。」（卷二十二）又言「堯、舜、禹、湯、文、武、周公、孔子，此八聖人，合堂同席而居，其氣象豈能盡同。」（卷三十四語錄）此即見象山所謂聖人心同理同者，並非說其心所見之理全同，而只言其有一眞同處。此所謂眞同處者，即其所見之理雖有不同，然其皆有見于理，而其心皆爲合理之心即同。其心之同爲合理之心，即其心同爲一無私之心。此無私之本身，亦即可視爲此心之理。此便見一切聖人之心同理同、同是無私，並不礙其本此無私之心之理，以應物論事時，所見之理之不同，或其此心之表現于忠或孝或惻隱或羞惡等之不同。此即見聖賢之心同理同之實義，固非必謂聖賢之心之理之內容，全是一模一樣之謂同也。

然由上文所說，去看聖賢所見得之心同理同之義，則又不能只限在應用于聖賢而已。蓋不僅聖賢有心同理同之處，自聖賢以外之一切人，其心所發之意念行爲，同爲合理，而表現其心之理之處看，固亦皆有其同于聖賢之處，則于一切人皆可說其心同理同也。故象山于上所引卷二十二之文之下曰：「夫子之門，唯顏曾得其傳，以顏子之賢，夫子猶曰未見其止，孟子曰具體而微，曾子則又不敢望顏子。然顏曾之道，固與聖人同也。不特顏曾與聖人同，雖其他門弟子，亦固有與聖人同者。不獨當時之門弟子，雖後世之賢，固有與聖人同者。非獨士大夫之明，有與聖人同者，雖田畝之人，良心不泯，發見于事親、從兄、應事接物之際，亦固有與聖人同者。指其同者而言之，則不容强異。然道之廣大悉備，悠久不息，而人之得于道者，有多寡久暫之殊，而長短之代勝，得失之互居，此小大、廣狹、淺深、高卑、優劣之所從分，而流輩等級之所由辨也。」即明言一切人皆有與聖人之心同理同處也。

至陽明之言同此象山所謂心同理同之義者，則嘗曰：「與愚夫愚婦同的，便是同德，與愚夫愚婦異的，便是異端。」（傳習錄下）又謂「聖人之訓，如青天之日，賢人如浮雲天日，愚人如陰霾天日，雖有昏明不同，其能辨黑白則一。」（傳習錄下）則在有此心之良知，以辨黑白是非上，聖愚固無分也。

此上象山所謂一切人有其心同理同處之言之中，于一般人與學者與聖賢之有異處，固未嘗忽視。然自學者分上言，則象山意謂于此不同處之等差級次，非所難明，然非學者用功之切要處。學者用功之切要處，唯在自覺到此中吾人與聖賢之同處，而即在此同處，有以自信自立，而更下工夫，以誠求此同處之日充日明，日廣日大。此即學者由思誠以求同于聖人之誠之工夫也。象山嘗曰：「今之學者且皆不誠，不知思誠時，所得所中者，與聖人同乎不同？若其果同，則濫觴溟渤，皆水也。則大小、廣狹、淺深之辨，亦自不害其爲同。第未知所謂同者，其果同乎？故嘗謂其不同處，古人分明說定等級差次，不可淆亂，亦不難曉，亦無可疑。獨其所謂同者，須是眞實分明，見得是同乃可。不然，却當致疑而求明也。」（全集卷六與傅聖謨）此正爲象山之教重人之識得此心同理同之切實義之所存。若吾人只觀其言聖賢之心同理同，而只往想像一形而上的大心大理，則失其言心同理同之切實義，乃在使吾人自覺其心其理之與聖賢同處，而本此以更用思誠之工夫，以求誠之義矣。

四　聖賢之知能、與學者學聖人之道、及至治之世

此心同理同之義，乃以聖賢之所同，爲衆人及學者之所同。故知聖賢之所以爲聖賢，亦即知衆人與學者之所同，與學者所當用功之處。聖賢之所以爲聖賢，唯在其心之無私，故當事物之已至，其心與理之發用，即更無蔽障之者。心之理無蔽障，即心之靈、理之明。聖賢有此心之靈、理之明，非其于事物之未至，而其心已先

知之，並先知此應事接物之理之謂；唯是當事物之既至，即能如理而應，心無滯礙之謂。又謂聖賢有「此心之靈」，唯言其道德的心之靈，謂聖賢有「此理之明」，亦唯言其于道德上的理，能昭然明白，以表現于其心之發用之中。聖賢之所以爲聖賢，唯在其實有此心之靈、此理之明，是即聖賢之德性。此聖賢之德性，固非自其對事物之知識與技能上見。自知能上說，聖賢亦不必多于人；即多于人，亦仍有其所不知不能。此知能之多少，亦實皆與聖賢之所以聖賢無關者。至所謂聖賢之無所不知、無所不能，則只是言其心之于道德的理，昭然明白；在德性上，言其當知者皆已知，當行者皆已行；非謂其一般所謂知識技能之無限也。就此一般之知能而言，聖賢固有所不知不能；其異于一般人者，唯在其不以其不知爲知，不以其不能爲能而已。由是而學者之學聖人，即亦不在求多知多能，要在學聖人之不以不知爲知，以不能爲能。故象山嘗謂：「知之爲知之，不知爲不知，是知也。後世恥一物之不知者，亦恥非所恥矣！人情、物理、事變，何可勝窮？若其標末，雖聖人有所不能盡。稷之不能審于八音，夔之不能詳于五種，以理揆之，夫子之聖，自以爲少賤而多能，然稼不如老圃，……伏羲之時，未有堯之文章；唐虞之時，未有成周之禮樂；非伏羲之知不如堯舜，堯舜之智不如周公。」（卷一與邵叔誼）「雖夫子天予之聖，亦非天下之理，皆已盡明，而無復可明之理。今謂言之不明者，非固責其不能盡明天下之理，蓋謂其有不自知之處也。人各有能有不能，有明有不明。若能爲能，不能爲不能，明爲明，不明爲明，乃所謂明也。」（卷三與曹立之）統此諸言，以觀象山謂聖人亦有所不知不能之旨，可謂深切。聖人之眞正之智與明，固原不須在其知識技能之無所不知不能上說，而唯當在其自知其有所不知，自知其有所不能；而不以不知爲知，不以不能爲能之德性上說。則學者之學聖人，亦不在求多知多能，只須學聖人之不以不知爲知，不能爲能之德性斯可矣。此則依于心同理同之義，正爲人人之所能學者。是爲人之根本之學。至于知識技能之學，則第二義以下之學；而學之者亦不當以其知識技能之勝人，而加居人上，而自壞其根本之學也。故象山嘗自謂「若某則不識一個字，也須還我堂堂地做個人」（全集三十五語錄）又曰：「仁義忠信，樂善不倦，此夫婦之愚不肖，可以與知行，聖賢之所以爲聖賢，亦不過充此而已。學者之事，當以此爲根本。若于天文、地理、象數之精微，非有絕識，加以積學，未易言也。……皆德行事爲尊、爲貴、爲上、爲先。樂師辨聲，詩、祝、史，辨乎宗廟之禮，與凡射御書數等事，皆藝也，爲卑、爲賤、爲下。……凡所謂藝者，其發明開創，皆出乎古之聖人。……然聖人初不尚此。其能之，每以教人，不以加人；若德行中庸，固無加人之理。世衰道微，德行淺薄，小人之有精力者，始以其藝加人，珍其事，秘其說，以增其價，眞所謂市道……。」

此言德行爲尊爲上，明非謂有德行者當自居于人上，以加于人上之謂；而只是言人之學問當以德行爲根本，而爲尊爲上之義。人之不能以德行爲上，而只以知識技能勝人，而秘其說、增其價者，是爲小人，則能有德行者皆大人。然人固皆同可有德行以爲大人也。象山所謂至治之世，則正在人人皆同有此德行，而相忘于其知識技能或才智功能之大小者也。故嘗曰：「唐虞之盛，田畝之民，竭力耕田，爲什一以供其上，亦是與堯、舜、皐、夔同德。」（卷十四與姪孫濬）又言：「古人不恃才智，不矜功能，故能通體是道義。道義之在天下，在人心，豈能泯滅？唐虞之時，禹、益、稷、契，功被天下，澤及萬世，無一毫自多之意。當時含哺而嬉，擊壤而歌，耕田而食，亦無一毫自歉之意。風化如此，豈不增宇宙人和哉。」（卷七與包顯道）

此上象山言聖人自知其有所不知不能，學者之學聖人，亦不當求無所不知不能，並當知天下之一般人無不同具此心此理，可與聖人同心同德，以及在至治之世，人當皆以成德爲務，而相忘于其才智功能之大小諸義，陽明亦皆言之，而發揮尤詳。陽明答顧東橋書嘗言聖人之非無所不知、無所不能，學聖亦不在求多知多能曰：「羲和曆數之學，臯契未必能之也，禹稷未必能之也。堯舜之知而不偏物，雖堯舜亦未必能之也。然至于今循羲和之法，而世修之，雖曲知小慧之人，星術淺陋之士，亦能推步占候，而無所忒。則是後世曲知小慧之人，反賢于禹稷堯舜耶？……夫禮樂名物之類，果有關于作聖之功也，而聖人亦必待學而後知焉。……謂聖人爲生知者，專指義理而言，而不以禮樂名物之類；則是禮樂名物之類，無關于作聖之功矣。聖人之所以謂之生知者，專指義理，而不以禮樂名物之類；則是學而知之者，亦唯當學知此義理而已；困而知之者，亦唯當困知其義理而已。今學者之學聖人，于聖人之所能知，未能學而知之，而汲汲焉求知聖人所不能知者，以爲學，無乃失其希聖之方歟？」（傳習錄卷中答顧東橋書）此外陽明又明謂：「聖人無所不知，只是知個天理；聖人無所不能，只是能個天理。聖人本體明白，故事事知個天理所在，便只盡個天理。不是本體明後，卻于天下事物，都便知得，便做得來矣。天下事物，名、物、度、數、草、木、鳥、獸之類，聖人須是本體明了，亦何緣盡知得？他不必知的，聖人自不消知；其所當知的，聖人自能問人。」（傳習錄下）

由陽明之言聖人之有所不知不能，故陽明更言聖人之同爲聖，而才力儘可不同之義。蓋人之才力之大小，正是一般之知能之多少上之事，原不關聖人之所以爲聖之事也。故陽明言「伯夷、伊尹、孔子，才力終不同」，又嘗以金喻聖人才力，而有「堯舜萬鎰，孔子九千鎰」之說。蓋「聖之所以爲聖，只在其心純乎天理，而無人欲之雜；猶精金之所以爲精，但以其成色，而無銅鉛之雜也。故聖人之才力，亦大小不同，猶金之之分兩有輕重也。」（傳習錄上）知聖人之才力之不同，則學者之學聖，正當于聖之所以爲聖上着眼，不當在聖人之才力或知能着眼，方不致只在才力知能言學問，而希慕才力知能之大，以流爲功利之學。故曰「只要此心純乎天理處同便同謂之聖。若是力量氣魄，如何盡同得？後儒只在分兩上計較，所以流入功利去。只在此心純天理上用功，却人人具足，箇箇圓成，便能大以成大，小以成小，不假外慕，無不具足……。後儒不明聖學，……却去求知所不知，能所不能，一味只是希高慕大，……」（傳習錄上）

由聖人之所以爲聖，不在才力知能，學者之學聖人，亦不當于才力知能上希慕，故陽明之自言其致知格物之學聖工夫，即一切人所共同之工夫曰：「我這裏言格物，……自天子以至聖人，皆是此等工夫。但聖人一格物，便熟得些子，不消費力。如此格物，雖賣柴人都是做得，雖公卿大夫以至天子，皆如此做。」（傳習錄下）至陽明之言理想之至治之世，唯在人之各成其德，而各盡其知能，相輔爲用，而相忘于其知能才力之大小與異同，則其言又較象山更爲詳明。故其答聶文蔚書中拔本塞源論又曰：「唐虞三代之治，下至閭井田野、農工商賈之賤，莫不皆有是學，而唯以成其德行爲務。……故稷勤其稼而不恥其不知教，視契之善教，即己之善教也。夔司其樂，而不恥于不明禮，視夷之通禮，即己之通禮也。蓋其心學純明，而有以全其萬物一體之仁。故其精神流貫，志氣通達，而無有乎人己之分，物我之隔。譬之一人之身，目視耳聽，手持足行，以濟身之用。目不恥其無聰，而耳之所涉，目必營焉；足不恥其無執，而手之所探，足必前焉。……蓋其元氣充周，血脈條暢，是以痒痾呼吸，感觸神應，有不言而喻之妙。此聖人之學所以至易至簡，易知易從，學易能而才易成者，正以大端，唯在復心體之同然，而知識技能非所與論也。」（傳習錄中）又其節菴方公墓表（全書卷二十五）言至治之世，人之異業而同道之旨尤備。其言曰：「古者四民異業而同道，其盡心焉一也。士以修治，農以具養，工以利器，商以通貨，各就其資之所近，力之所及者而業焉，以求盡其心，其歸要在有益于生人之道，則一而已。士農以其盡心于修治具養者，而利器通貨，猶其士與農也；工商以其盡心于利器通貨者，而修治具養，猶其工商也。故曰四民異業而同道。蓋昔舜敘九官，首稷而資契，垂工益虞，先于夔龍。商周之代，伊尹耕于莘野，傅說板築于巖，膠鬲舉于魚鹽，呂望釣于磻渭，百里奚處于市，孔子爲乘田委吏，其諸儀封、晨門、荷蕢、斲輪之徒，皆古之仁聖英賢、高潔不羣之士……自王道之熄而學術乖，人失其心，交鶩于利，……于此始有歆士而卑農，榮宦游而恥工賈」。

綜上所論，吾人即可確切了解，無論象山陽明言發明本心、致良知，皆同此即心即理之教，而皆自稱爲至簡至易之學之教之故。此簡易之處，乃在學聖賢者原不尙其才力與知能之多。多者更有多，則難；才力知能人各不同，則異。難則不易，異則不簡矣。故學聖賢，而在與聖人及一切愚夫愚婦所同能知、同能爲之德性上用工夫，則自簡易矣。故象山謂：「古今人物同處直是同，異處截是異。然論異處極多，同處却約。孟子曰「道二，仁與不仁而已，同處甚約，指其同者而言，則不容强異。」（全集卷三十二語錄）又曰：「天下之理，將從其簡易者學之乎？欲其繁難學之乎？」（全集三十四語錄）至于陽明之只標致良知三字或致知二字，更明是簡易之教。傳習錄上希淵問聖人可學而至一節，即終以言致良知之學，輕快脫洒簡易爲答。又士德問一段亦明言陽明所教，「明白簡易」。此皆以陽明之所教所學，亦同象山，原在聖人與愚夫愚婦之所同有之此心此理上立根之故也。循此象山陽明之簡易之教，學者果能自發明其本心，自致其良知，以充極其量，即至于聖人之境；則吾人學者乃即愚夫愚婦而能學聖賢者，聖人即愚夫愚婦之能充極其發明本心、與致良知之量者；而天下之愚夫愚婦，即聖賢之尚未能眞發明其本心，亦尚未眞致其良知者。吾人學者，與天下之愚夫愚婦，既同有聖賢之心之理；則學者之能識其自己之本心良知，即識得聖賢之所以爲聖賢，而學聖賢亦非學一外在之聖賢矣。此即象山之所以對學生朱濟道言「識得朱濟道，即識得文王」（全集卷三十四語錄）也。至于陽明則于此有「心之良知是謂聖」（卷八書魏師孟卷）之言，又曰：「自己之良知，原與聖人一般，若體認得良知明白，即聖人氣象不在聖人，而在我矣。」（啓問道通書，傳習錄中）並嘗直謂「人人胸中原有個聖人，只自信不及，都埋倒了」（傳習錄下）其詩亦有「個個人心有仲尼」之句。依陸王說人人心中，皆有文王、有聖人、則吾人學者，欲推行此聖人之教，以至于天下之愚夫愚婦，亦當一方視一切愚夫愚婦之心中，同有此仲尼，而可見「滿街都是聖人」，亦當自同于愚夫愚婦以講學。故陽明嘗曰：「你們拏一個聖人，去與人講學，人見聖人都怕走了，如何講得行？須做個愚夫愚婦，方可與人講學」。（傳習錄下）陽明之學之所以能廣被天下，而泰州門下之有樵夫陶匠，共此致良知之學者，其故亦正在其于學者、聖人、愚夫愚婦三者，原無差別見也。

然此象山陽明之倡此至簡至易之發明本心或致良知之學，亦皆初無教人于天下之物，無所事事，關門獨坐，學爲聖賢之謂。象山嘗言「在人情、物理、事變上用工夫」，象山亦能理事務。陽明一生建功立業，其學更自事上磨練得來。陽明亦嘗發揮象山于人情物理事變上用工夫之言。按象山所謂人情物理事變上用工夫，固非只求于人情物理事變上知識得多之謂。故象山曰：「若知物價之低昂，與夫辨物之美惡眞僞，不可謂之不能。然吾所謂工夫，非此之謂也。」則象山所謂工夫，實即不外自驗其所以處人情物理事變之德性工夫甚明。

後陽明發揮象山之言曰：「喜怒哀樂，非人情乎？視聽言動，……至富貴貧賤，患難死生，皆事變也。」則陽明所謂此中之工夫，亦即人之「所以自處其喜怒哀樂，以及視聽言動，與富貴之境」之德性工夫也。然人若不與物接，無此人情物理事變之呈于前，則此德性工夫亦無所施。象山陽明之言簡易工夫，初無不與人情物理事變相接之意，亦甚明也。

五　象山陽明之言讀書之道

由上所論象山陽明之簡易之教，吾人即當更畧及于象山陽明對于讀書之共同態度。此乃為世所謂朱子與陸王之不同之一要端。于此吾人亦當先細看陸王于此之同處何在，便可進而論朱子于此所異于陸王者，並不如世所傳之甚。按象山嘗與學生言「長兄每四更一點起，只見某在看書，或檢書，或默坐」。則謂象山不讀書，自無是處。然象山于讀書之態度，要在由文義之了解，更進一步，以自有其讀書之道。今姑鈔錄其重要之言如下，以便觀覽，不煩另釋。象山嘗曰：「前言往行，所當博識，古今興亡治亂是非得失，亦所當廣覽而詳究之。顧其心苟病，則于此等事業，奚啻瞽者之想鐘，盲者之測日月，耗氣勞體，喪其本心，非徒無益，所傷實多」（與陳正己卷十二）又曰：「今人讀書，只是解字，更不求血脈。」（卷三十五語錄）「學者須是有志，只理會文義，便是無志。」（卷三十五語錄）又言「讀書最以精熟為貴，必令文義明暢，欲不勞力思索，不起其疑惑，使末不害本，令文義輕而事實重。」（卷七與胥必先）又謂「某令後生讀書，且精讀文義分明，事節易曉者；優游諷詠，使之浹洽，與日用相協；非但空言虛說，則向來疑惑處，自當渙然冰釋矣。……縱有未解，固當候之，不可强探力索，久當自通，所通必眞實。與私識揣度者，天淵不足喻其遠也。」（卷十一與朱濟道）又言：「大抵讀書，訓詁既通之後，但平心讀之，不必强加揣量，無非浸灌、培益、鞭策、磨礪之功。或有未通曉處，且以明白昭晰者，日夕涵泳，則自然日充日明，後日本原深厚，則向來未曉得者，將亦有渙然冰釋者矣。……與告子論性處，却不必深考，恐其力量未到，則反惑亂精神。」（卷七與邵中孚）「開卷讀書時，……縱有滯礙，此心未充未明，猶有所滯而然耳。姑舍之以俟他日可也。不必苦思。苦思則方寸自亂，自蹶其本，……但能于其所已通曉者，有鞭策之力，涵養之功，便德日以進……若固滯于言語之間，欲以失己滯物之智，强探力索之，非吾所敢知也。」（卷三與劉深甫）又言「讀書毋忽其易曉，毋恃其已曉，則久久當有實得實益。」（卷十與曾宅之）此見象山之明非不讀書，唯言讀書之道，以文義解字爲低一層次之事；當由此進而知其事實或義理，以自培益。故重精熟，不重多；重文義分明之書，不重文義難解之書；而于不解者，又不必强探力索，而當俟義理之熟，涵養之進，使原覺滯礙者，自然渙然冰釋，而實有以自得。此上之言，皆同此旨。象山語錄舉一學者詩曰：「讀書切戒在慌忙，涵泳工夫興味長。未曉莫妨權放過，切身須要急思量；自家主宰常精健，逐外精神徒損傷。寄語同游二三子，莫將言語壞天常。」（全集三十四語錄）亦可概括象山言讀書之道者也。

由象山之言讀書重在知其事實，義理，更實在身心上有所自得，而有所受用；故人讀書亦當先端其心志，否則知識之多，反爲禍害。故又有「學者須打疊田地淨潔，然後奮發植立，……不淨潔，讀書不得。若讀書，則是假寇兵，齎盜糧。」（卷三十五語錄）讀書重有所得、有所受用，故亦不宜多事文字辨析，故謂「聖哲之言，布在方冊，何所不備？傳注之家，汗牛充棟……譬之藥籠方書，搜求儲蓄，殊無遺類；良醫所用，不必奇異，唯足以愈疾而已。」（卷七與顏子堅）又謂「日享事實之樂，而無暇辨析于言語之間。則後日之明，自足以識言語之病，急于辨析，是學者大病。」（卷十與蔡子南）故象山罕事著述。學者問其何不著書，則答曰「六經註我，我註六經。」（卷三十四語錄）此非謂其不讀六經，唯是謂讀六經之時，即以其自心之德性工夫，印證六經之所說，亦以六經之所說者，培養浸灌其心，而使其心與六經，互相發明，即互相註釋也。以心與書互相註釋，而人即可以心之理，衡定書所言者之是非、與書之眞僞。故謂：「昔人之書，不可以不信，不可以必信，顧于理如何耳。蓋書可得而僞爲也，理不可得而僞爲也。使書之所言者理耶？吾固可以理揆之，使書之所言者事耶？事未始無其理也。觀昔之書，而斷之以理，則眞僞焉得逃哉？苟不明于理，而唯書之信，……其弊將有不可勝者矣。」（卷三十二策問取二三策而已矣）

至于陽明，則較象山罕言讀書之方。然言學者爲學，當以端正其心志爲先，固與象山無異。象山有心志不端，則讀書爲假寇兵齎盜糧之言，陽明與聶文蔚書拔本塞源論亦有「記誦之廣，適以長其傲也；知識之多，適以行其惡也；聞見之博，適以肆其辯也；辭章之富，適以飾其僞也」之言。象山有言書不必盡可信，當衡以義理之言。陽明則嘗謂「聖人之書與後世著述，皆不足盡人心天理；故曰人心天理，聖賢筆之于書，如寫眞傳神，不過示人以形狀大畧。後世著述，是將聖人所畫，摹倣謄寫，而妄自分析加增，以逞其技，其失眞遠矣。」（傳習錄一）象山有「六經註我，我註六經」之言，陽明爲稽山書院尊經閣記文，則正若象山此二言之註釋。其言曰：「六經者非他，吾心之常道也。故易也者，志吾心之陰陽消息者也；書也者，志吾心之紀綱政事者也；詩也者，志吾心之歌詠性情者也；禮也者，志吾心之條理節文者也；樂也者，志吾心之欣喜和平者也；

春秋也者，志吾心之誠僞邪正者也。君子之于六經也，求之吾心之陰陽消息，而時行焉，所以尊易也；求之吾心之紀綱政事，而時施焉，所以尊書也；求之吾心之歌詠性情，而時發焉，所以尊詩也；求之吾心之條理節文，而時著焉，所以尊禮也；求之吾心之欣喜和平，而時生焉，所以尊樂也；求之吾心之誠僞邪正，而時辨焉，所以尊春秋也。……世之學者，不知求六經之實于吾心，而徒考索于影響之間，牽制于文義之末，……是猶富家之子孫，不務守視享用其產業庫藏之實積，日遺亡散失，至爲窶人丐夫，而猶囂囂然指其記籍，曰斯吾產業庫藏之積也。」陽明言聖人之六經所說者，即吾心之事，而吾之自盡其心上之工夫，即所以尊六經。此明爲象山六經與我互註之旨。象山不以世儒之只重記籍之考述爲然，而陽明詩亦有「悟後六經無一字」之句，亦即象山之義理事實重而文義輕之旨。陽明言「只要解心。心明白，書自然融會，若心上不通，只要文義通，卻自生意見。」（傳習錄上）則又正同象山之言讀書，不可强探力索以求通，而當俟涵養等工夫之進，然後「通必眞實」之旨也。

上所論陸王之同處之數端，可謂幾于全同。吾人亦可謂陽明凡于此等處之所言，皆不外發揮象山之義者。綜括言之，此陸王之本即心即理而有之簡易之學之教，其要義唯是教人自覺其道德的理之出自道德的心；而于此見及學者與聖人及愚夫愚婦之所同，有以自信自立；更以發明此本心、或致此心之良知爲事，而不重在求知識之多、才力之大；而于讀書之事，則唯在使其自心之義理，與書上之義理互證。然此本心之所以待發明，良知之所以待致，則又由于人心原不免于有象山所謂私欲意見之蒙蔽，不能無心之邪，或陽明所謂人欲之私。則吾人如何能發明此本心，致此良知，以去此一切爲本心之發見、良知之昭明、與天理之流行之障礙之事，即全爲一工夫之事。而此工夫本身，亦有其義理上之問題，此即一工夫如何能實有效驗之問題。人實用工夫時，固亦可說不當計效驗。故象山嘗答學生問克己復禮朱子作效驗說如何曰：「聖賢爲己之日，重工夫，不重效驗。」（全集十三）又謂「學問須論是非，不論效驗，如告子先孟子不動心，其效先孟子，然畢竟不是。」（卷三十五錄語）「今要責效，卻是助長工夫」（卷三）。陽明亦嘗謂「只管求光景，說效驗，是助長，却是病痛不小。」又謂學生只說光景，說效驗者其言之不切。（皆見傳習錄上）然人用工夫時，雖可不計效驗，然所用之工夫，要必須原則上能有效驗者。若一工夫，在原則上不能有效驗，則聖人不可學，而此一工夫本身，即有義理上之問題。故陽明在他處又嘗言「誠明戒懼，效驗工夫，本非兩義。」（全書卷五與黃勉之）如象山陽明之所以反對「世儒之不在心上用工夫，只重文義之知，以理在外，而不知理之在心，或只求多知能才力以學聖人」；即皆因其只增人之外求、義襲、作僞，與向外希慕之邪心、非心，不能有成聖之效驗，而後謂其不能眞爲學聖之工夫者也。然工夫之在心上用者，仍可有種種之切近與不切近之不同，其效驗亦可不同。又對此一工夫爲效驗者，亦可自爲一工夫，更以原來之工夫爲效驗；再對一工夫之本質如何，亦可有不同之規定。由此而宋明儒者于此工夫問題，即有種種不同之義理上之討論。沿上文所言，則陸王之工夫論，就其同處而言之，其本質乃在以「正面的自覺其心之發用中之理」爲本。此工夫之所以當用，而用之必有效驗之故，則在人心之發用縱爲合理，人若對此發用之理，無所自覺，則發用一去，便仍同未發。人若于此，能有一自覺，則此自覺本身，即爲其發用之一繼續、一保任。今有此繼續與保任，則其原來之發用，即已有一增進與充實矣。故此可爲一切近之工夫，而其效驗亦爲必有者。然象山陽明所言之發明本心之工夫，與致良知之工夫，除其皆爲「自覺此心之發用中之理」之一點外，在其他方面，則又並不相同，而陽明工夫論之細密處，則又正受朱子之言之影響而來。故下文將單就象山之言發明本心工夫，而單獨論之，以便進而論朱陸工夫論之同異，與陽明之工夫論。

六　象山之發明本心之工夫

此所謂象山之發明本心之工夫論，非只就其與陽明之致良知之工夫論，同爲一「自覺其心之發用中之理」一點上泛言之。只就此一點言，尚非象山之工夫論之全體，而亦不能見象山工夫論之特色。其所以不能爲象山工夫論之全體者，因如只沿此所謂對心之理之自覺，人雖可有一當下之自信與自立；然此當下之自信自立，却未必即爲一眞實之自信自立。此乃由于人雖有此即理之心之發用，亦有種種之意見私欲之蔽障。人如欲打開此種種之蔽障，以使此心之靈、此理之明，同于聖人，除正面的自覺其心之發用之合理者外，尚須自覺自信其心之「實有能反面的去此一切蔽障，而其本身則又尚未呈現」之性之理；更直下對此心之理，心之性之存在，有一自覺自信。由此而人即可頓見「此心之靈、此理之明，實無私欲意見可爲之蔽障」者。然後人可對此「無能爲之蔽障之此心之靈、此理之明」，亦有直接之自信，而本之以自立。此則賴于人心有一「打開蔽障，或自其中直下超拔而出之，以自升起其心」之工夫。此一工夫，即象山所謂「先立乎其大者」之工夫，而爲象山所視爲一切工夫之本者。此象山所言之「對種種蔽障，求加以打開，或自其中直下超拔而出」之工夫，不特非朱子陽明之所重，亦實不同于孟子所言之工夫，純爲就心之四端發用處，正面再加以存養擴充之工夫者。此象山之工夫，爲一依于人之「正面的自信其心之靈、理之明，原非一切蔽障之所能障」，而更依此自信，以亦包涵一「對此心之蔽障，加以超拔之一反面工夫」者。對此象山之正面工夫中，所包涵之反面工夫，如只以孟子之寡欲工夫言之，亦不切。孟子所謂欲，不過小體之耳目五官之欲，此雖可爲大體之心之害，其害尚淺而易見。宋明儒之言私欲，其義已遠深于此。而象山言此心之障蔽，則于私欲之外，更重意見之害。此乃非孟子之明言所及者。吾嘗謂對一切人在道德生活中一切反面之物，如私欲、意見、習氣等之正視，乃宋明儒學之共同精神。此在象山，亦不能例外。若在先秦儒學，則皆偏在正面抒發理想，而孟子更是如此。故象山雖自謂承孟子，而在此點上，亦非全同孟子也。

至於象山所言由人之自其蔽障中超拔而出之工夫，則初只是自開拓其心量之一嚮往、一志氣、或心志。此心志，初可無一定之心之理爲內容，而只以此「超拔于蔽障外之一心量」之呈現，爲其內容。此心之一切私欲意見之蔽障，如爲吾人之心之一網羅陷穽，或心中之荆棘汚澤。吾人之此心志，即自「激厲奮迅」，以「決破網羅，焚燒荆棘，蕩夷汚澤」；（卷三十五）以求「廓然、昭然、坦然」，以直下至「廣居、正位、大道，是甚次第？」故此一超拔之工夫，乃一强度的越過障蔽之工夫。越不過，即再落入網羅。故象山謂此是一「刀鋸鼎鑊的學問。」（卷三十五）然人果能立此心志，而更本之以自觀其「理之已見于其心之發用」者，即可同時實見得此「涓涓之流，積成江河，泉源方動，雖只有涓涓之微，去江河尚遠，却有成河之理。」（全集卷三十四語錄）；則亦不須更羨慕世儒之「標末之盛」，而唯在此泉原處，求更增益其自信。故下文繼曰：「學者不能自信，見夫標末之盛，便自慌忙，舍涓涓而趨之，却自壞了。實不知我之涓涓之微，却是眞，彼之標末雖多，却是僞。」（卷三十四）此處人當知者是「道理無奇特，乃人心所固有，天下所共由，豈難知哉？但俗習謬見，不能痛省勇改，則爲隔礙耳。古人所謂一慚之不忍，況終身慚乎？此乃實事，非戲論也。」（卷十四與嚴泰伯）人能于此有慚而痛省勇改，以自開障蔽，則知「此理與人無間然，昏明何事異天淵，自從斷却閑牽引，俯仰周旋只事天。」（與朱濟道卷十一）亦知「天降之衷，在我久矣，特達自立，誰得而禦？勉自奮拔，不必他求」；亦知「我心之良，所固有也。吾心之害既去，則心有不期存而自存者矣」（卷二十二）；「心不蔽于物欲，義理亦所固有也，亦何爲而茫然哉」（卷十四）；並知蔽障一開，則「太陽當天，太陰五緯，猶自放光芒不得，那有魑魅魍魎出來」（卷三十五）。欲開此蔽障之道無他，亦唯有「收拾精神，自作主宰」；則終可實知「萬物皆備于我，有何欠闕？當惻隱時自然惻隱，當羞惡時自然羞惡，當寬裕温柔自然寬裕温柔，當發强剛毅自然發强剛毅」。此即所謂「蕩其私曲，則天自大、地自廣、日月自昭明、人之生也本直，豈不快哉！豈不樂哉！」（與包敏道卷十四）「幡然而改，奮然而興，如出陷穽，如決網羅，如去荆棘，而舞蹈乎康莊，翺翔乎青冥，豈不快哉！豈不偉哉！尙誰得而禦之哉！」（全集卷十二與倪九成）「翼乎如鴻毛之遇順風，沛乎若巨魚之縱大壑，豈不快哉！」（全集卷三十五語錄）人果能時時當惻隱即惻隱，當羞惡即羞惡，則心之發用無非是理，心應宇宙間任何之事物，此心即亦貫澈于此事物；人亦可實見此「滿心而發，充塞宇宙，無非此理」矣。而吾人所應之事物，與一切應事物之事，凡爲己份之所當爲者，亦隨其理之充塞宇宙，而爲宇宙內之事；而宇宙內之事，凡爲此心此理之所能貫澈充塞者，亦己份內事。人于此亦可言「宇宙與吾之此心此理」之不二。故曰：「宇宙內事即己份內事，己份內事即宇宙內事」；「宇宙便是吾心，吾心即是宇宙。」（全集卷二十三雜說）而千古聖賢爲其所爲之事之心之理，與吾之爲其所爲之事之此心此理同者，亦即皆可視爲同一之心、同一之理之表現，而可見天地間「心只是一個心，某之心、吾友之心、上而千百載聖賢之心、下而千百載復有一個聖賢，其心亦只如此。心之體甚大，若能盡我之心，則與天同。」（卷三十五語錄）此則人由全開其蔽障之工夫，而有「心之發用，無非是理」之效驗後所達之境。此則象山發明本心之教之歸宗義，而非至聖人不能有如此之實見者也。

然由上述之此心此理之大，即見吾人所當行之道之大；而此道之大，亦無對之大，以其充塞宇宙故也。人眞明此道，誠行此道，則更無次第，此外亦更無道。故謂「誠則明，明則誠，非有次第，凡動容周旋，應事接物，讀書考古，或動或靜，莫不在此。此理充塞宇宙，所以道外無事，事外無道。捨此而外，別有商量，別有趨向，別有規模，別有形迹，別有行業，別有事功，則與道不相干；則是異端，則是私欲，則是陷溺，爲之臼窠、說即是邪說、見即是邪見。」（全集三十五）然人不知此道之大而無外，是爲「道大，人自小之；道公人自私之；道廣人自狹之」，則人當有以自知。人亦更當知其不能行此大道，唯在人心之有蔽障，而求自開之。然此中欲使人對此蔽障之爲吾人之害，感到親切，則吾人于一切蔽障，當更說其即吾人之心自己之病。象山之言人心之病，不如朱子所言者之高。朱子謂：「必全體已是，然後可以言病痛。譬如純是白物事了，而中有黑點，始是可言病痛。」（語類卷百廿）此所說之病痛之義太高。在象山意，則凡人心之有任何蔽障處，皆是病。則人人皆有資格說病痛。人皆有病，而病是自家事，自家亦原不願有病。今本去病之心，以去此私欲意見等蔽障，則自然感到親切，而工夫亦自然着裏。故象山之言中時及于人心之病。如曰：「道徧滿天下，無些小空闕，四端萬善，皆天之所予，不勞人粧點，但是人自有病，與他間隔了。」又曰：「一些子重便是病，一些子輕也是病。」（全集三十五語錄）而一切聖賢所言德性之工夫，亦即不外自去其病，自見此原有之道。故曰：「道在宇宙間，何嘗不廣，但人自有病。自古聖賢，只去得人病，又如何增損得道？」（全集三十四語錄）此去病，只是去吾人自家所本不當有，亦自人之本心之理之道上看，本來無者。去病只是去其所本無、而無增于其所本當有、本來有者。故一切工夫，又可說皆只是一剝落減損之工夫。故曰：「人心有病，須剝落一番……即一番清明，隨後起來，又剝落，又清明，須是剝落得淨盡方是。」（卷三十五語錄）「要一切蕩滌，莫留一些方得。」（卷三十四語錄）象山亦自謂其學問工夫「無他長，只是識病」（卷三十五），又引朱子言「莫教心病最難醫」（卷三十五語錄）更嘗自言其論學與人之不同即在：「今之論學者，務添人的底，自家只是減他的。」（卷三十四語錄）當剝落者剝落，當減者減，所餘者即滿心而發之四端萬善，皆我固有，而亦全無增添者矣。

由上所言象山所言之工夫，要在人之自知心之即理，而自信其心之靈、理之明，非一切蔽障之所能蔽所能障；更依此自信以超拔于蔽障之外，其自立心志，以明一至大無外之道，而誠行此道，即以去除其心之病。人果能打開其蔽障，去其心之病，則固可「一是即皆明，一明即皆是」；而見其心之所發無非是理，以實與聖人同心同德。此固皆可無疑義。然人如何知其私欲意見之蔽障，已全打開，其病已去盡，則又正是一問題。象山于此一問題，亦未嘗無切實之論。此即由象山之言自信自立，亦同時有自疑自克之義以見之。此所謂自疑，當是自疑其意見私欲之是否實已去盡而說。故此自疑，亦即與自克之工夫恆相連者。象山嘗謂「必有大疑大懼，深思痛省，決去世俗之習，如棄穢惡，如避寇讎。」（卷十五與傅克明）又曰：「人心不能無蒙蔽，蒙蔽之未徹，則日以陷溺。諸子百家，往往以聖賢自期，仁義道德自命，其所以卒畔于皇極，而不能自拔者，蓋蒙蔽而不自覺，陷溺而不自知耳。……學問切磋之次，必有自疑之兆；及其至也，必有自克之實。此古人所謂物格知至之功也。己實未能自克，而不以自疑，方憑以決是非、定可否，縱其標末，如子貢之屢中，適重夫子之憂，況又未能也。物則所在，非達天德，未易輕言也。……知之未至聖賢地位，未易輕言也。」（全集卷一與胡季隨）此即謂人亦不當輕易自言其私欲意見之蔽障之已去，而當時有以自疑，由此自疑，而見得其所未能自拔之蔽障，未能克之己私。故象山更嘗謂：「人心惟危，道心惟微，其得其失，莫不自我，曰危曰微，此亦難乎？是所謂可畏者也。」（卷三十二論人心惟危道心惟微文）此人心之危之可畏，即在人初之未嘗有以自疑。人能有以自疑，知所可畏，亦即能有自克之工夫，以自允厥執中，以致力于「中」。象山固于此文言人能「致力于中」而「知所可必」，亦自能「收效于中」。然要當以自知此危，而有自疑之工夫爲先。此即所以防人之由自信其心之即理，而輕自謂其無意見私欲之蔽，以淪于自恃自滿，而狂肆放縱之病害者。此正爲象山之工夫之一切實可循處也。

象山自言其教人之方，曰：「我這裏有扶持，有保養，有摧抑，有擯挫。」其正面言心即理、心同理同、己之心之理與聖人之心之理同，即扶持保養之教。其言開蔽障、去病，而教人自己拔起、與自疑自克，即摧抑、擯挫之教。象山嘗言「儒者之學，軻死不得其傳。不敢謂後世無賢者，然直是至伊洛諸公，得千載不傳之學。但草創未到光明。今日若不大段光明，更幹得甚事。」觀象山之扶持、保養、與摧抑、擯挫之言，要是處處見有光明俊偉之氣象。此二者在象山之教中之相輔爲用，亦即在象山之學中，原有此二者之相輔爲用之義故也。

象山除言自疑自克，爲其工夫論之切實可循處外，其重辨公私義利，尤當視爲其學其教之精神命脈所在。象山全集詹阜民記「初見先生，不能盡記所言，大旨凡欲爲學當先識義利公私之辨」（全集三十五），又傅子雲記：「傅子淵自此歸其家，陳正己問之曰：陸先生教人何先。曰：辨志。正已復問曰：何辨？曰：義利之辨。」（全集卷三十四）傅子淵言又載卷三十六年譜三十四歲項下。此外全集中言辨義利公私者尙多。象山訪朱子于白鹿洞，其所講者，亦「君子喩于義，小人喩于利」一章。象山辨儒佛，亦純從此義利公私處說。淸人李穆堂陸子學譜，即首標象山之辨義利，爲其學之宗旨。象山所謂自疑工夫，亦即當是人自疑其心未能純公，不免于私，未必純在義，而不免于在利上說。其言自克，亦即自克其心志之不免于私，不免于在利者。在此自疑自克之工夫，義利公私上辨志之工夫中，則象山與人書，多言「小心退遜，以聽他日之進」；而力戒學者之勝心，並處處以省察克治之工夫爲言。此則在其書札中，更多其語。便與其語錄所記之言之辭氣，偏在教人直下拔起，以求一是皆是、一明皆明者，殊不相類。人或謂象山之學乃在其語錄，而其書札中之言，乃勉自斂抑之言。又或謂此語錄乃門人所記，而門人之氣質不同，或有沾染禪習者，故所記象山之語，亦多類禪宗之言頓悟懸絕，而見精采者。然書札爲象山所自著，謂書札不代表象山之學，無有是處。其語錄雖門人所記，然要皆以象山嘗有是語。此書札與語錄中之言，亦明多有互相發明者。則應皆足見象山之學之一面。此二者之言之辭氣不同，亦未必即相衝突。大約語錄所記，乃象山直接對學者之問答，其言皆意在激勵鞭策學者，使「振迅精神」，「舉頭天外」，直下認取「居廣居、行大道」之「一是皆是，一明皆明」之一境。其書札則爲自道其心願所存，而望與學者砥礪切磋者；故所言者更親切眞摯，「簡而文，温而理」，乃無意露精彩也。今將此二者之言合觀之，則語錄之言，尚可謂爲第一步之教人自立自樹其心志之語，而其書札之言，則爲進一步教人切己用工夫，而就其心志之所存，更辨其公私義利，知自疑其有所不足，以成其自克之實功者也。則言象山之學之教之標的，固當兼其書札與語錄之言爲說。故「宇宙即吾心、吾心即宇宙」之一類說聖賢工夫之效驗或境界之言，亦即未嘗可于學者立志之始，即爲之言，以樹立其爲學之宗趣者；而象山之本心，亦原當爲一形而上之眞實存在，不以障蔽之故而即不存在者。此則本文之所畧，而爲吾于朱陸異同探原中之所及，讀者可加參閱。然此等高明之義，皆象山之學之歸宗義，而象山之教，固有其面對障蔽求加超拔之警策義，如上節所說，與今茲所說之自疑自克之工夫，就人心志所存，更辨其公私義利之切實可循者在也。

七　象山之學之若干誤解之疏釋

由上文所述陸王之學之同處，與陸子言工夫之義，即可知後世學者之評議陸王之學之言，與朱子之斥象山之學之言，蓋多未能如實而論。羅整菴困知記，以陸王之學知心而不知性，只爲禪學，固與陸王言心即理，實已將心與性理兼舉之旨不合。陳清瀾之學蔀通辨，以陸學專務守一人之精神，而爲禪學，亦明與象山之言在人情物理事變上下工夫，及重辨志之公私義利之旨不類。陳清瀾之謂象山之言，意在欺世，尤爲無理。至于朱子之謂象山爲禪學，則其所指者何在，亦不易明，亦蓋皆不免于誤解。此誤解有種種，下文依其深淺，畧加疏解：蓋唯其中之最後一種，乃朱子以象山爲禪之眞正理由所在也。

（一）此中最淺之一種即其謂象山「只靜坐澂心，却是告子外義」，「不讀書、不務窮理」，「遺棄事物，脫略章句，而相與馳逐于虛曠冥漠之場，其實學禪之不至，而自託于吾學。」（朱子大全卷四十三與林澤之書明指象山）又謂「金溪之學，只要自得底；若自得底是，固善；若自得底非，却如何？不若虛心讀書。」（語類卷百廿）此謂象山不讀書窮理，故爲禪學，由吾人上文所引象山之言觀之，即明未必是事實。象山固未嘗只務靜坐澂心，不虛心讀書，象山言「正諸先覺」，則亦明以所自得者與先覺所言者互證之旨，其以六經與我互註，亦即以所自得者與聖賢之言互證也。按朱子語類卷百二十四注：「必大因言：金溪有云：不是教人不要讀書，讀書自是講學中之一事。……朱子曰：此語却是。」是見朱子亦不以讀書爲唯一大事也。今觀象山文集所言之讀書之道，朱子言中亦幾皆有之。唯可說朱子所言，更有進于象山所言者；而朱子所言致知格物窮理之義，亦自不如象山所言者之簡單，此在後文當更一詳說其異處。然王陽明答徐成之書（全書卷廿一）所謂「今觀象山文集所載，未嘗不教人讀書窮理」，其言固不誤也。又此朱子所謂不讀書不窮理，只是自消極方面說象山類似禪宗之掃蕩文字，固非爲朱子指陸子爲禪正意所在者也。

（二）朱子謂象山爲禪之正意所在，蓋在于言象山不重讀書窮理之外，更謂其只知求一貫、求統宗會元、求悟處、過關，便不用工夫，此即入異端邪說，敗壞學者。朱子語類記朱子言一以貫之句項下，謂「陸氏之學，只是要尋這一條索，不知道都無所得穿」。此在前文已引及。此語下文又曰：「且其爲說，喫緊是不肯教人讀書，只恁地摸索悟處，譬如前面有一關，纔跳得過這一個關便是了，此煞壞學者。某道他斷然是異端，斷然是曲學，斷然非聖人之道。」（語類二十七）「若曰學以躬行心得爲貴，而不專意于簡編則可；若曰不在簡編，而維統宗會元之求，則是妄意躐等，以陷于邪說詖行之流，而非聖賢所傳之正矣。」（大全卷五十五答顏子堅）朱子意由此所致之學者之病，則爲使人顚狂粗率。故又謂「妄意思想、頓悟懸絕處，使人顚狂粗率，日用常行之處，反不得其所安。」（朱子大全卷五十三答胡季隨）又謂「嘗見受學于金溪者，便似嚥下個甚物事，被人橈得來恁地。又如有一箇蟲，在他肚中，嘈得他不得自主樣。」（卷百二十四）再謂：「其教使人見得一物事，方下來做工夫，却是上達而下學；與聖人下學上達，都不相似。他才見了，便發顚狂，豈肯下來。」（卷百二十四）凡此類之言，蓋當是指象山嘗教學者「直下超拔于網羅，以廣大其心量，求一是皆是、一明皆明」之言而說。然此類之語，依吾人前所論，乃意在教學者之樹立其心志。此外象山明尙有種種自疑自克、及辨志工夫之言。此工夫在不在簡編，可不必論。然統宗會元之求，朱子固亦有之。上達而下學，何以即必不可，朱子亦未論。朱子嘗明言「大凡爲學問有兩樣，一自下做上去，一是自上做下來。自下而做上者，便是就事上旋尋個道理，湊合將去，得到上面至極處，亦只一理。自上而做下者，見得個大體，自此而觀事物，莫不有個當然之理，此所謂自大本而推達道。若做工夫者，須從大本上理會將去。」（語類卷百廿）又嘗曰「學者須是從下學理會；若下學而不上達，也不成學問。須是尋到頂頭，却從上貫下來。」（語類九十三）則朱子此所謂學問須兼自上面做下來，與其所謂由上達而下學者，又果有何別？則于象山之學，謂之爲由上面做下來者，又何得爲非？朱子于此二段語中，固亦以爲學者亦兼當從上面做下來也。唯就朱子之全部之言觀之，則朱子似較多說由下學至上達之語，而諱言「一貫之道，而此道無其所貫之一一事物」者。則其言象山之只務上達，蓋即類程子之嘗言釋氏之有上達而無下學，故疑之爲禪。然言上達而所上達者，乃如孔子所言之君子上之所在也。

達，而又眞能達，亦自可更有其學，即未必是禪。而朱子之由陸子之重上達，以言其是禪，蓋亦非朱子之全旨

（三）朱子疑陸子雜禪學之似有憑有據者，乃其嘗舉象山「與胡季隨書中說顏子克己處曰，看此兩行議論，其宗旨是禪尤分曉。」（語類百二十四）按象山與胡書曰：「顏子喟然之嘆，當在問仁之前，……乃其知之始至、善之始明時也。……夫子答其問仁，乃有克己復禮之說。所謂己私者，非必如常人所見之過惡，而後爲己私也。己之未克，雖自命以仁義道德自期，以可至聖賢之地，皆其私也。顏子之所以異于衆人者，爲其不安乎此，極鑽仰之力，而不能自已，故卒能踐克己復禮之言，而知遂以至、善遂以明也。」（象山全集卷一答胡季隨書）。朱子所謂象山之兩行議論，當不出此之外。

然此兩行之議論，何處是朱子所指爲禪之所在，則亦難明。朱子之意或是謂象山、言克己私于過惡之外，又不「以仁義道德自期」，即惠能之「不思善、不思惡」，故爲禪耶？或是謂象山于過惡與仁義道德自期之外，別有一己之可克，故爲禪耶？或是謂其由喟然之一嘆，而極鑽仰之力，如頓悟之境，故爲禪耶？此皆不可知，想當不出此三者。然象山之言，是否皆當依此三者以解釋，即是一問題。即依此三者以解釋，此亦至多可據以謂象山此諸言說之方式，與禪相類，而非在象山之言之目標上，說其與禪相類也。象山此言之目標，明在克己而復禮，固不可說是禪也。細看象山此諸言之正意，蓋唯是謂：己私不只限在一般過惡，亦當包括人之以仁義道德自命之私。凡己私皆當去，人亦當自疑其自謂無私中之私，而求有以自克之。此正當爲象山之本旨也。今若如此解釋象山之旨，又如何可說爲禪？至于顏子之喟然一嘆，而極鑽仰之力，則正爲一憤悱之情，爲

學聖賢者之所當有。此語明見于論語，更應無所謂禪也。則朱子如何本此以斷象山爲禪，其旨又終不得而明也。

（四）此外朱子之言陸子是禪，則是指象山之教簡易直截處，似有類禪宗當下即是之旨而言。朱子語類百二十四卷曾記「或問陸象山大要說當下便是，與聖人不同處是那裏？」象山亦確是教人于其與聖人同處，先加以識得。象山固未嘗否認學者與聖人不同處，唯多言人當于此同處先識得，更求下工夫耳。則或問之言，明將象山之言倒述了。象山乃言人當知其與聖人同處，非教人自謂其與聖人無不同處也。謂人與聖人有同處，直下信得此同處，亦未必即禪。朱子固亦常言人之性與聖人同，亦常言當識得此人皆可以爲堯舜處也。

（五）再朱子嘗謂「子靜雜禪，又有術數，或說或不說。」（語類卷百二十四）「子靜說話嘗是兩頭明，中間暗。或問暗是如何？曰是他那不說破處，他所以不說破，便是禪，所謂鴛鴦繡出從君看，莫把金鍼度與人，他禪家自愛如此。」（語類卷百四）「某嘗說陸子靜說道理，有個黑腰子，其初說得瀾翻，極是好聽，少間到那緊要處時，又卻藏了不說。又別尋一箇頭緒，瀾翻起來，所以人都捉他那緊處不着。」（語類卷百十二）此言謂象山言有中間暗、不說破處，同禪家說話方式。此不說破者，即要人自悟者。然儒家亦有要人自悟者，如此所悟與禪所悟不同，則不必是禪。朱子固可不滿于陸子此種「不說破」說話方式，朱子言重切實指點，便于義理緊要處喜一一說破也。然只就此一點，斷陸學是禪學，則理由不充足；朱子亦未必眞是從此點，以定陸子爲禪也。

（六）朱子疑象山之言之語，則又有謂其「只管說一個心，本來是好底物事……只是被私欲遮蔽了，若識得一箇心了，萬法流出，更都無許多事。」（卷百二十四）又謂：「浙間有一般學問（此蓋指象山弟子楊慈湖之學）又是得江西之緒餘，只管教人合眼端坐，只要見一個物事。」（語類卷百十七）朱子答汪長孺書曰：「既云識得病，遂見天理流行昭著，無絲毫之隔，不知何以未及旋踵，復有氣盈矜暴之失……如此卻似江西氣象，其徒有今日悟道，明日醉酒罵人。」（大全卷五十二又語錄卷百十八）此二段話中所說「去私欲之蔽」或「去病」而識得心之言，亦確是象山之教。在朱子之意，此「去私欲之蔽」或「去病」，應另有工夫，如主敬與朱子所言之致知格物之工夫等。故只言識得心，識得病，皆靠不住，病去亦將旋發。然此只是朱陸所言工夫之差別問題，當俟後再論。此中象山所言之工夫之不同于朱子，亦明未必即足證象山爲禪。而朱子之疑象山爲禪，其根本點，亦當不在此也。

（七）觀朱子之言象山爲禪之言唯有一段語，其旨最爲確切，此蓋即朱子以象山爲禪之眞正理由之所在。此即語類所記朱子與祖道之問答。此中祖道自述象山對之言曰：「祖道之言目能視，耳能知聽，鼻能知香臭，口能知味，心能思，手足能運動，如何更要甚存誠持敬，硬要將一物去治一物，須要如此做甚？詠歸舞雩，自是吾子家風。祖道曰：是則是有此理，恐非初學所到地位。象山曰：吾子有之，而必欲外鑠以爲本，可惜也。……先生曰：陸子靜所學，分明是禪。」（語類百十六祖道錄）此段中祖道所述象山語，蓋由象山之「汝耳自聰、目自明」之言轉來，而去掉其下面之「事父自能孝，事兄自能弟」之語。而楊慈湖訓語亦有「吾目視、耳聽、鼻嗅、口嘗、手執、足運，無非大道之用。」（陳清瀾學蔀通辨卷七所引）此即正同朱子所謂禪宗之教，「在眼曰見，在耳曰聞，在鼻齅香，在口談論，在手執捉，在足運奔。」（語類卷百廿六）「佛氏則只認那能視、能聽、能言、能思、能動底，便是性」（語類卷百廿六）此姑不論禪與佛學是否只如此。然朱子以禪與佛學如此，則隨處可見。而此祖道所轉述象山之言，而去其能孝能弟等語，則朱子看來固明爲禪，而象山若果如是，亦誠爲朱子所謂禪也。

此朱子所謂「在眼曰見，在耳曰聞，在鼻曰齅，……」在朱子名之心之知覺。此知覺之本原即是虛靈明覺的心之自己。朱子所謂禪者之學，即要自識自悟此心之自己，而見得一光爍爍之物。人之欲見此物，以朱子觀之，乃緣于心之回頭把捉之私。如吾于朱陸異同探原中所辨。由此而朱子視儒釋之別，即要在儒者之更于此心之中，識得此心之理，而以此心之渾然，自始包涵此理之粲然；更由心之用以顯此心之理之大，以成達道。此即朱子之所以辨儒釋，而不能不闢禪學之理由所在。今祖道之轉述象山之言已如此，故朱子斷其分明是禪也。

然據吾人上所述之象山之學，則實自始以即心即理之心爲本，而非只自耳目之知覺見性。即其「耳自聰、目自明」之言，亦非只爲一知覺。因聰、明，乃美善之辭，即知覺之合理者也。象山實亦未嘗如朱子以虛靈知覺說心。其言本心皆已連理說，故可單提發明本心爲說耳。然朱子蓋即由象山之多有單提本心爲說之言，而學生如祖道所傳述之象山言心之旨，亦正有同朱子所謂禪宗之言心者，故朱子即逕斷陸子之學爲禪也。此雖不合于陸子所言之實，然亦蓋唯由朱子之所謂禪家之心，原爲如此，然後方以此而斷陸子是禪也。朱子蓋由是而于象山一切其他之言如上述及之重上達、重一貫、重識心，與其論顏子之言等等，皆一憑此意而理解之；然後方于陸子之學，隨處見得是禪，而有晚年大闢陸子之論。後羅整菴陳清瀾，亦皆承朱子之此意，以觀象山之學，乃有以其只知心而不知性，以養神爲本而爲禪之論。然吾人今如更能進而知象山乃自始以本心一名，兼涵攝朱子所謂性理之義于其中，而朱子所謂虛靈知覺之心，與禪宗所重之此心，原不同于象山所重之心；則朱子之所非者，非眞正之象山，而唯是其心中所意想之同于禪之重虛靈知覺之心之象山。朱子自非其所意想之象山，雖未嘗不有其理由；然眞正之象山實未嘗爲朱子所非，而朱子亦實未嘗非象山矣。至于此心之虛靈知覺與天理，畢竟當如何會通，則其義極爲幽深玄遠；陽明于此，正有千古卓見，非朱陸所及，而或爲世所未深契者。此須于中篇說朱子言格物窮理之義後，在本文下篇，方可及之。

中篇　朱子言聖人之知能、學者之道、與其言讀書、格物窮理義重辨

一　朱子所言之學聖工夫

吾人于上文雖言朱子與後世學者之謂陸王不讀書、不窮理，其學類禪者之非是，然吾人亦不能遽謂朱陸之同而無異。純從朱子所重讀書格物之義上看，亦可說象山亦未能眞重朱子之所重。象山亦嘗明白反對朱子之持敬，謂持敬之說爲杜撰，而不明道（象山全集卷一與曾宅之）。又嘗以朱子之不知學者之戒謹不睹、恐懼不聞之工夫，皆必先聞道而後可用（卷十三與郭邦逸）；亦是以朱子之言誠意與存養或主敬之工夫爲不然也。故象山語錄記其嘗與門人步月而嘆，有「朱元晦泰山喬嶽，可惜學不見道，枉費精神，遂自躭擱」（卷三十四語錄）之語。又與曾宅之書嘗言：世儒「揣量模寫之工，依倣假借之似，其條畫足以自信，習熟足以自安。」在卷三十四語錄，則易習熟爲節目二字，以指朱子之「見道不明，終不足以一貫。」此所謂揣量模寫，蓋如陽明之所謂以聖賢所留文字爲圖樣，而加以摹倣謄寫，以揣量聖賢之學，加以分析，納入欵例，如上篇第一節及第四節之所引及。象山以不明道議朱子，其不契于朱子之學甚明。此外象山又嘗以朱子之不自知其所知者與所不知者之分，而謂其爲不明，亦象山不契于朱子之學之證。然畢竟朱陸之異，是否即如象山所感，則亦是一問題。象山對朱子言讀書格物之義，與朱子對聖賢之所以爲聖賢之認識，亦未必皆能如實了解。後之陽明，承象山心即理之義，

則謂朱子之言「心與理」，即以心理爲二，而更說其非(傳習錄上)，又疑朱子之窮理，乃認理爲外，爲義外之論（全書卷八書諸陽卷、及傳習錄中與羅整菴書）陽明乃更重申象山之心即理之說。然陽明之在心與理及窮理問題上所疑于朱子者，又唯是陽明之意如此。在象山之不契于朱子之言中，又未嘗重在自此議朱子也。若在吾人今日之一般觀念看，則朱子之格物致知，要在即物窮理，此與象山陽明言心即理，要在即心求理，似明爲一重內、一重外之別，或竟謂之爲一重心、一重物之別，如流俗之見。然凡此上述及之種種對朱陸之異之了解，是否皆恰當，正皆有種種之問題，實待于吾人之更仔細考究。朱子之言讀書言格物，及心與理之論，與其言德性工夫，如主敬涵養等，固密切相關。此朱子之言主敬涵養與「心」之關係之論，固爲朱子之學之一根本，尤爲朱子早年之學之所重，亦爲其與象山之學不同之一大端所在。此吾已于朱陸異同探原中，述其大體，今不擬重複。至朱子言心與理之關連于格物與讀書者，則爲其晚年教學者之所特重。朱子以此教學者，同時教學者以聖人爲法，而其重格物、讀書之教，則亦與其言聖人之知能之處，密切相關。故吾于下文擬先自朱子之言聖人之知能處，看其讀書格物之教，與象山所言者之同異，果何所在。

二　朱子言聖人之知能與學者之道

朱子書中曾言聖人爲一「赤骨立底天理，光明照耀，更無蔽障。」（語類百十九及他處）此乃自聖人之全體生命即是天理上說。西方所謂道成肉身，亦正與此義合。然朱子之此義，則是承程子之言聖人之心與理爲一之意而來。朱子之所謂聖人是赤骨立底天理，此天理固是自道德上之仁義禮智之理，或四端萬善之理而言。此與象山言聖人之滿心而發，皆是理者，此理唯是道德上之理，亦無殊異。人皆可以爲聖，同有作聖之心性，固朱陸所同，亦孔孟與宋明儒者之所同。然對聖人之知能，則朱子恆喜言聖人之無所不學、無所不知、無所不能，則與象山陽明之言聖人亦有所不能不知者似大異。由此而朱子之教學者，亦即似當學聖人之無所不能、無所不知，如朱子嘗謂「聖主于德，固不在多能，然聖人未有不多能者。」（語類卷三十六）又言「聖賢無所不通，無所不能，那箇事理會不得。如中庸天下國家有九經，便要理會許多物事；如武王訪箕子，陳洪範自身之視、聽、言、貌、思，極于天人之際，以人事則有八政，以天時則有五紀，稽之于卜筮，驗之于庶徵，無所不備；如周禮一部書，載周公許多經國制度，那裏便有國家當自家做。只是古聖賢許多規模大體，也要識。這道理無所不該，無所不在。且如禮、樂、射、御、書、數，許多周旋升降，文章品節之繁，豈有妙道精義在，只是也要理會。理會得熟時，道理便在上面。又如律曆、刑法、天文、地理、軍旅、官職之類，都要理會；雖未能洞其精微，然也要識得個規模大概，道理方浹洽通透。」（語類卷百十七）又言：「這個事須是四方上下、小大本末，一齊貫穿在這裏，一齊理會過。其操存踐履處，固是緊要，不可間斷；至于道理之大原，固要理會，纖悉委曲處，也要理會，制度文爲處，也要理會；精粗大小，無不當理會。四邊一齊合起，工夫無些罅漏。東邊見不得，西邊須見得；這下見不得，那下須見得。既見得一處，則其他處，可以類推。……如坐定一箇地頭，而他支脚，也須分布擺陣；如大軍斷殺相似，大軍在此，坐以鎭之，游軍依舊去別處邀截。如此做工夫始得。」（語類卷百廿一）此外朱子之同類之語尚多，亦皆無異朱子之自道其學問規模之所及。此似皆由朱子之意謂聖人當無所不學、無所不通、無所不能，而後朱子之學問規模之所及，乃如此其大，並亦以之教學者。此亦似明不同于象山陽明言聖人之不須如此多知多能之言者也。

由朱子之言讀書最忌有「一」而無「所貫」，故謂：「只要那一去貫，不要從貫去到一。如不理會散錢，只管要去討索來穿。如此則中庸只消天命之謂性一句，及無聲無臭至矣一句便了。中間許多達孝、達德、九經之類，皆是粗迹都掉；……如禮儀三百，威儀三千，只將一箇道理都包了，更不用理會中間許多節目。今須是從頭平心讀那書，許多訓詁、名物、度數，一一去理會。如禮須自一二三四，數至于三百，威儀須自一百、二百、三百，數至三千，逐一理會過，都恁地通透始得。」（語類卷百十七）此外朱子又明言及人于德性及治國平天下，皆不相關之事物，亦當加以理會，以格其物而致其知。如包顯道至江西來，朱子謂之曰：「與公鄉里（指陸子之學）平日所說不同，只是重個讀書與否，講究義理與否。如某便謂須當知得方始行得。孟子所謂詖淫邪遁之辭，何與自家事，而自家必欲知之何故？不知其病痛所自，少間，自家便在裏面了。孔子曰：詩可以興、可以觀、可以羣、可以怨，邇之事父，遠之事君，多識于鳥獸草木之名。上面六者，固當理會；若鳥獸草木之名，何用自家知。但是既爲人，則于天地之間物理，須知得方可。」（語類卷百十九）此則朱子承程子之「一草一木之理須是察」而說者也。朱子此外又嘗謂：「事事物物，各有一個道理，若能窮得道理，施之于物，莫不各當其位，如人君止于仁，人臣止于敬之類。各有一至極道理。曰凡萬物莫不各有一道理，若窮理則萬物之理，皆不出此。曰此是萬物皆備于我，曰極是。」（語類百十九）亦似有于一一事物，莫不當格其物而窮其理之旨也。

朱子釋孟子「萬物皆備于我」，乃指萬物之理之備于我而言。而欲求萬物之理之備于我，則朱子大學補傳有「即凡天下之物，莫不因其已知之理而益窮之，以求至乎其極，而一旦豁然貫通焉；則衆物之表裏精粗無不到，吾心之全體大用無不明矣。」此即又更似無異謂必格盡天下之物，而窮其理，以致吾人之知，而無所不知；然後萬物皆備于我，吾心之全體大用乃無不明也。

緣上所引，則于爲學之道，朱子嘗言：「今之爲學，須是全復其初，求全天之所以與我者始得。若要全天之所以與我者，便須以聖賢標準，直做到聖賢地位，方是全得本來之物而不失。……無必爲聖賢之心，只是因循荒廢了。而其間讀書、考古、驗今工夫，皆不可廢。若如一般說天之所以與我者，都是光明純粹好物，後之所以不好者，人爲有以害之。吾之爲學，只是去所以害此者而已。害此者盡去，則工夫便了，故其弊至于廢學不讀書。臨事大綱，雖有所見，道理便有偏處。」（語類卷百十八）此則明似針對陸子之學，只重發明本心、去人欲意見之蔽障者而言。循朱子上文所言之讀書格物之義去講，則朱子之學聖賢之事，便似明不同于陸王之學聖，不須求多知多能，而似必須先求增益其讀書格物之知，以求無所不知無所不能，方能至聖賢之境者。而觀朱子之少年之欲無所不學，「禪道文章，楚辭兵法，事事要學，出入無數文字，事事有兩冊。」（語類百四）誠如陽明所謂：「早年合下便要繼往開來，故一向只就考索著述上用功。」（傳習錄上）亦似朱子之爲學，乃純以博學多知能爲貴者也。

三　朱子之言讀書格物之目標

然此處之問題，是朱子所謂讀書格物之功，畢竟其目標何在，又是否眞只在求于書無所不通，于物無所不格，以求無所不知，無所不能？若果然也，則此明非人所可能之事；世亦無聖賢眞能于書無所不通，于物無所不格，而無所不知，無所不能也。若人本不能如此，而必求如此，則勢將同于世儒之泛濫于章句訓詁，而不知返，亦將如博物之士之玩物而喪志；亦終不能盡讀天下書，盡格天下之物，更無循此以至聖賢之道。則陸王之學者，謂朱子之學爲求理于外，以一物不知爲儒者之耻，而耻非所耻，亦即未嘗不是矣。然朱子之所謂讀書格物之事，是否果即在于書無所不通，于物無所不格，而別無其目標之規定，則又正當深察也。

在昔之論者，恆謂朱子之學爲開後之經史之學考證之學者。如淸之章實齋文史通義朱陸篇嘗謂：「朱子求一貫于多學而識，寓約禮于博文，其事繁而密，其功實而難。沿其學者，一傳而爲勉齋、九峯，再傳而爲西山、鶴山、東發、厚齋，三傳而爲仁山、白雲，四傳而爲潛溪、義烏，五傳而爲寧人、百詩，則皆服古通經，學求其是，而非專己守殘，空言性命之流也。」此即謂後世實事求是之經史之學與考證之學，皆朱子之所開也。近人亦多以朱子格物窮理之精神，近乎西方科學之求純粹眞理之精神，而以朱子爲學之方向，乃向此科學家之精神而趨者。如從學術史上看，此固在一義上，皆未嘗不可說，後文亦當及之。然自朱子之爲學，明是志在學聖賢，以使其生命爲一「赤骨立底天理」，則又決不能如此說。朱子之言讀書與格物窮理之目標，既明在爲聖賢，則其讀書格物之事，亦即非眞求于書無所不通，于物無所不格，而實受其目標之規定，以有其一定之範圍者。朱子之自己之爲學，雖一方欲無所不學，以「大作規模，開濶其基，廣闢其地」；然亦言「某所得處甚約。」（語類卷百零四恪錄）其故何在，正當深察。此于下文畧就朱子言讀書之道與陸王之異同，畧加說明。以便更進而討論格物窮謂之範圍、與其眞正義旨，與陸王之同異所在。

朱子之言讀書之道，除散見其書信、與對經藉之注解講說之言者外，大均見今存語類百十三卷至百二十二卷之訓門人，與卷八至卷十一之總論爲學之方、知行、與讀書法者之中。而卷十、十一之專論讀書法者，尤深切著明。玆只須據此二卷之大旨以觀，即可見凡象山所言之讀書之道，朱子皆無不屢屢言及。如朱子言讀書「貴精熟」，則「自然會得義理」；又當反復「虛心涵泳」、「切己體察」、「平心徐看」、「力戒匆忙」、「不可求新奇」，亦「不當在偏曲處觀」，皆全同象山。至朱子所重之讀書「勿先自立說」，「用心當退一步」，「不可心跑到後面」，不可「心落在紙後」，「不可有程限」，則皆所以成此「涵泳」之實功者。至謂「讀書乃學問之第二義」，當「涵養本原，閑養精神」，讀書以「曉得文義言詞爲初步」，而要在「曉得意思，知其理之是非」，「與心相印證」，而由此心之所實得，以學爲聖人，以「治自家之病」，皆與前所引象山之言讀書之態度者，全無殊異。此中朱子所言之未爲象山所言者，則如其言「讀聖人之書，聖經若箇主人，解者猶若奴僕。」（語類卷十泳錄）此乃似明意在尊聖經，亦似不同象山陽明之只以六經與我互相發明者。然朱子亦明言「經之有解，所以通經，經既通，自無事于解，借經以通乎理耳。」（語類卷十一大雅錄）又謂「不應說聖人不言，道理便不在，這道理自是長在天地間，只借聖人來說一遍過。」（語類卷八恪錄）並謂：「讀六經如未有六經，只就自家身上討道理，便易曉。」（語類卷十敬仲錄）則其言以經爲主人，亦即以理爲主人，而其初有六經，亦終無六經。則與象山陽明之意，仍無別也。唯朱子屢言讀書當「參諸家解」「徐徐觀之」知「這說是如何，那說是如何，同處是如何，不同處是如何」；又謂「讀書須如酷吏治獄」，「一章、一句、一字，分看、逐條細看」，「看一說又一說」；以至見「書間縫罅」，而書中之義理，「不待添字解」，而自然「抉開」「分析爲片」；又謂讀書當「處處周匝，左右正面看，四通八達，于四停八當中見統要，以使博約分資。」更謂讀書于不能解得時，「亦當記得」；更當有「疑問」，亦以「詰難他者自詰難」；又謂：「解經，當切近其本旨而說之」，不可「本卑也而抗之使高，本淺也而鑿之使深，本近也而推之使遠，或本明也而必使至于晦。」（語類卷十蓋卿錄並屢見他處）凡此等等，則皆緣朱子之重在對文義求客觀的了解，而有之今所謂「分析」、「綜貫」、「記憶」，「疑難」，以求「如實知」，而「如實說」之功，而非象山陽明之所及者。然就朱子之意，仍在由此客觀之了解，以求辨理之是非，以「文義即躬行之門路，躬行即文義之事實」而言；則其讀書之最後目標，與象山陽明固未嘗有異。象山陽明于此文義上之工夫，雖或有意加以疏畧，或疑朱子之在文義上所作之工夫太多，而礙其見道。然果學者皆由此以歸于躬行，則象山陽明固不能加以反對也。

然朱子之論讀書中有二段，則特堪注意，即朱子曰：「讀書即做事。事有是非得失，讀書而講究其義理，判別事之是非，臨事即此理。」（語類卷十可學錄）又曰：「讀書當先經後史」，而既通經，即必當讀史。朱子嘗曰：「學經者多流爲傳註，學史者多流爲功利」（語類百十四訓從周）。讀史而本于經中之義理，以評判史事之是非，即所以免功利之習；既通經義，以評判史事之是非，即所以免傳註之病。故嘗曰：「讀經而義理融會」，若不讀史，「如陂塘水之滿，而不決以灌田。」(語類卷十廣錄)又言讀史必當知史事之是與不是，「觀其是，求其不是，觀其不是，求其是，以見得義理爲宗。」即以經義爲本而讀史也。由此二者，則見朱子之讀書，非只所以爲德性工夫之助。讀書非只是做事之具，而其本身即是做事；人既由讀經而義理融會，則讀史而判事之是非，亦學者原當有、當爲之事。若只視讀書讀史，爲此德性工夫之助，則講究義理至于融會，儘可專以身體力行爲務，而不更讀書，亦似無不可。依象山陽明之教言之，此時人亦似可脫略文字也。然依朱子之此類之言，則讀書之本身即做事，讀史而知其所記之事之是非，其本身亦所當爲之事。此蓋即朱子之所以若有爲讀書而讀書之意，亦若有其爲著書而著書之事之故。在此點上，固可說陸王之態度，與朱子實有所不同。然謂讀書即做事之一，義理既通，當據之以評判史事之是非，陸王固無加以反對之理由。而讀書既是做事之一，則放下書卷，脫略文字而做他事，如陽明之建功立業，象山之治其家族之事；或暫優游自在，專事涵養，朱子亦無加以反對之理由。則此中個人態度所偏重者之異，固無義理之衝突之可言也。

四　朱子言當格之物之限度，與格物窮理爲在外或在內之問題

朱子之讀書原即致知格物之一事。而關于朱子之言致知格物之義旨，則有二問題，爲吾人所當注意。一是格物之目標與範圍如何規定之問題，一是此格物之事畢竟是求諸外、或求諸內之問題。對前一問題，吾人如博觀朱子之言，便知朱子言學者當學聖人之無所不通、無所不曉，實非是泛說之無書不讀，無物不格之意。聖人實亦只是在其所當通當曉者之內，無所不通、無所不曉；而學者亦實只須于「書之當讀者，無所不讀，欲其無不察也；事之當能者，無所不能，以其無不通也。」（語類九十三鎬錄）斯已可矣。朱子固明反對學「世間博學之人，…只是搜求隱僻之事，鈎摘奇異之說以爲博，不讀正當的書，……偏揀人所不讀的去讀，欲乘之所不知以誇人。」（語類五十七僩錄）朱子于經史之書，必先經而後史；于經之中，嘗謂易、春秋，非學者之所極；又謂讀其他經書，不如讀四書所得者之多；而此四書，固亦同爲象山陽明所視爲當讀之書也。朱子其大學補傳所

謂「即凡天下之物」而格之，蓋亦指在人所當格之天下之物而言。故其大學或問又引程子「今日格一件，明日格一件」之言曰：「格物不必盡窮天下之物……今若于一草木上理會，有甚了期」（語類十八人傑錄），更謂「徒欲汎然觀萬物之理，則吾恐如大軍之游騎，出太遠而無所歸。」（語類十八的寓錄）又謂：「格物當六七分去裏面理會，三四分去外面理會方可……半時已自不可。況在外工夫多，在內工天少耶？此尤不可也。」（同上廣錄）再謂「如以十事言之，若理會七八件，則那兩三件可通。」（同上人傑錄）又謂「心無限量，如何盡得？物有多少，亦如何窮得盡？……那貫通處，則纔拈起來便曉，是爲盡也。」（語類卷六十端蒙錄）又言：「不可盡者，心之事；可盡者，心之理。」（語類卷六十去僞錄）。則朱子所謂格物，明非汎觀萬物之理，而實重在格其內心之物，故在內工夫必須過半；又非一一之物皆須盡格，只須得其貫通之理則可；而此所謂貫通，亦固只是貫其所當貫，通其所當通而已。則朱子大學補傳所謂「即凡天下之物」而格之，以至「衆物之表裏精粗無不到」，文雖若有于天下之物無不格之意，然在實際上，其格物之事固只以當格之物爲限也。朱子答陳齊仲曰：「格物之論，伊川意雖謂眼前無非是物，然其格之也，亦須有緩急先後之序，豈遽存心于一草木器用之間，而忽然懸悟也哉。」（大全卷三十九）則如陽明少年之任取竹子爲一物而格之至成病，而未嘗先問其當格與否，其未得朱子格物之旨固甚明。而今人謂陽明之格竹子不成，在少了科學方法，則離題愈遠，全不相干矣。

對于朱子所言之格物窮理之事，畢竟在外或在內之問題，如所格之物是內心之物，此事固明爲在內。然所格之物爲外面之物，則此事似爲在外；又書亦爲在外之物，則讀書以格物之事，亦似爲在外之事。然觀朱子之意實非以格物讀書之事，唯是在外。朱子嘗言「書固在外，讀書而通其義，却自是裏面事，如何都換做外面入來得。」（語類百廿一琮錄）又言：「須看大學聖賢所言，皆是自家元有此理……却不是自家無此理，他鑿空撰。」（語類百十四文蔚錄）又「問博文是求諸外，約禮是求諸內否？曰何者爲外？博文約禮，是由內裏做出來。我本來有此道理，只是要去求，知須是致，物須是格。雖說是博，然求來求去，終歸一理，乃所以約禮也。」（語類卷三十六義剛錄）「事之合如此者，雖是在外，然于吾心以爲合如此之事而行之，便是內也。」（語類百廿四必大錄）「因他人說上來，見得爲是而行之，是亦內也……今陸氏只要自渠心裏見得底，方謂之內……才自別人說，便指爲義外。……將聖賢言語，便亦不信，更不去講貫。」（語類百廿四僩錄）此諸語皆顯然不以讀書博文之事，與他人之言爲外，而不須多說者也。

至于泛言格物窮理之事之是否爲外求，則朱子語類十八壽錄一段頗重要，其言曰「或問（指朱子大學或問一書）心雖主乎一身，而其體之虛靈，足以管乎天下之理；理雖散在萬物，而其用之微妙，實不外乎一人之心。不知用是心之用否？曰理必有用，何必又說是心之用？夫心體具乎是理，而理則無所不該，而無一物之不在，然其用實不外于人心。蓋理雖在物，而用實在心也。又云：理遍在天地萬物之間，而心則管之。心既管之，則其用實不外乎此心矣。……次早先生云：此是以身爲主，以物爲客，故如此說。要之理在物與在吾身，只一般。」朱子所謂格物之事，原爲即物窮理之事。此朱子所謂窮理之事，不外吾人今所謂知物之實然之狀，與其原因等「實然之理」，與吾人之如何應之當然之理。吾人今所謂物之實然之理，在朱子之用名，即包括其所謂「當然之理」或「當然之則」之中。其所謂「所以然之故」，則恆指此當然之則，所以爲當然之理由，或此諸當然之則或當然之理，所自發之「天命之性」。故朱子言格物窮理，恆以知物之「當然之則」與其「所以然之故」爲言。依上引朱子言之意，乃是謂物雖可說有在吾之身之外者，然無論內在外在之物，其當然、所以然之理，則由吾人之心之知之。吾人之心知此理，即理之昭顯于心之知中。此理之昭顯于心之知，即是理之用。理之用之所以能昭顯于心之知，則以理原爲普遍，而無所不該，乃可無所不在。故在外之物之理，亦可爲吾人之心之所知，而兼在吾人之心也。由此心之虛靈，而天地萬物之理，皆能顯于此心，即心爲天地萬物之理之「管」。管之中虛，即所以喻心之虛靈也。天地萬物之理之用，在此心之虛靈中見，此又證吾人之心，原能知此理，此心之自有能「知理」之一用。朱子之言理「何必說是心之用」，乃因其是先自「物之客」，再說到「心之主」邊來，故不必只說理是心之用。然心之「知理」，固是心體之用，此「知理」中之理，亦心之用中之所自顯，而原爲心之體者；則理固原爲吾人心體之所具者也。故終曰「理在心在物，總是一般。」此語類之一段，即所以解釋其大學補傳由格物致知，而「衆物之表裏精粗無不到，吾心之全體大用無不明」之語者。若格物致知只爲向物求理，而非自顯其心體中所原具之理之事，則此吾心之「全體」與「大用」，何以皆可由此格物致知，而「無不明」，即全無法加以了解矣。

由上段所說，吾人便知朱子所謂格物窮理之事，實當自三面了解：其一是：吾人之心之向彼在外之物；二是：知此物之理，而見此理之在物，亦在我之知中；三是：我之「知此理」，即我之心體之有一「知此理」之用。此知理之用，即此心體所具此理之自顯于此知中；故謂心體具理，即謂心具理以爲其體、爲其性也。然此性理之顯，必待于心之有其所向所知之物而後顯。故即其物以致其知窮其理，即所以更顯吾人之心體中所原具之此理，亦所以顯吾人之性，而使吾人更知此性者。故窮理之事，即知性之事。知性本爲知自己之內在的心之體、心之性，然不接物而致其知窮其理，又不能眞昭顯此性而知性。故此即物窮理之事，如以粗俗之言喻之，實似人之心知之向于外之物理，以拉出其心之性理之事，如船上之一捲之繩索，將一頭拴在岸上，則船移，而繩皆自出。如以較文雅之言述之，即「求諸外而明諸內」之事。此乃實爲一合內外之事，固不可專視爲求諸外，或外在之事也。朱子大學補傳所謂格物須于物之表裏精粗無不到，語類曰：「表便是外面理會得底；裏便是就自家身上，至親、至切、至隱、至密、貼骨貼肉處。」（語類卷十六義剛錄）而此由表以至于裏，即求諸外而明諸內也。

吾人如已識得上來所說，則更可引朱子之言格物讀書與爲學之事，皆「即求諸外而明諸內」之言爲證，如朱子曰：「格物致知，彼我相對而言者。格物所以致知。于這物上窮得一分之理，即我之知亦知得一分；于物之理窮得二分，即我之知亦知得二分；窮理愈多，則我之知愈廣，其實只是一理，才明彼即曉此。」（語類十八僩錄）又曰：「萬理雖具于心，還使教他知使得。」（語類卷六十賀孫錄）「此心虛明，萬理具足，外面理會得者，即裏面本來有底。只要自大本（體），而推之達道（用）耳。」（語類百十五訓賀錄）「物與我心中之理，本是一物，兩無少欠，但要我應之耳。」（語類卷十二道夫錄）「或問所謂窮理，不是反己求之于心，惟是逐物而求于物？曰不是如此，事事物物，皆有箇道理。窮得十分盡，方是格物。不是此心，如何去窮理？不成物有個道理，心又有個道理？枯槁其心，全與物不接，却使自見，萬無是事。不用自家心，如何別向物上求？一般道理不知，物上道理，却是誰去窮得？……近世有人爲學，專要說空說妙，不肯就實，却說是悟。此是不知學，學問無此法，才說一悟字，便不可窮詰。」（語類卷百二十一謙錄）「理是此心之所當知，事是此心之所當爲。人心皆自有許多理，不待旋安排入，……聖人立許多節目，只要剔刮將自家心裏許多道理出來而已。」

（語類卷二十三明作錄）「心包萬理，萬理具于一心，不能存得心，不能窮得理；不能窮得理，不能盡得心。」（語類卷八陽錄）「此心元初自具萬物萬事之理，須是理會分明。」（語類卷三十一賀孫錄）朱子大全續集卷十答李孝述問「理有未明，則見物而不見理；理無不盡，則見理而不見物。不見理，故心爲物蔽，知有不極；不見物，故知無所蔽，而心得其全。」又截孝述言「一物未格，便此一物之理，……似爲心外之理，……及既格之，便覺彼物之理爲吾心素有之物。朱子批曰極是。」由上所引，可證朱子之言格物窮理，乃即求諸外而明諸內。至于人所以必當即求諸外以明諸內，則朱子又或言此唯由吾人之心體之梏于形器，滯于聞見之故。則所謂求諸外之事，唯所以自開此梏滯，以明其內之原有者而已。故曰：「此心本來虛靈，萬理具備。……人多是氣質偏了，又爲物欲所蔽，故昏而不能盡知。」（語類卷六十賀孫錄）卷六十七盡心說曰：「天大無外，而性稟其全。故人之本心，其體廓然無限量，惟其梏于形器之私，滯于聞見之小，是以有所蔽而有不盡。人能即事即物窮究其理，至于一日會貫通徹，而無所遺，則有以全其本心廓然之體，而吾性之所以爲性、天之所以爲天，皆不外此，而一以貫之矣」。故吾人若將一切求諸外之事，加以反省，而皆視爲明諸內之事，而更體驗之，則又可說：「性者，道之形體也。只是就自家身上體驗，一性之內，便是道之全體，千人萬人，一切萬物，無不是這道理。」（語類百十六訓義剛）「上有原頭，下有歸着……只在自己上身看，許多道理，盡是自家固有。」（語類卷百十四訓賀孫）是則明諸內，即可統求諸外，及由外面理會而得者矣。

關于朱子由格物窮理，而得之理原爲內具之義，更可由朱子之反對胡文定所謂「物物致察，宛轉歸己」之說以證之。語類卷十八道士錄「問物物致察，與物物而格何別？曰文定所謂物物致察，只求之于外，如所謂察天行以自强不息，察地勢以厚德，只因有物之如是而求之耳。初不知天如何而健，地如何而順也。……若宛轉之說，則是理非己有，乃委曲牽合，使入來爾。」知此物物致察、與物物而格之別，則知朱子之格物窮理，非只求諸外矣。

由朱子之格物致知，乃即求諸外而明諸內之事，故陸王一派以朱子之格物窮理，若視理爲外，即不免于誤解。在朱子之言心之性理處，更處處言此中直下萬理具足，此乃人之所得于天而具于心者。故時以「一性渾然，而道義全具、萬理燦然」爲說。此性理之原超越地內在于心，以爲心之本體之義，朱子與陸王未有異。其與陸王之分別，唯在朱子于心之虛靈知覺，與其中之性理之內容，必分別說，故心之虛靈知覺本身，不即是性理。由是而人亦不能只反省其心之發用之處，即以爲足以見性理之全。此心之接事物，而更求知其理，即所以昭顯此性理。此心之「似由內而往外，以求理于外，而攝取之于內」之格物窮理之事，即所以去其「形氣之梏、聞見之滯」，以使此心所得于天之「超越地內在于心之性理」，由上而下，由內而出，以昭顯于心之前，而爲吾人之心所自明之事。此中專自此性理之由上而下，由內而出，以昭顯于心之前處看，其與陸王之言性理即心之體，由心之發用中見者，正無殊異。故陸王一派之學者，謂朱子之格物窮理，純爲視理爲外，求理于外，而後更攝取之于內，朱子蓋決不受也。陽明嘗言：「必欲窮天下之理，殆以吾心之良知爲未足，而必求之于天下，以裨補增益之，是猶析心與理爲二也。」（答顧東橋）此言蓋指朱子之說。心與理是否爲二之問題，及陽明所謂良知之義、與朱子之言之關係如何之問題，今皆暫不及，于本文下篇再詳之。然如陽明只意謂窮天下之理，即求之于心外之天下，以裨補吾心固有者之不足；則朱子固可謂此求之于外所得之理，亦原是吾心中所固有之理，求諸外正所以明諸內，不能只說其乃以心之所固有爲未足也。

五　實然之理與當然之理及德性工夫之關係

然尅就朱子之格物致知，乃即物而窮其理言，其旨亦有與陸王不同者。此不同，不關于此理是否原在內，是否原爲心之理之問題，乃在「此理可否兼說爲物之理」之問題，與「吾人是否能將吾人應物之當然之理，與一般所謂物之實然之理，在實際上加以截然分別，人不即物窮其理，是否能顯此心之性理」之問題。在朱子之意，一切理雖原爲吾人之內在的性理，然此內在的性理，不只爲吾一人所具，亦爲一切人與一切物之所具。如仁義忠信之理，生成變化之理，即我與人及他物所同具。如吾人由格物，而知他人有此仁義忠信，知草木之能生成變化；則當吾人之有此等之知之時，吾人固自顯吾人心中原具之此諸理，然此諸理，原同時爲他人他物所自具者。則此諸理應兼說爲物之理。至于吾人之見父而知孝，見兄而知弟，則此中之父與兄之物之本身上，固不可說有孝弟之理之存于父兄之身體之形色之上，可爲吾人之所見聞，而由外以入于吾人心內者。此孝弟之事，乃由吾人之心而發，此孝弟之理，即在吾人孝弟之心之發用中。此朱子固亦無異辭。然此孝所以對父，弟所以對兄。父不在前爲吾所知，則孝之心、孝之理可不顯，兄不在前爲吾所知，弟之心、弟之理亦可不顯。孝弟之心之理，必待父兄之物，爲吾人所知而後顯，則此孝弟之理，即亦可說爲由見父兄而呈顯之對父兄之理。亦即由父兄在前而顯之理。就此理之由父兄在前而顯上說，即亦可說此理之在父兄，而可說在父之身上，有吾人對之當孝之理在，在兄身上，有吾人對之當弟之理在；則亦可說此孝之理即在父上，與父不離，此弟之理即在兄上，與兄不離；而此理亦即兼在心與父兄之物矣。此固非此理在父兄之身體之形色之上之謂，然亦非此理即只關係于吾人之心之謂。若只關係于吾人之心，則似應無父兄在前，而此理亦能自顯。陽明于此嘗謂若孝之理在父，「則父歿之後，豈吾心無孝之理耶？」如本文上篇第二節所引。此問在朱子固易答：即自此孝之理原爲性理而言，父歿後此理當然仍具于心；然父歿之後，如心不念父，則孝之理仍畢竟不顯。如心中念父，則此孝之心仍對心中所念之父而顯。而此孝之理，即亦對此父之物而顯。無此父之物爲吾人之所念所知，仍無孝之理之顯，則此孝之理仍連于父，亦必即父之物而在，並必待即此父之物，而念父知父，而後有此理之顯，此理之知。即仍不能說此孝之理只關係于吾人之心，只在吾人之心，亦不可說其不關係于父之物，非亦在父之理矣。

由上所說，則對吾人應物之理、與謂物之自身之實然之理，是否應加以分別之問題，如就朱子之所言者上看，實未嘗明對此二者作截然分別，而觀其意，亦不欲明作此截然分別。蓋此當然之理，既對物而顯，亦可說兼在物上，則對物之實然之理之知，即可與吾人之所以應物之當然之理之知，相連而起而顯。如吾人念及父之聲音笑貌，吾之孝之心、孝之理，即相連而起而顯，是其顯例。此中吾人對父之聲音笑貌，所念及者，愈多愈廣，而此孝之理，亦愈起愈顯。若此念斷處，即此孝之心斷處，此孝之理隱處。則此「當然之理之知」之顯，乃與「實然之事，實然之理之知」之顯，相依並展，而此後者之顯之展，正若先行于前，而前者之顯之展，乃繼之于後者。故如吾人之念吾父，而有孝之心之理之顯後，更念及吾父之有其父，則吾雖未見吾父之父；而此吾父之有其父，亦初不過一實然之事，實然之理。然吾人既知此實然之事之理之後，吾人亦立即可順吾對吾父之孝心，以推及于吾父之父，而吾之孝心即連于吾父之父；此吾之孝之理，亦即更伸展，而顯于吾所念之吾父之父之前。由此上推，而吾即可更有對歷代祖宗盡孝之心。此即爲吾人之孝之心、孝之理，隨吾所知之「父有其父之實然之事之理」，而俱展俱顯之一例。亦即「求諸外之致知格物窮理之事，可使吾心之性理，更由上而下，由內而出，以顯于心之前而明諸內」之一顯例。則此當然之理之知，固可與對實然之事、實然之理之知，相依並展，而不須更加以截然分別矣。

由上所論，吾人即可了解朱子之所以以格物致知，爲一切德性工夫之始，而不如陸王之將人之聞見之知識與聖賢之學，加以分別之理由。此理由即在人之聞見知識之擴充，原無不可連于人之當然之理之知之擴充，與當有行爲之擴充，因而亦連于德性修養、或聖賢之學之增進之故。如吾人讀書而知史事，雖若初與吾人之爲聖賢之學無關，然吾人由知史事，而更辨其是非善惡，而學其善者是者，即明不能說與德性修養聖賢之學無關也。人之多識于草木之名，而更與草木相接，觀其生意，如周濂溪之由窗前草不除，而言其生意「與自家意思一般」，即與人之養其生意生幾之德性修養，自然相關也。實則凡吾人與物相接，皆可有應之之正與不正之別，而不應又即非正，即皆與德性之修養有關也。故朱子嘗謂：「若物有來感，理所當應，而此心頑然，固執不動，雖無邪心，而只此不動處，便非正理。如應事接物處，理當如彼，而吾所以應之者如此，則雖未必出于有意之私，然只此亦是不合正理。既有不合正理，非邪妄而何？」（大全卷五十六答方賓王）此中人之聞見知識，與德性工夫之有關與否，唯以吾人于緣聞見所知之物之實然之理之外，是否更能兼知所以待物之當然之理，並循此理待之，以爲定。凡人能循當然之理以待物之處，即皆無不與吾人之德性修養有關也。此在朱子，則固嘗謂讀書必求其義理之是，格外面之物，只佔三四分，不能過半；格內面之物，當佔五六分，必需過半。則讀書格物窮理，固皆當必求其與德性修養有關也。試思人若依朱子之言于此外物之實然之理之知，恆少于對吾人之所以待物之當然之理之知，而由對此當然之理之知，又必當繼以力行之事，如朱子所謂繼致知格物之事，而有之誠意正心修身之事；則一切聞見之知，或對物之實然之理之知，豈不皆連于人之所以應物之當然之理之知與行，而皆隸屬于德性修養之事乎？又豈必有陸王所謂：只務聞見知識，而悖聖賢之學之弊？陸王之謂聖賢之學，要在德性工夫，不在聞見知識等固是，而朱子亦未嘗于此有異議。然因此而謂聖賢之學，必與聞見知識相妨，或謂人之成其德行之事，無待于對物之有聞見之知，與先有之即物而窮理之事，或謂此爲「支離」，則朱子將視此唯是人之「計較利害而不肯行」（語類卷百廿一賀孫錄答格物爲支離之問）的心而已。

此中對朱子之致知格物之說，更進一步之問題，乃由「人之德性工夫，亦似明可不與其對物之實然之理之見聞之知，必然相連，而人當格之物其範圍，亦似終無定限」，所引起之一問題。在陸王，蓋即由有見于此德性工夫與對物之聞見之知，不必然相連；以及人所格之物範圍，若無定限，則人即可無定限的追逐聞見之知，而失其德性工夫，而亡聖賢之學；乃謂由聞見而有之知能之多或少，無礙于人之爲聖賢；而愚夫愚婦若無知能者，亦可同學聖賢，學者亦當認取其與愚夫愚婦與聖賢之眞同處，而不必求多知多能。在朱子，固已觸及此上之問題，故有上文所引，格物限于當格之物之內之言，又有讀書除解文義外，當求明其義理，而身體力行之訓。朱子與陸王之歸宗義，同在爲聖賢，則依朱子義，于陸王之言人實際上之知能之或多或少，皆不礙其爲聖賢，固亦可應許。然朱子可說，此乃對已成爲聖賢之人，而更自外加以評判之語。若在學者份上說，則其工夫，皆在不斷成就其德性之歷程中進行。在此歷程中，學者固不能先謂其不須求更多之聞見，更多之知能，而先自謂其聞見知能，與其爲聖賢之事無關也。因學者若作此想，則是先自限其聞見，自限其知能矣。此聞見知能之限處，依上節所論而觀，即其德性之表現之限處，亦即其德性工夫之限處也。則學者若于此時自謂其聞見知能，可多可少，浸至謂其可有可無，即無異自安于此自限，而不更學。有此不更學之念，即亦于德性有虧，而此念即當加以去除者也。去除此念之道無他，即求多聞多見、多知多能，以增益其對物之實然之理之知，同時亦增益其應物之當然之理之知而已。朱子謂聖賢未有不多知多能，即言其不以其已有之知能自足，而必更求多之謂。此又正即朱子所謂格物致知之實功也。至于若問，此格物致知之實功之所及者，畢竟其範圍，是否有窮盡、有定限？則眞在此工夫之進行中看，實不當問，問亦不能答。如必欲問，則依朱子義，當答：如自外而觀，此工夫之進行，其範圍乃時在擴充之中，即不能有窮盡或定限。所謂「道無所不在，無窮無盡，聖人亦做不盡，天地亦做不盡。」（語類卷六十三銖錄）吾人亦不能指天下之任何物，而說其物之必不當格，其理之必不當知也。故朱子亦可汎說學者于天下之物，當「無所不通，無所不曉」也。然自內而觀此工夫進行之所自始，則又儘可時時有其定限之範圍。此即由吾人所接之當前之物，原有其定限之範圍。吾人于所接之物之中，固原可如前引朱子之言格物之語，以別其輕重緩急，定當格之先後之序。吾人所視爲最重最急之物，即吾當下所當格之物，以爲吾人格物致知工夫之始點者。吾人亦不愁無此一始點，以爲吾人當下之格物致知之功之範圍也。然吾人在有生之年，要必須由此始點，以更向前進行，而不能說其進行與否，無關于吾人學聖賢之工夫也。人固實不能離此對「物之實然之理之知」之增益，以言「對當然之理之知與行」之增益；人亦即不能離此格物致知之事，以言此心之內在的性理，能自呈顯于吾人之知與行之中，而分聖賢之學，與其聞見知能之增益，爲二事也。此則朱子言格物致知之精義所存，而非陸王之言之所及者。朱子若本于其此義所見之精，以謂象山之學之不知此格物致知之義，亦不知人之所以當讀書之理由，而謂象山不知窮理讀書，又未嘗不可說者也。

六 朱子之即物窮理以致知之義，非陸王所能廢，與陸王之「四民異業同道」、及朱子「學者異學同道」之現代意義與超現代意義

關于上來所說朱子之即物窮理以致知之論，吾意其中確有精義。此決不能如陸王一派學者，以此乃外心求理，而加以評斥者。陸王之言中，雖未能重此義，然亦未嘗反對此義，實亦不能反對此義。象山固嘗言其在人情物理事勢上工夫，非識物價之低昂之類，然象山亦非不識物價之低昂之類，而其德性工夫，亦未嘗不依此「識物價之低昂」之類而用也。故象山亦嘗言，「理只在眼前，須是事事物物不放過，磨攷其理。」（全集卷卅五語錄）此磨攷其理，固當包括物之實然之理，與吾人之所以應物之當然之理。此磨攷其理，亦當即象山所謂學問思辨之功，格物致知之事。象山亦嘗言：「古之君子知固貴于博」，唯謂不當以「不知爲慊」耳。（卷三十五語錄）專在此點上言，其意亦未必不同于朱子也。至陽明之言致良知于事事物物，此所謂事物，固恆是指吾人之意念；此意念，自亦兼原于吾人一般所謂對外物之見聞之知。陽明謂「良知不因見聞而後有，然見聞亦莫非良知之用。故良知不滯于見聞，不離于見聞。」（答歐陽德書）則人之「緣聞見，以擴充對所聞見者之知，而更由良知以知吾人應物之意念之是非之事」之全，亦即正包涵朱子所謂即物窮理以致知之事者也。至象山陽明之以聖賢之所以爲聖賢，不在其聞見知能之多，則朱子亦未嘗不有此言，如本篇第二節所引及。然此中

之關鍵，唯在學聖賢者，是否不當求充其知能、擴其聞見。依朱子義：則學者不能不于此致擴充之功，否則德性亦不得擴充，而于德性亦有虧也。然在實際上，則人眞有陸王之德性工夫者，固亦必依其仁智之心，以自然地求擴其聞見、充其知能，以爲其據德依仁、而應事接物之用。此即陸王之必不能反對此義也。則陸王與朱子之言，雖各有偏重，而陸王之所行，實不能眞違此朱子之義；則謂陸王之言既立，即能廢朱子所言之即物窮理以致知之義，亦非也。

于此吾人如欲進而論朱子即物窮理以致知之教之另一眞問題，則此實不在一一學者之身上說者。在此一一學者身上說，則其果一方盡力于其知能與聞見之擴充，一方又以成德爲目標，而沿其知能聞見之所及，以時時本當然之理之知以應物，朱子之言固亦無流弊之可說。唯朱子又明嘗言：自物之本身上看，一一物皆原自有其當知之理；而人亦皆當有其應之之道，否則在人便少了此理。如其言：「天下書無不是合讀的，無事不是合做的。若一個書不讀，這裏便缺少此書之一理；一件事不做，這裏便缺少此事之理。大而天地陰陽，細而昆虫草木，皆當理會，不理會，這裏便缺少其物之理。」此段語固可只在勉勵學者，而就上文所引朱子言觀之，朱子實亦未教人眞讀盡一切書，格盡一切事物之理也。然至少就此段語之表面意義上看，總是說一切物（包括書與事）有當知之理。依朱子之一切事物皆有理，而人之性理亦原無所不備之義說，則一理不知，亦總是一缺少。然循前所引朱子之文，言人之格物，只能就其輕重緩急之序，以定吾人所當務，人又不能免于此缺少。此二者間，便似終有一矛盾。此矛盾，雖似無最後之解決之道，然亦未嘗不可有一相對之解決之道。此即吾人于此天下之理，除其爲一人已依輕重緩急之序，所當知、能知、而求知者之外；吾人可更望其餘天下之物之理，爲他人之自依其輕重緩急之序，所視爲當知而求知者，並望他人之實有能知之者。由此而吾人爲學，即理當于自感其當知能知者之有定限時，同時與人分別勉力于不同之學問，使我與人能分別對不同之物之理，各有其不同之知。此即人與人在學術上之分工之事也。此不同之人，在學術上之各有其不同之知，若皆包涵對不同之物之實然之理，與人所以應其物之當然之理，則人對此天下之物，各有不同之知，即皆無礙于各自成其德之事矣。唯以此朱子之言天下之物之理皆當知，即涵人在學術上當分工之義。故後之爲朱子之學者，乃自然傾向于如章實齋所謂專家之學。至于後之爲專家之學者，或只尙對聞見之知，一般知識之知，更不求知人之所以應物之當然之理，並循之以自成其德，則朱子之學之發展之不幸也。

由上所述，朱子之學原有一向學術上之分工而發展之義，而此義則又正與陸王所言之至治之世，人各知其有所不知不能，而以知能相輔爲用，可統于陽明所謂「四民異業而同道」之一言者，其義又互相應合。此由朱子而發展出之學術上之分工之義，在後之學者，雖唯見之于對中國原有之種種考據、訓詁、聲韻、校勘、版本、天文、地理、律曆、制度、風俗、文物等專門之學之研究之中。然循朱子之此義，亦未嘗不可發展出種種吾人今日所謂分門別類之自然科學與社會科學。由陸王之言農工商賈，皆可爲聖賢之學，而各盡其知能，則循其義而發展，亦即當重視吾人今日所謂一切社會中之專門職業之分工。本朱子所謂天下之物物有理、事事有理，「一物未格，即少了此一物之理；一件事不做，即少了此事之理；一書不讀，即少了一書之理」；則社會上之少一農、一工、一商，亦即少了農工商所爲之事之理；而社會上少任何之一職業，亦皆少了一理。則由朱子之言，亦同可開出陸王之「四民異業而同道」之義也。至由陸王之言農工商賈皆可各盡其知能，而亦各皆可爲聖賢之學說來，則爲專門之學者，自亦可各于對一專門之學，求多知多能之外，並兼學爲聖賢。則此專門學者亦當異學而同道。而此正朱子之教之所涵之旨也。此專門之學者之可爲聖賢之學，亦如農工商賈之可爲聖賢之學，而專門之學者，亦與農工商賈之同爲一行業，以存在于社會，而無高下之可言者也。又農工商賈，固原可兼爲專門之學，爲專門之學者，亦原可兼爲農工商賈。此即現代之專門之學與社會職業，打成一片之事也。朱子陸王之學，共有此「四民異業而同道」，「學者異學而同道」，其中包涵學術之分工與社會職業之分工之義。即三賢之學同有之現代意義也。然現代之言學術分工與社會分工者，有種種專門學術與社會職業之相輔爲用之義，而無人人皆以成德爲本之義；更無使人人皆學爲聖賢、學爲堯舜之義；亦無教爲專門之學者、與社會各職業之人，不以其專門知識技能相矜尚，而相忘于其多能多知之義；是則又有「異學」「異業」，而實無「同道」也。只有異學異業，而人各自限于其學其業，以相矜尚，其心志遂小，即自昔儒者所謂小人；則今之大學者、大企業家，而不關心天下國家者，猶小人也。社會必有同道之學，人乃爲大人。則現代之社會，雖遠大于朱子與陸王所在之社會，其學與業，猶是小人之學與業，而亦尚小于朱子陸王所言之大人之學與業也。此則現代之學術與社會，尚未能及于朱子與陸王之聖學之義者也。

此上所言之陸王之學所具之現代意義，恆爲人之所忽。然于朱子之學有關後世之專門之學之意義，與其天文、物理之論，有今所謂科學精神，可與今之科學相接，則頗爲人所見及。然朱子之學所以能發展出此學術分工之義，以使「學者異學而同道」，以與陸王之「四民異業而同道」之旨相應合，而又同具有一超現代之意義，其故所在，亦爲吾人所不可不知者也。

七　朱子與象山之工夫論之異與同

由上所論，是見朱子之即物窮理以致知之義，陸王之言，雖未能及，然亦實不能違；而陸王之言聖人與學者，皆終有其所不知不能之義，朱子亦實不能外。由朱子所謂：天下之事事物物皆有理、皆當被知，而學者亦當盡其知能以知之行之，則理當歸于言「學者異學而同道」。由陸王言人皆當知其有所不知不能，更以其知能相輔爲用，則理當歸于「四民異業而同道」。而朱子與陸王之學，則合以涵具一現代的學術社會之分工義；而又在異學異業之外，同有此同道之義，以超過現代；是即見三賢之學之異，而未嘗不同歸之一端。然若專自其學之異處言，今暫捨陽明不論，則朱子所暢發之即物窮理以致知之義，更爲其學之特徵。此與象山之言心即理，而教人自覺其理之顯于其心之發用中者，求有以自信之教，正相對應，而亦實各有千秋。此中之不同，在象山之教人自覺其理之顯于心之發用中者，乃就此心之爲道德的心、此理之爲道德的理處，正面的囘頭自覺其「此心所已顯之此理，而有以自信」。則此工夫，要在人之「知其自己之所已知」于內，以成其「所已知者之相續」者。而朱子則由其學之特有見于人之氣禀物欲之雜，故不取此工夫，而亦疑象山之自信其心之教，乃由其不見此氣禀欲之雜之故。此如吾于朱陸異同探原所說。朱子之即物窮理以致知，則要在緣吾人之心對外物之聞見，知物之實然之理，以使吾人應物之當然之理，皆呈顯于心之前，而此亦同時是使原「超越的內在于吾心之性理」，自呈顯于心之前。此即前所謂「即求諸外以明諸內」也。此其要則不在人之知其所已知，而在人之「知其所不知」。蓋朱子特有見于人之氣禀物欲之雜，而心恆昏蔽有所不知，故重此知其所不知之工夫也。至於由此朱子即物窮理以致知工夫進一步，則爲本此性理已呈顯于心知之前者爲標準，以反省吾人之意念，而定其是非，而有誠意之工夫，而與此格物致知誠意之工夫相輔，以更爲其本者，則爲直在此心此身上用之主敬或持敬工夫。此工夫要在凝聚身心，使一切不合理之意念不得發，亦在自積極的存養此心之虛靈明覺，使超越的內在之性理，得其自然呈顯昭露之門，而格物致知誠意之事，亦易于得力。此主敬工夫，又實即正心修身齊家治國平天下工夫之本也。至在象山，則與其正面自覺此心即理，而自覺自信之工夫相輔者，則爲吾人前所言之立志求其心量之開拓，以超拔于一切心之私欲意見之外，及自疑自克以「去障蔽」或「去病」之工夫。此則意在消極的除掉此心中已有之不合理之意念，以使此即理之心之發用流行，無阻無隱。此朱子所言之持敬，以存養此心之虛靈明覺之工夫，雖最爲象山所不契；然其目標，亦正在打開出心之性理昭露呈現之道路，使此心于未發時所具之理，得顯于心之發用流行，人乃更能依理以應物。此則正與象山所謂立志以開拓心量、去障蔽、去病之工夫，意在打開出此心此理之發用流行之道路，其功效正無二無別。唯象山之立志以開拓心量、而去障蔽、去病，乃當下此心，自覺其心之即理者，「充實于內，更滿發于外，以掃蕩其外」之工夫；而朱子之主敬，則爲當下此心，自覺其心之具理者之「收攝于內，更不見其外，以保任其內」之工夫耳。然在實際上，人用朱子之主敬工夫，以保任其內之虛靈明覺時，即在事實上，亦須多少有一自其心之私欲意見之障蔽，超拔而出，加以掃蕩之事。此猶人之全不能去外侮者，則不能自固也。人在事實上，若無心之虛靈明覺之保任于中，亦不能超拔此一切障蔽而掃蕩之，以有象山之工夫。此則猶人之全不能自固者，亦不能去外侮也。然象山之超拔、掃蕩之言，可由教者對學者而施，以加力于學者，如助其去外侮；而朱子之言主敬以自保任；則純爲一人之自固之工夫。象山之善感發人，蓋由其能善加力于學者。然外加之力去，而學者舊習或仍在。此即象山門下，或「今日悟道，明日醉酒罵人」也。則此象山之教，對學者言，可以成其學之始，而不必能成其學之終。若一人只自用朱子之主敬以自保任之工夫，則缺點在人之自力之恆有所不足，而傷于拘緊，則其學又恆難于成始；然若其自力足，則又無猛進猛退與拘緊之病。則此二種工夫之效用，依人而定，原無必然之衝突，亦實無必然之得失。學者當因資質而學，教者亦當因材而教，而因時因事之不同，則言非一端，以各有其用；而人之「用」在此者，未嘗不能「知」在彼，而後其學爲大學、其教爲大教。人若本一工夫之所得，以觀另一工夫之所失，而作之評論，實亦皆未必當矣。

上言朱子與象山之工夫論雖不同，其立義正有其互相對應之處；總結而說，咸有兩端。朱子之兩端，爲「主敬以存養此心之虛靈明覺」，與「即物窮理以致知」之兩端。主敬爲朱子早年承程子之教，而切己用功，參中庸之中和問題所定之論；而即物窮理以致知，則其晚年對門人施教時所重之義，此則歸本于大學。象山之兩端，則爲「知心之即理，而自覺自信」，與「立志開拓其心量而去障蔽」。而此兩端則爲發明本心之一事之兩面，蓋象山少年立志時即已定之見，乃承孟子之學而成。在朱子兩端中，即物窮理以致知，爲向外開拓之工夫。心之向物窮理，始于心之動；而其知理、止于理，則歸在靜。主敬爲向內凝聚之工夫。心之以敬自持，則始于靜；而目標又在「顯性理于心之發用流行中」，而未嘗不歸在動。在象山之兩端，則知心之發用之即理，而自有其自覺自信，此即其所謂「凝道」之事，乃「向內之凝聚以靜，而又不離動」之工夫。而其立志以開拓心量、以去障蔽、去病，則爲向外開拓之工夫。此則爲心之自身之一內在的震動。心有此震動之處，即有心之發用流行之循理而具理，如雷雨動而天自靑，以動而未嘗不靜。故朱子于動靜，必分而後合，一動一靜之間，若有先後。而象山則恒直下合動靜說，動靜可無先後。此中之毫厘之差，如放大而說，亦可有天淵之別。但今不擬深論。若不重此毫厘之差，則其皆意在貫通動靜，亦無不同也。在朱子，讀書論學、即物窮理以致知，爲博文之事、道問學之事，亦知之事；本所知之之理以誠意與主敬、以正心修身等，爲約禮之事、尊德性之事，亦行之事。在象山，則對其心之即理者之自覺自信，爲知之事；對人指點此心即理，而講學明道，皆其所謂「講明」之事，亦知之事、道問學之事。而循此自覺自信之知，以開拓心量、去障蔽、去病，使此心之發用流行，無不具理；即其所謂「踐履」之事、行之事，亦尊德性之事。朱子與象山之學，同有此知行之二端：道問學尊德性之二端；則謂朱子重知、重道問學，象山重行、重尊德性者，在朱子與象山，皆決不受也。朱陸之同有此二端，即朱陸之學之異，而未嘗不同之一端也。後之陽明于此朱陸所言之知行並進，皆不謂然，而合知行爲一，其立義乃兼不同于朱陸，陽明合知行、通心之虛靈明覺與天理之義，皆由朱子所言格物致知、已發未發、中和、體用、動靜、存養、省察、戒懼之義而轉出。此則陽明之不同于象山之重明道辨志，以發明本心，而次中和戒懼等工夫之教，蓋正爲陽明之所以言象山之言「細看有粗處」之故。是見陽明之學正爲由朱入陸，以通朱陸之學者，此則于本文下篇當再一一詳及之。

北魏孝文帝遷都與其家庭悲劇

逯耀東

一

北魏前期的首都平城，是拓跋氏部族從草原文化過渡到農業文化的象徵，所以這座都城的規制，和當時其他文物典章制度一樣，也是「稍潛華典，胡風，國俗相揉雜亂」的。（註一）。這座都城的建構，除了採用某些中原文化的特質外，同時也保持了許多草原文化的色彩。因此，這座都城對於北魏建國百年後，企圖將兩種不同文化混合後的形態，作一次澈底調整與重組的孝文帝來說，的確是一種有形的阻礙。

所以，在他親政後，除了推行一系列的漢化運動外，同時也進行對平城的改建工作，魏書卷七高祖紀下：

「太和十二年（488年）七月，起經文殿，經武殿。

閏十年，觀築圜丘於南郊。

十三年七月，立孔子廟於京師。

十四年四月，經始明堂，太廟。

十月，明堂，太廟成。

十一月，遷七廟神主於太廟。

十六年二月，移居永樂宮，壞太華殿，經始太極殿。

十月，太極殿成。

十七年春正月，饗百寮於太極殿。」

從太和十二年到遷都洛陽的前一年，孝文帝在平城大興土木，並且在改建的過程中，進行了一連串有關禮儀，祭祀問題的討論與決定。（註二）他似乎有意從有形的建築工程的拓建，更進一步促進意識形態的轉變。所以他最初的希望，祇是利用平城現有的基礎，將它轉變爲一座典型的中國文化式的都城。並沒有積極南遷的意念。

後來所以匆匆南遷，乃由於北方保守勢力，對他所作的改革有一種難以排除的壓力。但選擇洛陽作爲新的都城，却完全表現他是一個理想主義者，並未顧及到現實的問題。（註三）就以當時的經濟，軍事，政治的情勢分析，鄴城似乎比洛陽更適於作爲新都。

因爲當時中原最富庶的地區在河北，所謂「國之資儲唯在河北」。（註四）這個地區是糧食和絹布的產地，冀，定二州的戶調絹，一年便在三十萬匹以上，負担了北魏王朝主要財政的支出。

從軍事戰畧的價值而言，洛陽作爲國都顯得太突出，南方除了壽陽之外，再沒有其他可供守戍的天險重鎮，北魏後期，元灝之叛，以江南數千之衆，數日之間，即長驅進入洛陽。而鄴，有「三台之固，西接平陽，山河四塞」（註五）據此之後，便可以控制河北地區，更重要的是洛陽在黃河以南，而鄴却在黃河以北。

從政治方面而言，洛陽雖然是漢魏，西晉的京城，但鄴却也是石趙與慕容燕的故都。而且從北魏建國以來一直將鄴視爲陪都，拓跋珪平定慕容燕以後，曾在這裏建行臺，有意遷都於此。（註六）後來在拓跋燾時代，因爲平城一帶發生飢荒，也有遷都於鄴的計劃，雖然這次遷都的計劃，因崔浩的諫阻而沒有實現。（註七）但事實上，鄴城已被北魏視爲遷都的第一選擇對象。而且孝文帝拓跋宏南伐，也曾經營鄴，並建宮殿於鄴西，太和十八年（494年）正月，曾朝羣臣於鄴。（註八）似乎有選擇鄴城爲都城的可能。

可是最後却放棄鄴，而選擇洛陽，完全是爲了實現他的文化理想。太平御覽卷一五六京都條下引後魏書：

「太和十八年，卜遷都鄴，登銅雀台，魏御史大夫崔吉（光）（註九）等曰：『鄴城平原千里，運漕四通，有西門使起舊跡，可以富饒，在德不在險，請都之。』孝文曰『君知其一，未知其二，鄴城非長久之地，石虎傾於前，慕容滅於後，國富主奢，暴成速敗，且西有枉人山，東有列人縣，北有相人城，君子不飲盜泉，惡其名也。』遂止，乃都洛陽。」

所謂「君子不飲盜泉，惡其名也」，惡其爲亡國的都城，正因爲鄴曾是石趙和慕容燕的都城，這兩個五胡政權的都城，都享國不久，在形勢上不佳。他所以離開平城準備南遷，正因爲平城是「用武之地，非可文治」。魏書卷十九任城王澄傳：

「（孝文帝）乃獨謂澄曰：『今日之行，誠知非易，但國家興自北土，徙居平城，雖富有四海，然文軌未一，此間用武之地，非可文治，移風易俗，信爲甚難。』」

而洛陽，正是表現中國文化傳統比較優越的地方。孝文帝遷都洛陽的最初動機，即因爲洛陽所表現的文化傳統激發而成的，魏書卷七高祖紀下太和十七年九月條下：

「庚午，幸洛陽，周巡故宮基址，顧謂侍臣曰：『晉德不修，早傾宗祀，荒毀至此，用傷朕懷。』遂詠黍離之詩，爲之流涕。壬申，觀洛陽橋，幸太學觀石經。

冬十月，幸金鏞城，徵司空穆亮，尚書李冲，將作大將董爵，經始洛陽。」

孝文帝巡幸洛陽荒毀的舊跡，觸發他思古之幽情，而經營洛陽，最後爲了澈貫他文化的理想，決定放棄鄴而定都洛陽。他最初所以準備南遷，由於他親政前後幾年中，所作的許多改革，在平城受到保守勢力的阻礙，迫使他不得不放棄原來以平城爲基礎的改革計劃，另外尋找適合實現他改革理想的環境，在這個條件下，洛陽當然要比鄴優越得多。

在孝文帝遷都華化的過程中，除了獲得一部份北方年青一代新生的力量，與中原士族的支持和擁護外，但乃受到北方保守勢力强烈的反對，而且這個保守集團的勢力一直很大。他們反對華化，因爲他們認爲拓跋氏部族，所以能夠征服中原地區，完全靠他們那種「馬背中，領上生活」的草原習慣，（註十）和他們的戰鬥方式一致，如果改變他們原有的生活方式，他們過去强悍善戰的性格，也會隨着消逝。那麽，不僅不能統治漢族，反而會被漢人同化。至於遷都，他們認爲一旦脫離自己的文化中心南遷，黃河流域的氣候比較熱，拓跋氏部人不服水土，最後的死亡率一定很高。（註十一）所以他們不僅反對華化，同時更反對遷都。這個保守集團以穆泰，元丕，陸叡等爲代表。尤其元丕是保守勢力的典型人物。魏書卷十四元丕傳：

「丕雅愛本風，不達新式，至於變俗，遷都，改官制，禁絕舊言，皆所不願。……至於衣冕，已行朱服列位，而丕亦猶常服列在坐，晚乃稍加弁帶，而不能修飾容儀。」

元丕死在景明四年（504年），年八十二，遷都時他已是七十開外的人。他是一個對草原文化有濃厚感情的人，所謂「博記國事，饗讌之際，恒居坐端，必抗音大言，叙列既往成敗」。（註十二）歷仕五朝，在當時政治上有一定的影响力。在這些舊勢力鉗制下，既然無法展開既定的改革計劃，擺脫這種約束最好的辦法，就是離開他們。所以孝文帝藉南征而離開平城，到達洛陽以後，又經過一次戲劇性的演出，然後才定遷都之計，魏書卷十九任城王澄傳：

「高祖外示南討，意在謀遷，齋於明堂左側，詔太常卿王堪，親令龜卜，易筮南伐之事，其兆遇革。高祖曰『此是湯武革命，順天應人之卦也。』羣臣莫敢言，澄進曰：『言革者，更也，將欲應天順人，革君臣之命。湯武得之爲吉，陛下帝天下，重光景葉，合卜征乃可伐，此非君人之卦，未可全爲吉也……』高祖勃然作色曰：『社稷我社稷，任城欲沮衆也！』澄曰：『社稷誠知陛下之社稷，然臣是社稷之臣子，豫參顧問，敢不愚衷，』高祖鋭意必行，惡澄此對，久之，乃解曰：『各言其志，亦復何傷。』車駕還宮，便召澄，未及昇階，遙謂曰：『向者之革卦，令更欲論之，懼衆人競言，阻吾大計，故厲色怖文武耳，想解朕意也。』乃獨謂澄曰：『今日之行，誠知非易！』」

又魏書高祖紀：

「十有七年，九月庚午，幸洛陽……丙子，詔六軍發軫，丁丑，戎服，執鞭御馬而出，羣臣稽顙於馬前，請停南伐，帝乃止。」

又魏書卷五十三李沖傳：

「從自發都至洛陽，霖雨不霽，仍詔六軍發軫，高祖戎服，執鞭御馬而出，羣臣啓顙於馬首之前……高祖大怒曰：『方欲經營宇宙，同一區域，而卿等儒生，屢誤大計，斧鉞有常，卿勿復言。』策馬將出，於是大司馬安定王休，兼左僕射任城王澄等，並勸泣諫，高祖乃諭羣臣曰：『今興動不小，而動無成，何以示後，苟欲班師，無以垂千載，朕仰惟遠祖，世居幽漠，違衆南遷，以享無窮之美，豈其無心輕遺陵壤。今之君子，寧獨有懷，……若不南鑾，即當移都於此，光宅中土，機亦時矣！王公等以爲如何？』議之所決，不得旋踵，欲遷者左，不欲者右，安定王休等，相率如右。」

綜合以上材料，可知孝文帝藉南伐離開平城，在離開平城之前，曾召開御前會議，討論關於遷都的問題，元丕，穆眞，陸叡等保守派的人物，也參加了這次的會議，分別表示他們反對遷都的意見，所以在這次會議中，對遷都的問題並沒有獲得一個結論。於是便發兵南下，至洛陽後對於定都的問題，仍然是「儒生，屢誤大計」，經過一再討論還是沒有結果，於是他又擺出繼續南征的駕式，所以李冲傳說：

「高祖初謀南遷，恐衆心戀舊，乃示爲大舉，因以協定羣情，外名南伐，實其遷也，舊人懷土，多所不願。內憚南征，無敢言者，於是定都洛陽。」

由此可知，孝文帝決定定都洛陽的計劃，是很突然而機密的，甚至於連當時被視爲左右手的元澄，李冲事先都不知道，所以，定都洛陽，與全身披掛準備發兵南征策畧的制定，很顯然出於另外一批人之手，後來張彝，郭祚，崔光都因「以參遷都之謀」而進爵。（註十三）所以這幕戲劇性的演出，很可能是由他們在幕後製作的。同時，也可以證明，不僅在平城，孝文帝的遷都計劃，受到保守勢力堅決的反對，即使離開平城到洛陽以後，仍然不能獲得全體的支持，「安定王休等相率如右」，便是一個很好的說明。

既然已經決定定都洛陽之後，孝文帝一面命李冲，穆亮，董爵等經始洛陽。一面命任城王澄赴平城，傳達他定都洛陽的旨意，並且說服北方的保守勢力。魏書任城王澄傳：

「及駕幸洛陽，定遷都之策，高祖詔曰：『遷都之旨，必須訪衆，當遣任城，馳驛向代，問彼百司，論擇可否？近日論革，今眞所謂革也，王其勉之。』既至代都，衆聞遷詔，莫不驚駭，澄援引古今，徐以曉之，衆乃開伏，澄遂南馳報還，會車駕於滑台，太祖大悅，曰：『非任城，朕事業不得就也。』」

又案魏書太祖紀：

「冬十月乙未，解嚴，設壇於滑台城東，告行廟以遷都之意，大赦天下。」

任城王澄就在這個時候，從平城完成說服的使命南歸，孝文帝獲得北方某些保證，才祭告行廟，公開表示遷都之意，同時也宣佈解除以南伐爲幌子的軍事行動。不過，雖然任城王澄完成了最艱巨的說服工作，但是北方由於突然接到遷都詔書，所產生的「莫不驚駭」的情緒還沒有平穩，所以，雖然在李冲一再催促下，孝文帝仍然遊駕在外，沒有北歸的意思。魏書李冲傳：

「冲言於高祖曰：『陛下方修周公之制，定鼎成周，不可遊駕待就，興築城郭，難以馬上營訖，願暫還北都，令臣下經造，功事成訖……巡時南徙，軌儀中土。』高祖曰：『朕將巡省方岳，至鄴小停，春始便返，未宜遂不北歸。』」

又案高祖紀：

「十有七年九月，仍定遷都之計。冬十月戊寅朔，幸金墉城。詔徵司空穆亮與尚書李冲，匠作大將董爵經始洛都。己卯幸河南城，乙酉，幸豫州，祭巳次於石濟。乙未，設壇於滑台城東，告行廟以遷都之意。癸卯，幸鄴城。

十八年春正月，朝羣臣於鄴宮。戊辰，經殷比干之墓，祭以太牢。乙亥，幸洛陽西宮。二月己丑，行幸河陰，規建方澤之所。壬寅，車駕北巡。閏（二）月壬申至平城宮。癸酉。臨朝堂部份遷留……三月壬辰，帝臨太極殿，諭在代羣臣，以遷移之畧。」

從太和十七年九月「定遷都之計」，到次年三月，臨平城太極殿召開御前會議，公開「諭在代羣臣，以遷移之畧」，前後經過七個月的時間，（其間包括一個閏二月）孝文帝僕僕風塵奔走在外駕不北返，他所以不願回到北方，可能他恐怕北方因獲得遷都消息後，由不滿的情緒所形成的反對壓力，而破壞了他既定的計劃。所以在這段期間內，除了任城王澄赴代進行說服的工作外，當然還有其他的人員，奔走於南北道上，担任折衝調和的任務。但可惜沒有材料再作進一步的說明。直等到孝文帝對北方的保守勢力，作了某些程度妥協的讓步，以換取北方保守勢力對於遷都的保證後，他才回到平城，這是非常可能的。由此也可以了解北方保守派潛勢力的雄厚，以及他們對孝文帝遷都所發生的影响。

二

太和十八年十一月，孝文帝率領着他遷都集團，離開平城向洛陽進發，途中又經比干墓，魏書卷七高祖紀：

「十一月，甲申，經比干之墓，傷其忠而獲戾，親爲弔文，樹碑而刊之。」（註十四）

在這塊碑的碑陰，共分四列，上三列刻鐫隨祭的官名，列名的共八十一人。（註十五）這八十一人可以說是孝文帝遷都集團的核心份子。他們之中包括拓跋氏的宗室，皇族、貴戚、代北功勳，四裔部落酋帥，和大批中原士族。當然，在這些人中，屬於中原士族的，他們自始至終都擁護孝文帝的遷都華化。現在從碑陰所列代北諸臣稍加分析，或可以對孝文帝的遷都集團進一步了解。

一、拓跋氏帝裔十姓：

案魏書官氏志：「獻帝時七分國人，使諸兄弟各攝領之，乃分其氏，以兄爲紇骨氏，後改胡氏。次兄爲普氏，後改周氏。次兄爲拓跋氏，後改長孫氏。弟爲達奚氏，後改爲奚氏。次弟爲伊婁氏，後改爲伊氏，次弟爲丘敦氏，後改爲丘氏， 次弟爲俟氏 ，後改爲亥氏。又命叔父之胤曰乙旃氏，後改爲叔孫氏，又命疏屬曰車焜氏，後改爲車氏」以上九族和拓跋氏合起來，就構成所謂「百世不婚」的帝室十姓。

在比干碑碑陰列名的拓跋氏的宗室有：「使持節驃騎大將軍都督司豫荊郢洛東荊六州諸軍事開府司州牧咸陽王元禧，特進太子太保廣陵王河南郡元羽，侍中始平王河南郡于元勰，兼尚書右僕射吏部尚書任城王河南郡元澄。散騎常侍祭酒光祿勳卿高陽伯河南郡元徽，散騎常侍北海王河南郡元詳，散騎常侍領司宗中大夫河南郡元景。散騎常侍河南郡元纂，右衛將軍河南郡元翰，司衛監河南郡元尉，太子率更令襄陽伯河南郡元尉，射聲校尉河南郡元洛平。」計十二人，是屬於拓跋氏宗室的近支。

又給事中河南郡乙旃恬，給事中河南郡乙旃免，直閣武衞中河南郡乙旃河各仁，直閣武衞中河南郡乙旃應仁，武騎侍郎乙旃俟莫干等六人，案官氏志：「叔父之胤同乙旃氏，後改叔孫氏」，其中「乙旃俟莫干」，魏書卷三十一于烈傳：

「太尉咸陽王禧謀反也……（世宗）駕還宮，禧已遠遁，詔烈遣直閣叔孫侯，將虎賁三百人，追捕之。」

上述叔孫侯可能就是乙旃俟莫干，因爲咸陽王元禧與乙旃俟莫干的名字並列碑陰，時代相同。碑陰乙旃俟莫干的官名武騎侍郎即爲統領虎賁之官。而侯爲俟莫干譯音的第一音階，叔孫侯即乙旃俟莫干。

又宰官令河南郡伊婁願：案官氏志：「尹婁氏後改爲伊氏」。

又符璽郎中河南郡拔拔臻；案魏書官氏志：「次兄拓拔氏後改爲長孫氏」，此處所謂丘「拓拔氏」亦即「拔拔」之誤，通鑑卷一四〇齊紀永初三年條下：「長孫嵩實姓拔拔」，清湯球輯崔鴻十六國春秋補卷五十六：

「姚泓以晉師之逼，遣使乞師於魏，魏遣司徒平南公拔拔嵩進據河內。」

魏書卷二十五嵩本傳所記畧同，到長孫嵩即拔拔嵩，所以拔拔臻即長孫臻。爲拓拔氏帝室十姓之一。

二、功勳八姓：

案魏書官氏志：「太和十九年詔定代人姓族，銓其穆，陸、賀、樓、于、嵇、尉八姓，皆太祖以降，勳著當世，位盡王公，灼然可知者」，即所謂「功勳八姓」：

在碑陰列名屬於穆氏的有三人：他們是使持節司空公太子太傅長樂公河南郡丘目陵亮，員外散騎常侍光祿少卿河南郡丘目陵純，員外散騎常侍帶呂與給事中河南郡丘穆陵惠。案長樂王丘穆陵亮夫人爲亡息造彌勒像記：

「太和十九年，使持節司空公長樂王丘穆陵亮，爲亡息牛橛，請工鏤石，造此彌勒像一區。」

則是，比干碑陰所列的丘目陵亮，是丘穆陵亮的異譯。案魏書官氏志：「丘穆陵氏後改穆氏」，穆氏爲代北功勳八姓之首，碑所載之丘目陵亮即魏書卷二十七穆崇附其子孫傳中之穆亮。他們的家族從魏初即和拓拔氏有密切的婚姻關係。即穆觀尚宜陽公主，觀子壽尚樂陵公主，壽子平國尚城陽公主，平國長子伏干尚濟元公主，伏干弟羆尚新平公主，弟穆亮尚中山公主，後來穆亮的兒子穆紹，又尚琅琊公主。

穆亮在顯祖時，和中山公主結婚後封趙郡王，後改封長樂王，高祖即位委以重任，爲侍中尚書右僕射，太和十三年征南齊將陳顯達，次年還爲司空，太和十七年孝文帝擬定遷都計劃，他與李沖同被委任經營洛陽，在遷都政府中担任樞機重任，至於丘目陵惠，丘目陵純皆不見於傳，但他們都是近臣，該是穆亮的家族。

又司衞監萬忸于勁，給事河南郡萬忸于扞，顯武將軍萬忸于吐拔，武騎侍郎萬忸于澄。

案官氏志萬，作勿，志云：「勿忸氏後改爲于氏」，金石錄卷二十二後周延壽公碑頌引「于烈碑」：

「遠祖之在幽州，世首部落，陰山之北有山號萬紐于者，公之奕葉，居其原地，遂以爲姓，高祖孝文帝時始賜姓爲氏焉。」

則是，于氏因原居萬忸于山，因山爲部，以部爲氏，魏書官氏志誤，碑陰所載「司衞監萬忸于勁」，魏書卷三十一于栗磾稱子洛拔，洛拔長子烈，第四子勁，則萬忸于勁即是于勁，魏書卷八十三外戚（下）于勁傳：

「太尉拔之子，頗有武畧，以功臣子，又以功績，位沃野鎮將……世宗納其女爲后……後拜征北將軍，定州刺史，卒贈司空，謚曰恭莊公，自粟碑至勁，累世貴盛，一皇后，四贈公，三領軍，二尙書，三開國公。」

所以于氏家族在遷都前後，在政治上軍事上有實際的潛勢力，雖然于氏家族在孝文帝遷都時，對華化與遷都採取保留的態度，即所謂「遷都與戀舊唯中耳」，（于烈傳）但是在後來代北大族因遷都所引起的叛變事件中，他們的家族却採取堅定的立場，絕對效忠孝文帝並且支持他的遷都政策。

又散騎侍郎東郡公河南郡陸昕，員外散騎侍郎陸怖道。

案官氏志：步六步氏，後改爲陸氏」，陸昕，即陸昕之，魏書四十陸昕之傳：「昕之……風望端雅，襲爵，例降爲公，尙顯女常山公主……初父定國娶河東柳氏生保安，後納范陽盧世度女生昕之，二室俱爲舊族，而嫡妾不分，定國亡後，二子爭襲父爵，僕射李沖，有寵於時，與世度子泉，婚親相好，沖遂左右申助，昕之由是承爵。」

案陸定國本傳：「及顯祖踐阼，拜散騎常侍，持賜封東郡王」，昕之傳稱「襲爵，例降爲公，」與碑載「東郡公」合，則陸昕即昕之。陸怖道或即陸希道譌，案希道傳：「叡長子，有風貌，奕鬚髯，歷覽經史，頗有文致，初拜中散，遷通直郎，坐父事徙於遼西。」

又武衞侍郎河南郡獨孤遙，

案官氏志：「獨孤氏後改爲劉氏。」

綜合以上，屬於功勳八姓的共十一人。

三、「內入諸姓」與「四方諸姓」

所謂「內入諸姓」，即官氏志所謂「神元皇帝（拓跋力微）時諸姓內入者」。至於「四方諸姓」，即官氏志所謂「凡此四方諸部，歲時朝貢，登國初，太祖散諸部落，始同爲編民。」

直閣武尉中代郡若干侯莫仁。

案官氏志：「若干氏後改爲苟氏。」又北周書卷十七若干尊惠傳：「若干惠字惠保，代郡武川人也，其先與魏氏俱起。」則若干是北方部落名，後以部爲氏。

又直閣武尉中河南郡吐羅吐蓋。

案官氏志：「叱羅氏改爲後改羅氏。」又文苑英華卷九三六周長孫瑕夫人羅氏墓誌：

「夫人諱某，恆州代郡太平縣人，祖某。父協、周大將軍，南陽郡公。」

周書卷十一叱羅協傳，稱協以建德三年賜爵南陽郡公，可知長縣夫人羅氏，即叱羅協之女，代郡羅氏，原姓叱羅氏，魏書卷四十四羅結傳：

「羅結，代人也，其先世領部落，爲國附臣。劉顯之謀也，太祖去之，結翼衛鑾輿，從幸賀蘭部。」

監御令河南郡莫耐婁悅。

案官氏志：「莫那婁氏，後改莫氏。」魏書卷一序紀昭帝四年：「東部未耐婁大人倍斤入居遼東，」未，當爲「末」之譌，「那」，「耐」雙聲，故莫耐婁或即莫那婁的異譯，則是這個部落歸附拓跋氏極早，最初居於遼東，後來徙居代郡。

苻節令代郡賀拔舍：

案官氏志：「賀拔氏後改爲何氏」，周書卷十四賀拔岳傳：「先是鐵勒斛律沙門，斛拔彌俄突等並擁衆自守，至是皆款附。」鐵勒，唐書卷二一七（上）回鶻傳作勅勒，勅勒爲高車族。斛拔，北史卷兵齊神武紀天平三年條下作賀拔，據此可知賀拔氏即爲高車部之一〇又案魏書卷一。三高車傳：「高車歸魏極早，惟其强獷，皆別爲部落。」

直閣武衞中河南郡俟呂阿倪：

案魏書官氏志：「叱呂氏後改爲呂氏」，俟呂爲叱呂之異譯，魏書高祖紀：「太和十三年，蠕蠕別師率衆內附，又魏書一〇三蠕蠕傳：「（蠕蠕主）伏圖納豆崙之妻俟呂陵氏」，俟呂陵或即俟呂陵，俟，俟形之譌。又案魏書卷一〇三蠕蠕傳：「又有俟呂隣部，衆萬餘口，常依險畜牧，登國中，其大人叱伐爲寇於苦水河，八年夏，太祖大破之，並擒其別帥焉古延等。」是則叱呂氏是高車所屬的別部，於太祖登國年間歸魏。

直閣武衞中河南郡吐難萇命：

案官氏志：「吐難氏後改爲山氏」

給事臣河南郡侯文福：

案官氏志：「東方宇文氏，慕容氏，即宣帝時東部，此二部最爲强盛。」侯文或即宇文之異譯，宇文部屬鮮卑東部的一支。

給事中河南郡郁久閭麟，散騎侍郎河南郡郁久閭敦：

郁久閭不見魏書官氏志，案齊御史中丞赫故夫人閭氏墓誌：「夫人諱炫，字光暉，代郡平城人也。茹茹國主步渾之玄孫，曾祖大肥，來賓有魏，太祖喜之，尚華陰公主，賜爵，與弟並爲上賓，入八議。」誌所載與魏書卷三十三大肥傳畧同，又案大肥本傳：「蠕蠕人也，太祖時與其弟大泥倍歸國。」大肥爲蠕蠕的宗室，魏書崔浩傳：「蠕蠕弟子來降、貴者尚公主，賤者將軍大夫，居滿朝列。」可知當時蠕蠕入魏者很多，世祖紀中的安豐公閭振，高宗紀中的濮陽公閭若文，零陵王閭拔等皆屬蠕蠕，雖然無法肯定郁久閭大肥的後裔，然爲蠕蠕族是沒有問題的。

直閣武衞中高車部人斛律慮：

案北齊書卷七十一斛律金傳：「朔州勑勒部人也，高祖倍侯利，(魏)道武時率戶內附。」勑勒部即高車。

又案魏書卷一〇三高車傳：

「高車，初號爲狄歷，北方以爲勑勒，其種斛律氏……太祖時，蠕蠕社崙侵高車地，斛律部帥倍利患之，遂來奔。」

由是知斛律氏是高車部人，因部爲氏，在道武時，由他們的酋長率領入魏，斛律慮即其族人。

驪驤將軍大野慤：

案大野氏不見魏書官氏志，唐室先人李虎，於北周時賜姓大野氏。據陳寅恪先生李唐氏族之推測，及李唐氏族推測後記考證，李唐爲北魏李初古拔的後裔，名雖胡化，姓實漢族。（註十五）但此處的大野慤則非漢人。疑或爲高車部人。

在上述四十一人中，屬於拓跋氏帝室十姓的二十人，其中近支的宗室十二人，疏屬八人。功勳八姓十人；內附部落與四方諸姓十一人，但在這十一人中，高車部人又佔四人。

北魏前期的政治結構形態，大致是這樣的，即以姓氏爲基礎，而編結成部落聯盟的網。網的核心是拓跋氏皇室；其他的帝室十姓拱衞在他們四周，外面是功勳八姓，功勳八姓之外，則是內附部落與四方諸姓，層次非常分明。（註十六）雖然從以上四十一人職位的分工看來，似乎仍然保持舊日類似的形式，但却有了新的內容。因爲這一批人，包括孝文帝在內，他們都屬於政治上新的一代，在遷都時，拓跋宏的年齡是二十八歲，幫助他華化與遷都最得力的助手任城王澄，在輩份上雖然是他的叔叔，可是年紀却和他一樣大，至於咸陽王禧，廣陵王羽，始平王勰都是孝文帝的弟弟，年紀更年青，在功勳中，穆亮的年紀比較大些，那時是四十三歲，陸昕之的年紀在三十歲左右，于勁的女兒是世宗的皇后，因此他的年齡也不會超過四十歲，所以他們是政治上年青的一羣。

雖然，他們都是在草原與農業文化的邊際社會中誕生與長成。不過，這種混合社會的草原文化因素，自崔浩之獄以後，已逐漸減少。因此他們都像孝文帝一樣，受過良好的漢化敎育，魏書卷二十一（上）咸陽王傳載文明太后令：

「自非生知，皆由學焉，皇子皇孫，訓教不立，温故知新，概有闕焉。可於閑靜之處，則立學館，選忠信之士爲之師傅。」

孝文帝本人對於他的皇族與代北功勳的教育問題，也非常關心，魏書卷二十一（上）廣陵王羽傳：

「初，高祖引陸叡，元贊等於前曰：北人每言北人何用知書，朕聞此深用憮然。今知書者甚衆，豈皆聖人？」

由此，知代北年青一代之中，有許多深受漢化教育影响的，在諸王之中，像彭城王勰「敏而耽學，不舍晝夜，雅好屬文。」像任城王澄他對漢文化的了解，並不下於一般中原士大夫，魏書卷十九（中）任城王澄傳：

「蕭賾使庾華來朝，華見澄音韻遒雅，風儀秀逸，謂主客郎張彝曰：往任城王以武著稱，今任城王以文見著。」

這些宗室諸王在漢文化的薰陶下，已經變得儒雅風流，對於武事已非他們所長。魏書卷二十（上）北海王詳傳：

「高祖自洛北巡，詳嘗與侍中彭城王勰，並在輿輦，陪侍左右，至高宗射銘之所，高祖停駕，詔諸弟與侍臣皆試射遠近，唯詳箭不及高宗箭十餘步，高祖嘉之，拊掌欣笑。」

所以，高祖紀太和二十年下，所謂「以代遷之士，皆爲御林虎賁」。但從碑所列率領近衞軍的軍官，已不是拓跋氏的族人，或功勳八姓，而是屬於內附部落與四方諸姓，其中以高車部人爲多。北史卷八十外戚賀納傳：「道武平中原，離散部落，分土定居，不聽遷徙，其君長大人，皆同編戶。」拓跋珪這種「離散部落，皆同編戶」的措施，將原來的部落形態打散，使他們固定在土地上，從事農業生產，可是對於高車部却仍然保持原有的部落形態。魏書九十八高車傳：

「道武時，分散部落，唯高車以其類粗獷，不任使役，故得別爲部落。」

由此可知，當拓跋氏部族向農業社會轉化時，內附的高車族並沒有放棄他們部落游牧生活，仍然維持原有的戰鬥形式。由他們的部落酋長担任近衞軍的長官，可以說明兩點事實：一是拓跋氏部人過渡到農業社會，已失去原有的强悍的戰鬥力，二是由他們出任近衞軍的長官，他們所率領的部隊，即是他們的部人，至於北魏的實際軍事力量，這時却掌握在北方保守派的手中，他們不僅不支持孝文帝的華化與遷都，並且構成他貫澈華化的一種阻礙與威脅，迫使他不得不遷都，但這支持保守勢力控制的武力，又形成遷都後北方叛亂的主要力量。

因此可以說明，孝文帝的遷都並沒有獲得北方大多數的支持。可是却得在政治上新生力量的熱誠擁護，而他們在思想和意識方面，和孝文帝是一致的。他們認爲自拓跋燾以來的「稍潛華典，胡風，國俗相亂雜揉」的邊際形態，發展到某個階段後，還要堅持所保留的草原文化特質，已經完全不可能。所以必須放棄原有文化的成見，施行澈底的漢化，唯有通過這條途徑，將北魏前期文化的發展，作一次調整與重組以後，才能消除胡漢間所存的矛盾，就政權的現實意義而言，這也是鞏固北魏政權唯一的方法。

當然在他們之中，也有「遷都戀舊唯參乎耳」一類的人，他們對於孝文帝所勵行的華化，採取某種保留的態度。他們認爲鮮卑族和漢族所承繼的文化傳統不同，風俗習慣也有顯著的差異，遷都洛陽以後，朝廷的典章制度，雖然可以斟酌採用魏晉故事，加以改革，但對於他們原有的語言，服裝，風俗習慣等，却希望不要硬性的干涉，可任其自由發展。對於遷都，他們是完全贊同的，這是由於當時塞上經濟的發展，從農業與畜牧的比重看來，祇能維持六鎭軍糧的消費，却不足維持全民的生活。另外塞上的荒漠六月飄雪，並且常有風沙，因此他們有「悲平城」的哀嘆，所謂「悲平城，驅馬入雲中，陰山常晦雪，荒松無罷風」。（魏書祖瑩傳）在這種自然環境影响下，他們當然希望「紇干山頭凍死雀，何不飛往生處樂」了。所以他們並不反對遷都，祇希望在不要完全放棄草原文化下，而相應接受漢化。對於這些態度中庸的開明份子，在當時多數反對華化與遷都的情況下，孝文帝認爲他們「既不唱異，即爲是同」。（魏書卷三十一于烈傳），也把他們視爲同志。

這批鮮卑的新生的一代，在中原士族的策劃和支持下，結合而成孝文帝華化與遷都集團，他們協助孝文帝推行改革，已引起保守集團的國戚及舊人「怏怏不平之色」（魏書卷四十陸俟附凱傳）最後因遷都形成這兩個集團正式的分裂。

三

孝文帝率領着支持他的遷都集團，離開平城遷往洛陽以後，北方留下的是「變俗遷洛，改官制服，禁絕舊言，皆所不願」的保守勢力。爲了緩和保守勢力對遷都所引起的憤怒，爲了獲得他們對華化的諒解，孝文帝曾作了某種程度的妥協，魏書卷十五昭子孫暉傳：

「初，高祖遷洛，而在位舊貴，皆難於遷徙，時欲和合衆情，遂冬則居南，夏使居北。」

這種「冬則居南，夏則居北」的情況，稱爲「雁臣」，北齊書斛律金傳：「秋朝京師，春歸部落，號曰雁臣。」又魏書爾朱榮傳：「及遷洛後，聽冬朝京師，夏返部落。」這是對北方的勳舊不能適應南方氣候，所作的一種折衷的決定，北史庫狄干傳：

「以家在寒鄉，以家在寒鄉，不宜毒暑，冬得入京師，夏歸部落。」

這種折衷的決定，當然是由於陸叡對遷都所提出的意見而形成的。魏書卷四十本傳：

「叡表曰：『……南土昏霧，暑氣鬱蒸，師人經夏，必多疾病，……沉雨炎陽，自成癘疫。」

至於改革服制，孝文帝推行得非常積極。在遷都洛陽之前，已經命李沖，馮誕，高閭，游明根，蔣少游等，議定衣冠於「禁中」，因爲服制沒有議定，而以袴褶作爲朝賀大會，不合典禮，曾下詔暫停太和十五年十二月初一的小歲朝賀，和十六年正月初一的元旦朝賀。經過六年不斷的研究，始制定官吏的冠服。至於婦女的服飾也有了規定，大都模仿南朝，太和二十年，孝文帝自前方回到洛陽。見婦女服裝仍然夾領小袖，就責備留守京都的官員，認爲禁止胡服不徹底。太和二十三年，又從前方面來，第二天引見公卿，魏書卷十九任城澄傳：

「……曰：『朕昨入城，見車上婦女，冠帽而著小襦襖者，若爲如此，尚書何爲不察？』澄曰：『著猶少於不著者』，高祖曰：『深可怪也，任城意欲令全著乎？』」

由此可見孝文帝對於禁胡服的注意，可是他對「雅愛本風，不達新式」的元丕，却採取容忍的態度。魏書卷十四神元平明子孫丕傳：

「至於衣冕，已行朱服列位，而丕猶常服，列坐在隅，晚乃稍加弁帶，而不能修飾容儀，高祖以丕年衰體衆，亦不强責。」

至於禁鮮卑語，魏書咸陽王禧傳：

「今欲斷諸北語，一從正音，年三十已上，容或不可卒改，三十以下，見在朝廷之人，語音不聽仍舊，若有故爲，當降爵黜官。」

所謂「年三十已上，容或不可卒改」，當然是由於人過三十，鄉音難改，但是那些保守份子，年紀都在三十歲的，所以這也可以說是一種讓步的方法。

雖然，孝文帝對於北方的保守勢力，作了許多妥協與讓步的工作，仍然不能獲得保守集團的諒解。他們企圖發動政變，推翻這個改變他們文化傳統的執政者。魏書卷十四元丕傳：

「丕父子大意不樂遷洛，高祖之發平城，太子恂留於舊京，及將還洛，（丕子）隆與超等密謀留恂，因舉兵斷關，規據陘北……」

於是拓拔恂捲入了遷都政爭的漩渦。魏書卷二十二拓拔恂傳：

「太和十七年七月，立恂爲太子，及冠於朝，孝文臨光極東堂，引恂入見，誡以冠義曰：「夫冠禮表之百代，所以正容體，齊顏色，順辭令，容體正，顏色齊，辭令順；故能正君臣，親父子，和長幼，然母見必拜，兄弟必敬，責以成人之禮：字汝元道，所寄不輕，汝當尋名求義，以順吾旨。」

案高祖紀（上）太和七年下：「閏（三）月癸丑，皇子生」。又高紀（下）太和十年條下：「六月己卯，名皇子曰恂，大赦天下。」則是太和十七年，拓拔恂被立爲太子時，年紀祇有十歲，可是孝文帝對於他的王位繼承人，却寄很大的希望，希望拓拔恂不僅繼承他的王位，同時更能貫徹他華化的事業，所謂「字汝元道，所寄不輕」的本義也在此。因此孝文帝更期望他的皇子隨時「温讀經籍，今日親見吾也」，由此可以了解孝文帝有意把拓拔恂，塑造成像他一樣傾向漢化的君主，所以對於拓拔恂的教育問題特別重視。魏書卷六十二李彪傳：

「……今誠宜準古立師傅，訓導太子，訓導正則太子正，太子正則皇家慶，皇家慶則人幸甚矣。」

所謂「太子正則皇家慶」，也正是孝文帝希望之所寄，至「正」，是在儒家教育薰陶下的「正」，所以對於拓拔恂督促很嚴，魏書卷五十五劉芳傳：

「後與崔光，宋弁、邢產俱爲中書侍郎，俄爾詔芳與產入授太子經，遷太子庶子。」

劉芳是北魏的經學家，所謂「雅沉方正，槩尙甚高，經史多通」，除此之外，隴西李詔，廣平游肇，頓丘李平以及高道悅等，都先後教授過拓拔恂，他們這些人都是名重一時的學者。孝文帝希望在他們的教導下，拓拔恂所沾染的草原文化氣息，可以洗滌殆盡，蛻變而成一個典型中原文化的君主，可是關於這方面，却使孝文帝非常失望。魏書卷二十二拓拔恂傳：

「恂不好學，體貌肥大，深忌河洛暑熱，意每追樂北方。」

所以，拓拔恂雖然在孝文帝苦心的教育下，仍然無法消除他內心所存留的草原文化特質，因此，他被北方的保守勢力，視爲可恢復他們草原文化的象徵。他們企圖推翻孝文帝的遷都政府，而擁立拓拔恂。

在孝文帝遷都洛陽以後，北方的保守集團計劃把孝文帝誘到北方來，然後利用他們在北方的軍事力量，把遷都集團的勢力徹底摧毀，於是他們利用太師馮熙之喪，上表要求孝文帝北上奔喪。魏書卷十四元丕傳：

「丕又以（馮）熙薨於代郡，表求鑾駕親臨，詔曰：今洛邑肇構，跂望成勞，開闢暨今，豈有以天子之重，遠赴舅國之喪，朕縱欲爲孝，其如大孝何？縱欲爲義，其如大義何、天子至重，君臣道懸，豈宜苟相誘引，陷君不德，令僕已下，可付法官貶之。」

又魏書陸叡傳：

「叡表請車駕還代，親臨馮熙之喪，坐削奪督恒、肆，朔三州諸軍事。」

元丕，陸叡是北方保守勢力的領袖，兩人聯袂上表，請孝文帝車駕還代臨喪，顯然是一個有預謀計劃，孝文帝當然知道他們的企圖，在他詔書裏「令僕已下，可付法官貶之」，表示了他的態度，這是離開保守勢力控制的北方以後，第一次對他們採取强硬的態度，但他又不希望因此造成他與北方保守集團正式的分裂，所以派太子拓拔恂爲代表，到代郡弔喪，魏書卷二十二拓拔恂傳：

「今汝不應向代，但太師薨於恒壤，朕既居皇極，不容輕赴舅氏之喪，欲汝展哀舅氏。」

孝文帝深切了解，當時北方的環境，對於保有很多胡化的拓拔恂來說，當然是不適合的，這樣，將使他對拓拔恂所實施的文化隔離的教育方法，毀於一旦，不過在當時的現實情勢下，他却別無選擇，也許他想由於拓拔恂的赴代，可能消彌南北的爭端。

通鑑卷一四〇齊明帝建武二年（495）條斥六月條下：「癸卯，魏主使太子如平城赴太師熙之喪。」他這次赴代，却種下拓拔氏家庭悲劇的種子，拓拔恂到代郡後，在北方保守勢力的包圍下，希望利用拓拔恂作一塊招牌，公開反對孝文帝，所以，拓拔恂從北方回來不久，趁着孝文帝幸嵩山，他留守金鏞的時候，與左右召牧馬奔代。魏書卷二十二拓拔恂傳：

「高祖幸崧岳，恂留守金墉，於西掖門內，與左右謀欲招牧馬，輕騎奔代，手刃（高道）悅於禁中，領軍元儼，勒門防遏，夜得寧靜，厥明，尚書陸琇馳啓高祖，高祖聞之駭惋，外寢其事，仍止汴口而還，引恂數罪，與咸陽王禧等親杖恂，又令禧更代百餘，扶曳出外，不起有月餘，拘於城西別館，引見羣臣於淸徽堂議廢之……高祖曰：「古人有言大義滅親，今恂違父背尊，跨據恒朔，天下未有無父國，何其包藏，心與身俱，此小兒今日不滅，乃國字之大禍，脫吾亡後，恐有永嘉之亂，乃廢爲庶人，置之河陽，以兵守之，服食所供，粗免飢寒而已。」

從以上材料分析，拓拔恂這時才是一個十四歲的孩子，他做出這種招牧馬奔代的行動不是偶然的，而是一種有計劃的行動，也就是上述元丕傳中所謂「隆與超等密謀留恂，因舉兵斷關，規據陘北」計劃的執行，這是孝文帝「聞之駭惋」的主要原因。因爲拓拔恂的行動和北方保守集團是一致的，因此，他非常震怒，如果拓拔恂奔代的行動成功，那麽就會使北魏有分裂的可能，這種情形發展下去，最後必然形成「永嘉之亂」以後，草原文化籠罩黃河流域的局面。那麽，孝文帝辛勤培植華化幼苗，將會受到嚴重的摧殘。

不過北方保守勢力所發動的叛變，並沒有因爲拓拔恂事件而終止，魏書卷二十七穆泰傳：

「泰自陳久病，乞爲恒州，遂轉陸叡爲定州，以泰代焉。泰不願遷都，叡未及發而泰已至，遂潛相煽誘圖爲叛。乃與叡及安樂侯元隆，撫冥鎭將魯郡侯元業，驍騎將軍元超，陽平侯賀頭，射聲校尉元樂平，前彭城鎭將元拔，代郡太守元珍，鎭北將軍樂陵王思譽等，謀推朔州刺史陽平王頤爲主。頤不從，僞許以安之，密表其事。高祖乃遣任城王澄率幷肆兵以討之。澄先遣治書侍御史李煥單騎入代，出其不意，泰等驚駭，計無所出，煥曉諭逆徒，示以禍福，於是凶黨離心，莫爲之用，泰自度必敗，乃率麾下數百人攻煥門，冀以一捷，不克，單騎走出城西，爲人擒送，澄亦尋到，窮治黨與，高祖幸代，見罪人問其反狀，泰等伏誅。」

又案任城王澄傳：「澄窮其黨與……鉅鹿公陸叡，安樂侯元隆等百餘人皆獄禁。」這次的叛變在元澄迅速的行動下叛平了，可是這次叛亂遷涉的範圍很廣，留在北方沒有遷都洛陽的勳舊，都被牽連在內，魏書卷三十一干烈傳：

「及穆泰，陸叡謀反舊京，高祖幸代，泰等伏法……是逆也，代鄉舊族同惡者多，唯烈一宗，無所染預。」

經過這次叛亂以後，留在代北主要的保守份子已被剷除，孝文帝推行華化的阻礙，暫時被消除。

至於拓拔恂，案魏書恂本傳：

「高祖幸代，遂如長安，中尉李彪承間密表，告恂復與左右謀代，高祖在長安，使中書侍郎邢巒與咸陽王禧禧，奉詔齎椒酒，詣河陽賜恂死，時年十五，殮以粗棺常服，葬於河陽城。」

又同傳：

「二十二年冬，御史台令史龍文觀坐法當死，告廷尉稱，恂前被攝左右之日，有手書自理不知狀，而中尉李彪，御史賈尚寢不爲聞。」

又北史卷一〇〇序傳（魏李寶附韶傳畧同）：

「（李）韶……遷太子左右詹事，尋罷左右，仍爲詹事如故，出爲安東將軍兗州刺史，帝自鄴還洛，詔朝於道，言及庶人恂事，帝曰：若卿不出東宮，或未至此。」

這三段材料排比觀之，拓拔恂之死似乎另有委曲，案恂傳，他被廢爲庶人後，被禁於河陽後，所謂「服食所供，粗免飢寒而已」，並且派兵監視，那麼，他既然被廢，原有東宮的屬官與建制同樣被廢除，魏書卷五十七裴延儁傳：

「爲太子友，太子恂廢，以宮官例免。」

所以拓拔恂當時既無「左右」可共謀，且是待罪之身完全在監視下失去自由，即使有左右可共謀，但在衆兵環伺下也無法與外交通消息。李彪「承間密表」向孝文帝打的小報告，可能是代郡變事發生後，李彪奉命調查拓拔恂與此次亂事的關係，所以才有拓拔恂「有手書自理不知狀」的記載，可是李彪却將這份自白書從中扣留，這也表示中原士族對於遷都與華化的意見。

在遷都的過程中，孝文帝曾與北方的保守勢力，展開多次激烈的辯論，分則見於元丕，穆泰、陸叡，任城王澄等傳，可是，却沒有看到中原士族對於遷都贊同和反對的意見，雖然高閭對於遷都洛陽，曾諫言「遷有十損」。但他並不反對遷都於鄴。（註十七）可能是因爲在北方保守勢力所壓力下，他們恐怕崔浩悲劇的重演，案魏書陸凱傳：

「初，高祖將議革變舊風，大臣並有難色，又每引劉芳，郭祚等，密與規謨，共論事政，而國戚謂遂疎已，怏怏有不平之色。」

所謂「國戚」也就是北方保守勢力，所以，在整個遷都過程中，中原士族很少表示他們的意見，但事實上，他們却以行動表示他們的意見，參與實際的工作，像李沖就是一個很明顯的例子，其他，像孝文帝弔比干碑中所列的四十個中原士人中，除馮誕是外戚，王翔是寵倖，李堅與秦松是中官，他們和孝文帝有特殊的關係，在個人的情感上，不能不贊同遷都之外，至於隴西的李韶，太原的郭祚，廣平的游肇，河間的邢巒，京兆的韋纘，中山的甄琛，博陵的崔廣等都是當時知名的士族，他們隨孝文帝遷都洛陽，關於這個問題可以從邢巒傳中尋得答案，魏書卷六十五邢巒傳：

「高祖因行藥至司空府，南見巒宅，遣使謂巒曰：朝行至此見卿宅，仍住東望德館，情有依然，巒對曰：陛移構中京，方建無窮之業，臣意在與魏昇降，寧容不務永年之館，高祖謂司空穆亮，僕射李沖曰：巒之此言，其意不小。」

由此，可知中原士族對於遷都華化所持的態度，所以不論中原士族族望的高低，或政治黨派不同，但他們所表現支持孝文帝遷都華化態度是一致的，就是完成崔浩過去所沒有實現的理想，促使拓拔氏草原文化，迅速溶解在中原文化的長流之中。所以，李彪雖然出身寒微，因此在許多政治見解方面，和出身隴西的李沖不僅有顯著的不同，而且還發生衝突。但在遷都與華化方面，他們的意見却是一致的。

在魏書中李沖與高道悅同傳，高道悅是被拓拔恂準備奔代時，手刃於宮中的。案魏書恂本傳，說他：

「不好書學，體大忌河洛暑熱，每追樂北方，中庶子高道悅，數苦言諫，恂甚銜之。」

又案魏書卷六十五高道悅傳：

「太和二十年秋，車駕幸中岳，詔太子恂入居金庸，而恂潛謀還代，忿道悅前後規諫，遂於禁中殺之。」

兩傳同言高道悅之死，因拓拔恂討厭他「數苦言諫」與「前後規諫」而引起的。他所規諫的，是因爲拓拔恂「

不好書學」與「每追樂北方」，而引起拓拔恂的反感，那即說高道悅的教育方式並沒有成功，所以，孝文帝見李韶時，才有「若卿不出東宮，或未至此」之嘆！因此，可以說高道悅是草原與農業文化衝突下的犧牲者。雖然，現在沒有材料證明高道悅和李彪之間的關係，既然他們兩個同傳，可能有不平凡的友誼存在。也許李沖寢拓拔恂的自白書，就私人的感情而論，有為高道悅復仇的意味在內。

另外，從農業和草原文化的角落觀察，拓拔恂在被困河陽之時，案恂傳說他「在困躓，頗知悔咎，恒讀佛經，禮拜歸心向善」。又案高祖紀，孝文帝幸代如長安的時間，是太和二十一年的四月，雖然在這年的正月已立拓拔恪為太子，世宗拓拔恪與拓拔恂完全不同，他「雅愛經史，尤長釋氏之義」，受華化的程度頗深。對一般中原士族而言，比較容易接受，但拓拔恂既知改悔，而又有自白書申訴與代北的叛亂沒有瓜連，而從高祖與李韶的談語，表示對這件事也頗有惋惜之意，因此在上述種種因素，即使高祖無意恢復他太子的地位，但赦免他的罪，並不是不可能的。一旦被赦免之後，再有北方保守集團殘餘的勢力支持下，重登皇位並非不可能，那麽，整個的局面就完全改觀。所以，李彪雖然出身寒微，而且和中原大族之間，在政治上的意見分歧，但在維護中原文化的持續這一點上，他們的步調却是一致的。從上述兩方面推論，不難了解拓拔恂的死因。

綜合以上各節所論，孝文帝最初祇是希望利用平城現有的基礎，改建為一座典型的中原文化的都城。並沒有積極遷都的企圖，後來為了避免北方保守勢力的壓力，不得不南遷。但由當時的情勢分析，鄴似乎更適於建都，他所以選擇洛陽，因為那裏是漢，魏晉的舊都。

由於遷都而造成南北的分裂，北方所留下的是一批保守勢力，而他的遷都集團，則是由拓拔氏政治權力的中心，所產生的一批新生力量與中原士族結合而成。他的華化曾引起北方保守勢力著遍的抗議，後來因遷都終于形成公開的叛亂。這次叛亂就單純政治意義而言，是青年與老年兩代間，因意識形態不同所引起的政治歧見。就文化意義而言，則是因北魏建國以來，所形成的「稍潛華典，胡風，國俗相亂雜揉」的邊際狀態，一次徹底的調整與重組，而引起的草原文化與農業文化觀念不同的衝突。

不過，在這次文化的調整與重組的過程中，孝文帝爲獲得北方强大保守勢力的諒解，曾作了某種程度的妥協與讓步，而使許多草原文化的殘餘留存下來。這種妥協與讓步，對他個人而言，產生了家庭的悲劇，拓拔恂之死，正是草原文化殘餘，與農業文化衝突的結果。就是政權的掌握而言，南北的分裂固此形成，遷都集團由此迅速融合於中原文化之中，留在北方殘餘的保守勢力，又退回草原文化狀態中去，後來爾朱榮的叛亂，北齊，北周鮮卑化的復辟，都種因於此。

所以，孝文帝爲實現自己的理想，曾付出很高的代價，不僅犧牲自己王位繼承人，而且放棄自己文化傳統，接受另一種意識形態。完全放棄自己文化傳統，投入另一種文化之中，就這種文化的本身而論總是可悲的。

附　註

註一：南齊書卷五七魏虜傳。

註二：魏書卷一〇八禮志之一。

註三：勞榦：「北魏後期的重要都邑與北魏政治的關係」，史語所集刊外編第四種；又勞榦：「論北朝的都邑」，大陸雜誌第二十二卷三期，及拙作「北魏平城對洛陽規建的影響」，思與言五卷四期。

註四：北史卷十五常山王遵傳。

註五：顧祖禹：「讀史方輿紀要」卷四十九。

註六：魏書卷二太祖紀。

註七：魏書卷二三崔浩傳。

註八：魏書卷七高祖紀下。

註九：太平御覽作崔吉，讀史方輿紀要卷四九作崔光，案魏無吉傳，從讀史方輿紀要。

註十：南齊書魏虜傳。

註十一：魏書卷四十陸叡傳。

註十二：魏書卷十四元丕傳。

註十三：魏書卷六十七：崔光傳：「以參贊遷都之謀，賜爵朝陽子。」又魏書卷六十四張彝傳：「以參定遷都之勳進爵為侯」，同卷郭祚傳：「以贊遷都之規，賜爵東光子。」

註十四：魏書劉芳傳：「從駕南巡，撰述而事……高祖遷洛，路由朝歌，見殷比干墓，愴然懷悼，為文以弔之，芳為表注。」

註十五：金石萃編卷二十七：吳處厚撰碑陰記稱，弔比干碑原刻已亡，現存為宋元祐五年九月十五日重刻，碑陰共分四十列，上三列刻鐫隨祭者官名。

註十六：陳寅恪：「李唐氏族之推測」，「李唐氏族之推測後記」。分見史語所集刊三本第一、四分。

註十七：Wolfrum Eberhard. Conquerors and Rulers. Social Force in Medicval China. Leiden. 1965 P.P. 116—134.

註十八：魏書卷五十四高閭傳。

附記：本文留港期間，搜集材料蒙 牟師潤孫， 嚴師耕望指導；返台後，撰寫期間又蒙中華民國國家長期科學發展委員會資助，並此致謝。

宋代禁止實錄流佈之原因

黃漢超

目次

一　引言

實錄爲官修史籍之一，其中雖有歪曲史實之處，（註一）然每朝實錄，要不失爲網羅一朝之政治制度；況其所載，多及諸臣之議論，與夫有關生民社會經濟及一朝施行之事，而成爲後人修一代之史之一重要史料，以是爲史學家所重視。（註二）宋制，實錄修畢，即藏於禁中，以供君主大臣之閱，本無與於庶民。然當日君臣，對實錄之禁，不惜三令五申者，蓋另有因也。

夫遼金之入寇，無所不用其極，其探知宋國之國情，諜報而外，（註三）則力求文字之記載，藉此以探虛實，了政情。宋於實錄特重其禁，一言以蔽之，蓋與當日國情息息相關也。

仁井田陞、宮崎市定、森克己，及全漢昇先生等，亦嘗有文涉及宋禁典籍之問題，（註四）然於實錄之禁，皆引而未發，今取諸氏所未及措意者以論之，藉此以明當日中外政情之險艱，而見宋禁典籍之不得已也。

本文初稿寫成於新亞研究所，今夏，既來京都，稍事增飾，復求教於佐伯富教授，蒙賜商榷，獲益匪尠，謹此誌謝。

一九六六年十二月黃漢超識
於京都大學東洋史研究室。

二　宋禁實錄刊抄最早之年

宋於實錄有刊刻抄寫之禁，當在有司禁文集雕印之後。宋於文集雕印有禁，始蓋着意於教化耳！試觀宋大詔令集、卷一百九十一，大中祥符二年（一〇〇九）、正月庚午，有詔云：

國家道蒞天下，化成域中，敦百行於人倫，闡六經於教本，冀斯文之復古，期末俗之還醇。而近代以來，屬辭之弊，侈靡滋甚，浮艷相高，忘祖述之大猷，競雕刻之小技……。今復屬文之士，有辭涉浮華，玷於名教者，必加朝典……。其古今文集、可以垂範，欲雕印者，委本路轉運使選部內文士看詳，可者即印本以聞。（註五）

復檢續資治通鑑長編、卷七十一，知此詔乃爲翰林學士楊億，知制誥錢惟演及秘閣校理劉筠等而發。（註六）宋自太宗以來，即肆力於文教提倡，故眞宗以彼等詞臣，爲學者宗師，乃下此詔以風勵學者也。眞宗而後，文集之雕印有禁，則不全繫乎「可以垂範」與否之問題，而在乎國防問題也。宋會要輯稿、刑法門二，云：

仁宗天聖五年（一〇二七）、二月二日，中書門下言：北戎和好以來，歲遣人使不絕；及雄州榷場，商旅往來，因茲將帶皇朝臣僚著撰文集印本，傳布往彼，其中多有論說朝廷防遏邊鄙機宜事件，深不便穩。詔：今後如合有雕印文集……，候差官看詳，別無防礙，許令開板，方得雕印……。（註七）

所謂北戎和好以來者，指眞宗景德二年（一〇一五）與遼之修好也。故此時之禁文集雕印，乃在防契丹之洞悉國情耳。然此意不待仁宗時始有，眞宗時已具此戒心，宋會要、食貨三八、云：

景德三年（一〇〇六）、九月，詔：民以書籍赴沿邊榷場博易者，自非九經書疏，悉禁止之，違者案罪，其書沒官。（註八）

九經書疏，蓋國子監所刊，無與於宋之國情也，故可與契丹博易；此外諸書，悉遭禁止，言外之意，隱隱然與天聖之詔相契合也。

上引眞宗、仁宗兩朝禁雕文集之詔竟，則進可以論實錄申禁之年矣。鄙意以爲實錄有刊刻抄寫之禁，當在有司禁文集雕印之後，玆舉二證以爲說。其一爲見諸禁約者，另一則本宋初實錄之纂修成書年月而推言之，今請先言前者。續長編卷四百四十五、云：

哲宗元祐五年（一〇九〇）、七月戊子，禮部言：凡議時政得失、邊事軍機文字，不得寫錄傳布；本朝會要、國史實錄，不得雕印。……內國史實錄仍不得傳寫……。以翰林學士蘇轍言：奉使北界，見本朝民間印行文字，多已流傳在彼，請立法故也。（註九）

國史實錄之不得雕印，懸爲禁令，其見於宋代史籍者，似以此爲最早。其中「內國史實錄仍不得傳寫」者，意謂國史、實錄除不得雕印外，亦不得傳寫，蓋特重其禁也。又「仍」字亦可釋作仍沿先朝之禁，以史闕有間，其沿始之確年，尙待他日之發見。元祐五年之禁、逶迤至南宋寧宗時猶然。（註十）蓋自仁宗天聖、康定以來，於論邊機之文字，禁書肆鏤板鬻賣；（註十一）景祐三年（一〇三四）七月、則禁民間私寫編敕刑書及毋得鏤板。哲宗元祐三年，仍禁庶民傳錄編敕，（註十二）由是轉而禁民間傳寫實錄，此勢之不得不然者也。故鄙意以元祐五年之詔文，似爲宋禁庶民雕印或傳寫實錄最早之年也。

若據哲宗以前數朝實錄之纂修成書年月以推論宋禁實錄之年，余亦有說焉。宋於每一帝殂後，即修實錄，故太祖實錄修於太宗太平興國三年（九七八），五年（九八〇）九月、修成實錄五十卷，上之。淳化五年（九九四）三月、太宗以太祖實錄中頗有漏畧，命張洎集史官重撰，會洎死、未果。眞宗咸平元年（九九八）九月、命錢若水踵其事；二年（九九九）六月、重修成書五十卷、上之。重修本雖視前錄爲稍詳，然眞宗猶以爲未備，大中祥符九年（一〇一六）二月，復增修之；天禧元年（一〇一七）成書。（註十三）自太平興國三年始修，至此幾達四十年。太宗實錄則初修於至道三年（九九七）十一月，咸平元年（九九八）八月成書八十卷。祥符九年（一〇一六）二月，與太祖實錄同時增修，天禧元年（一〇一七）書成，卷帙如舊。（註十四）眞宗實錄修於乾興元年（一〇二二）十一月，（是年正月眞宗崩，仁宗即位）天聖二年（一〇二四）三月書成五百卷、事目五卷。仁宗實錄修於嘉祐八年（一〇六三）十二月，（是年三月仁宗崩）神宗熙寧二年（一〇六九）七月、書成二百卷。英宗實錄修於熙寧元年（一〇六八）正月，二年（一〇六九）七月、書成二百卷。神宗實錄初修於元祐元年（一〇八六）二月，六年（一〇九一）三月書成。再修於紹聖元年（一〇九四），又修於元符三年（一一〇〇）、高宗紹興五年（一一三五），則爲四修矣。（註十五）

自太祖實錄初修本成書之年（九〇八），至元祐五年（一〇九〇）之詔禁實錄雕印傳抄，已達百十一年。取合元祐五年禁約，可作推論如下：宋自眞宗景德二年（一〇一五）與遼修好以來，至仁宗時，雖謂「歲遣人使不絕」，（見上引仁宗天聖五年、中書門下言條）然於邊事之防，未嘗稍懈也。況自眞宗咸平五年（一〇〇二），西夏攻陷靈州，自是爲患西陲，至仁宗時其勢尤盛，席捲河西全域，其患至神宗朝猶未巳。（註十六）

故諸臣於邊防之議論，奏疏屢上，而史官修實錄，當採錄及之，今本之續資治通鑑長編哲宗以前諸卷，尙依稀可見其消息。哲宗五年，除神宗實錄將成外，其已成書者，有太祖、太宗及眞仁英宗等五朝實錄，而其中收集之史料，其論及朝廷防遏邊鄙機宜事件之多，當勝於臣僚所撰著之文集也。故哲宗五年有實錄之禁者，其推廣仁宗天聖五年之令乎？而仁宗時，禁尙不及實錄者，或因其時只有三朝實錄，所載論說朝廷防遏邊鄙機宜事件，自不若哲宗時五朝實錄所載之多，故於禁雕文集時，尙未注意及之。且復有進者，眞宗時，臣僚亦有家藏實錄者，續長編卷六十六、景德四年（一〇〇七）、九月己卯、云：

詔：羣臣家有藏太祖舊實錄者，悉上史館，無得隱匿。

太祖舊實錄、指李沆等初修本及錢若水等重修本而言，蓋以事多漏落故也。（註十七）而三修本則成於天禧元年（一〇一七），（註十八）新成之本，大抵大臣尙可傳抄，何以言之？蓋稽諸續長編卷九十四，天禧三年（一〇一九）、九月丙子、有賜皇太子國史實錄之詔，則當時對禁實錄之觀念，與哲宗時不同。據宋會要、運曆一、云：「哲宗元祐五年（一〇九〇）、十一月十三日，尙書省言：舊置編修院、專掌國史實錄，最爲機密，兼神宗皇帝實錄將畢文字，並合嚴行收掌。」神宗實錄蓋成於元祐六年（一〇九一），於此可推知臣僚因神錄之將成，而益覺實錄之宜禁也。今推定元祐五年（一〇九〇）爲宋禁實錄刋刻傳抄最早之年，當去事實不遠，以史有闕文，故推定如此，但仍待大雅君子之論定也。

三　宋人議禁實錄之分析

宋修實錄、蓋本唐制。關於唐修實錄之取材及故事，玉井是博據唐六典、兩唐書及唐會要諸書，論列頗詳；（註十九）而宋修實錄，要亦取材於時政記、起居注、日曆及諸司關報等，與唐制相同，此人皆知之，不必贅說。今所欲論者，則在宋人之所以特重實錄，乃緣於實錄之原始史料、有其特別意義存在故也。今一一加以剖析，則於宋之所以禁實錄之刊印及傳抄者，思過半矣。而宋人之議論，亦見其受時代背景所影響也。

自元祐五年（一〇九〇）禁臣僚傳寫實錄以來，其後數朝援以爲例，未嘗或改；如徽宗政和四年（一一一四），龍圖閣學士蔡攸奏云：「伏見祕閣所藏祖宗實錄國史，所有眞宗正史與仁宗英宗神宗哲宗正史實錄並闕，乞詔國史院、祕閣見闕國史實錄各繕寫一部，頒付本閣收藏；仍不許本省官及諸處關借抄錄。」本省官者，指祕書省，蓋實錄院之所隸也。又高宗紹興二十八年（一一五八），詔：「實錄院藏徽宗實錄副本，不許諸官司關借謄寫及臣僚之家私自傳誦。」（註二十）上引史文，未明言其所以禁之原因，考諸建炎以來繫年要錄，則得其所以然。繫年要錄卷一百八十、云：「紹興二十八年、八月丙午，中書舍人權直學士院同修國史周麟之、論徽宗實錄所載之事，多涉國體，與今日政令相關，凡副本之在有司者，宜謹其藏，不許諸司關借及臣僚之家私自傳寫，庶可以嚴宗廟、尊朝廷……。」（註二十一）得此佐證，足見歷朝之禁實錄，蓋以其所載之事，多涉國體，與政令息息相關也。此意既明，則可以論實錄之原始史料矣。

甲　起居注

考唐憲宗元和十二年（八一七），詔修起居注，執政以機密不可露而罷之。蓋唐自高宗永徽後，左右史之失職，至是幾一百五十年。（註二十二）文宗太和九年（八三五），始復貞觀故事。（註二十三）五代惟後唐明宗天成四年（九二九）、周太祖顯德元年（九五四）嘗重其事。（註二十四）然皆不若宋修起居注之完備也。宋初置起居院，但關敕送史館，不復撰集；自太宗淳化五年（九九四），始別命官掌領記注。（註二十五）自是而特重之。大中祥符八年（一〇一五）二月，詔：「起居注記草及編錄到百司文字，自今當職官吏，即得就院檢閱，候畢，手分畫時，入櫃封鎖，不得衷私取借出外。」天禧二年（一〇一九）十二月，內殿崇班管勾起居院事劉崇超言：「起居注修撰記注、事當嚴密，今在宮城之外，慮有洩漏，望依舊制，徙於右掖門裏，從之。」（註二十六）臣僚議起居注修撰記注應密，則其所記，必有及軍國之大事，始慮有洩漏之虞，今取史臣之言，稍爲排比，以見起居注之內容。續長編卷三十五、云：

淳化五年（九九四）、四月丙戌，右諫議大夫史館修撰張佖言：史官之職，掌修國史……，本於起居注以爲實錄。……故事，起居郎掌修記事之史；凡記事、以事繫日，以日繫月，以月繫時，以時繫年。必書其朔日甲乙以記曆數；典禮文物以考制度；遷拜推賞以勸善；誅罰黜免以懲惡；季終則授之國史。起居舍人掌修記言之史，錄天子制誥、德音如事之制。

又：

丁酉，掌起居郎事梁周翰言：請自今崇政殿、長春殿皇帝宣諭之言，侍臣論列之事，望依舊中書修爲時政記。其樞密院事涉機密，亦令本院編纂，各至月終送史館。自餘百司，凡干封拜除改、沿革制置之事，悉條報本院，以備編修。令郎與舍人分直崇政殿，以記言動，別爲（註二十七）起居注，每月先進御，然後付史館，從之。

上引張佖、梁周翰之言，於起居注之所載，論列頗詳，更考諸宋會要，則載有兩朝（太祖、太宗）國史志定修起居注體式，本此可以窺左右史之所記矣。其言曰：

某日（有假故則書於日下）皇帝御某殿，朝參官起居（六參、日參及應付官各隨事書）。三省樞密院奏事，某司或某官以某事進對（或稱本職、或稱臣見、或稱前任職事之類）。退御某殿。某官新授某官職，或差遣告謝（節度使以上宣坐賜茶則書，餘准此）。尚書吏部引見某官，改合入某官，改次等合入官（改次等官仍書其因）。軍頭引見某指揮人員、若干人自某路屯戍回，賜錢有差；次引某處揀到某指揮兵級若干人試藝，應格塡某闕；次引諸班直及行門長行騎御馬直教駿指揮使以下若干人、謝春冬衣或時服；次引某指揮將校兵級並提舉巡教指揮等若干人數教閱（射弓弩斗刀箭上朶數、標槍刀標牌手之勝者轉資賜銀錢皆書其數；教頭員僚正副指揮使、隨所教數有賜亦如之）；次某官進糧或衣樣。以上有某事則書隨其事，有聖語則書。凡除授文武臣僚，隨事大小，不限品秩，取其足以勸善懲惡者，書其制辭（有陞黜則書其功罪）。凡臣僚建議並特旨更改而繫政體、則書其事（有司關報、到即書）。凡御札詔命赦降與冬祀夏祭、宗祀太廟、景靈宮祭祀、饗獻元會、視朝上壽、燕饗遊幸、廷試貢士、轉補軍班、見諸蕃國、觀御書禮物穀麥之事皆書。其太史占驗日月星辰風雲氣候之兆、繫於日終；郡縣祥瑞、闆關孝悌之行、繫於月終；戶

口增減之數、於歲終而書之。（註二十八）

循此體式求之，則其中之三省樞密院奏事、某司或某官以某事進對，及臣僚建議並特旨更改而繫政體，戶口增減之數等，殆臣僚之所謂應密而慮有洩漏之虞者耶？且夫起居注之制，記載欲其詳，不使遺漏，實爲信史之本源，編次論撰，所繫非輕，（註二十九）所記除有關治體外，並徵及臣僚所得之手詔及御筆，其隱匿不爲錄報者，以違制論。（註三十）起居注於修實錄時所處之地位，於斯可見。

乙　時政記

開寶初，史臣於時政記未遑修撰，扈蒙嘗論其事云：「……近朝以來，此事都廢（案：指時政記及日曆），每季雖有內廷日曆、樞密院錄送史館，然所記者，不過對見辭謝而已，皇帝言動，莫得而書。緣宰相以漏泄爲虞，無因肯說；史臣以疎遠是隔，何由得聞……。」（註三十一）蓋時政記之修，於唐代時已時廢時續，（註三十二）扈蒙謂近朝以來、此事都廢者，指五代而言也。五代惟後唐與周重其事耳。（註三十三）至太宗太平興國八年（九八三）八月，胡旦論其事云：「五代自唐以來，中書、樞密院皆置時政記，中書即委末廳宰相、樞密院即委樞密直學士，每月編修送史館。……詔：自今軍國政要，並委參知政事李昉撰錄；樞密院令副使一人纂集，每季送史館。」（註三十四）據詔文，則知時政記乃錄軍國政要之事，宋會要載其全詔、有云：「史氏之職，歷代所崇，皇帝之言動必書，朝廷之政令咸錄。……爰自累朝，繼逢多故，遂令編纘，頗致闕遺。……今後中書門下，應有國家裁製之事，及帝皇宣諭之言，合書史冊者，宜令參知政事李昉，旋鈔錄，逐季送史館，以憑修撰日曆。樞密院所行公事，有合送史館者，亦令副使一人準此。」（註三十五）

據上引史文，則中書門下及樞密院，各有時政記，而其所記，則爲國家裁製之事，及帝皇宣諭之言，續長編稱之爲軍國政要之事是也。其所記，當涉機密者也。（註三十六）扈蒙謂「蓋宰相以漏泄爲虞」者，豈無因乎？

丙　日曆

日曆乃本起居注、時政記及百司關報纂修而成，爲修實錄時一重要史料也。今先畧引史文、以證其所本，然後論其所以禁之由。宋會要、運曆一、日曆所、云：

神宗熙寧十年（一〇七七）五月，監修國史吳充言：史院舊用中書樞密院時政記及起居注及諸司文字纂類日曆。

又紹興三十二年（一一六二）、七月七日，（時孝宗已即位，未改元）載有國史日曆所修高宗日曆合行事件，試取其文加以分析，則日曆取材之內容，不難而知矣。原文云：

一修纂太上皇帝日曆，其三省中書門下省時政記並樞密院時政記、聖語及後省起居注內未降下月份，乞下逐處催促施行。

一修纂太上皇帝日曆，見闕紹興二十八年七月至三十二年六月御殿排日，乞下閤門疾速編排送所照修。

一文臣自宰執至御監，武臣自使相至刺史，未曾立傳共七百七人，雖已蒙朝廷行下禮部開具姓名，徧往所在取索墓誌行狀，至今未見搜訪到所，乞再下禮部催促。

一修纂日曆，全藉內外官司每日被受指揮照修，往往將緊要名件漏落不報，乞下六部及令逐部行下合屬去處，將被受聖旨指揮及改更詔條事件，書寫全文關報；仍每季從本所取索聖旨簿點對，內有漏落名件，將本處當行人申取朝廷指揮施行。

一竊見諫院見有諸百官司報災受指揮案沓，乞許依玉牒所體例，移文逐旋關借參修。並從之。

日曆之纂修，除檢用三省密院時政記，聖語及後省起居注外，（註三十七）並及大臣墓誌行狀（由禮部搜訪），內外官司被受聖旨指揮(由六部書寫全文關報)，及百司移報。且百司之報欲其詳，不能有所漏落，如：「淳熙元年（一一七四）、六月一日，著作郎木待問言：本所（國史日曆所）建修太上皇上皇帝日曆，乞下六曹合屬等處，俾遵舊制、關報本所；仍從本所逐時取索檢照，如有漏落不報，即依專法施行。詔：如違戾去處，令本所具當行人吏姓名申尚書省。」（註三十八）故日曆之纂修，取材不但求其廣，敍事尤欲極其詳。至其體製，余嘉錫先生嘗本宋會要以言之，曰：「日曆之體，以事繫日，以日繫月（原註云：見宋會要册七十、實錄院條、何掄上言），凡詔令訓謨，賞罰刑政，降授拜罷皆記之(見宋會要七十册、國史日曆所條、兵部尚書張叔椿上言），遇有臣僚薨卒，則爲之立傳（見宋會要五十三册、日曆所條、權秘書少監劉儀鳳上言）。」（註三十九）日曆以事繁，以日繫月，比之實錄，格目尤詳也。（註四十）

至於宋之重日曆，視之爲機密者，試舉二例以證之。宋會要、職官十八、修撰條、云：

大中祥符二年（一〇〇九）、十一月、詔：史館別置楷書二人，專掌抄寫日曆，月給錢千五百，米二石，春冬衣賜實五選。候年滿日授外官勒留，遇恩重與遷轉，永不出外官。時朝旨以所修日曆多涉機秘之事故也。

又云：

仁宗天聖元年（一〇二三）、十月，史館言：日曆勒留官時鈞、周應昌，自陳：大中祥符二年（一〇〇九）入仕，至今十五年，祇應眞宗一朝日曆了畢，緣元條不出外官。伏見楷書抄寫，中書樞密時政記起居注，與日曆事體同，並出外官。當館看詳：若不令出官，今後無人承替，欲望特與除授外官，自今寫日曆楷書，亦須候及十五年滿，方除外官。從之。

連合上引史文觀之，可知大中祥符時，詔定專掌抄寫日曆者之永不出外官之原因，殆由於日曆多涉機密，以防抄者之外洩耳。而抄寫者不堪其久待，乃有天聖元年自陳之事，史館不得已而請更其制，本此足證宋人之極重日曆，以視之爲機密故也。（註四十一）

丁　總論實錄之取材

上所論列之起居註，時政記，日曆三者爲纂修實錄之主要史料，自不待言；然所惜者，宋會要實錄一門，未載有實錄之體式而已。然稽諸曾鞏元豐類藁，則載有英宗實錄院申請一通，（註四十二）雖專爲修英宗實錄而發，但其條列實錄之取材及各司應報之事甚詳，不啻爲實錄之體式，分析其內容，大要在廣搜文臣少卿以上，武臣刺史以上諸人之事蹟爲之立傳；又窮求臣僚奏對所聞之聖語，及臣僚進獻之文字，宰臣與文武百僚之奏請及所降批答；宣勅、詔書、德音、赦書、祥瑞，並蠲放賦稅及蠲免欠負之實數等。又外蕃朝貢所記本國風俗、人物、道里、土產。臣僚章疏有關制置錢穀稅賦茶鹽及榷酒等。都水監河渠水利之更改。貢院之改更貢舉條例。太常寺、禮院有關禮樂制作之事。三司戶部所記戶口之陞降。管勾往來國信所所差入國接伴館伴官等正官借官簿等冊並語錄。玉牒所修纂之玉牒，及中書編機房之改除麻制文字等。就此已可窺實錄取材之詳密，況其更兼具時政記，起居注，及日曆等史料乎？

既明乎實錄之取材及當時臣僚對於實錄之原始史料之種種議論，則宜夫宋於實錄有禁也。試舉一例，可證實錄之用，續長編卷一百五十七、仁宗慶曆五年（一〇四五）、九月癸巳，「詔近臣考先朝正史實錄爲景德契戎圖」，實錄對本朝人之用尚且如此，則對外族了解宋國國情之用，可不言而喻矣。抑更有者，實錄之禁，除上述不許諸司關借謄寫及臣僚之家私自傳誦外，（註四十三）則實錄院泄漏，許人告，賞錢二百貫。（註四十四）其所以優立賞格者，蓋所以防機密之外洩歟！

四　餘論

日本已故仁井田陞教授嘗謂：「宋對於北方異族之不斷南下之重壓而感困苦，又爲北邊之戒備而覺苦惱」，其言是也；惟謂：「宋之懼國內情勢（指雕印書籍所載種種有關宋國國情者）之流傳北虜，也屬神經過敏」一言，則頗可商榷。（註四十五）蓋宋自眞宗時，於文集雕印之有禁，大抵以着意文教爲急，至仁宗時，則以防過臣僚論邊機事宜傳布契丹爲務，哲宗時，則不僅仍守先朝之懸禁，並官修諸書若會要、國史、實錄等而禁其雕印傳寫，其用意在防宋國機密之洩於北虜，史有明文。故除上文已論者外，若歐陽修，蘇軾，蘇轍等，皆嘗痛論之（註四十六）足見書禁一事，已成爲當時防範契丹探取宋國國情之一嚴重問題也。至金犯宋，入汴京，攫取三館文書，其意恐亦在瞭解宋之國情耳。（註四十七）宋室南遷，金國猶且不惜重價以購求宋之典籍，藉以刺探宋之國情，由此而影響南宋之重利商人有書籍之走私貿易，（註四十八）故宋於私家文集及官修諸史籍有禁，確有其時代背景；而論宋之禁實錄爲允當否，則應以當時人之議論爲準，不能單以今人目光視之也。

附註

（一）參閱拙著「宋神宗實錄前後改修之分析」、新亞學報七卷一期（一九六五）、頁三六三——四〇九；七卷二期（一九六六）、頁一五七——一九五。

（二）司馬溫公資治通鑑、本唐、五代之實錄以修唐紀及五代紀、卽爲一顯例。又：日本已故和田清教授、嘗論正史與實錄之重要、有言曰：「若以太陽之光譬喩實錄，則正史只不過爲月之光耳」。其重實錄之意，情見乎辭。參史學雜誌、第六十三編第二號（一九五四）、頁八十二、「普及本李朝實錄の刊行」。

（三）李燾、續資治通鑑長編（世界書局、一九六二影印本。以下簡稱續長編）、卷五十四、頁十六，云：眞宗咸平六年（一〇〇三），五月丙申，罷雄州榷場。時敵人入寇，或言諜者以互市爲名，公行偵伺，故罷之。

（四）有關宋代禁書之問題，其要者如：仁井田陞、慶元條法事類と宋代の出版法；又同氏：宋會要と宋代の出版法——とくに版本と避諱闕筆について——。二文先後載於書誌學四卷五號、一〇卷五號；今收入同氏「中國法制史研究」——法と慣習，法と道德（一九六四）、頁四四五——四六五；四六六——四九一。宮崎市定、書禁と禁書，原載東亞問題第二卷第一號，今收入同氏所著「アジア史研究」（一九五九）、頁二三二——二五四。田村實造、中國征服王朝の研究、（上）（一九六四）、頁二六七、註二十三。森克己、日唐、日宋交通に於ける史書の輸入，本邦史學史論叢（一九三九）、頁四二三——四六二；又同氏、日宋貿易の研究（一九四八）、頁二〇二——二〇八；「宋代槧本の禁輸と日本への流傳」，岩井（大慧）博士古稀記念論文集（一九六三）、頁六九七——七

一一。金漢昇、宋金間的走私貿易，歷史語言研究所集刊第十一本（一九四七）、頁四二五——四四七。劉銘恕、宋代出版法及對遼金之書禁、中國文化研究彙刊第五卷（一九四五）、頁九五——一一四。

（五）宋大詔令集（一九六二）、頁七〇一。

（六）續長編、卷七十一、頁二。

（七）宋會要輯稿（一九五七縮印本，以下簡稱宋會要）、冊一百六十五、「刑法禁約」、頁六五〇三。又同書、冊一百四十、食貨三八、「互市」、頁五四八一。續長編、卷一百五、頁三、二月乙亥條。又仁宗寶元二年（一〇三九）、二月癸酉、戶部判官郭稹言：「近日上封論列邊事者甚衆，乞差近臣看詳，有可采者，委中書樞密院施行。詔：並送翰林院學士就本院看詳，毋得漏洩於外。」其言亦着意於臣僚論邊事之文字也。文見續長編卷一百二十三、頁四。

（八）宋會要、冊一百四十、食貨三八、「互市」，頁五四八〇。

（九）仝上、冊一百六十五，刑法二，頁六五一四。又：蘇轍、欒城集（四部叢刊本）、卷四十一、頁十——十一。

（一〇）慶元條法事類（一九四八）、卷十七，頁二十一——二十二、「私有禁書」。

（一一）參見註七。又宋會要、冊一百六十五、刑法禁約，頁六五〇七，仁宗康定元年（一〇四〇）、五月二日條。

（一二）續長編、卷一百十九、頁一；又同上註、頁六五一四。關於宋代編敕編纂及禁刊等問題，參閱仁井田陞、「宋代法典刻板考」，加藤繁博士還曆記念、東洋史集說（一九四一）、頁五三七。又：宮崎市定、宋元時代の法制と裁判機構，原載東方學報（京都），第二十四冊，今收入アジア史研究第四（一九六四）、頁一七〇——三〇五。其中頁二三七論及宋禁編敕。曾我部靜雄、宋代の法典類（東北大學文學部研究年報、第十五號，一九六五）、頁一

──四十八。

（一三）宋會要、冊七十、職官十八、頁二七八九，孝宗乾道五年（一一六九）、十二月二十三日、李燾奏。又：王應麟、玉海（一九六四），華文書局影印元刊本）、卷四十八，「實錄」、頁十一──十二。

（一四）同上註。

（一五）關於宋神宗實錄之纂修經過，參閱註一拙著。

（一六）西夏犯宋及河西之奪取、參閱長澤和俊、「西夏の河西進出と東西交通」，東方學第二十六輯（一九六三）、頁五六──七五。

（一七）太祖實錄初修及重修事，其詳參蔣復璁：宋太祖實錄纂修考，宋史新探（一九六六）、頁六一──七二。

（一八）參註十三所引宋會要卷頁。

（一九）玉井是博、（唐の實錄撰修に關する一考察」，支那社會經濟史研究（一九四三），頁四一五──四二六。及Lien-Sheng Yang, "The Organization of Chinese Official Historiography; Principles and Methods of the standard histories from the T'ang through the Ming Dynasty", Historians of China and Japan, edited by W. G. Beasley and E. G. Pulleyblank, (London, 1961), PP. 45—46。

（二〇）宋會要、冊第七十，職官十八，頁二七六二；頁二七八七、紹興二十八年、八月二十日條。又：陳騤、南宋館閣錄（武林掌故叢編本）、卷三、頁一云：「紹興元年、四月十四日、詔：秘閣書除供禁中外，並不許本省官及諸處關借，雖奉特旨，亦不許關借。」

（二一）李心傳、建炎以來繫年要錄（一九五六，以下簡稱繫年要錄）、頁二九八一。按是年八月戊子朔，丙午、月之十九日，與宋會要相差一日者，蓋周麟之入見之次日而即下詔故也。

（二二）元和十二年（八一八）十二月，嘗詔左右史綴錄起居注，見宋敏求、唐大詔令集（一九五九）、頁四六八。又：玉海、卷四十八，頁二十七——二十八；三十一。

（二三）玉海、卷四十八，頁三十三。又貞觀修起居注事，見歐陽修、新唐書（百衲本）、卷四十七，百官志，頁二。

（二四）王溥、五代會要（萬有文庫本）、卷十三，頁一七一，「起居郎、起居舍人」條。又卷十八、頁二三六，「周顯德元年十月，監修國史宰臣李穀奏」條。

（二五）宋會要、冊五十九、「起居院」、頁二三七六；又續長編、卷三十五，頁十三。宋特重起居注、又可參續長編、卷二百九十九、頁十四——十五、元豐二年（一〇七九）、八月甲辰、王存奏條；又同月丙午條。

（二六）宋會要、同註二十五、頁二三七七。又：陳騤、南宋館閣錄、卷二、「省舍」、頁五、國史庫下原註云：「內藏日曆、時政記、起居註等文字、庫兩傍設小牌曰：「非本所官吏、如輙入、准漏泄法」。可見起居注亦視爲機密文字也。

（二七）「別爲起居注」之「爲」字，續長編原作「無」，今據宋會要、冊五十九、職官二、「起居院」，頁二三七七；及玉海、卷四十八，淳化崇政殿起居注」條改正。

（二八）參閱宋會要、冊五十九、「起居郎舍人」、頁二三八四，郎舍人職掌條。

（二九）宋會要、冊五十九、「起居院」、頁二三七九。

（三〇）同上註、頁二三七九——八〇。

（三一）續長編（楊家駱新定本）、輯永樂大典卷二萬二千三百七、頁三，開寶七年（九七四）十月庚申。又宋會要，冊六十三，「時政記」、頁二五一一。玉海卷四十八、頁三十七、「景德時政記條」。其於時政記作通論性質者，參閱費袞、梁谿漫志（知不足齋叢書本）、卷一，頁十、「時政記」條。

（三二）見玉海卷四十八、卷三十二——三十三。

（三三）五代會要，卷十八，頁二三四，「長興二年三月二十八日」條；又同卷、頁二三六，「周顯德元年十月」條。

（三四）續長編、卷二十四，頁十二——十三。

（三五）宋會要、冊六十三，頁二五一一，「時政記」。又宋大詔令集、卷一百五十，頁五五五、「修時政記詔」。

（三六）參閱續長編、卷三十五，頁十三，丁酉條。

（三七）宋會要、冊七十，「職官十八」，頁二八〇六，淳熙四年（一一七七）、七月九日，黃唐等言條；又頁二八〇八、嘉定二年（一二〇九）、三月十三日，右正言黃中言條。又 ：修日曆體式、參閱南宋館閣錄、卷四、頁十——十一。

（三八）宋會要、冊七十，「職官十八」，頁二八〇五。又：木待問、會要木字誤作本字，今據南宋館閣錄卷七、「著作郎」條云：「木待問……（乾道）九年十二月除、淳熙二年四月丁憂」，可證會要抄寫之誤。

（三九）余嘉錫、四庫提要辯證（一九五八）、頁二二四。

（四〇）宋會要、冊五十三，「運曆一」，頁二一三八，紹興七年（一一三七），閏十月十四日。據繫年要錄卷一百十六、頁一八七一，知為著作郎何掄之言。

（四一）南宋亦極重視修日曆之事，繫年要錄卷四十三、頁七八七，紹興元年（一一三一）、四月甲戌條云：「詔：國史日曆，事干機密，輒入本所者，流三千里。凡所見聞，因而漏洩，並行軍令。」又：南宋館閣錄、卷六、頁八、門禁條。

（四二）元豐類藁（四部叢刊初編本）、卷三十二，頁九——十三。

（四三）參閱註十八、十九。

（四四）宋會要、冊七十、「實錄院」頁二七八五，紹興九年（一一三九）、四月二十八日條；又繫年要錄，頁二〇七一，紹興九年、四月庚午條。

（四五）同註四、仁井田陞、慶元條法事類と宋代の出版法，頁四四七。

（四六）參閱歐陽文忠公集（四部叢刊本）、卷一百八、頁十一——十二。蘇東坡集（國學基本叢書本）下，奏議集、卷十三，「論高麗買書利害劄子」、頁一——六。蘇轍、欒城集、同註九。

（四七）徐夢莘、三朝北盟會編（文海出版社影印本，一九六二）、卷七十七、頁十一——十三、引宣錄

（四八）參註四、全漢昇，宋金間的走私貿易，頁四四〇——四四一。

錢竹汀的校勘學和同時代藏書家

羅炳綿

目錄

引言

清代學者，一反明人空疏之習，他們治學專從書本上鑽研考索，以求達到「實事求是」的目的。他們的踏實的治學態度，確實使有清一代無論在經學、小學音韻、校訂古籍、辨僞、輯佚、史學、方志、地理學、傳記及譜諜學、曆算學及其他科學等方面，都有一定的成績。一般來說，清代學者治學，大半都先求基礎於「校勘」，因而無論兼治或分治經史諸子的學者，大都兼擅校勘之學。

有清一代，校勘之學臻於極盛。大體來說，校勘家不外兩派：鑑賞和考證二派。鑑賞派如錢遵王、何焯、黃丕烈、鮑廷博、陳仲魚、吳騫、蔣光煦等，他們校書雖不失精審和有一定的價值，要終歸乎鑑賞。這一派的校勘，大抵都是拿兩本或以上的書以對照，憑善本來正俗正譌；或據前人所徵引，記其異同，擇善而從。因爲各書多有俗本傳刻因不注意或妄改的結果發生舛譌，他們就藉着宋元刻本或精鈔本，或類書等古籍所引的散佚文字，兩相比勘以正謬誤。這種校勘工作枯燥乏味，非有特別嗜好不能爲；但往往因一兩字的校正，令全段或全書得正確的解釋。鑑賞派遺下的校勘記之類的作品，還是很值得我們重視的。考證派的校勘家，又可分爲專門博涉兩派——如高郵王念孫引之父子之於經，有讀書雜志、經義述聞；嘉定錢大昕之於史，有廿二史考異；清末，則有兪樾的古書疑義舉例。他們竭畢生精力於校勘，其能凌跨前人，並非偶然的。王錢兪諸氏，可算是專門的校勘家。他如盧文弨、顧廣圻輩，遇書即校，不主一家，可算是博涉的校勘家。

要做考證派的校勘工作，絕不是易事。考證校勘之事，必須能審辨文字異同音韻訓詁，深於典章文物制度地理沿革，精研氏族金石古人爵里天文曆算。乾嘉諸儒能爲兼人之學，無經不通無藝不精的，錢大昕無疑是首屈一指的人物！

錢竹汀所說的校勘，是廣義的校勘，是疏注的校勘，亦即考證派的校勘。絕非只求校文字異同的校勘。我們試細意斟酌廿二史考異其中幾段的記載，便可推斷竹汀心目中「校勘」二字的意義了：

廿二史考異（以下簡稱「考異」）卷三十一北齊書庫狄干傳條：「案：(庫)士文，隋之酷史，隋史已爲立傳，不應闌入齊書。蓋後人以庫狄干傳亡，取北史補之，而不知限斷之例，遂並士文傳牽連入之。……校書之無學，其謬累至於此。」

又元坦傳條：「（元）弼乃暉業之父，終於魏朝，不當闌入齊史，更不當列於暉業之後。此由校書之人無學，徒知挦撦北史，而不顧先後之倒置也。」

又裴讓之傳條：「案裴讓之……辛術傳皆不著本貫郡縣。蓋校書者但知寫史以補足卷數，而不及檢其先世郡望，幾於智菽麥矣。」

竹汀所說的校書，涵義絕不單指校勘字句異同，凡編次纂輯補訂以至體例之恰當與否，都是校勘者的份內事。清代學者無論在經史子等方面的校注，辨僞與輯佚，所以能勝前人而倍加精密者，大半因爲先求基礎於校勘的緣故。但才識超卓的學者，決不甘心只求校勘字句的同異脫畧；因此清代學者的校勘學，漸漸脫離「校勘」的原本範圍和界限，走上考據之途而不自覺；史學著作除廿二史考異之外，王鳴盛十七史商榷也是由校勘而論考據的。這是乾嘉學風中一個頗值得注意的迹象。

考據和校勘都是書本子的學問，都必須有賴於宋元刻本精鈔本或舊鈔本，以至金石鐘鼎彝器。因此，考據學家校勘學家們，本身不少都是很富藏書，或和當時的藏書家有着密切的聯繫的。清代藏書家對宋元刻舊鈔等的搜集和刊刻善本書籍，都盛極一時。學者藏書家二者互相不能缺少，校勘學者必有賴藏書其成就始能更光大，藏書家亦必有賴校勘學者始能顯章藏書家地位的重要——這事實，我們從錢竹汀的校勘學和同時代藏書家的關係，可獲得完滿的說明。

此外應予說明的是：本文上篇詳敍竹汀的校勘學，目的有二：一、欲具體的以實例說明竹汀的校勘學異於錢遵王、黃丕烈、鮑廷博等鑑賞家。二、揭示錢竹汀如何利用善本書及石刻碑文與輔助知識（如文字音韻地理沿革等學問）以校勘。下篇則考述竹汀的實事求是的治學方針的實踐和當時的藏書家的關係。

上　錢竹汀的校勘學

一　校勘與考據

廿二史考異一百卷，錢竹汀代表作之一。他這書是企圖通過文字的校勘，來訂補史實，達到考據的目的。因此探討他的校勘學，最適宜以廿二史考異爲立論的根據。竹汀四十歲時（乾隆三十二年）開始編纂廿二史考異，迄五十五歲（乾隆四十七年）始編定（據年譜），前後共歷十六年。考異刊行後，甚獲好評，畢沅、阮元、李慈銘等都加以推許。清朝續文獻通考評廿二史考異說：

是書評論四分三統以來諸家術數，精確不刊。當是時如畢沅阮元咸有記撰，而大昕熟於歷代官制損益、地理沿革，以暨遼金國語、蒙古世系，故其考據精審，非他人所及。

辭句間雖畧有誇張，但竹汀對此書用力很深而且主旨其實在考訂史事卻是事實。而錢氏考異自序述其編纂過程則又不言考據而只說校勘：

予弱冠時好讀乙部書，通籍以後，尤專斯業。自史漢迄金元，作者廿有三家，反覆校勘，雖寒暑疾疢，未嘗少輟。偶有所得，寫於別紙。丁亥歲（時大昕年四十，相當於乾隆三十二年）乞假歸里，稍編次之。歲有增益，卷帙滋多。戊戌（大昕五十一歲，乾隆四十三年）設教鍾山，講肄之暇，復加討論……廿二家之書，文字煩多，義例紛糾。輿地則今昔異名，僑置殊所；職官則沿革迭代，冗要逐時。欲其條理貫串，瞭如指掌，良非易事。以予檮劣，敢云有得？但涉獵既久，啓悟逐多，著之鉛槧，賢於博奕云爾。……庚子（乾隆四十五年，大昕五十三歲）五月廿有二日，嘉定錢大昕序。

據序文所署年月，則考異編定之時在乾隆四十五年，較年譜之說早二年。而年譜亦係錢氏手編。大抵錢氏在乾隆四十五年寫成序文之後仍續有修訂，迄四十七年始正式編定之故。

錢氏雖說考異是「反覆校勘」「歲有增益」「講肄之暇復加討論」而寫成。他的校勘卻絕不是只用兩三本不同的板本校對文字異同，而是藉校勘作考據。我們試稍窺他在廿二史考異、三史拾遺及諸史拾遺中引用的書目和採用友人之說二事便可見一斑。

甲　廿二史考異及拾遺二種的引用書目

竹汀的校勘方法，主要是以廿二史中的本紀、列傳、志、表互校。或用正史互校，如用史記以校漢書之類，不在本節所列引用書目範圍之內。除用紀傳表志互校外，他又用碑誌及有關文獻古籍的同一記載排比校勘。

他引用的書目如下（考異中引用之書目，有一百二十餘引者，不能盡舉其出處，僅畧舉其所見卷數。）

1 大戴禮記　凡八引。見卷一，卷四。

2 呂氏春秋　呂覽爲欲篇，求人篇等，凡四引。卷一，五。

3 說文解字　引用甚多。錢氏校勘不少地方都以說文爲標準。凡卌四引。卷一、四、五。

4 尚書 凡八引。卷一，四，十二。
5 孟子 凡四引。卷一，四。
6 易經 二見。卷一，九。
7 爾雅 三見。卷一，三，五。
8 山海經 僅一見。卷一。
9 古史考 一見。卷五。
10 戰國策 四見。卷一，四。
11 左傳 十六引。卷一，四。
12 水經注 凡廿七見。校水道地名等，多引用之。卷二，六。
13 詩經 四見。卷三，四。

14 太玄經 一見。卷三。

15 淮南子 十三引。校天文曆象多引用之。卷十三。

16 春秋經 四見。卷四，五。

17 鄭氏詩譜 一見。卷四。

18 韓非子 一見。卷五。

19 廣韻 十一見。大昕長於氏族爵里年齡，頗得力於此書。卷五，六。

20 周官 三見。卷五，十五。

21 文選 如班固兩都賦，司馬相如封禪文等。凡六見。卷一，五，十一。

22 公羊傳 二見。卷五，十二。

23 新序 一見。卷六。

24 劉知幾史通 二見。卷六，三十四。

25 韓詩外傳 一見。卷七。

26 易乾鑿度 一見。卷七。

27 左傳釋文 一見。卷七。

28 鄭康成六藝論 一見。卷七。

29 蔡邕獨斷 一見。卷十。

30 風俗通義 三見。卷十，十二。

31 資治通鑑 凡七十六見。卷十，十五，二十二，二十七等。大昕對通鑑甚熟爛。年譜十八歲條云：授徒顧我澍家時，其家頗藏書，案頭有通鑑，及不全二十一史，晨夕披覽，始有尚論千古之志。大昕又有通鑑注辨正二卷。

32 論語 凡六引。卷十一，十五。

33 初學記 一見。卷十二。

34 太平御覽　三見。卷十二，二十三。

35 洪氏隸續　二見。卷十二，十四。

36 說文徐鉉注　一見。卷十二。

37 直齋書錄解題　十五見。校諸史藝文志多用之。卷七十三。

38 華陽周志　九見。卷十四，十六。

39 太平寰宇記　八見。卷十七，二十三。

40 通鑑胡三省注　十二見。卷十九，三十一。

41 世說新語　一見。卷二十一。

42 十六國春秋　一見。卷二十二。

43 庾子山集　二見。卷廿二，卅二。

44 列子一見。卷廿三。

45 莊子一見。卷廿三。

46 抱朴子一見。卷廿五。

47 通鑑考異五見。卷廿六，卅五。

48 老子二見。卷廿八，卅一。

49 唐元應一切經音義二見。卷卅一四十五。

50 王子安集（王勃）二見。卷卅二。

51 孔穎達毛詩正義序一見。卷卅四。

52 陸德明經典釋文三見。卷卅四，卅七。

53 輟耕錄（明、陶宗儀）九見。校元史多用之。卷卅六。

54明、商輅等編通鑑綱目一見。卷卅八。

55劉恕通鑑外紀二見。卷四十，六十八。

56宋、王溥唐會要凡一百二十見。校新唐書用之最多。校舊唐書用之較少。卷四十二起，多引用之。

57杜氏通典六見。卷四十三。

58五經算術（北周甄鸞撰，唐李淳風注）一見。卷四十三。

59通鑑目錄一見。卷四十三。

60邵堯夫皇極經世書二見。卷四十三。

61唐六典十見。卷四十四。

62翰林志（唐、李肇）一見。卷四十四。

63陸宣公奏議一見。卷四十五。

64 新唐書糾謬（宋、吳縝）三見。卷四十五。

65 朱熹通鑑綱目 一見。卷四十六。

66 歐陽修集古錄 一見。卷五十。

67 柳子厚文集 二見。卷五十二。

68 張燕公集（張說）一見。卷五十三。

69 王應麟困學紀聞 五見。卷五十四。

70 韓昌黎文集 二見。卷五十四。

71 洪容齋隨筆 十六見。卷五十五。

72 王明清揮麈錄 三見。卷五十五。

73 吳曾能改齋漫錄 一見。卷五十五。

74 唐摭言（五代王定保）一見。卷五十六。

75 元豐類稿（曾鞏）一見。卷五十六。

76 樊川文集（唐、杜牧）一見。卷五十六。

77 李商隱李賀小傳 一見。卷五十六。

78 劉賓客嘉話錄 一見。卷五十三。

79 李燾資治通鑑長編 四十四見。校宋史多用之。卷五十六，及卷六十七起多所引用。

80 春明退朝錄（宋敏求）十二見。卷五十六，六十九。

81 東都事畧 十五見。卷五十六。

82 冊府元龜 一見。卷五十八。

83 卻掃編（宋、徐度）五見。卷五十八，七十一，七十二。

84 裴廷裕東觀奏記 一見。卷五十九。

85 韋述唐書 一見。卷五十九。

86 杜工部集 一見。卷五十九。

87 白居易集 一見。卷六十。

88 五代會要（宋、王溥） 六十九見。卷六十一起多引用。

89 後山叢談（宋、陳師道） 一見。卷六十一。

90 通鑑長曆 三見。卷六十二。

91 呂夢奇：（李）存進神道碑 一見。卷六十二。

92 文獻通考 十五見。卷六十五，七十。

93 馬令陸游書（即宋馬令南唐書） 一見。卷六十六。

94 騎省集(宋、徐鉉)二見。卷六十六。

95 景定建康志 八見。卷六十六,七十,七十一。

96 和凝:吳越文穆王神道碑 案:和凝,五代晉人,有「疑獄集」。一見。卷六十六。

97 周世宗實錄 一見。卷六十六。

98 楊夢申:劉繼顒神道碑 一見。卷六十六。

99 幸輔編年錄 十六見。卷六十七,七十四。潛研堂集卷二十八有跋。永嘉徐自明撰。

100 玉海 三見。卷六十七,六十八。

101 汲冢紀年 一見。卷六十八。

102 皇甫謐帝王世紀 一見。卷六十八。

103 歐陽永叔集(歐陽修)六見。卷六十九。

104 咸淳毗陵志（史能之撰）二見。卷六十九。

105 嘉泰會稽志（宋、施宿等撰）三見。卷六十九。

106 通鑑長編紀事本末二見。卷七十七。

107 咸淳臨安志（宋、潛說友撰）三見。卷七十，八十。

108 麟臺故事（宋、程俱）三見。卷六十九，七十。

109 文忠集（宋、周必大）五見。卷七十，七十九。

110 沈括夢溪筆談一見。卷七十一。

111 玉堂雜記（周必大）一見。卷七十一。

112 建炎以來朝野雜記（宋、李心傳）三見。卷七十一。

113 寶慶四明志（宋、羅濬撰）三見。卷七十二。

114 晁公武郡齋讀書志九見。卷七十三。宋史藝文志，以陳直齊及晁公武二書校勘最多，次則用文獻通考。

115 崇文總目四見。卷七十三。

116 （宋）太祖實錄一見。卷七十三。

117 柯氏宋史新編五見。卷七十四。

118 晦庵文集（朱熹）一見。卷七十四。

119 劉克莊後村集三見。卷七十五。

120 鮚埼亭集（全祖望）一見。卷七十五。

121 朱子語類一見。卷七十五。

122 楊億石保興碑四見。卷七十五。

123 聞見錄（宋、邵博）一見。卷七十六。

124 臨川集（王安石）一見。卷七十六。

125 元城語錄（宋、馬永卿）一見。卷七十六。

126 石林燕語（宋、葉夢得）二見。卷七十六。

127 陳正敏遯齋閒覽 一見。卷七十七。

128 林大圭名臣琬琰集 一見。卷七十七。

129 歐陽修年譜 一見。卷七十七。

130 建炎以來繫年要錄（李心傳）二十五。卷七十九起，多引用之。

131 中興館閣錄 二見。卷七十九。

132 范成大吳郡志 二見。卷八十。

133 曾宏父鳳墅帖跋 二見。卷八十。案：曾氏宋人，有「石刻鋪叙」二卷。

134 樓鑰攻媿集三見。卷八十。

135 葉水心集（葉適）一見。卷八十。

136 陸游渭南集二見。卷八十。

137 陸游劍南詩稿一見。卷八十。

138 袁燮：絜齋集一見。卷八十。

139 葉隆禮：契丹國志一見。卷八十三。

140 中興小曆（宋、熊克撰）一見。卷八十三。

141 三朝北盟會編（宋、徐夢莘）二見。卷八十三。

142 龜山集（宋、楊時）一見。卷八十三。

143 施注蘇詩（宋、施元之）一見。卷八十三。

144 張棣金志二見。卷八十四。

145 洪皓松漠紀聞一見。卷八十四。

146 宇文懋昭大金國志九見。案：撰者非懋昭，乃依託之書矣。大昕此處微誤。卷八十四。

147 孫慶瑜：豐潤縣記二見。卷八十四。

148 清類天文分野書（明、劉基）一見。卷八十四。

149 大金集禮（金、張暐等奏進）二見。卷八十四。

150 思陵錄（周必大）五見。卷八十五。

151 中州集（元好問）二見。卷八十五。

152 歸潛志（劉祁）六見。卷八十五。

153 元祕史四十一見。卷八十六起，多所引用。

154 明楊子器：元宮詞注一見。卷八十六。

155 陳桱：通鑑續編十二見。卷八十六。

156 張匡衍：木華黎行錄一見。卷八十六。

157 蘇天爵：（元）名臣事畧三見。卷八十六。

158 元明善：木華黎世家一見。卷八十六。此外，元明善東平忠憲王碑及淇陽忠武王碑。大昕均曾引用。

159 薛應旂：宋元資治通鑑一見。卷八十六。

160 元典章五見。卷八十六。案：本書原名「大元聖政國朝典章」，六十卷。

161 汪楫使琉球雜錄一見。卷八十七。

162 至元辨僞錄三見。卷八十七。

163 王惲：烏臺筆補一見。卷八十八。

164 蘇天爵：新升徐州路記　一見。卷八十八。案：升疑爲刊之誤。

165 玉堂嘉話（元、王惲）　一見。卷九十四。

166 師山文集（元、鄭玉）　一見。卷九十四。

167 牧庵文集（元、姚燧）　二見。卷九十四。

168 吳文正公集（元、吳澄）　二見。卷七十四

169 松雪齋集（趙孟頫）　三見。卷九十五。

170 雪樓集（程鉅夫）　七見。卷九十五。

171 元遺山集（元好問）　一見。卷九十五。

172 青陽集（元、余闕）　一見。卷九十六。

173 道園學古錄（虞集）　五見。卷九十七。

174 淸容居士集（袁桷）一見。卷九十八。

175 宋學士全集（宋濂）一見。卷九十九。

176 黃文獻集（黃溍文）一見。卷一百。

177 山西通志 一見。卷一百。

178 元統元年進士錄 大昕因黃丕烈得見此書，於元史頗有用處。二見。卷一百。

179 葉盛：水東日記 一見。卷一百。

180 元文類（元、蘇天爵）一見。卷一百。

181 朝鮮史畧 三見。卷一百。潛研堂集卷三十有跋。

182 柳待制集（元、柳貫）一見。卷一百。

錢竹汀在引書稱謂方面，很不劃一。如沈括夢溪筆談，有時只稱「筆談」；王應麟困學紀聞，有時只稱「王伯厚曰」；洪邁容齋隨筆，或逕稱「容齋曰」之類。其次，引書又往往不注明篇章或卷數，有時引初學記、太平御覽、册府元龜都未注明篇卷數。其三，又有引書而不注出處者，如引古史考（考異卷五）及何元之元典（考異卷廿七），疑爲轉引自古注或類書，但都沒有注明出處。這是美中不足的地方。

右列廿二史考異引用書目凡一百八十二種外，大昕還時常引用碑石文字以校勘（詳後）。又轉引古注或類書以校勘，他轉引的書目，大致有：

1 史記正義引括地志考異卷二。

2 漢書臣瓚音義引春秋傳汲郡古文考異卷七。

3 三國志魏書武帝紀注引魏書及魏畧考異卷十五。

4 文選注引子思子考異卷三十三。

5 太平御覽引三國典畧考異卷卅七。

6 王伯厚引理道要訣要訣，十卷杜佑撰。見考異卷四十五。

7 通鑑引唐餘錄考異卷六十一。

8 胡三省注引路振九國志考異卷六十六，二見。

9史記正義引中備大昕以爲「中備」係宋史藝文志中「周易三備」中之一篇。考異卷七十三。宋史藝文志五。

10容齋隨筆引國史許仲宣傳考異卷七十六。

11葉文莊水東日記引高昌王世勛碑大昕云：碑文與元文類所載不同。考異卷一百。

大昕這樣的反覆校勘，其護惜古人書籍的苦心，實事求是的精神，自然使他的成就遠遠超過一般的校勘學家。

三史拾遺和諸史拾遺，是廿二史考異的續作，大部分是考異所未及，也有少部分是補充考異意有未盡之處（如三史拾遺卷五後漢書郡國志四。）引用的書目仍不少。

計三史拾遺（史記、兩漢書）五卷共引書卅二種：說文解字，韓退之詩、經典釋文、史通、國語、禮記、水經注、藝文類聚、淮南子天文訓、崇文總目、廣韻、風俗通義、徐幹中論法象篇、說苑、韓詩外傳、荀子、通鑑、文選、困學紀聞、呂氏春秋、尚書、逸周書、孔子家語、戰國策、新序、韓非子、詩經、搜神記、史繩祖學齋佔畢、三輔決錄、陶靖節聖賢羣輔錄、太平御覽。

又三史拾遺轉引的古注或類書中的書目七種：尚書疏吳都賦注引鄭注、史記殷本紀注引汲冢紀年、藝文類聚引陳留風俗傳、困學紀聞引子思子、文選注引小爾雅、三國志魏志裴松之注引英雄記、文選注引河圖閫苞受。

其次，諸史拾遺（起於三國志，終於元史）五卷引用的書目更達四十二種：通鑑、通志、冊府元龜、搜神記、韓非子、元和郡縣志、惠松厓筆記、道藏音義、唐大詔令、杜牧文、獨狐及毘陵集、唐會要、劉禹錫集、董衡新唐書釋音、通鑑長編、東都事畧，歷代紀年、岳珂媿剡錄、劉攽文、元豐九域志、吳郡志、葉水心文、揮麈錄、吳曾能改齋漫錄、程俱北山小集、趙希弁讀書附志、趙與時賓退錄、張景文、程瑀文、建炎以來繫年要錄、曾慥百家詩序、困學紀聞、長春眞人西遊記、漢昭烈晉元帝故事、萬斯同紀元彙考、釋藏、元典章、元好問文、王惲文、蘇天爵名臣事畧、朱錫鬯靜志居詩話。

諸史拾遺轉引古注或類書的書目則僅有五種：三國魏志注引續漢書，藝文類聚引續漢志，孫堅傳注引吳錄，孫堅傳注引會稽典錄、三國志注引華陀別傳。

這二書引用的書目除了和廿二史考異重複的不計，合三書（考異、三史、諸史）引用的書目，數目超過二百種是毫無疑問的。而轉引的書目也達二十餘種呢！

乙　校勘時採用諸家之說

1 廿二史考異採用諸家之說

竹汀校勘遇有疑義時，必和親友們互相研討。我們察看他在書中引用諸親友之說，最少可得到幾點啓示。一、大昕取他人之長，謙厚好學。二、論學的親友多爲有成就的學者。三、大昕和當時不少藏書家和校勘家交往頗密切。四、校勘史記兩漢書三國志，採取親友之說最多，四史以下極少。錢大昕曾歎惜說：「自惠戴之學盛行於世，天下學者但治古經，畧涉三史，三史以下茫然不知，得謂之通儒乎！」（漢學師承記本傳）看來他寫「廿二史考異」是有爲而發的。現在我們試看他在校勘廿二史時，採用了那幾位同時代學者和親友的意見以解決疑義：

（附注：有*號者，表示在「三史拾遺」中，亦曾採用其說以校勘。有▲號者，表示在「諸史拾遺」中亦曾採用其說。有**者，則在考異，三史拾遺及諸史拾遺，均曾採用其說。）

1.錢塘：字學淵，號溉亭。爲錢玷之兄。塘少大昕七歲，是大昕的族子。與大昕、大昭及弟玷論學切磋，同爲實事求是之學，長於聲音文字及古代天文樂律尺度。考異卷三校史記律書云：「予族子（錢）塘，以太玄淮南天文訓證明史公之義……」即採錢塘之說。（潛研堂文集卷卅九有溉亭別傳）

2.王懋竑：潛研堂文集卷卅八有傳。字與中，寶應人，世爲儒家。王氏不特喜研治朱熹學說，於諸史皆有考證，能實事求是，不爲抑揚過當之論，有「讀史記疑」一書，大昕曾見之。考異採王懋竑說甚多，僅考異一書已凡九引（卷五、十一、十二等處）。

*3.錢大昭：大昕弟，淸史稿卷四八七有傳。少於大昕二十歲，事兄如嚴師，故又擅於經史。有兩漢書辨疑四十卷。考異所引大昭之說，亦盡屬兩漢書範圍，凡六見。（卷六至卷十四）

4.沈彤：字果堂，吳江人。係何義門的入室弟子（見淸史稿何焯傳及沈彤傳）。淹通三禮，其「果堂集」十二卷，多訂正經學之文。考異卷八曾一再引其說。

▲5.洪亮吉：字君直，江蘇陽湖人。通古義，立志窮經，與孫星衍相硏摩，學益宏博。嘗舉荀子語：「爲人戒有暇日」以自勉勉人，故其學於經史注疏說文地理，靡不參稽鉤貫。著春秋左傳解詁、公穀古義、四史發

伏、三國東晉十六國疆域志、曉齋讀書雜錄諸書。考異卷十四引洪氏說二處，均以證疆域地理之誤。（大昕常與洪氏及徐仲圃等商討疆域地理之事，如論秦卅六郡等問題，見潛研堂集卷卅五。）

6.袁廷檮：乾嘉之際四大藏書家之一（黃丕烈、周香嚴、顧之逵及袁氏），和大昕關係非常密切。詳後。考異引袁氏說凡七見（卷廿四、廿七等處）。

7.錢王炯：大昕的祖父，字青文，號陳人（參潛研堂文集卷五十，家傳）。考異卷卅三校周書庾信傳「陸士衡聞而撫掌，是所甘心。張平子見而陋之，固其宜矣。」大昕說：

先大父青文公云：撫掌與甘心對；陋之與宜矣對。此體唐初人多有之。王勃滕王閣詩序：龍光射斗牛之虛，徐孺下陳蕃之榻。龍光牛斗，徐孺陳蕃，亦句中自爲對也。又蘭亭已矣，梓澤邱墟。已矣疊韻也，邱墟雙聲也。兩虛字對兩實字；與庚子山賦同格。

大昕曾說他的祖父「於四聲清濁，辨別精審，不爲方音所囿。其教弟子五經句讀，字之偏旁，音之平仄，無少譌溷。」大昕年少時尚得承其祖父之教，故文字音韻根柢穩實，雖爲實事求是的考據之學，但亦能詩能文。就是得力於其祖父的嚴格教誨之故。

*8.盧文弨：字召弓。詳後。考異卷四十五一再引盧說。

9.沈炳震：字東父，歸安人，有新舊唐書合鈔，廿四史四譜（參清史稿及清史列傳本傳）。考異唐書部分，多引用沈氏之說以校勘，如卷五十、五十三，凡四引。

10陳祖范：字亦韓，亦字見復，常熟人。有經咫一卷，見總目提要五經總義類。大昕的老師王峻，即曾游祖范之門（參潛研堂集卷卅八陳祖范傳，淸史稿儒林傳附顧棟高傳）。考異卷五十曾引陳氏說。

11梅文鼎：字定九，號勿庵，所著歷算之書凡八十餘種，有元史曆經補注、古今曆法通考。考異於宋史及元史校律曆諸條（卷六十八、八十八），多引其說。竹汀自編年譜廿六歲條說：得梅文鼎書讀之，寢食俱廢。因讀歷代史志，從容布算，得古今推步之理。

＊＊12李銳：字尚之，元和諸生，爲九章八線之學，受經於錢大昕，得中西異同之奧，於古曆尤深。（見考異卷六十八）。

13戈宙襄：元和人，號小蓮，幼工詞章，以母老絕意仕途。嘗輯大儒傳道錄、名儒傳經錄、小人儒錄，著有半樹齋文。考異校宋史及元史，採戈氏之說數處（卷七九，八十，八六）。

14朱彝尊：字錫鬯，秀水人。兼經學詩文及考據衆長。有經義考，日下舊聞，曝書亭集。考異卷八四校金史地理志「豐潤，泰和間置」條引朱氏說以校當時刻本之譌字，云：「朱彝尊據淸類天文分野書云：洪武元年，改閏爲潤，今金元史雕本，閏旁均著水，非也。」

15任大椿：見考異卷八六。任幼植，博學淹通，於禮尤長名物，又長於辭賦。卒年五十四。（參章氏遺書卷十八，文集三任氏傳）

16邵晉涵：見考異卷八七。大昕以爲言經則推戴震，論史則推邵二雲。邵氏以懿文碩學，知名海內；凡四部七錄無不硏究。有爾雅正義，又輯薛氏五代史，撰南都事畧。（潛研堂集卷四三邵氏傳）

17翁方綱：見考異卷九六。字正三，號覃溪，順天大興人。精心汲古，宏覽多聞；富藏書，精金石文字。

（先正事畧本傳、藏書紀事詩卷五）

18梁清遠：考異卷九八元史郝經傳「祖天挺，元裕嘗從之學」條，大昕云：

梁清遠曰：元史差譌不少。如郝經傳載其祖天挺，元裕嘗從之學。又云：元裕每語之曰：子貌類汝祖，才器非常。元裕者，或即元好問乎。好問字裕之，今乃不書其名而書其字，又去下一字，何也？裕之師天挺，見所撰郝先生墓銘……。至天挺傳，又言受業於遺山元好問，更可笑矣。

予（大昕自稱）案：梁氏譏史稱元裕爲誤，是矣。金元之際，有兩郝天挺：一字晉卿，澤州陵川人，即經之大父，元裕之嘗從之學者也。一字繼先，安肅州人，郝和尚拔都之子，則學於元裕之者。梁氏誤以爲一人，非也。

大昕引當時學者之說，絕不盲從苟且，是者是之，非者非之，最見得他校勘的認眞。今案：梁清遠，正定人，字爾之，號葵石，順治進士。生平敦節，持大體，有祓園文集，雕丘雜錄。

2三史拾遺採用諸家之說

在三史拾遺中，採用同時代學者或親友之說者，其數和考異相同，共計十七人。除盧文弨、錢晦之、李銳三人已見前外，尚有十四人。

盧錢李三氏：計採盧文弨說凡三見(卷一、三、四)；採李銳說凡十一見，均見卷五後校漢書律曆志之時；採用錢大昭之說非常多，共四十五見，自卷二至卷五，都是屬於兩漢書範圍。大昕後來的「諸史拾遺」則沒有採大昭之說，大抵因「諸史拾遺」係由三國魏志起至元史止，這範圍非大昭擅長之故。

茲將大昕在「三史拾遺」中採取當代諸家之說以校勘的姓氏臚列如左（凡有★號者，表示大昕在「諸史拾遺」中亦採用其說）：

1.段玉裁：見三史拾遺卷一、卷三，共四引。玉裁字若膺，金壇人，師事戴震，長於文字音韻，深爲錢大昕賞識，積數十年之力，爲說文解字注三十卷。

2.梁玉繩：字曜北，錢塘人，與弟履繩同爲大昕推許。玉繩家世貴顯而不志富貴，有「瞥記」七卷，多釋經之文；尤精乙部之學，著史記志疑及人表考諸書。三史拾遺引其說凡三十八處，卷一史記部份佔七處，兩漢書部份佔三十一處，可見梁氏於兩漢書亦甚精熟。

★3.李賡芸：字生甫，又字書田，號許齋，從竹汀學，通六書蒼雅三禮。著炳燭編四卷，又有稻香館詩文稿（參研經室二集卷四、淸儒學案卷八十四）。三史拾遺和諸史拾遺二書的編整與刊行，很得力於李氏。他序三史拾遺說：

先師少詹事錢先生，少眈乙部之書。嘗博覽羣籍，積數十年之心力，撰廿二史考異百卷，以乾隆庚子（四十五）歲五月刊成。自爲序。嗣後續有所得，又撰史記兩漢書爲三史拾遺。先師存日，曾以副墨寄示。先師捐館後，又得見所撰諸史拾遺，則自三國志以迄元史咸具，皆所以補考異之未備，誠足爲讀史者之助也。賡芸郡政之暇，畧加校勘，版而行之，用以嘉惠海內同志焉。嘉慶十有二年歲次丁卯冬十月，受業弟子李賡芸謹識。

此外在三史拾遺卷一史記平準書內，有「侗謹案」的字樣，看來此書又經他的族子錢侗（錢東垣、錢繹、錢侗，皆大昭子。侗初名東野，字同人，號趙堂，治天文，通曆算。竹汀撰「宋遼金元四史朔閏考」，同人廢寢食爲補輯一千餘條）整理過。三史拾遺中採李賡芸之說頗多，自卷一至卷四均有，凡十五引。

4.閻若璩：三史拾遺卷一曾引其說。閻氏字百詩，太原人，作古文尚書疏證八卷，古文之僞因以大明。百詩於地理尤精審，山川形勢，州郡沿革，瞭如指掌，撰四書釋地五卷，此外並長於訓詁典制人名物類，又有潛邱札記等作。

★5.陳景雲：字少章，博通經史，淹貫羣籍，長於考訂，從何焯遊，能背誦通鑑。有「讀書紀聞」，綱目通鑑兩漢書三國志文選韓柳集皆有訂誤，共三十餘卷，文集四卷（參淸史稿本傳）。案：三史拾遺採取陳景雲之說甚多，自卷一至卷五凡八十七見。四庫全書總目著錄陳景雲的著作有三種。茲據簡明目錄列舉如左：

一、通鑑胡注舉正一卷，簡目云：「國朝景雲撰。是書舉正胡三省通鑑音注之誤，凡六十三條，其中論地理者居多。」提要則說：「書後附載王峻（大昕的老師）所作景雲墓誌，稱作通鑑胡注舉正十卷；而卷末其子黃中（案：潛研堂文集卷廿八有「跋陳黃中宋史稿」一文）跋，亦稱書本十卷，屋漏鼠齧之餘，僅存十一，然則是編乃殘缺之稿……要之所存諸條，亦未始不足考據也。」而錢大昕則有通鑑胡注辨誤四卷。（據增訂四庫簡明目錄標注，竹汀年譜五十九歲【乾隆五十一年】則云「歲暮，撰通鑑注辨正二卷」，畧有不同。）

二、綱目訂誤四卷，四庫簡目云：「取朱子綱目，與諸史原文互相比較，以訂其舛謬。一字一句，皆證以實據，不空談褒貶。」

三、韓集點勘四卷，四庫簡目說：「蓋因點勘東雅堂韓文集注，糾其舛迕，輯為一編，於考據史傳，訂正訓詁，頗為精密。」

陳景雲善於校勘，精於乙部；史書之中於通鑑兩漢書三國志又特別精熟是毫無疑問的（四庫總目提要著錄不著撰人的「三國辨誤」三卷，亦疑為陳景雲所撰），三史拾遺多採陳景雲之說；諸史拾遺三國志部分亦多採取陳景雲之說（凡卅二處，均見卷一三國志部分）。錢大昕頗看不起何焯（參閱潛研堂集跋義門讀書記），但校勘史籍時卻多處採取義門的弟子——沈彤和陳景雲的意見。

6.翟灝：見三史拾遺卷二。翟氏字大川，仁和人，嘗與錢塘梁玉繩論王肅撰家語難鄭氏，欲搜考以證其譌。並有爾雅補郭、四書考異，皆貫串精審。

7.張雲璈：見三史拾遺卷二。字仲雅，浙江錢塘人，乾隆卅五年舉人。博學鴻材，於書無所不窺，尤長於詩。嘉慶九年卒，年八十三。著有簡松堂詩集、蠟味小稿、文集、選學膠言等。

8.陳詩庭：見三史拾遺卷三。嘉定人，字畫生，號妙士，嘉慶進士。有讀書劄記、深柳居詩文集。

9.戴震：見三史拾遺卷三。字東原，與惠棟沈彤為忘年友。謂義理不可憑胸臆，必求之於古經。義理非他，存乎典章制度者也。東原為學，研精注疏，實事求是，不主一家。竹汀自編年譜廿七歲條，說：交戴東原，敍談竟日，歎其學精博。

10趙一清：字誠夫，仁和人。水經注傳寫訛奪，歐陽玄、王禕稱其經注混淆，全祖望又謂道元注中有注，一清因從其說，辨驗文字離析之，使文屬而意不離。大昕引其說，係用以校漢書地理志（見三史拾遺卷三）。

11臧琳：見三史拾遺卷三。字玉林，武進人。有尚書集解、經義雜記。深爲大昕所稱許。參清史稿本傳。

12沈宇：字啓大，號笑山，江蘇嘉定人（參黃汝成袖海樓文錄卷五）。三史拾遺卷四引其說頗多，凡十見，但均屬後漢書範圍。

13費士璣：三史拾遺卷四校後漢書劉瑜傳「河圖受嗣，正在九房」條引其說，費氏精於天文曆象。亦大昕弟子（參竹汀年譜乾隆五十八年條）。

★14惠棟：字定宇，於諸經熟洽貫串，謂詁訓古字古音，非經師不能辨，作九經古義二十二卷，尤邃於易，有易漢學八卷。又有後漢書補注、松崖文鈔諸書。大昕引惠氏說凡六處，均屬後漢書範圍。

3 諸史拾遺採用諸家之說

諸史拾遺五卷，採用親友及同時代學者之說者，共有十二人，除陳景雲（見卷一，引用其說凡卅一處），李銳（卷二、五），惠棟（卷二），李賡芸（卷二、卷五，共六處）洪亮吉（卷一），五人已見前之外，尚有七人：

1.梁同書：據清史列傳卷七二，字元穎，浙江錢塘人，乾隆十二年舉人。嘉慶十二年，重宴鹿鳴。卒年九十三。與劉墉、王文治並稱於時。梁氏詩多雅音，集杜句尤妙合自然，文亦清峭拔俗。著有羅頻庵遺集。諸史拾遺卷一引其說。

2.何義門：見卷一。字屺瞻，長洲人，藏書數萬卷，得宋元舊刊必手加校讎，有義門讀書記，但並不獲錢大昕的讚許。

3. 談泰：見卷一。江寧人，字階平，博覽勤學，精於天算，得梅文鼎之傳，所著考證經史之書曰「觀書雜識」；其算術之書有測量周徑正誤等二十餘種。談氏曾從大昕遊，大昕稱讚他說：「其學深造自得，交遊中習於數者，戴東原歿後，幸得階平。」（參淸史列傳卷六十九，又潛研堂文集卷三十五答談氏二書；又竹汀日記鈔卷一，亦曾載與談氏論及廿二史考異中對於秦三十六郡的看法的問題）。

4. 趙翼：見卷二。字芸松，陽湖人。邃於史學，著廿二史劄記皇朝武功紀盛，陔餘叢考，簷曝雜記諸書。

5. 陳鶴：見卷二，引陳氏說凡數見。氏字鶴齡，江蘇元和人，嘉慶元年進士，爲錢大昕所重，學宗宋儒。顧蒓嘗以禪語題其齋。鶴熟悉史事，於前明治亂得失，多所考鑑，嘗著「明紀」一書，論者以爲有良史風，其書凡六十卷（參淸史列傳卷七十二）。

6. 錢東塾：大昕長子，字學仲，一字子臯，號石橋，又號瞟田，善隸書，工山水，著「月波樓詩稿」（據竹汀年譜）。見諸史拾遺卷二。

7. 馮集梧：大昕與馮星實、集梧兄弟很有交情，馮氏兄弟頗富藏書，集梧字軒圃，有貯雲居稿。其他事項詳後。

大昕校勘廿二史，採用諸家之說，除重複不計，竟達卅九家（考異十八人，三史十四人，諸史七人）。大昕採用親友和學者之說，固多是已有成就已享盛譽者，但也有不少是他的後學、弟子和子侄：後學及弟子如李銳談泰李賡芸，胞弟如大昭，兒子如東塾，族子如錢侗。從這裏不難看出大昕善於誘導和鼓勵後學，及提携揄揚後進的苦心。同時，這也是大昕謙虛好學的地方，即使是年青學問尚未成熟的後輩，他都樂於和他們共同論學，而且相信他們也有可取的意見。

二　校勘方法

大昕淹博經史，見聞廣博，他校勘史籍的方法是靈活多變的。歸納之，他的校勘方法約有下列十七種：

1以本書證本書

考異（廿二史考異，民國廿六年商務叢書集成本）卷四史記外戚世家「武帝初即位」條：史公書稱孝武曰今上，曰今天子，曰天子。無稱謚者。而此篇及賈生、李將軍、萬石君、主父偃、衞將軍、驃騎汲鄭、酷吏列傳皆有武帝即位之文。此後人追改。酷吏傳敍寧成周陽由，皆稱武帝，其敍趙禹，則云今上時，蓋追改又有不盡矣。

又卷八漢書枚乘傳「凡可讀者，不二十篇」條：不，當作百。藝文志：枚乘賦百二十篇。

又卷三十七南史武帝諸子傳昭明太子「太子以爲疑，命僕射劉孝綽議其事」條：按，孝綽官太子僕，非僕射也。射字衍。下文屢稱劉僕，不稱僕射，可證。

三史拾遺卷三漢書古今人表「孝成子中下」條：孝當作老。藝文志道家有老成十八篇。

凡此之類，皆大昕以本書證本書的校勘法的例子；除上列外此類例證尚多（如三史拾遺卷一史記項羽本紀「項羽自立爲西楚霸王，王九郡，都彭城」條，卷二漢書景武昭宣元成功臣表「重合侯莽通」條，均是），不贅。

2用同類事蹟的記載以證異說或謬誤

此類校勘法又可再分爲二類。一爲以正史互勘，如：

考異卷四史記魯周公世家「子貢，是爲文公。索隱云：系本作滑公。　漢志作緡公。春秋時已有文公。滑又與閔同。疑漢志是也。

他如卷五史記司馬相如列傳、淮南衡山列傳等處，主要都是用漢書以校勘。另一爲用正史以外的典籍以校勘，如校史記，除用說文解字、禮經、詩、廣韻之外，更常用左傳以校勘。例如：

考異卷四史記管蔡世家「衞使史鰌言康叔之功德」條云：據左氏傳，乃祝鮀，非史鰌也。兩人同字子魚，因而傳譌。

同右宋微子世家「昭公弟鮑革。注：徐廣曰：一無革字」條。

大昕說：案，左氏無革字。下文亦有單稱公子鮑者，革爲衍文明矣。周禮：攻皮之工有鮑氏。鮑或作鞄，從革。此字蓋讀如鞄革之鞄。後人溷入正文。

他如校勘二唐書、五代史時，則多用唐會要、五代會要、資治通鑑；校宋史則多用通鑑長編，建炎以來繫年要錄、容齋隨筆諸書，均是。

3 從文字方言及譯音以校勘

大昕精於小學訓詁，又通蒙古文（參十駕齋養新錄卷九「蒙古語」等條），他的校勘史籍，很多都從這方面入手。他從文字方言及譯音以校勘，可分爲左列數類。

甲、以說文解字爲標準——考異卷四史記吳太伯世家「美哉渢渢乎。索隱云：渢音馮，又音泛」條。大昕說：

說文無㴋字，蓋即汎之異文。

同上卷五刺客列傳「曹沬者，魯人也。索隱云：沬音亡葛反。左氏穀梁並作曹劌。然則沬宜音劌」條。大昕說：說文，沬從末，讀莫葛切（原注：與亡葛同。）沬從未，讀荒內切。本是兩字。小司馬混而爲一，非也。劌字宜讀如鸞聲噦噦之噦（原注：呼惠切。）乃與沬音相近。

同上卷五司馬相如列傳「旖旎從風」條，云：說文無旖旎字。漢書作猗柅。當從之。張揖訓爲阿那，亦取聲相近。

乙、從形誤校勘——考異卷四史記魯周公世家「子屯立，是爲康公。索隱云：屯音竹倫反」條，云：漢志屯作毛，字形相涉而譌。

同右趙世家「左師觸龍言願見太后」條。說：戰國策作觸讋。合龍言爲一字。

又卷六漢書公卿表「易敍宓羲神農」條：宓當作虙，虙與伏同。與宓字形聲俱別。

同右王子侯表「葛繹侯賀，延和二年，以子敬聲有罪，下獄死。師古曰：延亦征字也」條：延當作延。說文：延與征同，從正從辵。與延長之延……形聲俱別。今本作延，乃形聲之誤耳。（綿案：征和，漢武帝年號；延和，北魏太武帝、唐睿宗、高昌麴伯雅，均曾用作年號。）

丙、從音韻以校勘——考異卷三十七南史庾子輿傳「巴東有淫預石」條：淫預即灩澦也。淫豔聲相近，後人又加水旁。又卷卅九北史賀拔允傳「其賊僞署王衛可瓌」條：北齊書作衛可肱，周書太祖紀作衛可孤。孤肱瓌皆一聲之轉也。

同右卷四十破六韓常傳「其子孫遂以潘六奚爲氏。後人譌誤，以爲破六韓」條：潘破聲相近，奚何聲相近，何又轉爲韓也。

又卷四十北史氏傳「後爲乞佛乾歸所殺」條：乞佛即乞伏也，佛伏聲相近。

大昕考據晉人束晳的姓氏來源，詆譏唐人不通六書，亦用此法。考異卷廿一晉書束晳傳「漢太子太傅疎廣之後也。王莽末，廣曾孫孟達避難，自東海徙居沙鹿山南，因去疎之足，遂改姓焉」條：說文，疏從㐬從疋，以疋得聲。隸變疏爲疎。與束縛之束本不相涉。疋古胥字。古人胥疏同聲，故從疋聲也。疏之改束，自取聲相轉。如耿之爲簡，奚之爲嵇耳。唐人不通六書，乃有去足之說。

丁、從文義或字義校勘——考異卷四史記趙世家「吾有所見子晰也。索隱云：吾前所夢見者，知其名曰子晰也」條：詳文義謂吾有所見子甚晰，蓋記憶前夢之詞，非其人名子晰也。

又卷五屈原賈生列傳「好惡積意。李奇曰：所好所惡，積之萬億也」條：意當作㥀。說文，㥀，滿也；一曰十萬曰㥀。

又卷廿九魏書地形志「鄵，二漢晉屬有鄵城」條：鄵不成字，當作鄡。說文：鄡，鉅鹿縣。從邑，梟聲；漢志作鄡，鄡與梟文異音義同。

戊、從語法及方言俗稱校勘——考異卷八漢書丙吉傳「豈宜褒顯」條：豈宜者，猶言宜也。古人語急，以豈不爲不，不可爲可。此當言「豈不宜」，亦語急而省文耳。朱子文疑當爲直字，非孟堅之旨。

又卷卅六南史王藻傳「姆妳爭媚」條：按，南史多俗稱，如呼父爲爹（梁始興王憺傳，音徒我反。）又爲阿爺（侯景傳。）呼乳母爲妳王藻傳。……之類是也。

同上王懿傳「見仲德，驚曰：漢已食未」條：輟耕錄云，今人謂賤丈夫曰漢子。引北史魏該遷青州刺史，固辭。文帝大怒曰：何物漢子，與官不就。據此傳，則晉時已有漢之稱，亦非賤詞也。

又卷七九宋史句龍如淵傳「即擢如淵中司」條：中司者，御史中丞也。此流俗之稱，不當用之正史。

又如卷八四校金史世紀部分時，校出金穆宗諱「盈歌」，但南人則稱「楊割」，這是因南北人語音方言有異之故。

己、從字的通假以校勘——考異卷五史記貨殖列傳「積著之理務完物」條：著古貯字。說文，宁訓辨積物。是積貯本字，而宁與著通。詩：俟我於著乎而。(案：見詩齊風「著」篇)即當宁之宁。此又通爲積宁之宁。

又卷十一後漢書馮異傳「橫被四表，昭假上下」條：橫被即書（經）「光被」也。漢書王莽傳：昔唐堯橫被四表，無以加之。王褒傳：化溢四表，橫被無窮。班固西都賦亦云橫被六合。蓋堯典光被字。漢儒傳授本作橫矣。釋言：桄，熲充也。桄即橫字古文，尭爲茪，與黃相似，故橫或爲桄。孔傳出於魏晉之間，堯典橫已作光，而訓光爲充，猶存古義。後世因作光輝解，失漢儒之本旨矣。

綿案：尚書堯典「光被四表」問題，在乾嘉間爭論得很熱鬧，這最見得當時學人校勘考訂的認眞。乾隆乙亥（一七五五）戴震有「與王鳳喈書」已討論這問題；大昕以爲「橫」「桄」相通，堯典光被四表的光字不是訓「顯」，而是和爾雅「桄熲，充也」同義。戴錢二氏之說完全相同，後來姚鼐、洪榜、段玉裁等都支持戴錢之說（其中汪容甫卻不同意戴氏之說，見述學卷六與劉端臨書）。他們只是校釋這「光」字，前後考校了十餘年（

參胡適文存頁四零九至四一一，戴東原的哲學頁六六至六八）。

又卷廿三宋書樂志「晉中書令王珉與㛐婢有情，愛好甚篤，㛐捶撻婢過苦」條：㛐即嫂字。禮：食三老五更於太學，蔡邕以爲五叟也。列子黃帝篇：禾生子伯行出，宿於田更商邱開之舍。注：更當作叟。莊子達生篇：視其後者而鞭之。崔譔本鞭作趣。云匿也。史記韓世家：虜得韓將⿰魚叟申差於濁澤。徐廣云：⿰魚叟一作鯁。則更叟二文相通久矣。王右軍帖亦以㛐爲嫂字。

只看本條，大昕校勘史籍，用功之深，引書之多，見聞之博，不言而喻了。此外用文字的通假以校勘的實例尚多，不贅。

庚、從譯音以校勘——中國在史書上對外人姓名，名物制度等的譯音，一向沒有畫一，以至每每因譯音偏異而引致諸多誤解，或一人而分爲二傳的：如元史有「石抹阿辛廸列紇氏」，阿辛即也先，石抹或譯爲述律，廸列紇即述律的異文，因翻譯的不同，史家遂分爲二人（參考異卷九七）；更有把一人分爲三人的：如遼人耶律覿烈，本是六院部「蒲古只」的後代，蒲古只或譯爲帖剌也，或譯爲匣馬葛，因此一人而有三名（考異卷八三）。此外如「回紇」，係唐代時的譯名，後稱「回鶻」，元代時又以音轉爲「畏兀」或「畏吾兒」（與回回非一種，參考異卷一百元史姦臣傳條）；都是使人頭痛的事。大昕校勘史書，於此等處都能特別着意，別其異同，正其謬誤。此類音譯的校勘，例子甚多（尤以遼金元三史爲甚），畧舉數條如左：

考異卷二二晉書馮跋載記「蝚蠕勇斛律」條：蝚蠕即柔然也。魏書作蠕蠕，宋齊梁書皆作芮芮，周書作茹茹，北史有蠕蠕傳。而諸傳間有茹茹者，蓋譯音無定字。（並參同書卷三四隋書高昌傳、卷三八北史后妃傳等條）又卷二八魏書古弼傳「賜名曰筆，取其直而有用，後改名弼，言其輔佐材也」條：北人讀弼如筆。譯音無定字，非必別有取義。

又卷四十北史突厥傳「號伊利俱盧設莫何始波羅可汗，一號沙鉢畧」條：予（大昕自稱）謂沙鈔畧即始波羅之轉。譯語無定字，非有兩號也。

又卷六六五代史四夷傳契丹「以其所居橫帳地名爲姓，曰世里。世里，譯者謂之耶律」條：案，耶律亦作移剌。譯音之轉也。世與耶聲不近，疑當爲也字。也里與耶律正相轉。（綿案：一般的校勘家即使注意到「耶律」的異譯，亦將只知另有「移剌」、「世里」之不同翻譯，不會指出「世」當爲「也」字之誤的理由。此亦大昕之勝人處）。又卷八二宋史唃厮羅傳「本名欺南陵溫錢逋。錢逋猶贊普也。羌語譌爲錢逋」條：長編作籛逋。籛與贊聲尤相近。吐蕃種族，多稱折逋，亦贊普之譌也。元時河西貴族，有稱甘卜者，或譯爲鈴部，要亦爲贊普之譌。遼之貴臣，有稱詳穩、相温、詳袞者。譯字雖異，要亦效漢語相公之譌。（綿案：元人效漢語稱相公，除上舉外，又有作常袞，敞穩【參考異卷八三百官志條】者。）又卷八三遼史聖宗紀「（統和）二十二年十一月次澶淵，蕭撻凜中伏弩死」條：宋史作撻覽、覽凜，聲相近也。統和四年，有彭德軍節度使蕭闥覽，六年有太師闥覽，與此本一人，而前後譯字互異。

同右百官志「遙輦侍中，一作世燭」條：與侍中聲相近，蓋取漢人侍中之名，譯音轉譌爾。

又卷八四金史太宗紀條：指出「移懶」(地名)或譯爲「耶懶」、「押懶」。卷八五金史習不失傳條或譯爲「辭不失」。卷八六元史太祖紀「姓奇渥溫氏」條，或譯爲「孛兒只吉歹氏」，或譯爲「孛兒只斤」，或譯爲「博爾濟吉特」……。

這類例子，實舉不勝舉。大昕在校勘廿二史後，附識數語說：「謹案，遼金元三朝，人名、官名、地名，舊史頗多舛訛，由當時史臣未通翻譯，以至對音每有窒礙，且有一人而彼此互異者。」翻譯的多異字，確是校勘上的大問題，但大昕卻是此中能手，無怪在廿二史考異裏，對這類翻譯的校勘，佔不少篇幅了。

4 憑個人的識見以校勘

考異卷五史記孟荀列傳條，斷定索隱所說「公明高，蓋軻之門人也」之說爲非，而並未詳細交代理由。凡此之類，都是逕以己意以校勘的方法。凡才學識稍有不如者，均不宜用此法以校勘，即博覽如大昕，也難免有誤（詳後）。但其中也有頗不錯的見解。例如：

考異卷三八隋本紀「開皇六年，山南荊浙七州水」條：浙當作淅。周隋置淅州於淅陽，即後魏析州也。浙非州名，此轉寫之訛。

又卷五八舊唐書經籍志「晉陽春秋二十二卷，鄧粲撰」條云：「春字衍。」

辨浙爲淅之誤，是憑着他豐富的地理沿革識見而下的斷語，理由解釋得很詳明；辨「晉陽春秋」多出「春」字，則是憑着他的避諱常識，（綿案：隋書經籍志鄧粲只有晉紀十一卷，晉陽秋三十二卷則係孫盛撰。不知兩唐志是否有誤。孫盛書本名「晉春秋」，因簡文帝太后鄭氏諱阿春，故改。）而且新唐書史部編年類確也只有「晉陽秋」而沒有「晉陽春秋」。其他屬此類的校勘：考異卷三三隋書地理志中「後齊唯留黎一郡」條：當云昌黎，脫昌字。

又卷三四經籍志二「隋王八洒記六卷」條：隋當作隨，此校書人妄改。
又經籍志三「錄軌象以頌章一卷」條：此不似書名，疑有誤。
又「綴術六卷」條：志不箸撰人，當是祖冲之撰。
又卷三六南史劉孝儀傳「出為豫州內史」條：豫州疑豫章之誤。

5 利用輿地僑置常識以校勘

考異卷五史記張耳陳餘列傳「范陽人蒯通」條：此范陽注家不詳所在。師古以涿郡之范陽實之。因謂通本燕人，後游於齊。此不考地理而妄為之說也。方武臣等自白馬渡河，纔下十城，安能遠涉燕地。且范陽既降之後，趙地不戰而下者，三十餘城，然後乃至邯戰。武臣乃自立為趙王；然後命韓廣畧燕地。豈容未得邯鄲之前，已抵涿郡乎。然則蒯生所居之范陽，當屬何地？曰：淮陰侯傳稱齊人蒯通，又稱為齊辨士，則范陽必齊地矣。漢志：東郡有范縣，此即齊之西境。孟子自范之齊，謂此地也。趙世家云：嬴姓將大敗周人范魁之西。小司馬謂范魁趙地。然則此范陽蓋在齊趙之界，本齊地，而亦可屬趙也。

同右平津侯主父列傳「齊菑川國薛縣人也」條：漢志，薛縣屬魯國，不屬齊菑川。說者引儒林傳稱平津為薛人。既云薛人，則上言齊菑川者誤矣。予考本傳：元光元年，有詔徵文學，菑川國復推上弘，弘謝國人，國人固推之，則平津為菑川人無疑。菑川本齊之故地，故汲黯詰弘云：齊人多詐而無實情。史言菑川又言齊者，當時通俗之稱。扁鵲言臣齊勃海秦越人也。言勃海又言齊，與此一例，非史之誤（漢書無齊字，班氏所刪。）漢志，菑川國只有三縣，無薛縣。然高五王傳：青州刺史奏菑川王終古禽獸行，請逮捕，有詔削四縣。安知薛縣不在所削之內乎？且漢志所載郡國領縣若干，皆元成以後之制。王國大者十餘縣，小者三四縣，如蠡吳故屬河間，良鄉安次文安故屬燕，陘城故屬趙之類，賴有列傳，畧見一二，未可據志以駁傳也。

此外，用地名沿革以校勘者，有卷十六三國志鄧芝傳「義陽新野人」條、楊戲傳注「鄧方……住南昌縣」條等。至於魏晉六朝之際，史書所載那時的僑置諸郡尤多錯誤，大昕只在晉書地理志上（考異卷十九）已校正不少這類的錯誤：

考異卷十九晉書地理志上「置南新蔡郡，屬南豫州」條：按晉世無南豫之名，宋武經畧中原，以豫州鎮壽陽，而遙領淮北諸實郡，豫猶未分，至永初受禪後分淮東西爲二，乃有南豫之稱。此志亦誤以宋人追稱爲晉時本號也。宋志，江州有南新蔡，即是此郡。晉豫州，至宋改屬江州耳。

其他不細舉。可並參考十駕齋養新錄卷六晉書沿襲之誤，晉僑置州郡無南字諸條。

6 利用天文曆法校勘

大昕校諸史天文志，均能校出不少新義。如考異卷二三宋書天文志「天體圓如彈丸，而陸續造渾象，其形如鳥卵」條，大昕云：今歐邏巴橢圓之說，似出於此。同上「劉向五紀說夏曆，以爲列宿日月皆西移，列宿疾，而日次之」條，大昕又云：宋儒言，日月五星皆左旋，日行速，月行遲，蓋本於此。

如考異卷六漢書元帝紀「初元三年四月乙未晦，茂陵白鶴館災」條：按五行志，四月乙未，孝武園白鶴館災。茂陵即孝武陵也。志不書晦。以三統術推之，是歲四月乙未，乃月之十一日，非晦日也。晦字衍文。翼奉傳載此事，亦不云晦。

若不明三統術，便不能校出「晦」字係衍文了。此外，於漢書律曆志及晉書律曆志等，均校出不少錯誤處（參考異卷七、卷二十）。大昕深通律曆，故能校出律曆志中後人妄加改動的例子：考異卷二三宋書「律志序」條：自孟堅合律曆爲一志，後之作史者皆因之。休文序例不言更分爲二，則亦因固彪之舊矣。此志三卷，首篇當題律曆上，次篇爲中，末篇爲下。今以首篇爲律志，下二篇爲曆上曆下，蓋後人妄改。非休文之旨也。序爲八志總例，列於卷首，著作之體宜爾。汲古閣本題作律志，尤爲乖妄。

7 用官制以校勘

大昕甚重視官制，常說「史家不通官制，涉筆便誤。」考異卷二十晉書職官志「中領軍、將軍魏官也。漢建安四年，魏武丞相府自置」條：案宋志，漢有南北軍衞京師，武帝置中壘校尉，掌北軍營。先武省中壘校尉，置北軍中候，監五校營。魏武爲丞相，相府自置領軍，非漢官也。蓋領軍即漢北軍中候之職。但漢之中候，秩止六百石；魏晉以後之領軍，則以貴臣爲之。自領護之權重，而執金吾遂廢不置，衞尉亦爲閒曹矣。此志敍領軍原委，不如宋志之詳備，且建安四年，魏武未爲丞相，志亦誤。

又卷四十北史韋師傳「於時廣爲雍州刺史，存望第以司空楊雄，尚書左僕射高熲竝爲『州都督』，引師爲主簿」條：州都下疑衍督字。魏晉以後，諸州皆置大中正，以甄別流品。隋時避諱，改爲『州都』，而去中正之名。後人校書，不達州都爲何語，妄加督字。隋書既然，北史亦爾。眞所謂以不狂爲狂也……。

又卷七五宋史燕王德昭傳「元祐六年，簽書頴州公事」條：是時蘇軾知頴州，趙令畤爲簽判。其銜當云：簽書頴州節度判官廳公事。史刪去『節度判官』四字，竟似簽書州事矣。史家不通官制，涉筆便誤，一至於此。

8以書之義例校勘

大昕每校一書，均熟知其義例。故常憑其書之義例而知其是否有衍文漏誤。考異卷十六三國蜀志馬超傳「右扶風茂陵人也」條：案兩漢書例，惟官名稱左右，若稱人籍貫，但云馮翊扶風而已。此傳云右扶風茂陵；法正傳：右扶風郿。兩右字當省。

又卷二一晉書祖納傳「平北將軍王敦聞之」條：案，王敦未嘗爲平北將軍，傳誤也。此事見世說德行篇，但云王平北，不著其名。劉孝標注以爲王乂也（王衍傳：父乂，爲平北將軍。）世說稱王敦，必云王大將軍。晉史好采世說。豈此例尚未之知邪。

此條可與十駕齋養新錄卷六新舊晉書不同條參看。養新錄引劉知幾的話：「晉世雜書，若語林、世說、幽明錄、搜神記、皇朝新撰，晉史多采以爲書。」可見大昕之說亦有所本。考異卷六一五代史「伶官傳」條：伶官賤者，不足立傳。歐公類敍其事爲一篇，以爲後世鑒戒，與他傳體例各別。今獨取敬新磨、景進、史彥瓊、郭從謙四人，列於目錄，必非歐公元本。若依此例，則周匝亦宜入目錄矣。

同右卷六二蕭希甫傳「幽州李紹宏，薦希甫爲魏州推官」條：案歐史之例，凡稱某州人者，皆節度使也。是時幽州節度使周德威戰歿，晉王自令節度，以紹宏提舉軍府事。宦者傳：有宣徽使馬紹宏，賜姓李，即其人也。

9用金石文字校勘

大昕極好金石文字，受顧炎武「金石文字記」一書的影響極大。他好糾顧炎武日知錄之非，其中糾金石文字記之錯訛處亦很多，養新錄卷二「徒兵」、「旦」二條，卷三「今本爾雅誤字」條，和卷十五「析里橋郙閣頌」「北嶽神廟碑」條等處都是。又據竹汀自編年譜，他自乾隆丁丑（廿二年，三十歲）開始，公事之暇便入琉璃廠購漢唐石刻，晨夕校勘，諷以史事；此後，凡知交歷官居鄉之地，莫不遍託搜羅，至身所經歷，山厓水畔，黌宮梵宇，有斷碑殘刻，必剔蘚拂塵，摩挲審讀，或手自椎拓，日積月累，遂成巨富，著金石文字跋尾八百餘篇，先後共成四集，前後收藏共越二千通，又撰次「家藏金石刻目錄」八卷。因此，在廿二史考異中，他以石刻碑文校勘的地方幾乎俯拾便是。大昕以他自己搜集到的碑刻校勘者，如考異卷四十北史（齊）神

> 武諸子傳彭城王浟「史君在滄州日」條：漢人稱刺史爲使君。以其奉使刺舉而言。六朝人多稱刺史爲史君，則以君名有史字故也。予家藏東魏興和二年敬顯儁碑，額題『敬史君』，字畫分明，高浟爲滄定二州刺史，亦在東魏時。傳稱史君，與石刻正合。監本改史爲『使』，所謂少所見多所怪也。

考異卷八四校金史「禮志七」時，亦以「家藏」金時石刻——濟瀆靈應記碑文校勘。卷八八校元史地理志一時，也曾用「家藏中統元年祭瀆記碑」來校勘。此外，太昕又利用當時各地尚存的古代碑石以校勘，考異卷五九舊

> 唐書張說傳「左司郎中陽伯誠」條：王晙傳，有戶部郎中楊伯誠。禮儀志，有戶部郎中楊伯誠。蓋即一人而字各異。今山西安府學有大智禪師碑陰記，河南少尹陽伯誠撰。當據碑爲正。

同右楊國忠傳「父珣，以國忠貴，贈兵部尚書」條：兵部，當作武部。今扶風縣有（楊）珣神道碑，明皇御

> 製，並書題云：贈武部尚書。可證也。

又卷六十舊唐書文苑賀知章傳條，以當時鄮縣的「育王寺常住田碑」校勘；卷七十宋史禮志八條，以當時句容縣及曲埠孔廟石刻校勘，都是。不多舉。

10 用避諱常識校勘

大昕校勘經史，都很注意因避諱而改字的問題。陳援庵先生說：「錢氏廿二史考異中，以避諱解釋疑難者尤多，徒因散在諸書，未能爲有系統之董理。」筆者以爲，陳氏史諱舉例，不特多采廿二史考異中諸說，實亦推衍組織錢氏之說而成書者。史諱舉例是援庵先生在一九二八年時爲紀念錢竹汀誕生二百周年而作，尤爲最好的說明。茲畧舉考異中以避諱校讐者散條如下。卷十一後漢書曹褒傳「父充，持慶氏禮」條：『持』本是『治』字，章懷避諱改之。隗囂傳：申屠剛杜林爲持書。杜林傳：爲持書。平來歷傳：持書侍御史龔調。蔡邕傳注：太伯端委以持周禮。皆本『治』字，而唐人改爲持也。郅惲傳：『理』韓詩嚴氏春秋。則治經之治，或改爲持，或改爲理。初無一定。若侯霸傳：治穀梁春秋。吳良傳：又治尙書。此又校書者轉改。唐人諱『治』，不特改爲『持』或『理』，亦有改爲『化』的。同上應劭傳「夫時『化』則刑重，時亂則刑輕」條。大昕說：「按漢書刑法志：治則刑重，亂則刑輕。犯治之罪固重，犯亂之罪爲輕也本荀子正論篇……化字本是治字。」又卷十二後漢書宦者傳論「三『世』以嬖色取禍」條之三世當爲三代。章懷注范史，凡世字皆改爲代，以避唐諱。宋以後校書者復改正之。此三代字蔚宗本文，校書者不知而妄改。

又卷三三隋書百官志下「上『中』州減上州吏屬十二人」條：大昕引王懋竑之言：「隋文帝之父名忠，並中字亦諱之。『侍中』改爲『納言』，『中書』改爲『內史』，『殿中』改爲『殿內』，『中舍人、中常侍、中謁者』俱改爲『內』，皆其顯然可考者。而上中州、中上州……之類仍作中，此必非當時本文，或史官以其不辭而改之也。」

避「忠、中」字諱固有之，但或有避而未盡之處罷了。錢王之說似未必確切。又如卷四十北史牛里仁傳，把晉荀勗的『中經新簿』改爲內經，也是避隋文帝父名諱的緣故。因皇帝的父親的名字避諱的，又有高歡的父親『高樹』。考異三八北史隋本紀上文帝「魏初爲武川鎮司馬，因家於神武『樹頹』焉」條：樹頹，縣名。屬神武郡：魏書地形志作『殊頹』，蓋避高歡父諱。

此外，梁武帝父親名「順之」，順字也避諱改爲「從」字（見南齊書武帝紀）。

11 利用板本

大昕校勘經史，每欲得善本而校，處處可見。考異卷十六三國蜀志先主傳「臣父羣未亡時，言西南數有黃氣，直立數丈」條，大昕說：

按，此奏列名者，有劉豹、向舉、張裔、黃權、殷純、趙莋、楊洪、何宗、杜瓊、張爽、尹默、譙周等，而忽稱臣父，果何人之父耶？華陽國志云：周羣父未亡時。似當從之。又案，周羣傳云：子巨，亦傳其術。或臣爲巨之譌，而上脫周字耶？惜不得善本校之。

又卷七二宋史兵志「武鋒、精銳、敢勇、鎮淮、疆勇、雄勝、武定」條：案，武鋒以下諸軍，不言屯駐之所。

蓋有脫文。……此卷脫漏甚多，惜無善本補之。

考異卷一百末附大昕按語，力指舊史頗多舛譌，云：「是書（指廿二史考異）成於乾隆庚子（四十年），所據係武英殿舊刊本。」可見錢氏校廿二史，主要底本係武英殿舊刊本。而據以校勘的則有：

（一）宋大字本漢書——三史拾遺卷三後漢書張騫傳「而爲匈奴所閉道脫亡。宋祁曰：越本脫作今」條：予（大昕自稱）見宋大字本，正作今。詳其文義，以今亡爲句。閉道連文，謂閉其道不使往也。上下文但云亡。無脫字，知爲校書者妄改。

同上「爲備衆遺之」條：宋大字本，備衆作具備人衆。

（二）何義門三國志校本——諸史拾遺卷一毌丘儉傳「大戰梁口。注：梁音渴」條：初疑梁字不當有渴音。後見何屺瞻校本云：冊府作過水口。過水音過。

（三）元槧本五代史——考異卷六一梁本紀「取其泌、隨、鄧三州」條，大昕以小字夾注說：「曾氏校正（曾三異）祇有四條，俱在第一卷。惟元槧本及汲古閣本有之。」

（四）明嘉靖己酉歲按察使周采等校刊閩中舊本後漢書——考異卷十二郭太傳「初太始至南州，過袁奉高，不宿而去，從叔度，累日不去，或以問太。太曰：……太以是名聞天下」條：「予（大昕）初讀此傳，至此數行，疑其詞句不倫，蔚宗避其父名，篇中前後，皆稱『林宗』，即它傳亦然，此獨書其名，一疑也。且其事已載黃憲傳，不當重出，二疑也。叔度書字而不書姓，三疑也……後得閩中舊本，乃知此七十四字本章懷注引謝承書之文。叔度不書姓名，蒙上入汝南則交黃叔度而言也。今本皆儳入正文，惟閩本猶不失其舊……（閩本）源出於宋刻，較之他本爲善。」

其他以閩本校勘者尚達五六處。

（五）明監本廿一史（參養新錄卷六）——三史拾遺卷五後漢書郡國志四吳郡「安」條：「前漢書、晉宋志皆無此縣。本志又不言何年所置……疑即『婁』之譌……疑有脫漏……監本無婁字，新刊本依宋本增之，其實宋本未必是，監本未必非也……。」這最見得大昕校勘態度的客觀。考異卷二五、三一、六五等處均有用監本以校勘。

（六）汲古閣本——考異及拾遺，都常用汲古閣本正史校勘。大昕既指出汲古閣本不少的錯誤，也揭示了其中的長處（詳後）。有時大昕是兼用汲古閣本、宋本和監本校勘的。考異卷二五南齊書武帝紀「十一年孝子順孫義夫節婦」條：

梁武帝父名『順之』，故子顯修史，多易爲『從』字，如天文志五星從伏，太白從行……之類。宋順帝亦作從帝。今汲古閣本，惟祥瑞志、豫章王嶷、王琨傳各兩見，劉休傳一見……百官志漢順帝宋本亦作從。州郡志從陽郡從陽縣，汲古閣改爲順陽。唯監本尚是從字……此紀及明帝紀俱有順孫字，元（案：此亦避清帝諱）本必作從孫。後來校書者以意改易耳。

其他如卷七、十三、十六、廿四、廿五、廿六、卅一諸處，均多用明毛晉汲古閣本校勘。

12 以古代文物制度校勘

考異卷十七三國吳志虞翻傳注「鄭元所注尚書，以顧命康王執瑁，古月（即冒字，與日月之月異。）似同。從誤作同，既不覺定，復訓爲杯」條：按今本尚書，同瑁連文，同爲爵名，瑁爲天子執瑁之瑁，各是一物。仲翔謂古月似同，鄭氏從誤作同，又訓爲酒杯。以此譏鄭之失，則古本只有瑁字，古文作冃，而鄭作同也。今本尚書出於梅賾，或亦習聞仲翔說。兼取二文，以和合鄭虞之義乎。

又卷七漢書律曆志上「三十斤爲鈞，四鈞爲石。忖爲十八，易有十八變之象也。孟鈞曰：忖，度也。度其義有十八也……。」條：按，孟說非也。一鈞重萬一千五百二十銖，以易六十四卦之數除之，得一十有八，合於易之十八變而成卦也。

13 從人名或別字校勘

考異卷三五南史王瞻傳「武帝笑稱嶷小名多王」條：嶷小名阿玉。見梁本紀，此文誤。

同上謝晦「時謝『琨』風華爲江左第一」條：琨當作『混』，混字叔源，當從水旁。彭城大會之時，混已先歿。南史敍事，往往失次。

同上謝瀹傳「苟得其人自可流湎千日」條：劉悛父名勔。流湎音與劉勔同。因悛斥其父名，故亦以是報之。汲古閣本作沈湎，非也。

又卷三六南史王弘傳「子錫嗣，卒。子僧亮嗣。僧亮弟僧衍，僧衍弟僧達」條：據此文，似僧達爲錫之子。今以前後勘校，則僧達實（王）弘之少子。與錫昆弟行。其證有五……南史本文當云錫弟僧達，校書者誤仞以僧排行，妄改錫爲僧衍耳。……晉人如羲之獻之，父子不嫌同名……豈可妄意有僧字者，即皆昆弟乎。

又卷七九宋史句龍如淵傳「句姓本出古句芒。高宗即位，避御名，更句龍氏」條：案，容齋續筆：政和中，禁中外不許以龍天君玉帝上聖皇等爲名字。於是毛友龍但名友葉……然則如淵本是句龍氏，政和中囘避不改姓，史未詳其故。（句與構同音）

14 從行文氣勢及用字校勘

考異卷三九北史衞操傳「魏，軒轅苗裔，言桓穆二帝，統國御衆，威禁大行」條：此傳載衞操所立碑，文古質可誦，中多韻語，極似漢碑，惜爲史臣改竄，失其本眞。篇首云：魏，軒轅之苗裔。考其時未有魏號，以文義度之，當云鮮碑拓跋氏也。碑爲猗㐌而立，必書晉所授官爵，及猗㐌猗盧二人名，篇內稱桓穆二帝，亦史臣所改。

又卷三八北史隋本紀下「煬帝」條：王懋竑曰：此紀全是隋書之文，畧無增減。詔令載於南北史者，較本書不過什之二三，獨此紀皆載全文。大業八年征遼詔千有餘言，亦備載不遺一字。疑北史闕此卷，後人以隋書補之耳。北史本紀例稱帝，此篇獨稱上，亦一證也。（原小字夾注云：大昕按，北史紀傳後皆有論曰，獨此篇稱史臣曰。）

考異中校出「疑某史缺某卷，後人以某書補之」的地方頗多，大都係以用字、稱謂、行文氣勢的方法校勘出來的。

15 以姓氏校勘

考異卷三八北史周本紀「都督彌姐元進」條：彌姐，羌複姓也。見廣韻。

又卷四十北史齊宗室諸王傳南安王思好「所骨光弁奉使至州」條：廣韻，漢複姓有所胥氏。何氏姓苑云：今平陽人。此作骨，字相似而譌也。恩倖傳作研胥光弁，研又所之譌，即一人。

同上外戚傳「又檢楊騰、乙弗繪附之魏末」條：按，乙氏自有家傳，繪又無事迹可稱，正當類敍，以省繁複，何須別入外戚邪？李氏徒見魏澹書有此二人，亟爲附益，而不知乙弗氏之即乙氏，乙弗莫瓌之即乙瓌……

予嘗論史家先通官制，次精輿地，次辨氏族，否則涉筆便誤。

大昕以爲校勘應重視氏族常識，蓋有爲而發，因不少校書者往往因未通氏族而妄改致誤。如考異卷四一校勘唐書目錄列傳第一百二十，云：

周智壽、智爽見張琇傳。智壽兄弟，舊史姓周，而新史作同蹄，同蹄，羌複姓。此必校書家不學，以同與周字形相似而妄改耳。

又卷五三唐書韓思彥傳條亦然。韓思彥傳「事博士谷那律，律爲匪人所辱。思彥欲殺之，律不可」條：谷那律

見儒學傳。谷姓，那律其名也。此單稱律，似以谷那爲姓矣。

其他如卷八五金史宗室表及耨盌温敦思忠（耨盌温敦，是四字姓）等處，均用姓氏以校勘史書之譌誤或體例不一。

16 選用恰當資料校勘

校對書籍，找尋可疑的地方不難，要解決疑難的問題則非易事。校勘固然是書本子的學問，只是有書而不知選擇則是不知校勘。大昕校勘，選用的資料都極恰當。如校新唐書，多用唐會要及資治通鑑、唐六典、通典；校五代史，多用通鑑有關的部分；校氏族，多用廣韻；校輿地則多用水經注、華陽國志、太平寰宇記；以至選用碑文石刻來校勘等，都是。

17 以唐人行第及句讀校勘

考異卷五九舊唐書宋璟傳「以官言之，正當爲卿；若以親故，當爲張五」條：據璟所言，知唐人詩文稱行第者，皆親故之稱。

又卷六十舊唐書王正雅傳「其先太原尹，東都留守翃之子」條：尹當作人，不連下讀。

又卷四史記孔子世家「乃因史記，作春秋。據魯親周，故殷運之三代」條：大昕云：（前畧）漢儒說春秋者，謂孔子制春秋之義，以俟後聖王者，存二代之後，周監於殷，繼周者，當黜杞而存周，以備三統。故云據魯親周故殷，運之三代。據魯，謂以春秋爲新王也，親周故殷，謂新周故宋也。當以殷字絕句。

三　校勘的範圍

大昕校勘廿二史，並不以錯誤字或某本作某之類爲主，他在史書的氏族、官制、輿地、天文曆法各方面，校出不少問題，這在上節已稍涉及。我們再留意一下他校勘的範圍之廣濶，便知道他讀書時是確確實實一絲不苟一字不肯放過的。他常好把相類的記載搜集在一塊兒，而歸納出一個結論來，這似乎超越校勘的範圍而跡近考據（其實淸代的考據也主要是由校勘而來）。

譬如他校金史時，注意到金人每多有兩個名字的——有漢文名及金文名（較之現代的中國人同時有英文名者不可同日而語），見於金史交聘表的如耶律五哥，又名耶律夔；高助不古，又名高思廉；阿勒根窊產，又名阿勒根彥忠；阿典和實濊，又名阿典謙（並參養新錄卷八金人多二名條）。因此而知金代時風俗習慣之一斑。

十駕齋養新錄卷九有「蒙古語」條，他能通曉蒙古語似乎很得力於歸納元史中諸蒙古語文的記載而知其義的方法。他校元史，解釋蒙古語文含義的地方頗多。如見於考異卷九四元史「巴而朮阿而忒的斤傳」：哈剌，黑也。蒙古謂天曰騰格里，即天哥里也。胡力，猶言胡圖里，蒙古語，福也。

凡此之類，都是由校勘到考據的橋樑。以下再依此分類舉出大昕校勘文字錯誤以外的十二事，以見其校勘範圍的廣泛。

1 不特校原文亦校古注

有校古注錯誤的地方。如考異卷四史記孔子世家，據魯親周故殷運之三代句，「正義云：殷，中也。又中運，夏殷周之事也。」條：

案，正義訓殷爲中，非也。春秋宣十六年，成周宣榭火。公羊傳：外災不書，此何以書，新周也。何休云：孔子以春秋當新王，上黜杞，下新周而故宋，繫宣榭於成周，使若國文黜而新之，從爲王者後記災也。又莊二十七年，杞伯來朝。何休云：杞，夏后，不稱公者，春秋黜杞新周而故宋，以春秋當新王也。（下畧，已見前。）

又如卷六漢書元帝紀條，顏師古注「貢薛韋匡，迭爲宰相」句云：「貢禹、薛廣德、韋賢、匡衡，迭互而爲丞相也」。大昕指顏注誤，因漢元帝時做丞相的是韋玄成，不是韋賢云云。又同卷同書王子侯表「景嚴侯王競。孝文十一年，侯嬹嗣。師古曰：嬹音許孕反」條，大昕又引其弟晦之的話指「嬹」史記作嫖，當音「匹昭反」才對。此外，通鑑胡三省注錯誤的尤多，卷二七陳書廢帝紀「（太建五年）十月以黃城爲司州治」條：

按，胡三省通鑑，引魏收志……又引水經注……以證其說。以予考之，乃大謬也。……紀傳所載，本不相混，胡氏乃以下蔡之黃城當之，則安昌、漢陽、義陽，皆風馬牛不相及矣。

大昕好指出素負時譽之作的謬誤，在十駕齋養新錄常指顧炎武的易音、日知錄及金石文字記的錯誤，在廿二史考異中則好指胡三省注之非。大昕四十歲始撰廿二史考異，五十五歲撰次考異成，凡百卷，五十九歲又撰「通鑑注辨正」二卷（參竹汀年譜）。二書之關係以及由校勘而進展到考據的來龍去脈，顯而易見。

又有校古注攙入正文者。考異卷十六三國蜀志譙周傳「周長子熙，熙子秀，字元彥」條：

案，桓溫以晉穆帝永和三年丁未平蜀，上表薦秀，秀年及八十，而承祚（陳壽字）修史，大約在太康之世，即云在太康末，秀亦纔弱冠，又無名位，何用書其名字。當是裴氏注，後來攙入正文耳。

這樣的校勘案語，我們還能否認它是考據文字嗎？

2 校衍文及補脫漏

考異卷四史記孔子世家「子襄生忠」條：案，上云鮒弟子襄，此云子襄生忠，是子襄爲鮒弟矣。漢書孔光傳：鮒弟子襄，襄生忠。則襄爲鮒弟子子矣。孔光爲孔子十四世孫，鮒襄各爲一世，乃合十四之數。此文蓋衍一子字。

又卷十五三國魏志武帝紀「（建安）九年，尙懼，故豫州刺史陰夔及陳琳乞降」條：故上當有遺字。

又卷二二晉書劉毅傳「詔以毅爲都督豫州揚州之淮南、歷陽、廬江、安豐五郡諸軍事、豫州刺史」條：文稱五郡，而實四郡，蓋脫堂邑一郡。

史書文字有脫畧的，大昕則以較好的板本鈔補之。如他所見的南北監本金史禮志有脫葉，便以元刋本金史鈔補。考異卷八四金史禮志六「班首降階復位」條：

> 此下南北監本，竝脫一葉。太宗諸子傳，亦脫一葉。予嘗見元槧本鈔補之。

3 校「義」之蘊而未宣者

憑藉校勘，大昕往往能看出史書中的深義，發前人之所未發，並糾正前人注解之誤。考異卷五史記自序「談爲太史公」條：

> 按，太史公是官名，遷父子世居其職。衞弘漢人，其言可信，而後人多疑之。予謂位在丞相上者，謂殿中班位在丞相之右，非職位尊於丞相也。虞喜謂朝會坐位猶居公上，蓋得之矣。子長自言，天下遺文古事，靡不畢集太史公。與漢儀注云天下計書先太史公者正合。史記一書，唯自序前半稱太史公，及封禪書兩稱太史公指其父，餘皆遷自稱之詞。小司馬小顏以爲尊其父者，非矣。

又卷六漢書古今人表「師古曰，但次古人而不表今人者，其事未畢故也」條：予謂今人不可表，表古人以爲今人之鑑，俾知貴賤止乎一時，賢否著乎萬世；失德者雖貴必黜，修善者雖賤猶榮。後有作者，繼此而表之，雖百世可知也。觀孟堅序但云究極經傳、總備古今之畧要。初不云褒貶當代，則知此表首尾完具。小顏所云，蓋未喻孟堅之旨。

前面說過大昕喜歡用歸納法校勘，這原本也是考據時列舉證明常用方法之一。他用此法也常發現不少史事中的「義」之蘊而未宣之處。譬如考異卷十二後漢書史弼傳「陛下隆於友于」條，指出六朝人好用「友于」（綿案：友于，係兄弟的歇後語。）二字：

案，袁紹傳亦云：友于之性，生於自然。六朝人好用此語。三國志陳思王植傳：今之否隔，友于同憂。……晉書長沙王乂傳：友于十人，同產王室……。宋書廬江王禕傳：克敦友于。范泰傳：孝慈天至，友于過隆。南齊書：豫章王嶷傳：友于之愛。垂友于之性。……梁書陳伯之傳：朱鮪涉血於友于。……要皆濫觴於後漢也。

4 校例畧

考異卷五史記「太史公自序」條：

自史公有自序一篇，而班孟堅司馬彪（亦稱敍傳）華嶠稱譜敍。見三國志注。沈約魏收李延壽之徒，各爲敍傳。承祚先世仕蜀不顯，蔚宗與漢年代隔越，故不立此篇。蕭子顯，齊豫章王嶷之子，其傳贊云烈考，云我王，與它篇異。但傳中竟不列己名，則又矯枉過直矣。姚思廉陳書，於父傳末，畧述己修史事，而不稱敍傳，亦不及入唐以後事，於體例最爲得之。唐宋以來，設立舘局，史非一人一家之書，故無敍傳之名矣。

這是比較諸史體例的。至於卷六漢書惠帝紀「元年冬十二月，趙隱王如意薨」條：

按班史本紀之例，諸侯王薨，書名不書諡：惠六年齊王肥……之類是也。而惠元年趙隱王如意、文元年楚元王交，則兼其諡書之。……皆義例不一之處。

則是校出史書義例不一的地方。他如卷六漢書王子侯表，百官公卿表，卷五九舊唐書后妃傳（校出書中稱廟號或諡號的未盡畫一者），和卷六五「五代史職方考」等處，都有這類的校勘。

5 校數字及編次之誤

大昕對史書所載數字的校勘，有只屬文字的校對而近乎瑣細的：如考異卷六漢書哀帝卒時的年壽、高后的人數（王子侯表下）、縣道國邑的數目（百官公卿表上）等是。但考校項羽時的「九郡」「五諸侯」（考異漢書高帝紀條），以至「秦四十郡辨」「秦三十六郡辨」和「漢百三郡國考」（上三文見潛研堂文集卷十六）則又全屬考據文字。縱使他的結論還有商榷的地方，但其識見已絕非一般校勘者所能企及了。今錄一節畧窺其說：

> 考異卷六漢書高帝紀「羽自立爲西楚霸王，王梁楚地九郡」條：按本紀與項籍傳，俱有王梁楚地九郡之文，而九郡之名，注家罕能詳之。考戰國之際，楚地最廣，羽既以長沙奉義帝，九江王英布、衡山王吳芮、南郡王共敖、而梁之河南河東，亦不在羽封域之內，則羽所有者，於秦三十六郡中，實得泗水、碭、薛、會稽四郡；而史稱九郡者，據當時分置郡名數之也。高帝六年，以故東陽郡鄣郡吳郡五十三縣立荊王，以碭郡薛郡郯郡三十六縣立楚王。此二國即項羽故地。然則九郡者，泗水也、東陽也、東河也（即郯郡）、碭也、薛也、鄣也、吳也、會稽也、東郡也。……

大昕校編次之誤亦多。考異卷八十宋史梁汝嘉傳條：

> 汝嘉仕高宗朝，不與韓侂胄同時，乃與胡紘、何澹諸人同卷，且殿之卷末，殊失其次。論內亦絕不及汝嘉，此編次之誤也。權邦彥紹興初執政，乃列於趙雄程松之間，亦失其次。列傳第百五十八卷，鄭瑴……五人，皆高宗朝士，而卷次乃在光寧朝臣之後，編次尤爲乖刺。

大昕不特熟於史事，又深知史書體例，故此類錯謬，均能瞭然於胸中。

6 校出同姓名的人

廿二史考異屢屢校出同姓名的人。如卷十四續漢書百官志一裏的鄭均，是另一鄭均；卷十七三國吳志孫破虜討逆傳中的丹陽陳紀，別是一人，非潁川陳紀；吳主傳中的參軍董和，非蜀之董和；薛綜傳的南海黃蓋，又別是一人，非黃公覆……。其他如卷廿一晉書王戎傳，卷廿二文苑李充傳等處，眞是數不勝數。我們再看十駕齋養新錄卷十二，有漢人同姓名、異代同姓名、晉人同姓名、唐人同姓名、宋人同姓名各條，就可更具體的知道大昕對史書中同姓名者的注意。他曾爲汪輝祖寫廿四史同姓名錄序（四庫簡目標注只有九史同姓名錄），原來他也早有意編寫此類著作，奈以「衰病遽臻，有志未逮」罷了。他說：「氏族之不講，觸處皆成窒礙，此雖卑之無甚高論，實切近而適於用。」（潛研堂集二四，廿四史同姓名錄序），可見他何以推重汪輝祖之作的原因。

而同姓名錄這一類文字，就是考據時常常需要應用到的。因爲治史者對史籍上的同姓名人物瞭然如指諸掌，能辨析其名同而實異，才可溯其源而不雜廁呢。

7 校出後人改動文字之處

任何古籍的流傳，都會經過後人的改動。廿二史考異對此也極留意把它校勘出來。考異卷十二後漢書宦者傳論「三世以變色取禍」條：

三世當爲三代。章懷注范史，凡世字皆改爲代，以避唐諱，宋以後校書者復改正之。此三代字蔚宗本文，校書者不知而妄改。

又卷十七晉書景帝紀「及宣帝甍」條：按宣景文三帝之卒，紀皆書崩，用陳承祚魏志之例也。此甍字乃後人所改。

又如卷三十八校出魏書經後人改動，非全爲魏收時定本，其中有部分的傳文及魏書自序，都是後人節取北史補入（參考異魏書成子孫傳、氐傳、自序各條）；就是北史，也似曾闕隋本紀一卷，後人以隋書補入（考異卷三八北史隋本紀條）。錢氏的這些校勘，都是持之有故言之成理的考據文字。

8 校事之不平凡或可疑者

史書上每每有似可疑似謬錯而又是事實的地方，遇此類文字，大昕必予以說明以釋疑竇。如史記載：蘇秦合縱後，秦兵不敢窺函谷關十五年以攻齊趙，人多疑爲誇誕。大昕於此卻有很好的解釋：

考異卷五史記蘇秦列傳「秦兵不敢闚函谷關十五年」條：說者以此語爲從人夸誕之詞。然張儀說楚王云：秦所以不出兵函谷十五年以攻齊趙者，陰謀有吞天下之心。其說趙王，亦云大王收率天下以賓秦，秦兵不敢出函谷關十五年。則當時果有其事矣。蘇秦從約之成，在趙肅侯十八年，又十五歲，則趙武靈王之九年也。是歲張儀始以連衡說魏，此十五歲之中，秦唯出兵攻魏，閒一擊韓，不聞及他國。迨五國擊秦之師不勝（在趙武靈王八年。）而後張儀得以說破之，則合從不爲無功矣。謂蘇秦去趙，而從約皆解，亦未盡然。

對於極易引起誤會而似重複的文字，雖經後人妄改，大昕亦能糾其非。考異卷廿五南齊書「於是爲南蘭陵蘭陵人」條：

此重言蘭陵者，郡縣兼舉也。呂安國廣陵廣陵人，曹虎下邳下邳人，周盤龍北蘭陵蘭陵人，蕭景先、蕭諶、蕭坦之、蕭惠基皆南蘭陵蘭陵人……皆兼書郡縣之例。監本少蘭陵二字，蓋刊書者妄去之。

六朝習用話，多有費解之處。他也常予以解釋。譬如晉人呼其子爲「晚生」；好用「契闊」二字入語；呼父爲「耶」之類（參考異卷廿一晉書東海王沖傳、卷廿四宋書劉穆之傳及王景文傳）。六朝人習用語又有兼含數義的，如「門生」一詞：

考異卷廿四宋書王弘傳條：按靈運傳，遷相國從事中郎世子左衛率，坐輒殺門生免官……。六朝人所謂門生，即僮僕之屬，然徐湛之傳：門生千餘人，皆三吳富人子，姿質端研，衣服鮮麗，每出入行遊，塗巷盈滿，泥雨日，悉以後車載之……則門生與僮奴亦自有別。南史……王思遠傳：內外要職，竝用門生。陸慧曉傳：王晏選門生補內外要局。是門生亦有入官之路，高於僮僕一等也。

9 校正史以外的典籍

考異卷卅二周書庾信傳「鎮北之負譽矜前，風飈懍然」條，大昕案云：

注庾集者，皆以鎮北爲邵陵王綸，非也。以梁史考之，當指鄱陽王範而言。範嘗爲鎮北將軍，以合州刺史鎮合肥，屢啓言侯景姦謀，爲朱异所抑；及景圍京邑，範遣世子嗣入援……。

這是糾正注庾子山集者之誤（並參潛研堂集卷卅一跋庾子山集）。又嘗指出通鑑錯謬之處，考異卷四十北史文宣諸子傳范陽王紹義「遂即皇帝位，稱武平元年」條：

元年當作九年。蓋後主以武平八年失國，紹義逃奔突厥，至次年，因高寶寧上表勸進，乃稱帝，仍用武平之號，不自改元也。通鑑書此事於前一年，乃云改元武平，殊失其實。然因此知北宋本已誤九爲元，而温公亦未能校正。

此外，則更時常指汲古閣本之誤，除前已畧及者外，再畧舉數條如下：

考異卷廿五南齊書柳世隆傳「輔國將軍驍騎將軍蕭諱」條：汲古閣本注鸞字。今以宋書沈攸之傳考之，乃蕭順之，非齊明帝也。順之，梁武之父，故諱其名。

可見毛晉刋行汲古閣本南齊書時，已曾加以校勘，但仍不免錯誤。今讀廿二史考異，大昕實不失爲毛氏的諍友。又同上徐孝嗣傳「竝爲太子劭所殺」條：

汲古閣本無『太』字。注云：宋本作太祖。余謂：太祖乃太初之譌。元凶僭號，改元太初。史敍元凶朝事，多稱太初。王僧虔傳云：兄僧綽，爲太初所害。與此文同。刋本譌爲太祖，後人以意改爲太子劭耳。

毛氏汲古閣，只是文字上某本作某的校勘，錢氏考異是考據性的學者的校勘。孰優孰劣，實無庸比較。大昕校出汲古閣本其他瑣細的、文字上的顯著錯誤，這裏不盡舉，現僅舉其較大的錯漏之處：

考異卷卅一北齊書李繪傳「未幾遂通急就章」條：汲古閣本脫去三百餘字，誤以高隆之傳文儳入。又文宣紀末亦脫去一葉，詞意不屬，當從監本。

不過，大昕也並不完全抹剎汲古閣本的好處，在目錄的排列及正傳附傳用字體的大小或注等處，汲古閣本都有勝於其他刋本之處（參考異卷六一五代史目錄諸錄）。

10 校資料來源、重複及當省而不省者

大昕校資料的來源，前面已畧涉及的如晉書好采小說家言和世說新語的記載（參考異卷廿一）；此外如南史多采雜書，二說異同亦兼采之（考異卷卅六、卅七）；遼史翻譯文字互異的很多，係由於雜采它書之故（考異卷八三）等處，都是憑着他的博識而指出各史資料來源的。

歐陽修文，人多稱其洗煉，大昕以爲他有不少地方都很繁冗。考異卷四十二唐書僖宗紀條，說：

> 予案，新史本紀以簡要勝。獨僖昭二篇，繁冗重複……今約其事類可省者數端。蓋以黃巢草竊以後，豪雄蠭起，逐主將而並其軍，殺長吏而佩其印……或據一州，或殺一將，鼠竊狗偷，曾何足算，而紀必一一書之……此可省者一也。方鎭交爭，日尋干戈，疆埸之地，一彼一此，或叛而復降，或失而又得，苟於大局無損，自可置之不論……此可省者二也。河北諸鎭，自相承襲，例書於本紀……光啓以後……强藩專命、即一州刺史，亦皆私相授受。方鎭既例所宜書，刺史自可從畧……此可省者三也。鹿晏弘、張瓌……之流，或起偏裨，或由羣盜以攘竊而有其地……無節義足錄，此死之輕於鴻毛者……此可省者四也。强藩擅命，各樹私人，背舊歸新，例皆書叛，平心以揣，實多寃抑……建汀之附王潮閩……惟强是從，初非得已……一人而再書叛，要皆無足重輕，徒費筆墨，此可省者五也。

又卷六二五代史梁家人傳，大昕又說：「歐史本以簡勝，今即此篇論之，其重複可省者，正復不少。」校五代史司天考時又謂：「歐公於推步一家，本末究心……遂致有不應刪而刪者。」（考異卷六五）這都是針對歐公二史而發。

正因修史者大都不能兼長官制輿地天文曆算諸事，加以官修史書成於衆手，故此處已錄而彼處又載的文字重複者，以及應增而未增應刪而未刪甚或矛盾的地方，所在多有。廿二史考異對於這些，差不多全都校勘出來了。大昕校北史周本紀時說：「南北史刪改（簡誥等文）入書，凡詔牋賦頌之類，多所芟落。然尚有當刪而不刪者。如顧歡袁粲佛老之辯……蘇綽之大誥，皆是也。」（考異卷三八）

舊唐書自然也有重複可刪之處。如王方慶傳載「駮辟閭仁諝告朔之議」，已詳禮志，而此傳復敍其事幾五百言（參考異卷五九）。

宋史金史冗蔓無法的更多（考異卷七八宋史司馬光傳、陶節夫傳，卷八四金史海陵紀及五八后妃傳），有些是承用誌狀的文字未及刊削，有些則本紀、志與列傳相互重複。

11 校錯誤的俗字

史書展轉傳鈔刊刻，容易把古字誤寫爲俗字。如史記秦本紀有「摶心揖志句」。摶是專一的意思，當作「嫥」（說文：嫥，壹也。）俗本摶作搏，更是錯上錯（參考異卷一）。又漢書食貨志有「煣木爲耒」句，宋祁以爲『煣』當作『揉』，這是錯的，其實『煣』才是正字（參異卷七）。史記和漢書多古字，但後人多誤以俗爲正，故大昕在這方面尤其留意。

考異卷四十北史文苑「河東柳誓」條：誓當作譬。讀如辯論之辯，此六朝俗字，所謂巧言爲辯也。隋書作謵，唐人石刻亦多作謵字。

又卷五三唐書牛仙客傳「朕且用康謵」條：謵當作譬，讀爲辯，隋唐以前俗字，所謂巧言爲辯也。

只一譬字他也不惜一再辨白，蓋有感於六朝時多俗字之故（這大抵又因六朝人多習草書之故，參養新錄卷一陸氏釋文誶訊不辨條）。其他如考異卷卅六南史王藻傳條：

字之俗者如籥為鑷齊鬱林王紀，范蔚忠隱逸傳。盤為柈劉穆之傳。吝為悋何敬容等傳。樵為蕉朱百年傳。熏為燻侯景傳。是也。

又卷四十北史文苑李文博傳條：侻即脫之俗字。北史多俗字，考為拷尉古眞，段孝言，李惠等傳。聽為廳楊津傳。算為筭慕容紹宗傳。稱為秤王羆傳。名腹為肚熊安生傳。呼爾為你李幼廉、許善心、李密等傳。其他不細舉。

12 校出牴牾或不詳其義的問題

列傳與紀傳牴牾的，如後漢書郡國志說汝南郡領三十七城，應奉傳又說四十二，志與傳各異：又如晉書石苞傳說他卒於泰始八年，而本紀則說在九年二月，列傳與本紀各異。此類各有說法的事實，大昕都把它們校出來，都坦率的說明不能判斷誰是誰非（考異卷十一，廿一），絕不肯强不知以為知。但他的這種校勘，和一般只校出二者以上的版本之不同而不下判斷者，也有所不同。例如考異卷十八晉書惠帝紀永平三年十月太原王泓薨條：

按太原王輔傳：子宏立。元康中，為散騎常侍，後徙封中邱王，三年薨。以紀證之，則太原未有徙封之事，而名亦互異。此必有一誤矣。高密王泰傳：封隴西王，改封高密。而惠帝紀：元康九年，仍書隴西王泰薨。亦紀傳牴牾之證。

史書有難以理解不詳其義的，大昕照樣校出，而亦有參考的價值。如宋書謝靈運傳有「兩智通沼」句，他說：

「習字不見字書，訪之通人亦無知者。」（考異卷廿四）經他校出後，最少使我們對這問題加深印象。又考異卷十七三國吳志蔣欽傳「以經拘昭陽爲奉邑」條：

案，吳諸將食邑，如孫皎賜沙羨、雲杜……爲奉邑。孫韶食曲阿、丹徒二縣，呂蒙食下雋、劉陽……爲奉邑……懷安、寧國之類，皆縣名也。經拘昭陽，漢時無此縣名。宋志：邵陵郡有邵陽縣，吳立曰昭陽。即欽所食邑矣。經拘未詳。

遇有疑問難索解的地方，他必盡力考究，但仍有不少問題並非急驟之間所能解決的。

四、錢竹汀的著作和校勘

錢竹汀從校勘走上考據的道路，或者說他的校勘其實就等於考據，似爲無可致疑的事實。錢氏完成廿二史考異之後，有通鑑注辨證、疑年錄、補元史藝文志、補元史氏族表，十駕齋養新錄等書，可以說這都是校勘考史的餘事。通鑑注辨證前已畧及，十駕齋養新錄中不少文字其實都脫胎於廿二史考異——特別是有關史部的文字。疑年錄及補元史藝文志氏族表，錢慶曾校注竹汀自編年譜時也說：「是編（疑年錄）大抵取古今文人之有功經史者錄之……此考史之餘事，所以志景行也。」又說：「公少讀諸史，見元史陋畧……又以元人氏族最難考索，創爲一表（指補元史氏族表）；而後人所撰三史（遼金元）藝文，亦多未盡，更搜輯補綴之……。」最見得這類著作都是廿二史考異的餘緒或分枝。

大昕的校勘，固多精確之論。後人亦常加推許。他在廿二史考異中曾說宋書獨少帝紀無史臣論，可見少帝紀非沈休文（約）的原稿，蓋此篇久亡，後人雜采以補之云云。（參考異卷二三）。近人張元濟校史隨筆宋書「少帝紀史臣論猶有遺文」條。就說他所見的宋本宋書，卷末有「則創業之君自天所啓守文之其難乎哉」數語，並證宋書別的地方亦有採南史之文「强爲湊合，痕迹甚顯」之處，因此深信錢氏之說。其他如景祐本漢書「錢大昕考異可信」條，陳書「錢氏考異可信」條，五代史記「錢大昕考異所指此不誤」諸條，均足證大昕校勘之精確。

雖然如此，他的校勘仍有商榷的地方。張氏校史隨筆亦已指出不少「微有誤」的地方。施之勉漢書補注辨證卷三藝文志「別字十三篇條」條：

錢大昕曰：即揚雄所撰方言十三卷也。本名輶軒使者絕代語釋別國方言。或稱別字，或稱方言，皆省文（綿案：見三史拾遺卷三）顧炎武曰：漢書儒林傳：讖書非聖人所作，其中多近鄙別字。近鄙者，猶今俗用之字。別字者，本當爲此字，而誤爲彼字也。今人謂之白字，乃別字之音轉。姚振宗曰：按別字之體，要以亭林氏所言，爲得其實；錢氏以爲即是方言，非也。

施氏糾錢氏之非，全取姚振宗「漢書藝文志條理」的話。又同上卷二百官公卿表上「給事中，亦加官，所加或大夫博士議郎」條：

錢大昕曰：劉更生以宗正給事中（綿案：見三史拾遺卷二）。

按錢說非也。蕭望之傳：散騎諫大夫劉更生給事中。

又，議久不定，出劉更生爲宗正。胡三省曰：散騎給侍中，中朝官也；宗正，外朝官也。故云出。是劉更生以諫大夫給事中，而非以宗正給事中矣。劉向傳：蕭望之周堪薦更生，擢爲散騎宗正給事中。佞幸傳：前將軍蕭望之，及光祿大夫周堪，宗正劉更生，皆給事中。此皆是混言之，不可據。

漢書補注辨證此外如卷二「新山侯稱忠，以捕得反者樊並侯，（永始四年）十一月巳酉封」條，駁大昕說之非（綿案：大昕此條亦見三史拾遺卷二）；又卷三「先是文惠王初都咸陽」條：（綿案：大昕說見考異卷七）更駁大昕之說爲誤中之誤。筆者學識翦陋，於大昕廿二史考異，亦覺他校勘文字有時確亦難免錯謬。如考異卷四十北史慕容紹宗傳「吾自數年以還，恆有蒜髮」條，大昕說：「蒜不成字，當作蒜。」其實很普通的字書亦有「蒜」字，「蒜」是蒜的俗字而已。又卷五八舊唐書經籍志「長春秋義記一百卷，梁簡文撰」條，大昕說「春字衍」。其實衍字當是「秋」，不是「春」。檢隋書經籍志、新唐書藝文志及舊唐書經籍志校勘記（羅士琳陳立劉文淇劉毓崧撰）可證。再如他校勘宋史藝文志時，一再指出經典釋文見經解類又見小學類，並分見易類、書類、春秋類、禮類、論語類；鄭樵通志已見別史類，而六書畧又入小學類。力指宋史藝文志一書而兩三見或前後重出之非（參考異卷七三），其實這正是著錄家常用的「互著例」和「別裁例」，和他同時代的章學誠極力主張著錄典籍應採此法，大昕則非之。無怪他並不欣賞章學誠了。

附：錢竹汀編著的書的目錄

甲、經部：

1經典文字考異三卷　嘉定錢侗參訂，傳鈔本。

見孫殿起販書偶記（一九五九年上海中華書局本）頁七五。又清朝續文獻通考卷二六〇，但僅有一卷。又鄧實輯古學彙刊第二集：三卷。

2聲類四卷　道光五年受業汪恩刊　道光己酉江寧陳士安重刊。販書偶記頁九九，清續通考卷二六〇。

3錢竹汀手校舊鈔本鄭氏遺書（無卷數）。見潘景鄭著硯樓書跋，頁九。

4音韻問答一卷。清續文獻通考卷二六〇。

5緯書輯存二冊，無卷數、鈔本。大昕與大昭合輯。見增訂四庫簡明目錄標注（一九五九年上海中華書局本）頁一三六。

6鳳墅殘帖釋文二卷。貸園叢書初集。潛研堂文集卷卅二有「跋鳳墅法帖」三則。

7天一閣碑目二卷。錢辛楣年譜（商務本十駕齋養新錄附錄）頁四一。

8竹汀手稿墨蹟。近人陳垣先生收藏最富。一九六三年陳氏有「錢竹汀手簡十五函考釋」，附刊竹汀的手稿墨蹟。（「文

物」，一九六三年第五期，總一五一號，北京文物出版社）

乙、史部：

1三史拾遺五卷　嘉慶十一年刊（史記兩漢）光緒辛卯廣雅書局刊。又商務本。

2補元史藝文志四卷　嘉慶丙寅吳縣黃丕烈校刊。此本後入潛研堂集。並見販書偶記頁一〇九。

3補元史氏族表　同右。

4宋遼金元四史朔閏考二卷　大昕姪錢侗增補。嘉慶廿五年揚州阮福刊。

又清續通考卷二六一亦列本書，而誤以爲大昭撰，云：「大昭是書未蒇厥事，爲錢侗續成。侗字同人，大昕弟子，亦長於史學者也。」

5廿二史考異一百卷，乾隆庚子潛研堂錢氏刊。通行者爲商務本。

清續通考卷二六一云：「是書詳論四分三統以來諸家術敎，精確不刊。當是時如畢沅、阮元，咸有記撰，而大昕熟於歷代官制損益地理沿革，以及遼金國語，蒙古世系，故其考據精審，非他人所及云。」後來，洪頤孫有「諸史考異」，便是受竹汀的影響而續作的。頤宣自序其書云：「國史成於衆手，其譌舛固所不免，厥後篇帙浩繁，校勘匪易，輾轉改變，譌謬滋多。嘉定錢氏大昕撰廿二史考異，參互考校。精審不苟。余向留心史記兩漢三史，間有所見，已載入讀書脞錄中。戊子冬杪，自粵歸里，寒廬多暇，復取三國志以迄南北史，條其異同，辨其得失，成諸史考異十八卷，撲塵掃葉，聊補錢氏之闕。海內倘有好學深思之士，薈萃羣本，擇善而從，刊一定本，斯亦不朽之盛業也。」

6 諸史拾遺五卷　嘉慶十一年刊。又商務本。

7 疑年錄四卷續四卷　「續四卷」爲海鹽吳修撰，嘉慶戊寅自刊。

8 三統曆術四卷。　光緒十年長沙龍氏家塾刊本。

見辛楣年譜頁二二，廿七歲條。錢慶曾撰竹汀年譜續編云：「三統術衍（書名畧有不同）等書，久已刊行傳世。」潛研堂叢書有「三統術衍」三卷，鈐一卷（阮元刊）。

9 金石文跋尾六卷續七卷又續六卷。

錢氏刊本，見增訂四庫簡目標注頁三六五。又見年譜頁三二，四二（四十四及六十一歲條）。

10 家藏金石刻目錄八卷。

見年譜頁三八，五十五歲條。即金石後錄，增訂四庫簡目標注頁三六五有「潛研堂金石文字目錄八卷」（嘉慶十年瞿中溶刊本），疑即此書。

11 生平所見碑刻二卷。

年譜頁三九，五十七歲條。

12 通鑑注辨證二卷

年譜頁四一，五十九歲條。增訂四庫簡目標注（頁二三一）云：「錢大昕有（通鑑）辨誤四卷。」書名卷數與年譜所載均不同。

13 元史稿殘本二十八巨冊。

錢竹汀手稿本。島田翰古文舊書考訪餘錄云：「元史稿竹汀畢世精力所著。元元本本，可稱一代之信史，所謂文減於前，事倍之者。竹汀身後，外間傳本稀少，其存其佚，蓋如在如亡。全書百卷，蓋缺卷首至卷二十五。」又錢慶曾校訂竹汀自編年譜注云：「公少讀諸史，見元史陋畧謬盭，欲重纂一書。又以元人氏族最難考索，創爲一表（補元史氏族表），而後人所撰三史（遼金元）藝文，亦多未盡，更搜輯補綴之。其餘紀傳志表，多已脫稿，惜未編定……。」（六十四歲條）　又據潛研堂詩集卷六有「過許州追悼亡友周西隒刺史」詩四首，其三云：「讀史縱横貫弗功，眼光如月破羣蒙；和林舊事編成後，更與何人質異同。」炳綿案：所謂「和林舊事編成後」，就是指「元史」編成後，已沒有人可商討。和林是「喀喇和林」的簡稱，喀喇和林爲元代舊都。此詩又有竹汀自注說：「予近改修舊史」。（詩集，商務本，頁九二）然則竹汀編元史時常和周西隒商討，於此可見。又據本詩第一首自注，則大昕改修之史在乾隆廿四年以後的數年間。

又劉聲木「萇楚齋續筆」卷四（民國四十九年世界書局影印直介堂叢刊本）「毛嶽生元史稿」條：

姚椿晚學齋文集中毛生甫墓誌銘言：生甫嘗病元史冗漏，見錢詹事大昕所爲殘稿，因加補輯纂錄異冊數十種。未已，奔走道路，年又限之，卒未克底於成云云。吳縣沈恩孚元書后妃公主列傳後跋云：此書舊附休復居文集，後爲嘉定黃氏西溪草廬刊本。元和陳梁叔跋云：先生撰元書雖未竟，按與李申耆書中明言諸表皆定，又言成考辨數卷，其書尚存於家。僅以所見后妃公主二傳附文集後云云。其後元史改正之稿，先入蔣溥徐氏，繼歸永康應氏。同治初，予外舅楊月如先生曾親見於懷寧汪氏寓所，蓋應氏弗之寶，由書賈挾出傳假者，恐此數十年中亦在藘落之數。先生家蓄元代書甚夥，其所考辨，或當別有發明，而手定諸表，隱於萬氏歷代史表外踵增一席，度爲厭心之作無疑，顧不獲並永其傳，滋可慨耳。今其詩文已不多見，予所藏者非足本，而此二傳幸完好，爰錄出編入叢書云云。

聲木謹案：自道咸以來，錢曉徵宮詹大昕、張石舟明經穆、何願船比部秋濤……喜研遼金元三史及西北輿地……各有撰述，傳爲一時風會所趨，遂成專門絕學。生甫都尉生逢其時，詩文皆冠絕一時，毅然以重修元史爲己任，幾底於成。據沈氏（沈恩孚）所云，原本已在藘落之間爲可惜耳。

14 洪文惠公（适）年譜一卷　李賡芸刋，潛研堂叢書本。光緒十年長沙龍氏家塾刋本。

15 洪文敏公（邁）年譜一卷　同右。並參年譜五十九歲條錢慶曾附注。

16 陸放翁年譜一卷　同右。

17 深寧先生（王應麟）年譜一卷　同右。

18 弇州山人（王世貞）年譜一卷　同右。

19 竹汀居士自編年譜（不分卷）　止於六十五歲（通行者爲商務排印本）。

20 補唐五代宋學士年表　見年譜頁五三，七十七歲條。

21 南北史雋一冊　見年譜頁十八，十九歲條。

22 鄞縣志三十卷　見年譜頁四十一，六十歲條。

23 唐書史臣表一卷　蕭一山清代通史冊二，頁六二三。

24宋中興學士年表一卷　同右。

25吳興舊德錄四卷　同右。

26吳興先德錄四卷　同右。

丙、子部，雜考、雜說之屬：

1十駕齋養新錄二十卷餘錄三卷　嘉慶九年甲子至十一年丙午刊。　又商務本。

2恆言錄六卷　嘉慶十年揚州阮常生刊。清續通考二六九有「邇言六卷」，疑即此書。又商務本。

3竹汀日記鈔三卷　錢塘何元錫編，嘉慶十年刊。　清續通考二六九記此書云：「卷一記所見古書，多黃丕烈百宋一廛物；卷二記所見金石，皆零星小品，見於潛研堂金石跋者甚少；卷三策問，疑主講蘇州紫陽書院課士所擬作。門人何元錫編刻，非大昕手訂本也。」

又據清代通史卷中頁六二四有「竹汀日記六十卷」。

4潛研堂答問十二卷。　見商務本潛研堂集內。

5風俗通義逸文（無卷數）　刻入盧文弨羣書拾補中，參年譜頁四三，六十二歲條。　又增訂四庫簡目標注頁一三六有「風俗通義逸文七卷」，說：「錢大昕等輯，繆荃孫補輯。稿本藏李氏木犀軒。潛研堂全書刊錢輯本。」

6使浙日記　見年譜頁二九，三十八歲條。

丁、集部：

1潛研堂文集五十卷詩集二十卷續集八卷　嘉慶丙寅刊本（見販書偶記）。　今商務本詩續集十卷，較孫殿起所見多二卷。

2元詩紀事（無卷數）　年譜六十四歲條錢慶曾注云：「有元詩紀事若干卷，以稿屬從祖同人（錢侗）及陶鳧香兩先生編次成書。」

戊、竹汀曾參加編纂或商訂的著作：

1續資治通鑑　參年譜頁四九，七十歲條。

2五禮通考　參年譜二十七歲條，頁二七。

3四庫全書　四庫書目曾採大昕之說，見養新錄（頁三四三）曝書亭集條。

4地球圖說一卷　商務據文選樓叢書排印本，署云：蔣友仁譯，錢大昕修改。　又增訂四庫簡目標注（頁四五五）子部天文算法類著錄本書云：「乾隆初年，欽天監西人蔣友仁呈進地球圖說。太陽居中不動，地球及各曜繞環東行，與近日西人之說同。高宗命閣學何國宗與少詹錢大昕繙譯潤色。元和李銳補圖，阮文達公付刊。」

又何元錫編竹汀日記鈔卷一：「李尚之（銳）借去……西洋人蔣友仁地球圖說草稿，予（大昕自稱）官翰林時所譯潤也。」

5續文獻通考　參年譜頁二五，三十三歲條。

6大淸一統志　參年譜四十四歲條。

7 熱河志八十卷　參年譜二十九歲條。
8 校永樂大典　參年譜四十六歲條。
9 長興縣志　與大昭同修。參年譜七十四歲條。　又參陳垣「錢竹汀手簡十五函考釋」之第十四函。
10 音韻述微　參年譜頁二八，三十六歲條。
11 續通典、皇朝通典　參年譜四十五歲條。
12 續通志、皇朝通志　同右。
13 新唐書糾謬校錄及疏證　參年譜四十七歲條。
14 乾隆二十八年起居注　潛研堂詩集卷七有詩記其事（商務本頁一一四）。

下　錢竹汀與藏書家

一　錢氏兼人之學的基礎

錢大昕研精經史、音韻、訓詁、地理、氏族、金石，以至古人爵里事實年齒算術，及歐羅巴測量弧三角諸法。江藩說他「不專治一經，而無經不通；不專攻一藝，而無藝不精。」他的治學主旨在爲「通儒」，欲爲「兼人之學」。他曾爲甌北集作序，說：「夫唯有絕人之才，有過人之趣，有兼人之學，乃能兼有古人之長，而不襲古人之貌，然後可以卓然自成爲一大家。」（潛研堂文集卷廿六）大昕資質過人，故興趣亦廣泛。幼慧，善讀書，有神童之目。未弱冠，考據已有與前輩暗合的。廿六歲時習算術，得宣城梅氏（文鼎）書讀之，寢食俱廢，因讀歷代史志，從容布算，得古今推步之理。又好購書及收藏金石文字，三十歲已得漢唐石刻二三百種，晨夕校勘，證以史事（參年譜）。

我們只要披閱一下潛研堂文集中的序文和題跋，便可知大昕對當代已故的藏書家相當的留意與景仰。他跋江雨軒集說：

崑山葉文莊公，藏書之富，甲於海內，服官數十年，未嘗一日輟書。雖持節邊徼，必攜鈔胥自隨。每鈔一書成，輒用官印識於卷端，其風流好事如此。今惟菉竹堂書目，尚有鈔本流傳，而堂中圖籍，散爲雲烟久矣。予所藏江雨軒集，卷首有巡撫宣府關防，卷末有公裔孫奕苞小印，知爲菉竹堂鈔本。雖字畫潦草，卻

是三百年前舊物，可寶也。（文集卷卅一，並參卷卅跋水東日記）

又跋元詩前後集（文集卷卅一）：

……（前後集）卷首皆題奎章學士虞集伯生校選，蓋江西書肆人所爲，假道園名以傳……然近世博雅收藏之家，皆未見此書。予於京師琉璃廠書市，以二百錢得之。戲謂家人曰：此宋人之洴澼澼，惡知其不值千金也。

又跋鳳墅法帖（文集卷卅二）第三則：

鳳墅帖廿卷，予所藏南渡名相執政二帖，於第爲十三十四。益都李南澗嘗釋其文，刻之粵東矣。初意世間流傳，當不止此；乃三十年來，偏訪故家藏帖者，皆莫能舉其名。……

可見他對當代藏書家之類的收藏，甚爲瞭解，並有交往。十駕齋養新錄卷六監本廿一史、史記舊本、漢書景祐本，卷十三史記宋元本，卷十九宋槧本諸條，都顯示他對板本認識的深度。原來大昕抱着追求「兼人之學」的目的，非常渴求訪尋宋元舊刻或鈔本等善本書。潛研堂文集卷廿九跋玉峯志，謂「偏覽藏書家自錄」，均未有載此書目錄云云；又如元程文憲公集（程鉅夫：雪樓集），大昕訪之二十年而未獲，其後始得之於西吳書估舟中。諸如之類的尋求書本的熱誠，絕不下於任一藏書家，而竟於錢竹汀身上見之，他能爲「通儒」顯然不是倖致的。

大昕以研精經史文字音韻訓詁地理沿革及官制氏族九章算術顯名，其實他的目錄學也很超卓。只看潛研堂集的跋文，便可知他平日翻閱讀書敏求記、文淵閣書目、道藏目錄、諸史藝文志或經籍志、直齋書錄解題、郡齋讀書志諸書。大昕對漢書藝文志，也頗有可取的見解：

三史拾遺卷三漢書藝文志「春秋古經」十二篇條：「此左氏經也。下云經十一卷，則公穀二家之經也。漢儒傳春秋者，以左氏爲古文，公羊穀梁爲今文，稱古經則共知其爲左氏矣。左氏經傳，本各單行，故別有左氏傳。尚書古文經四十六卷，不注孔氏，而別出經二十九卷。注：大小夏侯二家。與此同。」

潛研堂文集卷七答問四亦提及此事，宜參看：

問：漢書藝文志春秋古經十二篇，經十二卷。經十二卷之下注云：公羊穀梁二家。而古經十二篇，注無明文，所謂古經者，何經也？

曰：按劉歆移太常博士書稱春秋左氏傳，邱明所修，皆古文舊書。許愼說文序云：孔子書六經，左邱明述春秋傳，皆以古文。江式云：北平侯張蒼獻春秋左氏傳，書體與孔氏相類，即前代之古文。然則志所稱古經者，亦必左氏之經也。漢書劉歆傳謂左氏傳多古字古言，今左氏經傳，絕少古字，蓋魏晉以後經師所改，失其眞矣。

和他同時代的王鳴盛，著蛾術編，亦主此說。章宗源撰漢書藝文志條理，於此亦不能贊一詞。又三史拾遺卷三漢書藝文「小雅一篇。宋祁曰：小字下邵本有爾字」條：

李善文選注引小爾雅，皆作小雅。此書依附爾雅而作，本名小雅。後人僞造孔叢，以此篇竄入，因有小爾雅之名，失其舊矣。宋景文所引舊本，亦俗儒增入，不可據。

章宗源漢書藝文志條理引大昕此說並謂：「按小雅錢宮詹以爲後人竄入孔叢子，最爲切理厭心之論。」

自來敍四部源流的都有含混不清之處，如趙翼陔餘叢考敍四部源流殊多謬誤（參余季豫目錄學發微第十篇），惟大昕之說最爲明確。補元史藝文志：

自劉子駿校理祕文，分羣書爲六畧。是時固無四部之名，而史家亦未別爲一類也。晉荀勗撰中經簿，始分甲乙丙丁四部，而子猶先於史。至李充重分四部，五經爲甲部，史記爲乙部，諸子爲丙部，詩賦爲丁部，而經史子集之次始定。厥後王亮、謝朏、任昉、殷鈞撰書目，皆循四部之名。雖王儉阮孝緒析而爲七，祖晅別而爲五，然隋唐以來志經籍藝文者，大率用李充部敍而已。

據十駕齋養新錄卷十四崇文總目、郡齋讀書志以下諸條，亦可畧窺大昕在目錄學上的造詣。如「元藝文志」條說：「予補撰元藝文志……於焦氏經籍志、黃氏千頃堂書目、倪氏補金元藝文、陸氏續經籍考、朱氏經義考，采獲頗多，其中亦多譌踳不可據者。……」可見他對諸家書目都很用力，使他在目錄板本上都有很好的造詣，常常替藏書家們解決不少板本源流眞僞或文字校勘上的問題，凡與他畧有交情的藏書家因而都樂於向他請教。這樣，就更有助於他在博覽上的便利，而擁有很穩固的兼人之學的基礎。

二　實事求是方針的實踐與典籍(上)

戴震論學要「空所依榜」，大昕則要「實事求是」。大昕要爲實事求是之學，其實在他早年便已確定了這一目標。竹汀自編年譜十八歲條（乾隆十年乙丑）：

始授徒塢城顧氏，其家頗藏書，案頭有資治通鑑及不全二十一史，晨夕披覽，始有尚論千古之志。讀東坡戲作賈梁道詩，輒援晉書以糾其失。中年見浙中新刊查注蘇詩（案指查初白補注蘇詩），已先我言之。然居士年未弱冠，考據已有與前輩暗合者矣。

此條下錢慶曾校注云：

謹案：塢城在縣城東南四十里。諸生顧公我𣶏，公亞壻也。是年延館其家。公辨正蘇詩誤以司馬懿爲司馬師，見養新錄卷十六。

他辨正蘇東坡之誤，係因讀晉書而起（參養新錄蘇東坡詩條）；所說「年未弱冠考據已有與前輩暗合」亦指此事。大昕後來撰著廿二史考異和通鑑注辨證，和館於頗富藏書的塢城顧氏家實有很大關係。後來他在潛研堂詩集有「訪顧上舍邨居」五律一首：

五載曾爲客，重來訪舊游；麥青纔覆雉，沙淺不驚鷗。鮭菜參差市，颿檣遠近舟；比鄰如可約，還往儘風流。

再看竹汀自編年譜十九歲（乾隆十一年丙寅）條：

仍授徒顧氏。讀李延壽南北史，鈔撮故事爲南北史雋一冊。

塢城顧氏藏書對他影響之深刻，是無可疑的。

大昕廿五歲入都，開始專研古今推步之理；廿七歲爲秦蕙田修纂五禮通考，識戴東原；卅歲，公事之暇，常入琉璃廠書市，廣購典籍及金石文字，實事求是的方針益確切不移。我們只翻看潛研堂詩集中有關到隆興寺大悲閣或某勝地觀摩石刻或佛石像之類的詩之多，便可見他在書本之外對金石文字興趣的濃厚。他說：「平生最嗜金石刻，鐘鼎欵識窮爬搔」（詩集卷九王彙美家藏古錢歌），又說：「開春欲到琉璃廠，購取奇書滿一囊」（詩集卷十己丑除夕詩）。這都是他實踐「實事求是」方針的最自然的心聲。

當時與他交遊而富藏善本古籍或金石的有下列諸氏。

1 翁方綱、畢沅

翁氏字正三，號覃溪。精心汲古，宏覽多聞，嘗得宋槧蘇詩施顧注本，因以寶蘇名其室（參藏書紀事詩卷五）。潛研堂詩集中頗多和他唱和之作。又詩續集卷一亦有「覃溪購得宋槧施元之注蘇詩屬賦」七言排律一首，畧云：「先生拈我蘇米齋，示校蘇詩嘉泰本……商邱撫吳善價購，朱砂小印孫子貽……先生嗜古如昌歜，一日摩挲百不厭……。」竹汀日記鈔又記載到他們通訊論學的事。顯然，大昕曾參觀過翁氏的書並曾與他論學。此外，他們又都同是很嗜好金石文字的呢。

畢沅（秋帆）極富藏書，藏書紀事詩竟缺載畢沅，殊不可解。劉聲木萇楚齋三筆卷十國朝藏書宏富諸家條：

> 鎮洋畢秋帆尚書沅，身後查鈔；靈巖山館所藏書八十餘萬卷。爲一山西人某某（官衢州府知府），出官價二三萬金購去，凡十舟，載至衢州後，帶回山西。時山陰周梅生銘鼎作幕蘇州，曾親見之，其書每部均有栟木夾板及篋，裝潢極精，而重複之書板本不同，宋元本甚多。前此有一太倉王某爲之司書，惜其目不傳也云云。（語見桐城蕭敬孚明經穆「敬浮雜鈔」）

又云：

江寧胡碧澂巇尹光國「愚園詩話」云：前朝畢秋帆尚書藏書九十五萬卷，可謂極盛矣云云。潛研堂詩續集亦有與畢氏唱和之作。如卷三題畢秋颿中丞靈巖讀書圖：

三間書閣占高寒，香水琴臺秀可餐；
七十二峯青不斷，放它檻外作衙官。
三萬牙籤縱目勞，大敎此地住人間；
碭山莫說峯巒小，不讓終南大華山。

卷四又有「秋颿中丞招遊靈巖山館」詩，文集卷廿八「跋續通鑑長編」亦明言曾向畢沅借閱鈔本續通鑑長編，大昕曾獲睹靈巖山館的藏書，是沒有疑問的。

2 瞿中溶、顧廣圻

瞿中溶，有瞿木夫自訂年譜（嘉業堂刊本），一字安槎，號鏡濤。大昕的女婿，大昕著作的刊行頗得力於瞿氏。萇楚齋續筆卷八瞿中溶撰述條：

嘉定瞿木夫司馬中溶，爲同邑錢曉徵宮詹大昕女夫，學有淵源，兼工行隸花卉草虫，近白陽小竹諸家；篆刻圖章亦頗入古。收藏周秦彝器漢晉瓦甎，摩挲考訂，孜孜忘倦。所居有銅像書屋、古泉山館、吉羊鐙室、綠鏡軒、富貴長樂之舫，皆以所藏名之。撰著三十餘種，各有專書詩文，亦有專集。惜遭粵匪之亂，多半散佚……。

竹汀自編年譜曾記載和瞿氏同往參觀「道藏」於元妙觀（乾隆五十九年）。又，竹汀日記鈔所載皆乾隆五十三年以後迄大昕卒年的事，瞿氏與大昕通假古籍及金石事亦屢道及，玆畧舉如左：

鏡濤以明萬曆八年大統曆殘本出示……。

鏡濤處觀日本國人所刊合類節用集大全乙本……。

鏡濤以所得牙印一方出示……。

鏡濤於光福寺中得唐尊勝陁羅尼幢二……。

鏡濤得光和六年題名二紙，字體在隸楷之間……。

鏡濤來，以石刻孝經見示……。

瞿氏收藏甚富，除此處所記外，潛研堂集卷卅二跋黃陶庵札又曾說：「予壻瞿安槎，好藏前賢手跡」；獨怪藏書紀事詩竟缺而不載。

顧廣圻，字千里，號澗薲，又號思適居士，爲大昕弟子（據年譜，又有「與顧千里論平宋錄書」）；喜校書，皆有依據無鑿空，時人如黃蕘圃、胡果泉、秦敦夫、吳山尊皆推重之，延之刻書（參藏書紀事詩卷六）。千里從兄顧抱冲與大昕甚友善，竹汀日記亦有記述與顧千里借閱善本書事。

3 李銳、李文藻

李銳，字尚之，亦大昕弟子。與大昕論學外，常互相通假天文曆算的書籍。竹汀日記鈔：

李尚之以回回曆三冊見示……舊鈔本也。

李尚之來談。借得測圓海鏡十二卷……。

李尙之來，示秦九韶數學九章……。

李尙之得甌邏巴西鏡錄鈔本，中有鼎按數條，蓋梅勿菴手跡也。

李尙之借去王寅旭先生遺書一本；及西洋人蔣友仁地球圖說草稿，予官翰林時所譯潤也。

李文藻，字素伯，一字茝畹，晚又號南澗。交滿天下，獨喜與竹汀往來，執弟子禮甚恭。南澗文集有琉璃廠書肆記，自謂好入琉璃廠觀書（參藏書紀事詩卷五）。大昕撰李南澗墓誌銘說：「性好聚書，每入肆見異書，輒典衣取債致之。又從友朋借鈔，藏弆數萬卷，皆手自讎校。無輓近俚俗之本，於金石刻搜羅尤富，所過學宮寺觀，巖洞崖壁，必停驂周覽。」最有關係的是，他和大昕通假甚頻繁，大昕自言其事：

> 在京都日相過從，其歸里也，每越月逾時，手書必至。得古書碑刻，或訪一奇士，必以告。及出宰劇縣，在七千里之外……而書問未嘗輟。（潛研堂文集卷四三李南澗墓誌銘）

例如李氏鈔得「石刻鋪敍」，大昕即假歸手鈔而藏之（文集卷卅跋石刻鋪敍）。大昕又說：「予好聚書，而南澗鈔書之多過於予；予好金石，而南澗訪碑之勤過於予；予好友朋，而南澗氣誼之篤過於予……。」（文集卷廿六李南澗詩集序）可見他很受大昕影響，而且確也有相當的成就。

4 王昶、馮集梧

王昶，字德甫，號述庵，一字蘭泉，又字琴德。藏書二萬卷，金石文字一千通（參藏書紀事詩）。大昕年十七便與王氏定交。大昕曾見黃蕘圃所藏宋小字本說文解字，聞王氏亦藏宋本說文，遂借取以校勘（竹汀日記）。潛研堂文集卷廿三述庵先生七十壽序：

大昕從公游最久，始同學，繼同舉進士，又同官於朝，嗜好亦畧相同……（述庵）重名義而輕勢利……家無長物……家居搬立祠宇，儲書籍，延師以課族人……。

同上書卷四十一王（昶）公神道碑又云：

大昕弱冠，即從當代賢士大夫游，竊取其緒論，得粗知古人立言之旨，其交最久而莫逆於心者，則今大理寺卿王公昶也。所居相距不百里……。公卒於乾隆九年八月廿二日。

可見二人交情之深厚。

馮集梧，字軒圃，號鷺庭；爲馮應榴（星實）之弟。多藏書而精校勘。馮星實亦多善本，沈酣於東坡詩，曾得宋槧五百家注及元槧百家注舊本，參以施注殘本，稽其同異而辨正之（以上參藏書紀事詩）。大昕亦曾和他商討有關注釋蘇文忠公詩的問題（潛研堂文集卷卅六與馮星實鴻臚書）。馮氏兄弟均好詩，集梧有杜樊川詩注。竹汀日記鈔云：

馮鷺庭過談，以宋牧仲詩稿五冊見示。阮亭、竹垞、青門三人評閱。

可見馮集梧有時亦親自携善本書就教於大昕。

5 吳槎客、鮑以文

吳騫，字槎客，一字葵里，號兎床，篤嗜典籍，遇善本不惜傾囊購之，所得不下五萬卷，築拜經樓藏之。晨夕坐樓中，展誦摩挲，非同志不能登。大昕和他交情甚篤，潛研堂詩集卷十有「吳槎客七十」七律一首：

七十顏猶少壯如，松身鶴骨最淸疏；

手摹離墨前朝字，家有淳熙善本書。
曹憲壽應愈百歲，蘇公味只戀三餘；
海山咫尺庭前列，試辨長籌幾屋儲。

吳氏拜經樓詩集卷六亦有詠錢宮詹詩一首，讚美大昕讀書的勤奮，好古的深邃；此外又有游滄浪亭寄呈錢竹汀先生等詩。竹汀日記鈔所載二氏書籍通假的事計有：

海寧吳槎客以元中統二年刻史記索隱本見示……又不全宋板漢書大字本，僅十四卷……。

二氏不獨通假書籍，有時並論及校勘。如竹汀日記鈔云：「得吳查客札，寄列女傳跋一篇。據藝文類聚御覽諸書，謂當有嫫母傳。」有時吳氏又以有關金石的文章向大昕請教（亦見竹汀日記鈔）。他們就是藉着互相論學，通假書籍，而走向「實事求是」之路的。

鮑廷博，字以文，號淥飲，又號通介叟；嘗爲「夕陽詩」盛傳於時，人呼爲鮑夕陽。世爲歙人，父思詡，性嗜讀書，以文乃力購前人書以爲歡，既久而所得書益多且精，遂裒然爲大藏書家。嘗刻知不足齋叢書廿七集。子名士恭，字志祖；孫二人，長曰正言，次曰正字（參藏書紀事詩）。

鮑氏曾以熊氏後漢書年表託大昕代爲讐校，以便刻印行世（潛研堂文集卷廿四）；但大昕和他的交情似不如吳槎客。

6 嚴長明、黃椒升

嚴長明，字冬友，號道甫。潛研堂文集卷卅七內閣侍讀嚴道甫傳說：

歷充通鑑輯覽、一統志、熱河志纂修官。長明於蒙古托忒唐古特文字，一見便能通曉，嘗奉命直經咒館，更正翻譯名義、蒙古源流諸書……築室三楹，顏曰歸求草堂，藏書三萬卷，金石文字三千卷……余與侍讀交廿餘年，聽其議論，經緯今古，混混不竭，可謂閎覽博物文學之宗矣。

大昕亦曾參加纂修一統志熱河志諸書（據竹汀自編年譜），可見二人又曾同事編纂之職，嗜好亦相近。嚴氏有子名子進，亦嗜金石文字。竹汀日記鈔云：

嚴子進送雲巖山盈豐莊廟宋碑一通。乃景定四年三月封劉錡爲楊咸侯天曹猛將之神敕也。石刻太平興國宮，宮譌作定，驗爲後人翻刻。

可見嚴氏父子和大昕均有交往。

黃錫蕃，字椒升，嘉興人。酷嗜古印，有續古印式一卷。從潛研老人遊，每至必携善本書或古印相質（參藏書紀事詩）。竹汀日記鈔：

黃椒升以晉率善倓伯長印見示。不知倓字何義，予據後漢書板楯蠻傳，定爲蠻部落之號。

後來大昕在十駕齋養新錄卷十五又提及此事，指出章懷注後漢書之誤，益見大昕實事求是的考據精神：

海鹽黃錫蕃椒升，得古銅印，駝紐。文曰『晉率善倓伯長』，訪諸摹印家，莫知『倓』爲何義。昨訪予吳門，以此印出示。予謂『倓』必爲南蠻部族之稱。考後漢書板楯蠻傳：殺人者得以倓錢贖之。章懷注引何承天纂文云：倓，蠻夷贖罪貨也。予謂錢已是貨，何必更言倓。據下文云：七姓不輸租賦，餘戶歲入賨錢口四十。則賨與倓皆蠻部落之號，徵賨錢以代租賦，徵倓錢以贖罪，其義一也。章懷以倓爲贖貨之名，蓋失其旨。得此印證之，益明白矣。

7 王鳴盛、王鳴韶

王鳴盛字鳳喈，一字禮堂，學者稱西莊先生，後更號西沚。弟鳴韶，字鶚起，號鶴谿子。他們的父親王爾達，號虛亭，是大昕的岳父。文集卷四十八西沚（王鳴盛）墓誌銘：

> 予與西沚總角交，予妻又其女弟，幼同學，長同官……（鳴盛）性儉素，無玩好之儲，無聲色之奉。宴坐一室，左右圖書，咿唔如寒士……撰十七史商榷百卷，主於校勘本文，補正譌脫，審事蹟之虛實，辨紀傳之異同，於輿地職官，典章名物，每致詳焉。……又撰蛾術編百卷……。

王氏十七史商榷和大昕廿二史考異，性質頗相似。獨怪大昕考異曾引諸家之說而竟隻字不及王鳴盛；而王氏商榷亦罕有提及大昕。大抵二氏論學或平日言談間頗有牴牾之故，蓋大昕字裏行間亦似有此意：

> 西莊之名滿海內，頃歲忽更號西沚。予愕然諷使易之。不肯。私謂兒輩曰：沚者，止也，汝舅其不久乎？（錢大昕撰西沚墓誌銘）

> 及予作就壻，晨夕與偕。歲時，中外姻婭聚會諧謔，予或稍屈，鶴谿子（王鳴韶）必助予搘拄之。（鶴谿子墓誌銘）

大昕是因家貧而入贅王家的（參文集卷五十亡妻王恭人行述）；或因此稍受少數人白眼，唯王鳴韶待他較好。但他們相敍的時日長，互有影響是必然的。大昕和西莊也有互相通假善本書籍的事（見後，朱奐條）。

又，潛研堂文集卷四十八鶴谿子墓誌銘：

鶴谿子少予四歲……性落拓，澹于榮利，而好爲詩古文，兼工書畫……嘗得錢叔寶紀行圖殘卷，乃弃山園故物……生平喜鈔書，所收多善本，每有所得，恆就予評泊，尤喜元明人書畫，眞贋入手立辨。家貧不能多蓄，有心賞者，解衣付質庫易之弗惜也。於邑中文獻，留心搜訪，寺觀橋梁，殘碑隻字，躬自摹搨，攷證異同，以補志乘之闕……。

王鳴韶於善本書之類，每有所得輒就教於大昕的例子，如潛研堂文集卷卅跋薛尙功鐘鼎彝器欵識：

此本乃明人就墨跡影鈔者，故行欵字體俱不失眞。舊藏虞山錢氏，後歸吾邑周梁客，今爲王鶴溪得之……。

看來他頗好收藏虞山錢氏（如謙益、遵王，以至錢功甫等）的故物呢。

8 何元錫、朱奐

何元錫，字夢華，又字敬祉，號蜨隱。精於簿錄之學，家多善本，嗜古成癖，手拓金石甚多（參藏書紀事詩）。潛研堂文集卷四五何桐蓀墓誌銘，便爲何夢華的父親而作。文中亦有「夢華篤志好古，尤嗜金石刻」之句。

何夢華常出示大昕以金石文字及善本書籍。據竹汀日記鈔所載：

何夢華寄武康縣新出風山靈德王碑……。又蕭山縣崇化寺西塔基記……。

何夢華贈吳越國故僧統慧日普光大師塔銘……。

何華華寄示巡檢司印，四旁皆有正書……。

後來大昕就利用「風山靈德王廟碑」證會稽志紀年之誤，但此一考證，又決非徒然文字的對勘，而係展轉證明其誤乃由於後人改動之故（參十駕齋養新錄卷十五吳越武肅王廟碑條）。此外，何夢華又曾出示大昕以「東鎮廟元碑」，大昕也利用它作了一番史事上的考證（亦見養新錄）。

又，十駕齋養新錄卷十三孔氏祖庭廣記條：

此書初刻於開封，再刻於曲埠。今何夢華所藏，紙墨古雅，的爲初印本。予嘗據漢宋元諸石刻，證聖妃當爲幵官氏。今檢東家雜記及此書，幵官氏屢見，無有作开者，乃知宋元刻之可寶。自明人刻家語，妄改爲开，沿譌三百餘載，良可喟也。

藏書家的金石及善本，到了大昕手上，大都能利用它們作出一些成績來，上列幾條不過是一部分而已。

朱奐，字文游。與惠棟爲莫逆交，又是當時藏書家朱邦衡（秋厓）的侄兒。收藏錢遵王、毛子晉、席玉炤等人的舊藏書甚多（參藏書紀事詩）。潛研堂文集卷廿九跋咸淳毗陵志云：

（宋）史能之毗陵志，不載於宋史藝文志。近世藏書家家如錢遵王朱錫鬯皆未之見。曩予於吳門，訪朱文游，見插架有此，亟假歸錄其副，尚闕後十卷。戊申（乾隆五十三年）夏，始假西莊光祿（王鳴盛）本鈔足之，然第二十卷終不可得矣。

錢大昕訪書之勤不下於嗜書如命的藏書家，這裏有很好的說明。一書的訪尋或鈔成，往往歷時數載。又按增訂四庫簡明目錄標注亦有咸淳毗陵志，下云：有嘉定錢氏本、陽湖孫氏鈔本，似此書從大昕鈔成後，又轉借孫星衍鈔錄。又十駕齋養新餘錄卷上春秋正義宋槧本條：

吳門朱文游家藏宋槧春秋正義三十六卷，云宋淳化元年本，實則慶元六年重刊本也……文游嘗許余借校，會余北上未果，今文游久逝，此書不知轉徙何氏矣。

藏書家誤認古籍的刊刻年月，大昕也往往指出其誤。

9 張德榮、嚴元照

張德榮，字冲之（一作充之），號伊蒿。父親張位，字艮思，又字立人，號青芝，富藏書。黃丕烈跋鈔本義門小稿（張位是義門的弟子）說：

此册出張冲之家……冲之名懷榮（紀事詩作德榮），與乃翁共喜鈔書，故多祕本。與竹汀爲友，後竹汀主講紫陽，猶以一衿肄業院中……竹汀嘗爲予言，冲之家書籍多善本，予往往借讀。今此册有竹汀題識可知已。冲之身後流落殆盡，余收之不下數十種，每得後亦就質於竹汀（蕘圃題識卷九）。

大昕不特常借閱張德榮的善本書，且從中介紹他和黃丕烈相識（參拙作「黃丕烈研究」）。竹汀日記鈔：

張冲之來談，借得咸淳臨安志十六本，乃從盧學士校本借鈔者。元目百卷。

張冲之很喜歡鈔書。顧承吳門耆舊記也說：「張德榮……家貧力學，平生好古書，手鈔數百卷藏於家。予感舊詩云：講席鈔書不計貧，愚愚眞是葛天民；家風疏水尋常事，留得心香一點春。」他總也算是一個值得敬佩的藏書家。

嚴元照，字久能，又字修能，年才弱冠便好宋刻書，築室名「芳椒堂」聚書數萬卷，多宋元槧本。久能屢以宋刻借給大昕。只見於竹汀日記鈔的已有：

嚴久能以宋刻陸宣公翰苑集見示。

嚴久能以宋板夷堅志四冊見示……。

潛研堂文集卷四五有「嚴半庵墓誌銘」，係爲久能的父親而作；卷廿五又有「嚴久能娛親雅言序」：

苕谿嚴久能氏，少負異才，擩染家學，所居芳茮堂聚書數萬卷，多宋元槧本。久能寢食於其間，漱其液而嚌其胾，中有所得，質之尊人茂先翁，許諾而謹書之，積久成帙，名之曰娛親雅言……夫古之娛親者，牽車負米……而嚴氏之娛，近在庭闈，以圖籍爲兼珍，以辯難爲舞綵……吾惡能測久能之所至哉。

10 其他

上列諸家對大昕治學所持的「實事求是」宗旨，都頗有影響；此外大昕和當時其他畧有藏弆宋元刻本書或金石文字的人有通假關係者仍不少。約畧臚列如左：

曾借或贈或出示大昕以善本或金石文字者	所借所贈之書名或石刻碑帖名稱	出處
朱寄園	一、詩傳附錄纂疏，二十卷。（泰定丁卯建安劉君佐翠巖精舍刊本）	十駕齋養新錄卷十三
	二、太平寰宇記（闕卷與曝書亭藏本同）	同右卷十四
蔣春皐	一、定武蘭亭肥本 二、漢婁壽碑 三、夏承碑 四、李北海書雲麾將軍李琇碑兩冊 五、宋拓保母甎 六、宋拓鐘鼎欵識冊（共卅頁） 七、紹興御臨蘭亭，江南廠道崇本蘭亭等。	均見竹汀日記鈔

戈小蓮	一、永樂實錄百卅卷（南雲閣所鈔本，甚工整） 二、江湖小集，高似孫疏寮小集等四十餘種（未著版本）	均見竹汀日記鈔（參養新錄卷十四野處類稿條，潛研堂文集牛樹齋文稿序）
徐淡如	鈔本洪文敏野處類稿	養新錄卷十四
汪　炤	鈔本崇文總目（從范氏天一閣鈔得）	同右
吳企晉	元聖政典章（家藏鈔本，紙墨精好）	潛研堂文集卷廿八
南濠朱氏	元大一統志殘本	同右卷廿九
程魚門	能改齋漫錄（未著明版本）	同右卷卅（參藏書紀事詩）
吳氏尊彝齋	史彌寧友林乙稿（宋本）	同右卷卅一
顧懷祖	太倉文畧（未著明版本）	同右同卷
黃星槎	西嶽華山碑拓本	同右卷卅二
任文田	北齊高陽康穆王湜墓誌拓本	同右同卷
李書田	吳尋陽長公主墓誌拓本	同右同卷
范氏稻香樓	黃山谷書范榜傳	同右同卷
胥燕亭	米帖甘露寺多景樓詩（鳳墅法帖之第十二）	同右同卷
錢竹初	東坡書醉翁亭記	同右同卷
張芑堂（燕昌）	薛晨刻義陽堂帖	同右同卷。並參養新錄卷十五商巳孫敦條。

聽松山人	文壽承休承書	同右同卷
蕉畦主人	汪退谷手書戶部呈稿	同右同卷
汪容甫	魯公書元靖先生碑	同右同卷
宋仁果	玉海（元刻）	竹汀日記鈔
嚴豹人	一、鈔本龍龕手鑑四卷 二、宋刻嚴州圖經不全本	同右
顧安道	一、宋淳熙耿氏刋史記 二、宋槧經典釋文	同右
張朝樂（竹軒）	鈔本兩漢策要	同右
邵二雲	鈔本路振九國志（邵氏據永樂大典本鈔錄）	同右
盧振雄	楊世求象緯訂一冊	同右
秀水朱梓廬海鹽吳思亭	張右史集鈔本六十五卷（朱吳二氏同訪大昕，就敎後贈以是書）	同右
陳鱣（鎭衡）	日人所刻羣書治要	同右
陶松如	朱竹垞手書明詩綜殘卷	同右。參潛研堂詩續集卷十「題朱竹垞明詩綜艸稿」。

養新錄卷十九有「借書」條，顯示大昕對書籍通假的審愼。但他也常借書給友輩，如借王寅旭遺書及地球圖書草稿本給李銳，借「剡錄」給黃丕烈並贈以殘元本陳衆仲文集和明翻元刻本全集之類（參拙作「黃丕烈研究」，新亞學術年刊第四期）；竹汀晚年時，陳詩庭爲他畫像，他自題像贊說：「官登四品，不爲不達。歲開七

秩，不爲不年。插架圖籍，不爲不富。研思經史，不爲不勤。因病得閑，因拙得安。亦仕亦隱，天之幸民。」

他自己也很以爲頗有藏書。他跋淸容居士集：

（淸容居士袁桷）勤勤以搜訪遺書爲先，可謂知本務矣。（潛研堂文集卷卅一）

這無疑是大昕的自道語，於此也可見大昕廣交天下藏書家和不斷搜求古籍的用意。

三　實事求是方針的實踐與典籍（下）

藏書家很有助於大昕實踐實事求是方針已無疑問。以下再列舉幾個和大昕稔熟的藏書家，以說明兩點：甲、他和藏書家交往之頻繁，顯示他嗜書和好學的程度，也有助於書籍的流通；乙、尤其顯著的是有助於書籍的校勘和訂補。

1 吳門四大藏書家

周漪塘、顧抱冲、黃丕烈、袁又愷四氏，在乾嘉之際號稱吳門四大藏書家，大昕和他們的交往都很密切。周錫瓚，字仲漣，號漪塘，又號香嚴居士，在吳門四氏中輩份最老，多識古書。大昕「竹汀日記鈔」所記借閱周氏宋元刻及鈔本等善本書之處隨處可見，（可並參潛研堂集跋大金集禮、跋職官分紀諸條），此不多舉。僅選其中一條有助於大昕在校勘上的發現者畧予說明。日記鈔云：

晤周漪堂，見其所藏南宋大字板兩漢書……今本郭林宗傳，以注溷入正文一條，此本獨不誤。傳末茅容諸人，亦不跳行……。

憑着這一發現，他校勘後漢書時，才能指出當時的殿本後漢書「初太始至南州」以下七十四字，本爲章懷注引謝承書之文，這是後人把古注混入正文之故（參廿二史考異卷十二郭太傳條）。後來他在十駕齋養新錄卷六「後漢書注攙入正文」條也說：

郭太傳，初太始至南州以下七十四字，本章懷注引謝承後漢書之文，今誤作大字，溷入正文。予嘗見南宋本及明嘉請已酉福建本，皆不誤。蔚宗書避其家諱，於此傳前後皆稱林宗字，不應忽爾稱名，且其事已載黃憲傳，毋庸重出也。

宋板書不徒爲炫耀他人的古物，有時在校勘上會發生很大作用的。

顧之逵，字抱冲，顧千里的從兄，元和廩貢生。生於乾隆十七年，歿於嘉慶二年春，卒年四十五。焦循四哀詩說他「丹鉛縱橫，誦讀不輟。」瞿中溶也說：「嗟嗟顧君好讀書，百萬牙籤皆玉軸。宋刋元印與明鈔，插架堆床娛心目。」（藏書紀事詩引）又據潛研堂詩續集「題顧秀才抱冲小讀書堆圖」，顧抱冲對讀書和校書確很用功。

大昕曾借閱抱冲所藏常熟毛氏鈔本五經文字九經字樣及宋槧李壁注王介甫詩等書（據日記鈔）。給大昕影響較大的是宋淳熙辛丑澄江耿秉刋本史記：

予所見史記宋槧本，吳門顧抱冲所藏，澄江耿秉刋於廣德郡齋者（以下簡稱耿本），紙墨最精善，此淳熙辛丑官本也……有索隱而無正義。明嘉靖四年莆田柯維熊校本，始合索隱正義爲一書……。（養新錄卷十三史記宋元本條）

大昕見顧抱冲所藏「耿本」史記似在廿二史考異成書後，他在考異未提及耿本史記，後撰三史拾遺，才屢用耿本史記以校勘。如校夏本紀「雲夢土爲治」句：

索隱曰：雲土夢本二澤名。韋昭曰：雲土今爲縣。今案地理志：江夏有雲杜縣，是其地。今索隱單行本，大書雲土夢三字，蓋小司馬本土在夢上。（大昕原注云：淳熙耿秉刊本正土在夢上）

此下校「終南敦物」句，校秦本紀，校高祖本紀，校酷吏傳等處，皆曾用耿本，最後並鈔錄了耿秉的跋文作爲附錄。

黃丕烈，字紹武，一字紹甫，號蕘圃。和大昕交往最密切，每得一善本，幾乎都就正於大昕。今檢潛研堂文集，其中不少跋文都是爲丕烈而寫的，竹汀日記鈔所載所見古書，多黃蕘圃百宋一廛物。黃氏所藏元刻本元統元年進士題名錄和平水新刊韻略，對大昕在元史及音韻上的觀點認識和考證，都有很大裨益（參拙著黃丕烈研究，新亞學術年刊第四期）。此外如宋本儀禮疏單行本及爾雅疏單行本，不特一新大昕耳目，並因此而得證原來唐人撰九經疏，本與注別行。竹汀日記鈔：

晤黃蕘圃……見宋本儀禮疏單行本，每葉三十行，每行廿七字，凡五十卷（原注：內闕卷卅二至卅七），末卷有大宋景德元年校對、同校、都校諸臣姓名，及宰相李蒙正、李某（原注：不著名），參政王旦、王欽若銜名。

又見爾雅疏單行本，與袁氏（又愷）所藏本行款悉同。

十駕齋養新錄卷三有「注疏舊本」條：

> 唐人撰九經錄疏，本與注別行，故其分卷亦不與經注同。自宋以後刊本欲省兩讀，合注與疏爲一書，而疏之卷第遂不可考矣。予嘗見宋本儀禮疏，每葉卅行，每行廿七字，凡五十卷，唯卷卅二至卅七闕，末卷有大宋景德元年校對同校都校諸臣姓名，及宰相呂蒙正、李（原注：不署名，蓋李沆也），參政王旦、王欽若銜名。又嘗見北宋刻爾雅疏，亦不載注文，蓋邢叔明奉詔撰疏，猶遵唐人舊式。諒論語孝經疏亦當如此，惜乎未之見也。……

顯然是看了黃丕烈的藏書後而寫的。除元統元年進士題名錄之外，黃丕烈又曾示以其他可訂補元史之不足的善本罕見書。十駕齋養新錄卷十三「復齋郭公言行錄及敏行錄」條：

> 黃蕘圃買得運使復齋郭公言行錄，及編類運使復齋郭公敏行錄各一册。郭公名郁，字文卿，汴之封邱人，金末避兵遷大名，由江淮樞密院令史歷官福建都轉運鹽使。言行錄者，福州路教授徐東所編；敏行錄則一時投贈詩文碑記也。兩錄皆有黃文仲林興祖序。黃序題至順二年辛未。自來搜輯元代藝文者，皆未之及，爰表而出之。

此外丕烈藏書有助大昕在治學或考訂的還不少，稍稍瀏覽潛研堂文集的跋文和養新錄有關所見書的記載便可得其概畧了。

袁廷檮，字又愷（一作凱），一字壽階（或作綬），其讀書處名五硯樓，又名漁隱小圃。吳門四大藏書家中，他年紀最少，而與大昕交最密。他絕不是一個平庸的藏書家，大昕說他「承其父兄之緒，益以通經敦行，孟晉匪懈……生平篤好文史，聚書數萬卷，多宋元舊槧及傳鈔祕本……。」說他兼具能藏能讀能校「三美」

（潛研堂文集五硯樓記）。江藩對他尤爲推許，漢學師承記說他是王昶的三大弟子經術著稱者之一（餘爲戴敦元、王紹蘭），並說：

袁上舍廷檮……爲吳下望族，饒於資……蓄書萬卷，皆宋槧元刻祕笈精鈔以及法書名畫金石碑版……性好讀書，不治生產……坐是中落，乃奔走江浙間……後江觀察頡雲延之康山賓館……（卒）年四十七。（江）藩與壽階少同里……壽階館於康山，踪迹最密，談論經史，有水乳之合。壽階無書不窺，精於讎校，邃深小學……著書甚多，皆未編輯，其子稚魯不能讀父書，所有稿本散失無存矣。（漢學師承記卷四王昶附袁氏傳）

江藩說他精於讎校，我們看廿二史考異屢次引用袁又愷之說可以稍予證明。考異引袁氏說之處甚多，畧舉如下：

卷十九晉書地理志上「臨留國魏武帝封」條：袁廷檮曰：武帝當作元帝，即常道鄉公也。晉受禪，封爲陳留王，追謚元皇帝。

卷廿四宋書劉粹傳「封灄縣男」條：袁廷檮曰：灄下脫陽字。州郡志：江下郡有灄陽縣。徐羨之傳：作灄陽縣男。

卷廿六梁書良吏傳庾蓽「父深之，宋應州刺史」條：大昕云：宋時無應州，此必誤。並引袁廷檮曰：當是雍字之譌。

其他如卷廿七陳書周弘正傳、卷卅四隋書經籍志（凡二引）、卷卅六南史袁泌傳、卷卅九北史宋隱傳及淳于誕傳等處，均引袁廷檮的話以校勘。

袁又愷並好鈔書，顧千里說：「往者吾友袁君廷檮有鈔書癖，與盧學士文弨、錢少詹大昕諸先生往還，每聞祕册，必請傳其副，間邀余過五硯樓品題商榷，以爲樂事。」（思適齋集卷十四雲間志跋）。大昕往往利用袁氏的藏書，校正俗本誤字：

晤袁又愷……見翻刻朱文公周易本義十二卷，前有易圖，卷末附筮儀五贊，咸淳乙丑九江吳革刋本。其雜卦傳：『遘』遇也。不作『姤』，與唐石經、岳倦翁本同，可證文公本猶未誤也。向讀咸速也，恆久也。注惟『咸速恆久』四字，甚疑之。讀此本，乃是『感速常久』，乃誤俗本之譌。（竹汀日記鈔）

又利用袁氏藏書校正俗本的妄加刪改者：

晤袁又愷，見宋刻朱文公詩集傳『彼徂矣岐』句下引沈氏說，辨徂岨二文異同甚詳，今坊本無之。蓋明人妄刪，失其舊矣。此大字本，每葉十四行，行十五字。

大昕和廷檮唱和的詩有「小園依楓水，出郭十里遙，主人勤著書，自比漁隱苕」之句（潛研堂詩續集卷八表綬階招飲漁隱小圃），只可惜袁氏的著作已散佚殆盡了！

2 **盧文弨** 附盧青厓

盧氏字紹弓，號磯漁，又號檠齋，晚更號弓父，人稱抱經先生。錢大昕盧氏羣書拾補序云：

學士盧抱經先生精研經訓，博極羣書……鉛槧未嘗一日去手，奉廩脩脯之餘，悉以購書，遇有祕鈔精校之本，輒宛轉借錄，家藏圖籍數萬卷，皆手自校勘，精審無誤。凡所校定，必參稽善本，證以他書，即友朋

後進之片言，亦擇善而從之……。（並見潛研堂文集卷廿五）

他精於校勘，而性狷介與俗多忤，但對大昕卻水乳相投，故能時相過從相互論學並通假古籍（參抱經樓記）。

盧文弨校勘古書時，常請教竹汀：

盧抱經以校定熊方後漢書年表様本見示。聞鮑以文已刋入叢書矣，其中如光祿勳鄧淵、廷尉宣璠、少府田邠見殺事，在興平二年，而誤列於元年。又脫去光祿勳士孫瑞、大長秋苗祀，皆不可不補正。（日記鈔）

又常互相通訊論學：

得盧抱經札，言魏未禪而書晉一條，殊有別解。（日記鈔。並參兩家文集，如潛研堂集卷卅四答盧學士書二通）

大昕並常留意爲盧抱經校正譌字：

閱談階平（泰）讀論語一篇云：釋文，屢空，力從反。似空有龍音。予檢詩釋之，屢盟、僋屢、婁豐三條，皆音力住反。乃知力從爲力住之誤。陸氏爲屢音，非爲空音也。此條當寫以報盧學士。（日記鈔）

他們校勘的認眞不苟精神，可畧見一斑。乾隆六十年，盧抱經卒，大昕爲作輓詩云：「文探蒼雅始，理悟紅爐深，撼樹羣兒謗，問字弟子尋。藏書數萬卷，手校細酌斟……忘年與我交，謂若苔同岑。」（潛研堂詩續集卷八）原來抱經（生於康熙五十六年，一七一七）比大昕年長十二歲，但仍常向大昕問字及請教經史等問題（參養新錄卷十四風俗通義條。）

同時又有盧青厓亦以「抱經」自號，而且里居和盧文弨相距不遠。青厓的藏書處名「抱經樓」，和文弨的

「抱經堂」稱謂畧異。錢大昕曾爲青厓撰抱經樓記：

盧君青厓，詩禮舊門，自少博學嗜古，尤善聚書，遇有善本，不惜重價購之。聞朋舊得異書，宛轉借鈔，晨夕讐校。搜羅三十年，得書數萬卷，爲樓以貯之，名之曰抱經。……青厓有獨抱遺經之志，而先之以聚書，可謂知所本矣。曩余在京師，與君家召弓學士遊……青厓與學士（盧文弨）里居不遠，而嗜好亦畧相似，浙中有東西抱經之目。玆樓之構，修廣間架，皆摹天一閣……。（潛研堂文集卷廿一）

大昕曾向盧青厓借的書如宋槧開慶四明續志，是很難得的善本（參潛集卷廿九原跋）。

3 范氏天一閣、劉桐及趙曾

大昕晚年，每到任一地，幾乎必有與藏書家接觸。乾隆五十二年，他六十歲，因應聘往寧波府撰鄞縣志，認識范欽（堯卿）天一閣的後裔懋敏，遂得機登天一閣觀所藏金石刻及其藏書，並和友人張燕昌（芑堂）幫助范欽的六世孫葦舟編撰「天一閣碑目」一書（參竹汀年譜、文集卷廿五天一閣碑目序）。潛研堂詩續集也有爲范氏寫的詩一首：

天一前朝閣，藏書二百年。丹黃經次道，花木陋平泉。聰聽先人訓，遺留後代賢。誰知旋馬地，寶氣應奎躔。（卷四題范氏天一閣）

大昕看過的「石鼓文宋拓本」，就是四明范氏藏本（潛集卷卅二）。又養新錄卷十四太倉州志條，自敍大昕游四明時，在范氏天一閣得見張寅太倉州志，是嘉靖丁未刻本，原書已「漫患缺損，非復初印面目」云云。此外有范永棋者，亦多藏書，潛研堂文集卷四六有孝廉范君墓誌銘：

予歸田後，慕四明天台之勝，數往來甬上，與其鄉賢士大夫游，所尤心折者，孝廉范君莪亭也。君性樂夷澹，外和內介，以圖籍爲生活……予嘗偕一二同志，訪君甕天居，出所藏明賢墨迹，品題其高下，茗椀爐香，相對竟日，不知世間有徵逐遊戲事。君又熟於鄉邦文獻，予纂「鄞志」，數就君咨訪，傾囷出之無倦色……君諱永棋，字鳳頡，別字莪亭，康熙甲辰進士……君博覽強記，好收藏明代及國朝名公尺牘，自碩輔名儒，忠臣孝子，文人逸士以及閨閣方外，靡不收錄，考其時代爵里行誼，別爲序錄……子四人，懋賢、懋穎、懋楫、懋樹。……

范永棋的兒子亦以「懋」字排名，與招大昕登天一閣閱覽藏書的范懋敏，似乎是族兄弟。

嘉慶七年九月，七十五歲，大昕至南潯鎮，「觀劉氏桐藏書」（年譜），嗜書好學的興趣有增無深。劉桐，字舜輝，一字疏雨，黃丕烈也曾和他易書鈔校。揚鳳苞題訪書圖說：「劉三桐少好聚書，楚游歸後，搜羅益富，積至數萬卷，築『眠琴山館』貯之。（參藏書紀事詩卷六）竹汀日記鈔云：

過南潯鎮，晤劉疏雨（桐），觀所藏書，有宋槧本張九成孟子解廿九卷……金陵新志，前有至正三年南臺御史索元岱序……劉一止苕溪集五十五卷，無序跋，係鈔本。又聖宋名賢五百家播 方 大全文粹 一百卷……。

同上書又一則日記云：

觀劉疏雨所藏徐天麟兩漢會要，岳珂媿郯錄，皆宋槧，甚精。胡安國春秋傳亦宋槧……又元槧周禮義疏十二卷……又中興禦侮錄，無撰人；襄陽宋城錄，趙萬年撰，皆鈔本。

觀劉疏雨藏書時大昕已七十五歲，可記的仍這樣多。然則劉氏的藏書是相當可觀的。

大昕卒於嘉慶九年十月二十日（七十七歲），是年春仍患寒熱，閱二旬始得痊可。但當雅好金石而收藏甚富的萊陽趙北嵐明府（趙曾）執簡相招時，大昕雖然「久不赴親朋宴會，以欲縱觀明府所藏，遂鼓興往，展玩竟日，并爲題記數行，樂而忘倦」（參竹汀年譜續編），興緻勃勃的情緒，眞是臨終如一呢！

結　論

校勘固然是拿兩本對照記其異同，擇善而從。但校勘決不能偏重一本，必須多據異本。校勘的事，絕非只是羅列異文，便算盡其能事。諸本異同之間，必有是非得失，而評判是非得失，則其學已越出校勘之外。論清代校勘之學，一般都推重高郵王氏父子；他們的校勘，是根據本書或他書的旁證反證校正文句的原始譌誤，並不只靠同書的異本。例如荀子勸學篇前半和大戴記勸學篇全同，韓非子初見秦篇亦見戰國策，乃至史記之錄尚書戰國策，漢書之錄史記之類，即使本書沒有別的善本，但和他書的同文便是本書絕好的校勘資料，這樣的校勘更較繁難，往往要以意逆志，苟非眼光極銳敏，心思極縝密，並有兼人之學的基楚和高深的識見，絕不易爲。而其實，狹義的說，這也是越出校勘範圍之外的；然而，校勘學非眞能越出於校勘之外的，亦決不能盡校勘之能事。

清儒由校勘而產生出來的作品，如廿二史考異者並不多。

大昕校勘探這樣的路向，和他讀書務爲通儒欲爲兼人之學以及嗜書的個性有互爲因果的關係。大昕撰抱經樓記說：「青厓有獨抱遺經之志，而先之以聚書，可謂知所本矣。」（文集卷廿一）以聚書爲治學之本，其實就是以校勘爲治學之本，因校勘必須多據異本之故。由此，我們可以瞭解，大昕嗜書，好交接藏書家，是必然的事。

考據學、校勘學以至藏書風氣，在乾隆嘉慶年間，確盛極一時。沒有錢大昕等人（其他如戴震，也常與好校勘嗜搜求異本的盧文弨等交往並論校勘等事，觀戴東原集可見），藏書家們的宋元刻鈔本，只能成爲無用的古董廢物，校勘家藏書家們得不着刺激，羣書拾補之類的校勘著作，以及士禮居和抱經堂叢書等古籍的刋刻，勢不能如此蓬勃，是可以斷言的。

（一九六六年八月卅日成稿，一九六八年四月修訂。）

論宋宰輔互兼制度

梁天錫

目次

景印本・第八卷・第二期

序

宋初，承唐制，以「同中書門下平章事」爲「宰相」，別置「參知政事」以貳之。元豐新法，革「同中書門下平章事」爲「尚書左、右僕射」，又置「門下、中書二侍郎」及「尚書左、右丞」以易「參知政事」。政和中，改「左、右僕射」爲「太、少宰」。靖康歲，仍元豐之舊。建炎中，「僕射」並加「同中書門下平章事」，復「參知政事」，廢「侍郎」及「左、右丞」。乾道末，置「左，右丞相」換「僕射、同中書門下平章事」之任，以終宋世。又以「樞密院」號曰「西府」。置「樞密使」、「樞密副使」、「知樞密院事」、「同知樞密院事」、「簽書樞密院事」、「同簽書樞密院事」，與「宰相」及「副相」同秉國政，均可以「輔」稱之也。

宋之命相，較古異者有二：（一）自「宰相」而下，有「參知政事」（或「侍郎」、「左、右丞」）、「樞密」，名爲「執政」，則「宰」、「執」分矣。「執」即「輔」也。（二）沿晚唐、五代舊制，置「樞密院」，與「中書」對掌文、武大政，則兵、民又分矣。名既分而權亦分，治事顯有未便，因定「互兼之制」，謀補其缺，此實通考、宋史職官志及近代治史者嘗畧言而未詳及也。今細讀宋史宰輔表，擇擷其事，析而論之。事例瑣細，列之爲表，免文章陷於冗蕪耳。宰輔表脫誤凡多，證誤考補，詳見注釋之欄。原表止於德祐（公元一二七六年），茲綴景炎、祥興（一二七六——一二七九年）諸例者，統未絕也。宋代官制，素稱蕪雜，天錫史識庸陋，謬誤自所不免，願讀者有以正之。

一　宰輔互兼制之產生及其發展

宋太祖建隆元年（九六〇），始命三相，以「同中書門下平章事、集賢殿大學士魏仁浦」兼樞密使。乾德初，三相並罷，趙普獨相，則不復兼使矣。太宗淳化二年（九九一），置同知樞密院事，以「樞密副使溫仲舒、寇準」並兼，其後無繼之者。宰輔互兼，雖肇太祖，而其制則始行於仁宗朝。

（一）平章兼樞密期：自慶曆二年（一〇四二）七月，迄五年（一〇四五）十月。仁宗慶曆二年，（夏人寇邊，）詔以宰相兼樞密。七月，始以同中書門下平章事呂夷簡判樞密院事，章得象兼樞密使。九月，夷簡改兼樞密使，而晏殊、杜衍、賈昌朝、陳執中②等繼命。制行三年四閱月而罷。

（二）宰相兼侍郎期：自元豐五年（一〇八二）四月，迄靖康元年（一一二六）閏十一月，凡六十四年八閱月。分兩階段施行：

（1）僕射兼侍郎階段，起元豐五年四月，終政和二年（一一一二）十一月。神宗元豐新制，中書政分三省，以尚書僕射爲宰相，門下、中書侍郎、尚書左、右丞貳之，（仍與樞密院對掌文、武大政）。行二相制：首相爲尚書左僕射，例兼門下侍郎；次相爲尚書右僕射，例兼中書侍郎。制行凡五十年七閱月。

（2）二宰兼侍郎階段：起政和二年十一月，終靖康元年閏十一月。徽宗時，循殷制，改尚書左、右僕射爲太、少宰，仍分兼兩省侍郎。制行凡十四年一閱月。

（三）三省互兼期：自靖康元年閏十一月，迄建炎三年（一一二九）四月。是期，復元豐舊制，仍以尚書二僕射分兼兩省侍郎爲宰相。而三省副貳（侍郎、丞）並嘗互相兼權。制行僅二年五閱月。

（四）宰輔互兼期：爲本制度之大成階段。始建炎三年四月，迄祥興二年（一二七九）二月。高宗建炎三年改制：尚書僕射並帶同中書門下平章事、兼御營使，不復分兼兩省侍郎。重置參知政事易侍郎、二丞。始以參知政事、樞密互兼。四年罷御營司，以宰相兼知樞密院事。紹興七年（一一三七）正月，復樞密使、樞密副使，改命宰臣兼樞密使③。二十六年（一一五二）三月罷兼使④。三十二年（一一五八）十二月復舊⑤。乾道八年（一一七二）二月，改「尚書僕射、同中書門下平章事」爲丞相，仍兼樞密使。開禧中，詔丞相兼樞密使爲永制⑥，以迄宋亡。制行凡一四九年十閱月。

茲作「宰輔官名及其互兼表」如左（表內宰輔官名，多用簡稱，參附錄一「宰輔原名與簡稱表」）

繫時						宰輔設官			宰輔互兼	
宋曆				西元		宰相	副相	樞密	常式	特式
帝號	年號	年	月	年	月					
太祖	建隆	元	二	960	3	平章		樞使	其間魏仁浦以平章、兼樞使。	
			八		8	同右		樞使、樞副		
	乾德	二	正	964	1	同右		同右		
			四		4	同右	參政	同右		

太宗	太平興國	四	正	979	1	同右	同右	樞使、樞副、簽書		
	淳化	二	九	991	10	同右	同右	樞使、知院、樞副、同知、簽書	其間溫仲舒、寇準並以同知、兼樞副。	
		四	十	993	10	同右	同右	同右		
眞宗	天禧	元	二	1017	3	同右	同右	同右		首相王旦告老，拜太尉、兼侍中，遇軍大事，不限時入參⑦。辭免。
仁宗	慶曆	二	七	1042	7	同右	同右	同右		
			冬			同右	同右	同右	宰輔互兼第一期：平章、兼樞使。	首相呂夷簡疾，拜司空、平章軍國事。辭免。
		五	四	1045	4	同右	同右	同右		
英宗	治平	三	四	1066	5	同右	同右	樞使、知院、樞副、同知、簽書、同簽書⑧		
神宗	元豐	四	十一	1081	12	同右	同右	知院、同知⑨		
		五	四	1082	5	左僕、右僕	門侍、中侍、左丞、右丞	同右	宰輔互兼第二期第一階段	

哲宗	元祐	元	四	1086	5	同右	同右	同右	：左僕例兼門侍，右僕例兼中侍。	文彥博落致仕，仍太師、平章軍國重事。
		三	四	1088	4	同右	同右	知院、同知（簽書）		右僕呂公著，拜司空、平章軍國⑩事。
		四	二	1089	3	同右	同右	同右		呂公著薨。
		五	二	1090	3	同右	同右	同右		文彥博罷。
徽宗	政和	二	十一	1112	12	太宰、少宰	同右	同右	宰輔互兼第二期第二階段：太宰例兼門侍，少宰例兼中侍。	
		七	二	1117	3	同右	同右	領院事、權領院事（同知）		蔡京落致仕，依前太師、領三省事。
	宣和	六	十二	1125	1	同右	同右	同右		蔡京罷。
		七	四	1126	5	同右	同右	同右		
			十二	1126	12	同右	同右	領院事、同知、簽書		
欽宗	靖康	元	三	1126	3	同右	同右	知院、同知、簽書		
			閏十一	1126	12	左、右僕	同右	同右	宰輔互兼第三期：仍以左、右僕分兼兩侍，執政亦嘗互相兼權。	
高宗	建炎	三	四	1129	4	左僕、右僕、平章	參政	知院、同知、簽書、同簽書		
			七	1129	7	同右	同右	同右		
		四	十	1130	11	同右	同右	同右	宰輔互兼第四期：始以參政、樞密互兼。建炎四年六月，以左、右僕、平章	其間，置權知三省樞密院事，及權同知三省樞密院事，各以一人充職⑪。

	紹興	七	正	1137	1	同右	同右	樞使 知院 樞副 同知 簽書	兼知院。紹興七年正月，改兼樞使。二十六年三月，罷。三十二年十二月，復舊。乾道八年，以左、右相兼樞使。參政、樞密仍互兼。開禧中，詔：丞相兼樞使爲永制。以迄宋亡。	
孝宗	乾道	八	二	1172	2	左右相	同右	同右		
寧宗以後	開禧以後			1205——1279		同右	同右	樞使 知院 （樞副） 同知 簽書 同簽書		開禧元年七月，韓侂胄拜平章軍國事。三年十一月，罷。嘉熙三年正月，喬行簡平章軍國重事。四年九月，罷。咸淳三年正月，賈似道繼拜。德祐元年三月，罷。六月，王爚繼命。七月，罷。

上表樞密格（　）號內，爲該期甚鮮除授之官銜。

二　宰輔互兼之形式及其舉例

宰輔互兼，大體言之，宰相可兼執政，執政僅可互兼而不能上兼宰相。

宰相兼執政不外二途：（一）二相分兼兩省侍郎。（二）宰相兼樞密使或知樞密院事。參知政事及同知樞密院事而下，則非宰相之兼官矣。

執政互兼之範圍甚廣：兩府（中書或三省、樞密院）執政，並得互「兼」或「兼權」。「兼」與「兼權」之別：大抵以上攝下職曰「兼」，以下攝上職曰「兼權」。然其暫攝者，雖資高（以上攝下）亦曰「兼權」。

有進用之意者，雖資底亦每曰「兼」。宰輔官資：宰相爲最，樞密使次之，知樞密院事再次之，參知政事（或侍郎、二丞）則在知樞密院事與同知樞密院事之間，簽書樞密院事及同簽書樞密院事，其最次者也。故宰相無兼權執政之例。

（一）樞密攝參知政事：樞密使及知樞密院事，以「兼」爲通式，以「兼權」爲例外；同知樞密院事以下反之。

（二）參知政事攝西府事：其總樞密院事或知樞密院事，以「兼權」爲通式，以「兼」爲例外；總同知樞密院事以下反之。

茲就互兼形式分類，列表舉例如次：

（一）宰相兼執政表（表首官名，多從簡稱。參附錄一「宰輔原名與簡稱表」）

形式／年號	宰相兼侍郎				宰相兼樞密						
	僕射兼侍郎		二宰兼侍郎			僕射平章兼樞密				丞相兼樞使	
	左僕兼門侍	右僕兼中侍	太宰兼門侍	少宰兼中侍	平章兼樞使	左僕平章兼樞使	右僕平章兼樞使	左僕平章兼知院	右僕平章兼知院	左相兼樞使	右相兼樞使
建隆	—	—	—	—	魏仁浦	—	—	—	—	—	—
乾德	—	—	—	—	魏仁浦	—	—	—	—	—	—

慶曆	元豐	元祐	紹聖	元符	崇寧	大觀	政和	宣和	靖康
	王珪 蔡確	司馬光 呂大防	章惇	韓忠彥	蔡京	蔡京 何執中			
	蔡確 韓縝	呂公著 范純仁⑫ 劉摯 蘇頌⑬		曾布	蔡京 趙挺之	張商英			何㮚
							何執中 鄭居中	余深 王黼 白時中	李邦彥 張邦昌 徐處仁
							余深	王黼 李邦彥	吳敏 唐恪
章得象 呂夷簡 晏殊 杜衍 賈昌朝 陳執中									

建炎	紹興	隆興	乾道	淳熙	開禧	嘉定	紹定	端平	嘉熙
李綱⑭ 黃潛善									
李綱⑭ 黃潛善 汪伯彥 朱勝非 呂頤浩									
	張浚⑮ 趙鼎⑯ 秦檜⑰ 陳康伯	湯思退⑲ 陳康伯⑳	葉顒 陳俊卿㉑						
	秦檜	史浩 湯思退 張浚	洪适㉒ 魏杞㉓ 陳俊卿 虞允文						
	呂頤浩 趙鼎								
范宗尹	秦檜 朱勝非 趙鼎 張浚⑱								
			虞允文			錢象祖	史彌遠	鄭清之㉕ 喬行簡	李宗勉㉗
			梁克家	王淮	陳自强㉔ 錢象祖	史彌遠	鄭清之	喬行簡㉖ 崔與之	史嵩之㉘

淳祐	寶祐	開慶	咸淳	德祐	景炎	祥興
范鍾 鄭清之 謝方叔		吳潛	江萬里 王鑰	王鑰 陳宜中 留夢炎 吳堅	陳宜中 陸秀夫㉚	文天祥㉜
杜範 游侶 趙葵 吳潛	董槐 程元鳳 丁大全	賈似道	程元鳳 葉夢鼎 馬廷鸞 章鑰	陳宜中 留夢炎 文天祥㉙	文天祥㉛	

（二）執政互兼表（表內官名，概用簡稱。參附錄一「宰輔原名與簡稱表」）

形式	年號	淳化	建炎	紹興
樞密互兼	同知兼副使	溫仲舒 寇準		
侍丞互兼	右丞兼門侍		呂好問㉝	
	門侍兼權中侍		黃潛善	
	左丞兼權門侍		顏岐	
參政兼(權)樞密	參政兼權院事		范宗尹㉞	孟庾㉟ 沈與求㊱ 陳康伯㊲
	參政兼(權)知院			（兼權）史浩㊳
	參政兼(權)同知			（兼）賀允中㊴ （兼權）孫近㊵
	參政兼簽書			
樞密兼(權)參政	樞使兼參政			
	知院兼(權)參政			（兼權）葉義問㊶
	同知兼(權)參政			（兼權）黃祖舜㊷
	簽書兼(權)參政			（兼權）權邦彥㊸ 徐俯㊹ 胡松年㊺ 折彥質㊻ 何鑄 程克俊 樓炤 李文會 楊愿 李若谷㊼ 汪勃 詹大方 余堯弼 巫伋 章（厦）夏㊽ 宋樸 史才 魏師遜 鄭仲熊 湯思退㊾
	同簽書兼(權)參政			

隆興	乾道	淳熙	紹興	慶元	嘉泰	開禧
（兼權）周葵 錢端禮	（兼權）洪适(51) 陳俊卿 梁克家	（兼權）葉衡 蕭燧(54)		（兼）謝深甫	（兼）陳自强 費士寅(55)	（兼）張巖 錢象祖
（兼）王之望(50)	（兼）虞允文 洪适(52) 葉顒 魏杞 王炎(53) 梁克家	（兼）施師點 留正	（兼）胡晉臣 余端禮		（兼）陳自强	（兼）錢象祖(57) 李壁(58)
（兼）賀允中		（兼）王藺	（兼）趙汝愚 陳騤 余端禮	（兼）謝深甫 何澹	（兼）陳自强 許及之(56)	
（兼權）虞允文	（兼）劉珙 （兼權）魏杞 林安宅 陳俊卿	（兼權）謝廓然				
（兼權）錢端禮	（兼）梁克家 （兼權）葉顒 蔣芾	（兼權）施師點				（兼權）衞涇
（兼權）虞允文						

嘉定	寶慶	紹定	端平	嘉熙	淳祐
	（兼）宣繒	（兼）薛極⑲ 鄭清之 喬行簡	（兼）陳貴誼⑳ 曾從龍 鄭性之	（兼）余天錫	（兼）陳韡
		鄭清之 陳貴誼			劉伯正
					趙葵⑮ 徐鹿卿？
（兼）史彌遠 雷孝友 鄭昭先 任希夷		（兼）薛極	（兼）喬行簡⑥① 曾從龍	（兼）鄭性之 李鳴復 游佀⑥③	（兼）范鍾 游佀 趙葵 謝方叔
（兼）宣繒			（兼權）鄭性之⑥②		（兼）應繇 吳潛⑥⑥ （兼權）別之傑
（兼權）鄭昭先 俞應符			（兼）李鳴復	（兼權）鄭應龍⑥④	（兼權）高定子⑥⑦ 劉伯正 李性傳 王伯大⑥⑧ 謝方叔⑥⑨
					（兼）陳韡 （兼權）吳潛

德祐	咸淳	景定	開慶	寶祐
(兼權)陳文龍		(兼權)皮龍榮 何夢然	(兼權)朱熠	
	(兼)馬廷鸞			(兼)丁大全
(兼)陳宜中 李庭芝(74)	(兼)王爚 馬光祖	(兼)朱熠 何夢然		(兼)徐清叟
(兼)陳宜中 (兼權)陳文龍(75)	(兼)留夢炎 (兼權)王爚 常挺 馬廷鸞 章鑑	(兼)戴慶炣 何夢然 (兼權)沈炎 楊棟 葉夢鼎 姚希得(72)	(兼權)饒虎臣	(兼)張磻 (兼權)董槐 丁大全 林存 朱熠(70)
(兼權)高斯得	(兼權)陳宗禮 章鑑 陳宜中(73)	(兼權)皮龍榮 孫附鳳 楊棟	(兼權)戴慶炣	(兼權)程元鳳 林存(71)
(兼權)陳文龍 黃鏞(76)	(兼權)趙順孫 章鑑			

常制也。

【附】特別形式：宋宰輔官名，繫銜無「兼」或「兼權」之文，而有互兼之實者，概附此類，非宰輔互兼常制也。

（1）平章軍國（重）事：總軍國大事，猶宰相兼樞密。兩宋拜者各四人。例見上文宰輔官名及互兼表。

（2）領三省事：猶三省輔臣互兼。宣和中，除蔡京一人而已。

（3）權知（及權同知）三省樞密院事：猶三省、樞密官互兼。建炎三年（一一二九）七月李邴權知三省樞密院事，滕康權同知三省樞密院事。八月邴罷，康遷權知三省樞密院事，劉珏權同知三省樞密院事⑰。四年（一一三〇）正月並罷。二月以盧益代康，李回繼珏⑱。八月益罷⑲，十月回罷。其後不復再除。

三　宰輔互兼制之運用

宋制宰、執既分，兵、民又分，相權低落。於非常之時，定制互兼，便處非常之事也。

（一）宰相兼執政之運用：不外二途。

（1）用於兵興：宋初，邊事未定，嘗以宰相魏仁浦兼樞密使。仁浦罷，二府分秉兵、民之政，樞密院調發軍馬，而宰相不知⑳。兵興之世，每苦其弊。仁宗慶曆間，夏人寇邊，遂以宰相兼樞密使。南渡後，軍務倥偬，常以二府互兼，便用兵也。

（2）用於改制：宋初，行二府輔政制。神宗元豐新制，改中書爲三省，以尚書左，右僕射爲二相，分兼門下、中書二侍郎。政和中，以二宰易二僕射，仍分兼二侍郎。靖康歲，復元豐舊，以終南渡建炎三載（一一二九）。其間藉宰輔互兼制，令三省大政，仍總於二相，便行政也。

（二）執政互兼之運用：凡三途。

（1）塡闕：某府執政闕員，未及新命，常以他府執政兼權其闕。建炎三年（一一二九）十一月，以樞密院惟張守獨員，除范宗尹參知政事兼知樞密院事(81)。紹興四年（一一三四）正月同簽書樞密院事韓肖胄，三月知樞密院事張浚，四月簽書樞密院事徐俯相繼罷，西府全闕，五月以參知政事孟庾兼權樞密院事(82)。八年（一一三八）樞密副使王庶求去，十一月以參知政事孫近兼同知樞密院事(83)。十四年（一一四四）五月樓炤罷簽書樞密院事兼權參知政事，李文會、楊愿(84)相繼塡闕。十八年（一一四八）二月參知政事段拂罷，以簽書樞密院事汪勃兼權參知政事。二十九年（一一五九）六月知樞密院事陳誠之，同知樞密院事王綸離職(85)，西府全闕，以參知政事陳康伯兼權樞密院事(86)。皆高宗朝用兼權塡闕之例，高宗外，未聞也。

（2）代職：某府執政有事差遣離京，每以他府執政暫權其職任。差遣還，即復舊。紹興四年（一一三四）十月簽書樞密院事胡松年往鎭江，以參知政事沈與求兼權樞密院事。十一月與求按行江上，則以松年兼權參知政事(87)。二十年（一一五〇）三月參知政事余堯弼往賀金主登基，詔簽書樞密院事巫伋兼權參知政事(88)。三十年（一一六〇）四月同知樞密院事葉義問使金，以參知政事賀允中兼同知樞密院事(89)。皆高宗朝用兼權代職之例，他朝未之聞焉。

（3）試用：南宋除執政，每先試用。試用之法，令先兼或兼權。其可用者，旋正其任；不可用者，旋亦罷黜。

1經試用正除之例：建炎元年（一一三七）十一月顏岐遷尚書左丞兼權門下侍郎[90]，二年十二月除門下侍郎。紹興十五年（一一四五）十月簽書樞密院事李若谷兼權參知政事，十七年正月除參知政事。十八年十月余堯弼除簽書樞密院事兼權參知政事，二十年三月[91]除參知政事。乾道二年（一一六六）八月陳俊卿同知樞密院事兼權參知政事，三年十一月除參知政事。嘉泰元年（一二〇一）八月參知政事陳自强兼知樞密院事[92]，二年十一月除知樞密院事。開禧三年（一二〇七）十一月簽書樞密院事衞涇兼參知政事，十二月除參知政事。嘉定十四年（一二二一）閏二月同知樞密院事宣繒兼參知政事，十五年九月除參知政事。淳祐七年（一二四七）十月同知樞密院事應䌫、簽書樞密院事謝方叔並兼權參知政事，九年閏二月並除參知政事。

2經試用罷黜之例：建炎元年（一一二七）五月尚書右丞呂好問兼門下侍郎[93]，七月罷。紹興間，秦檜當國，每以「簽書樞密院事兼權參知政事」爲試用「參知政事」常法。若試用徐俯等十五人[94]，皆以此法，未幾即罷。紹興二十五年（一一五五）十月，秦檜罷相，參知政事正位，終高宗之世，不復以兼或兼權試用參知政事垂六載。三十二年六月，孝宗即位，七月始廣泛運用其法，首以知樞密院事葉義問，同知樞密院事黃祖舜[95]並兼參知政事，十月義問罷[96]，隆興元年（一一六三）二月祖舜亦罷。二年七月參知政事周葵兼知樞密院事，十月參知政事王之望兼同知樞密院事[97]，閏十一月並罷。乾道二年（一一六六）五月林安宅同知樞密院事兼權參知政事，八月罷。淳熙八年（一一八一）九月知樞密院事謝廓然兼權參知政事，九年六月致仕。嘉泰四年（一二〇四）四月參知政事費士寅兼知樞密院事，開禧元年（一二〇五）三月罷。三年十一月參知政事李壁兼權同知樞密院事[98]，同月罷。是月簽書樞密院事衞涇兼權參知政事，嘉定元年（一二〇八）六月罷。紹定六年（一二三三）十月陳貴誼除參知政事兼簽書樞密院事，端平元年（一二三四）十月致仕。淳祐五年（一二四五）正月李性傳簽書樞密院事兼參知政事，十二月罷。七年五月同簽書樞密院事吳潛兼權參知政事，七月罷。咸淳六年（一二七〇）十月簽書樞密院事陳宗禮兼權參知政事，十一月致仕。

四　宰輔互兼制大行與宰執間實權變動之關係

北宋，宰輔互兼制度，逗於蛻變之期。中經南渡建炎三年（一一二九）至乾道八年（一一七二）歷次官制改革，始自蛻變以趨長成，而大行於於南宋。以宰相兼執政，實謀權力之集中；以執政互兼，爲減執政之正員或久任；重相權，弱執政，宰執間實權之變動大矣，茲分論如次。

（一）二府合一：北宋二府分秉民、兵大政（太祖及仁宗朝，嘗以宰相兼樞密使，然僅爲兵興特命，邊事定即罷）。南渡高、孝、光、寧初，常以宰相兼樞密。寧宗開禧後，樞密使且爲宰臣例兼之闕。而南宋之世，樞密院自樞密使至同簽書樞密院事，可與參知政事互兼或兼權；惟不能上兼宰相。則樞密院諸執政，權位僅比參知政事，西樞遂成宰相屬府；民、兵二政合一，二府空有名義之殊，而政同一體也。

（二）參知政事權力之削弱：宋太祖置參知政事爲宰相副貳，用分其權。南渡後，宰輔互兼之制大行，每以兼權試用參知政事，經試用罷黜者，較遷正員者多⑲，時參知政事，具員而已。至使得參知政事者，不以爲榮。魯宗道敢抗王欽若，唐介敢抗王安石，此風掃地矣。

（三）相權之加重：宰輔互兼之制大行，二府合一，宰相知兵，執政屢易，相權遂重。南宋宰相六十三人

⑩，號曰權相者十人⑩，其著者亦五人。建炎中，秦檜以「僕射、同中書門下平章事、兼樞密使」獨相十八載，易執政三十四人，相權重極一時。開禧間，韓侂胄以平章軍國事當國兩年半，易執政四人。嘉定初，史彌遠以丞相兼樞密使獨相二十五年，易執政十六人。嘉熙、淳祐間，史嵩之以右丞相兼樞密使⑩，在位六年（獨相兩載），易執政十三人。開慶、咸淳間，賈似道初以丞相兼樞密使，繼以平章軍國重事，秉政十七年（獨相七載），亦易執政二十一人。南宋相權之重，遠超北宋，百五十二年間，權相秉政期過半，即五大權相，亦共專政達七十年，豈非藉「宰輔互兼制」之便，長期攬軍國事於一身，有以致之乎？

【注釋】（注文內參攷引用書目，可簡稱者，概從簡稱，見後「參考書簡稱表」）

①「兼樞密使」宋史宰輔表（以下簡稱「表」）脫。見宰輔編年卷一，事畧卷一八傳，碑傳集下卷三傳。

②陳執中「兼樞密使」表脫。見宰輔編年卷五，十朝綱要卷六，宋史全文卷八，長編卷一五五，詔令集卷四五，事畧卷六紀及卷六六傳。

③紹興七年正月事，表脫。見宰輔編年卷一五，繫年錄卷一〇八，十朝綱要卷二三，宋史全文卷二〇，中興聖政卷二一，編年通鑑（劉）卷四，大事記卷九。

④表脫。見宰輔編年卷一六，十朝綱要卷二四，編年通鑑（劉）卷六，南宋書卷一。

⑤表脫。見宰輔編年一七，編年通鑑（劉）卷七，南宋書卷二。

⑥表脫。見通攷卷五八，宋史卷一六二志。

⑦「遇軍國大事，不限時入參」，表不載。見宰輔編年卷三，長編卷八九，詔令集卷五九，碑傳集上卷二神道碑，事畧卷四

〇傳，宋史卷八紀，玉海卷一二〇。

⑧表原載：太平興國八年，張齊賢、王沔並除「同簽書樞密院事」（長編卷二四，太平治迹卷三太宗聖政條，編年通鑑（李）卷三，宋史及事畧紀，退朝錄卷上並同）。惟宋朝事實卷一〇，事畧卷三六王沔傳、宋史卷二六五、碑傳集下卷二及隆平集卷四張齊賢傳，則謂並除張、王二人「簽書樞密院事」。事文類聚新集樞密部引神宗正史職官志云：「樞密院：舊制無同簽書樞密院事者，治平始以郭逵爲之。」（亦見太平治迹卷三〇官制沿革條下），而長編卷二〇八，編年備要卷一七，宰輔編年卷五，亦皆謂「同簽書樞密院事」之名，始見於治平郭逵。治平在太平興國後，則張、王二人於太平興國八年除「同簽書樞密院事」可疑。事文類聚新集引職源云：「（宋初）若武臣權豫國政，祗除同簽書樞密院事。」時齊賢自轉運使召還，拜學士，正除（見宋史卷二六五傳）。沔自郎中、學士，直遷（見宋史卷二六六傳），皆非武臣權豫可比。且表載：「雍熙三年七月，齊賢自簽書樞密院事罷，知代州。八月，沔自簽書樞密院事進樞密副使。」皆不云：自「同簽書樞密院事」。太平興國至雍熙間，亦未見二人自「同簽書樞密院事」，進「簽書樞密院事」。則太平興國中，齊賢及沔除「簽書樞密院事」，當較「同簽書樞密院事」可信。表疑誤，改繫北宋始置「同簽書樞密院事」於治平格。

⑨宰輔編年卷一八：「（元豐四年十一月）是月甲辰，樞密院置知樞密院事、同知樞密院事二人，餘悉罷。」（表不載，亦見會要職官五六之八，長編卷三一二，編年備要卷二一）。

⑩表原作「平章軍國重事」，編年通鑑（李）卷一三，宋史卷一六一志並同。惟詔令集卷五七（東坡集內制集卷六，文鑑卷三六）制，會要禮五九之五，長編卷四〇九，宋史全文卷一三，十朝綱要卷一二，太平治迹卷一八，碑傳集下卷一〇，宋史卷一七紀及卷三三六傳，事畧卷九紀及卷八八傳，宰輔編年卷九，皆作「平章軍國事」。按：宰輔編年並云：「公著平章，乃去『重』字，前此未有也。」是表誤無疑，删「重」字。

⑪例見下節〔附〕項。

⑫元祐三年及八年，范純仁兩拜尚書右僕射兼中書侍郎。表原紀純仁於元祐三年拜「尚書右僕射兼門下侍郎」。按：元豐新制，尚書左僕射例兼門下侍郎，尚書右僕射例兼中書侍郎。時已並命呂大防為尚書左僕射兼門下侍郎，且純仁自同知樞密院事拜相，不能超遷尚書左僕射，當為尚書右僕射兼中書侍郎無疑，表誤書「中書侍郎」為「門下侍郎」耳。今據宰輔編年卷九，長編卷四〇九，十朝綱要卷一二，詔令集卷五七（東坡集內制集卷六，文鑑卷三六）制，事略卷九紀及卷五九下傳，文正集重修法堂記等訂正。

⑬表原載元祐七年，蘇頌拜「尚書左僕射兼中書侍郎」。惟長編卷四七四，十朝綱要卷一三，宋史全文卷一三，編年備要卷二三，詔令集卷五七，碑傳集中卷三銘，宰輔編年卷一〇，事略卷九紀及卷八九傳，皆紀頌拜尚書右僕射兼中書侍郎。譚訓卷一亦云「拜（尚書）右僕射」。譚訓為頌孫所錄，當較可信。又表元祐八年條亦書：頌自尚書右僕射罷。表載頌拜相項誤「尚書右僕射」為「尚書左僕射」耳，今正之。

⑭建炎元年，李綱、黃潛善分拜尚書左、右僕射，表並繫「同（中書門下）平章事」銜。按：建炎三年，尚書僕射始帶同中書門下平章事，元年制未行也。據繫年錄卷八，宋史全文卷一六，十朝綱要卷二一，中興聖政卷二，宰輔編年卷一四，宋史卷二四紀，知二人入相皆不帶「同中書門下平章事」，表誤入，並刪。

⑮表脫。見繫年錄卷一〇八，十朝綱要卷二三，大事記卷九，南宋書卷一。事在紹興七年正月。

⑯⑰表並脫「同中書門下平章事」。見繫年錄卷一一四及一四〇，十朝綱要卷二三，宋史全文卷二一，中興聖政卷二二及二七，宋史卷二〇紀。

⑱表原僅作「兼樞密院」。今據繫年錄卷八五，會要職官三九之七，宰輔編年卷一五，宋史卷二八紀及卷三六一傳，晦翁集卷

五九上，知爲「兼知樞密院事」。

⑲⑳表並脫「同（中書門下）平章事」。見宋史卷二四紀，南宋書卷二紀。

㉑表原作「乾道五年八月陳俊卿自尙書右僕射、同（中書門下）平章事、兼樞密使」。按：俊卿去年十月已除「尙書右僕射、兼樞密使」。至是，俊卿實「自尙書右僕射，遷尙書左僕射，仍同中書門下平章事、兼樞密使」，表脫「遷尙書左僕射」也。見宰輔編年卷一七，宋史全文卷二五，南宋書卷二。

㉒表脫「同（中書門下）平章事」。見宋史卷三三紀及卷三七三傳。又「兼樞密使」，表原作「兼權樞密使」。按：宰相不當「兼權樞密使」。今據宰輔編年卷一七，宋史全文卷二四，編年通鑑（劉）卷八及宋史紀、傳，改作「兼樞密使」。

㉓表脫「同（中書門下）平章事」。見宋史卷三四紀及三八四傳。

㉔陳自强嘉泰三年五月拜右丞相。至是方以右丞相兼樞密使。表脫自强兼樞密使條。今據宋史卷三八紀，宋史全文卷二九，宰輔編年卷二〇補。

㉕㉖「兼樞密使」表並脫。見宋史全文卷三二，宋史卷四二紀及卷四一四傳。

㉗㉘「兼樞密使」表並脫。見宋史全文卷三三，館閣續錄卷七及卷一七，宋史卷四二紀、卷四〇五及卷四一四傳。

㉙「兼樞密使」表脫。見宋史卷四七紀，忠義錄卷一。

㉚景炎間，陳宜中、陸秀夫並以丞相兼樞密使。表不載。見宋史卷四七紀、卷四一八及卷四五一傳，史質卷一二，新編卷一四，南宋書卷六及卷六二，忠義錄卷二引廣王本末。

㉛景炎元年，文天祥拜右丞相兼樞密使，表不載。按：宋史卷四七紀，南宋書卷六，忠義錄卷二，新編卷一四及卷五五並作「兼知樞密院事」。惟文山集卷一七紀年錄，龔開文丞相傳（附登科錄後及忠義錄卷三）則作「兼樞密使」。按：南宋自紹興七

年正月復樞密使、樞密副使後，宰相已無兼知樞密院事之例，且紀年錄爲天祥獄中手書，較可信，從其說。

㉜祥興元年九月，天祥母喪，起復右丞相仍兼樞密使。表亦不載。見紀年錄，龔開文丞相傳，南宋書卷六及新編卷一四。

㉝表脫。見繫年錄卷五，中興聖政卷一，宋史全文卷一六，宋史二四紀。

㉞范宗尹「兼權樞密院事」，表脫。見繫年錄卷二九，中興聖政卷六，宋史全文卷一七。

㉟參知政事孟庾紹興四年五月及五年閏二月，嘗兩度兼權樞密院事，表並脫。見宋史全文卷一九，中興聖政卷一五及卷一七，繫年錄卷七〇及卷八六，宋史卷二七及卷二八紀。

㊱參知政事沈與求，紹興四年十月、十二月及五年閏二月，三度兼權樞密院事，表並脫。見宋史全文卷一九，中興聖政卷一六及卷一七，繫年錄卷八一、卷八三及卷八六。

㊲表脫。見繫年錄卷一八二，宋史全文卷二二，宋史卷三一紀，大典卷三一四八引陳康伯傳。

㊳表脫。見宰輔編年卷一七，宋史卷三三紀。

㊴表脫。見繫年錄卷一八五，宋史全文卷二二。

㊵表脫。見宰輔編年卷一五，繫年錄卷一二三，宋史全文卷二〇，宋史卷二九紀。

㊶表脫。見宰輔編年卷一七。

㊷表脫。見宰輔編年卷一七，宋史卷三三紀。

㊸表脫。見宰輔編年卷一五，繫年錄卷五五，宋史全文卷一八，中興聖政卷一一，宋史卷二七紀，誠齋集卷一二四墓誌。

㊹表脫。繫年錄卷七三，宋史卷二七紀並作「簽書樞密院事兼參知政事」。惟宋史全文卷一九，中興聖政卷一五，宋史卷三七二傳則作「簽書樞密院事兼權參知政事」。按：簽書樞密院事班位次參知政事，以「兼權」爲通式，從後說。

㊺表脫。據繫年錄卷八二，宋史全文卷一九，中興聖政卷一六，宋史二七紀。

㊻折彥質紹興六年二月甲寅（表作「三月」疑誤）除簽書樞密院事，壬戌兼權參知政事。表脫兼權參知政事條。見宰輔編年卷一五，宋史卷二八紀。

㊼楊愿「兼權參知政事」表脫。見繫年錄卷一五二，宋史全文卷二一，宋史卷三〇紀。

㊽表原作「章复」，今據宰輔編年卷一六，繫年錄卷一六三，南宋書卷一及宋大臣年表改作夏（厦）。

㊾表原載湯思退以簽書樞密院事兼參加政事。今據繫年錄卷一六九，宋史全文卷二二，宋史卷三一紀補入「權」字。

㊿表脫。見宋史卷三三紀，參會要職官三九之二〇。

(51)(52)表並脫。見宰輔編年卷一七，宋史三三紀。

(53)表原作「五年二月甲寅王炎自……簽書樞密院事兼權參知政事……知樞密院事」。按：是年三月，炎以參知政事宣撫四川（見玉海卷一三二，宰輔編年卷一七，宋史全文卷二五，中興聖政卷四七），不云自知樞密院事出撫，蓋炎二月實自簽書樞密院事除「參知政事兼同知樞密院事」（見宰輔編年卷一七，宋史卷三三紀），表云：「自兼權參知政事，知樞密院事」殆誤載也，今正之。

(54)表脫。見宰輔編年卷一八，宋史全文二七，宋史卷三五紀。

(55)表脫。見宰輔編年卷二〇，宋史全文卷二九，兩朝綱目卷七，編年通鑑（劉）卷一二，宋史三八紀。

(56)表僅作「樞密院兼參知政事」。今據宰輔編年卷二〇，宋史文卷二九，編年通鑑（劉）卷一三，大典卷一二九六〇引兩朝綱目（輯本卷八），宋史卷三八紀及卷三九四傳，知爲「知樞密院事兼參知政事」。

(57)表原作「開禧元年四月，錢象祖除參知政事兼知樞密院事」，按：三年十一月象祖方兼知樞密院事，是年兼同知樞密院事耳。表疑誤。今據宋史全文卷二九，編年通鑑（劉）卷一三，大典卷一二九六〇引兩朝綱目（輯本卷八），宋史卷三八紀，改作「兼同知樞密院事」。

㊽表脫。見宋史全文卷二九，編年通鑑（劉）卷一三，大典卷一二九六一引兩朝綱目（輯本卷一〇），宋史卷三八紀及卷三九八傳。按：「璧」（見綱目及通鑑），一作「壁」（見宋史全文）。考宋史：元至正及明成化本紀、傳及表（表本條脫，乃據開禧二年李璧除參知政事及三年罷參知政事條）皆作「璧」；殿本紀作「璧」，傳及表俱作「壁」，今從元、明本。

㊾表原作「除同知樞密事院」。今據宋史全文卷三一，宋史卷四一九傳改作「兼同知樞密院事」。

㊿表原脫「兼」字。按：陳貴誼紹定六年「除參知政事兼簽書樞密院事」，至是「仍參知政事進兼同知樞密院事」。見宋史全文卷三二，館閣續錄卷七，宋史卷四一紀。

(61)(62)(63)表並脫。見宋史全文卷三二及卷三三，宋史卷四二紀及卷四一九傳。

(64)表原脫「權」字。見宋史全文卷三三及宋史卷四〇九傳。

(65)徐鹿卿爲樞密使兼參知政事，表不載，見宋史卷四三紀及南宋書卷五。按：宋史卷四二四鹿卿傳無鹿卿除執政事，而宋人諸編年史籍亦不載，今姑補入，待考。

(66)表淳祐九年十二月條載：吳潛與徐清叟並除「同知樞密院事、兼參知政事」。十一年三月則云：清叟自簽書樞密院事除同知樞密院事。惟其間未見清叟罷同知樞密院事改除簽書樞密院事之文。表自相矛盾，兩條必有一誤。宋史卷四二〇清叟傳云：「拜簽書樞密院事，進同知樞密院事」。知清叟除簽書樞密院事當在同知樞密院事之先。宋史全文卷三四，宋史卷四三紀並於九年十二月載清叟除「簽書樞密院事」，則表九年十二月條實誤。因删清叟而存潛於「同知樞密院事兼參知政事」格。

(67)(68)(69)(70)表並脫「權」字。今據宋史全文卷三三及卷三四，宋史卷四四紀、卷四〇九高定子傳、卷四二〇王伯大傳、卷四七四丁大全傳補入。

(71)程元鳳「兼權參知政事」表脫。見宋史全文卷三五，宋史卷四四紀及卷四一八傳。

(72)同知樞密院事姚希得兼權參知政事，見宋史卷四二一傳。表僅作「兼參知政事」。按：咸淳元年正月，希得加官，表亦云：「依前同知樞密院事兼權參知政事。」表是條脫「權」字無疑，今增。

(73)咸淳九年九月，章鑑除簽書樞密院事兼權參知政事。表脫「兼權參知政事」六字，見宋史卷四一八傳。同書卷四六紀則作「兼參知政事」。按：紀於同年十二月載：鑑以權參知政事乞解機政不允。十年進同知樞密院事仍兼權參知政事。紀是條失書，從傳補。

(74)表脫。見宋史卷四七紀及忠義錄卷一。

(75)表：「德祐元年十一月，除同知樞密院事兼權參知政事，黃鏞除同簽書樞密院事。」按：同知樞密院事未經罷免，不能直降同簽書樞密院事，則「同知樞密院事兼權參知政事」當非黃鏞除同簽書樞密院事時所自之官資也。考宋史卷四七紀，南宋書卷六及忠義錄卷一，知首「除」字上脫「陳文龍」三字，今補。

(76)表原載陳文龍除「簽書樞密院事兼權參知政事」。今據宋史卷四七紀，南宋書卷六及忠義錄卷一改「簽書樞密院事」為「同簽書樞密院事」。

(77)三年八月事，表脫。見宰輔編年卷一四，繫年錄卷二六，中興聖政卷五，言行錄別集卷一下，宋史全文卷一七，宋史卷二五紀。

(78)四年正月及二月事，表脫。見宰輔編年卷一四，繫年錄卷三一，中興聖政卷七，宋史全文卷一七，北盟會編卷一三七，遺史卷二，宋史卷二六紀。

(79)表脫。見繫年錄卷三六，宋史卷二六紀。

(80)見事畧卷七七范鎮傳。　(81)見注㉞。　(82)見注㉟。　(83)見注㊵。　(84)見注㊼。

(85)表不載。見繫年錄卷一八二，十朝綱要卷二五，宋史三一紀。

(86)見注㊲。

(87)興求及松年互代職，表並脫。見繫年錄卷八一及卷八二，中興聖政卷一六，宋史全文卷一九，宋史卷二七紀。

(88)表原繫紹興二十一年十一月。按：余堯弼爲賀大金登位使，在二十年三月丙戌，庚子余堯弼辭行，詔巫伋兼權參知政事。表繫時疑誤。今據繫年錄卷一六一，宋史全文卷二一，宋史卷三〇紀改繫。

(89)見注㊴。

(90)表原載顏岐遷「尚書左丞、同知樞密院事」。按：建炎元年，仍元豐舊制，三省執政無兼樞密之例，表恐誤。今據繫年錄卷一〇，宋史全文卷一六，中興聖政卷二，宋史卷二四紀，改作「尚書左丞、兼門下侍郎」。

(91)表及宰輔編年原繫二月癸未。惟宋史全文卷二一，繫年錄卷一六一，宋史卷三〇紀，南宋書卷一則並繫三月癸未。按：紹興二十年二月戊申朔，無癸未日。三月戊寅朔，癸未六日也。表誤，改繫三月。

(92)見注(55)。　(93)見注㉝。

(94)十五人即：徐俯、胡松年、折彥質、何儔、程克俊、樓炤、李文會、楊愿，汪勃、詹大方、章夏、宋樸、史才、魏師遜及鄭仲熊等。

(95)見注㊷。

(96)紹興三十二年十月葉義問罷條。元至正本表原作「陳義問」，「陳」當爲「葉」之誤，殿本表亦作「葉」。按：宰輔編年卷一七，宋史卷三三紀，南宋書卷二並作「葉」。從殿本表。

(97)見注(50)。　(98)見注(58)。

(99)南宋(1)經兼權試用罷黜之參知政事可考者：高宗朝十五人（見注(94)），孝宗朝五人（葉義問、黃祖舜、林安宅、劉珙、謝廓然），光宗朝一人（陳騤），寧宗朝四人（何澹、許及之、衞涇、任希夷），理宗朝七人（別之傑、李性傳、吳潛、徐淸叟、林存、朱熠、沈炎），度宗朝四人（王爚，馬光祖，陳宗禮，趙順孫），共三十六人。(2)經兼權試用正除之參知政事可考者：高宗朝二人（李若谷，余堯弼），孝宗朝二人（蔣芾，陳俊卿），寧宗朝三人（衞涇，鄭昭先，宣繒），理宗朝五人（王伯大，應繇，謝方叔，饒虎臣，姚希得），度宗朝一人（常挺），僅共十三人而已。

(100)表原序：「後七朝，始建炎丁未，終德祐丙子……居相位者六十一人。」今增景炎、祥興丞相李庭芝及陸秀夫二人（陳宜中及文天祥亦爲景炎、祥興丞相，惟首次拜相在德祐，不重算），共六十三人。

(101)見困學紀聞卷一五。十權相卽：黃潛善，汪伯彥，秦檜，万俟卨，湯思退，韓侂胄，史彌遠，史嵩之，丁大全及賈似道。

(102)見注(28)。

〔附錄〕（一）宰輔原名與簡稱表

宰相		副相		樞密	
原名	簡稱	原名	簡稱	原名	簡稱
同中書門下平章事	平章	參知政事	參政	樞密使	樞使（或使）
尚書左僕射	左僕	門下侍郎	門侍	樞密副使	樞副（或副）
尚書右僕射	右僕	中書侍郎	中侍	知樞密院事	知院
左丞相	左相	尚書左丞	左丞	同知樞密院事	同知
右丞相	右相	尚書右丞	右丞	簽書樞密院事	簽書
（太、少宰不作簡稱）				同簽書樞密院事	同簽書
				樞密院事	院事

（二）參考書簡稱表

書名	編著者	簡稱
宋史宰輔表	元脫脫	表
宋宰輔編年錄	宋徐自明	宰輔編年

東都事畧	宋王　稱	事　畧
新刊名臣碑傳琬琰之集	宋杜大珪	碑傳集
皇宋十朝綱要	宋李　埴	十朝綱要
宋史全文續資治通鑑	元（不著撰人）	宋史全文
續資治通鑑長編	宋李　燾	長　編
宋大詔令集	宋（不著編者）	詔令集
建炎以來繫年要錄	宋李心傳	繫年錄
皇宋中興兩朝聖政	宋（不著撰人）	中興聖政
續宋編年資治通鑑	宋劉時舉	編年通鑑（劉）
皇朝中興大事記講義	宋呂　中	大事記
文獻通考	元馬端臨	通　考
宋會要輯稿	淸徐　松	會　要
皇朝（九朝）編年備要	宋陳　均	編年備要
續宋編年資治通鑑	宋李　燾	編年通鑑（李）
宋文鑑	宋呂祖謙	文　鑑
蘇東坡集	宋蘇　軾	東坡集

（皇朝）太平治迹統類前集	宋彭百川	太平治迹
范文正公集	宋范仲淹	文正集
丞相魏公譚訓	宋蘇象先	譚訓
朱文公集	宋朱熹	晦翁集
宋季忠義錄	清萬斯同	忠義錄
宋元史質	明王洙	史質
宋史新編	明柯維騏	新編
文文山全集	宋文天祥	文山集
永樂大典	明解縉（等）	大典
楊誠齋集	宋楊萬里	誠齋集
兩朝綱目備要	元（不著撰人）	兩朝綱目
名臣言行錄	宋李幼武	言行錄
三朝北盟會編	宋徐夢莘	北盟會編
皇朝中興遺史	宋（不著撰人）	遺史
春明退朝錄	宋宋敏求	退朝錄

國立中央圖書館所藏燉煌卷子題記

潘重規

丁未夏休，余薄游巴黎、倫敦，觀法國國家圖書館及大英博物館所藏燉煌寫本。以遘母疾，遄歸臺北。侍疾之餘，日詣國立中央圖書館善本圖書室，得盡讀所藏燉煌寫本百五十餘卷。凡敦煌遺書總目索引散錄所載六十六卷皆在其中。詢之館長屈翼鵬教授暨前館長蔣偉堂先生，知多爲抗戰時及勝利後，購自李木齋之女暨葉譽虎所藏。披閱之餘，隨筆記其概畧，卷帙既少，不復詮次。視法都英京所藏，誠不足比其美富，然彼則淪於異域，此則不失吾家故物，斯益足珍也。讀者按籍披尋，當同深國寶漂零之感矣。民國五十六年十一月十二日記於臺北。

○○4739大般若波羅蜜多經 唐釋玄奘譯 唐奈㚘見力寫卷子本，存卷二五四。

黃楮，十六紙，行十七字。 四界。

起界眼識界及眼觸，訖末行標題大般若波羅蜜多經卷第二百五十四。卷尾有「勘了」二字，又有小行書「索贊力寫」四字。館籤及總目題唐奈㚘見力寫，蓋誤認「索」爲「奈」，又誤認「贊」爲「㚘見」；此卷當爲索贊力所寫。陳祚龍教授云：「燉煌卷中曾見有人姓索名大力者，」知此卷乃索姓而名贊力者所寫也。此卷朱漆木軸，猶存舊物。卷外加織錦帙衣，金籤題古寫經一卷。帙裏細書一行，云三千六百六十九字。

此卷即燉煌遺書總目索引散錄（以下簡稱總目）所載〇〇〇4卷。

〇〇4755大般若波羅蜜多經 唐釋玄奘譯 唐人寫卷子本

黃楮，存廿六行，行十七字。四界。無校，無背記。

起第一行題大般若波羅蜜多經卷第四百九十九，次行題第三分天帝品四之二，三藏法師玄奘奉　詔譯，訖非心迴向非心心。此卷即總目〇〇〇5卷。

此卷夾有方廣經碎片四紙，皆白楮。其他殘經三紙，皆黃楮，一紙六行，二紙各四行。

〇〇4749大般若波羅蜜多經 唐玄奘譯，唐寫卷子本。

黃楮，三紙，行十七八字不等。四界。字工。無校，無背記。

起靜不著色處，訖末行標題大般若波羅蜜多經卷第五。標題上鈐有「報恩寺藏經印」長方篆文朱印。

此卷即總目之〇〇〇6卷。

〇〇4733妙法蓮華經 一卷。鳩摩羅什譯，唐人寫卷子本。

黃楮，十一紙，首五行缺下半截。四界。無背記，有木軸。

起闥婆王美音乹，訖末行題妙法蓮華經卷第一。有朱筆校改。蓋即總目之〇〇31卷。

〇〇4738鳩摩羅什法師誦法 一卷，口釋道融集，唐人寫卷子本。

黃楮，二紙，四界，世字不諱，無背記。

起標題鳩摩羅什法師誦法，慧融等集，訖忍辱得度翻畜。

前有序云：四部弟子受菩薩戒，原於長安城內大明寺鳩摩羅什法師與道俗百千人受菩薩戒。時慧融、道詳八百餘人次預彼末，書持誦出戒本及羯摩受戒文云云，菩薩戒序云：諸大德，……是日已過，命亦隨減，如少水魚，斯有何樂。

此卷編目書籤題口釋道融集，唐人寫卷子本，總目○○53亦題口釋道融集，唐人寫卷子本，蓋即此卷。然據標題當云慧融等集，

○○4740大方廣佛華嚴經 **唐實叉難陀譯，唐人寫卷子本。**

黃楮，三紙。四界。字工。世字不諱。

首行題大方廣佛花嚴經花藏世界品第五之三，卷十，訖又見彼土現在諸佛。背題大方廣佛華嚴經卷第卌七。

卷軸及細帶皆舊物。

此卷即總目○○15卷。

○○4746大般涅槃經 北涼曇無讖譯，六朝人寫卷子本。

白楮有光，七紙，末數行殘缺。四界。字有隸意。有墨筆校及乙改。

起寶安住无有傾動，訖諸衆生故。

背鈔梵網經及雜文，字草率。漆軸原裝。

總目○○２５即此卷。

○○４７７５雜疏文不著撰人，唐人寫卷子本。

白楮粗糙，四紙，首葉損缺。字草率，無四界，有朱筆圈點。第一行題結壇散食發願文。

規案；此蓋唐末以後人所錄。

總目著錄：「○○４５雜疏文一卷，不著撰人，唐人寫卷子本，無頭尾，」當即此卷。

○○４７４２妙法蓮華經姚秦鳩摩羅什譯，唐人寫卷子本。

黃楮，二十一紙半，行十七字，字工。不諱世字民字。無背記。

起亦不親近增上慢人，至第七葉第二行題妙法蓮華經從地踊出品第十五，第十三葉倒數第七行題妙法蓮華經如來壽量品第十六，第十六葉倒數第三行題妙法蓮華經分別功德第十七，訖末行題妙法蓮華經卷第五。

總目○○３４即此卷。

○○４７４８大智度經七十品釋論之餘姚秦鳩摩羅什譯，唐人寫卷子本。

黃楮，紙薄，十九紙。行十七字，字體近六朝人。不諱世字。漆木軸，舊物。　無背記。

起首行標題大智度經七十品釋論之餘，卷八十四，訖旡作合行故。尚餘空白烏絲欄十行。

此卷疑初唐以前人寫本。經文於界上欄外寫一經字，論文於界上欄外寫一論字。

總目〇〇一九即此卷。

〇〇４７５〇大乘殘經六朝人寫卷子本。

黃楮質薄，六紙半，行十七字，字體近北魏。無四界。無背記。不諱世字。首尾有缺損。

起見定光佛爲旡量大衆說，訖名爲功德法身法。

總目〇〇５〇即此卷。

〇〇４７３〇金光明最勝王經唐釋義淨譯，唐人寫卷子本。

白楮，一紙零一行，共三十七行，行四十一至四十七字不等。字小。第十三行標金光明最勝王經如來壽量品第二。不避世字。

起甚深難口　說佛之境界，訖以常見佛不尊。

總目〇〇１３即此卷。

〇〇４７７〇殘經六朝人寫卷子本。

黃楮，二紙，首尾有缺損。無四界。世字不諱。

起示現受持眞妙法故，訖法如來於燃燈佛所。

總目：○○48殘經（一卷），六朝人寫卷子本，無頭尾，當即此卷。

此卷夾有國立中央圖書館善本圖書編目草籤，著錄477○號。【類別】子部釋家類。【書名】金剛般若波羅蜜經論。【編著者】印度天親菩薩造。【注釋者】元魏釋菩提流支譯。【卷數】原三卷，存中卷，首尾皆缺。【冊數】一段。【版本】六朝人寫卷子本。草籤欄頂注云：戰時滬購。

○○○5○6大方等大集經 北涼釋曇無讖譯，隋人寫卷子本，存經卷第十二。

黃楮，紙薄，十四紙。行十七字。四界。

起首行題大方等大集經旡言菩薩品第七，訖末行題大方等大集經卷第十二。

卷尾有「曾在不因人熱之室」篆文長方朱印。

卷背有啓功題籤云：隋人寫大集經。夾行注云：無欵，相其筆勢，在開皇大業之間。丙戌夏日，啓功觀於海王邨畔

總目：○○26大方等大集經（存一卷），北涼曇無讖譯，隋人寫卷子本，當即此卷。

○○4732妙法蓮華經 姚秦鳩摩羅什譯，存三卷，唐人寫卷子本。

一卷：黃楮，存二紙半，首有缺損，四界，不諱世字。起帝三檀陁鳩，訖末行題妙法蓮華經第七。

一卷：黃楮，紙質較厚。四界。起妙法蓮華經妙音菩薩品第廿四，訖若佛菩薩及國土生下劣。

餘一卷，未見。

總目：〇〇33妙法蓮華經（存三卷）。姚秦鳩摩羅什譯，唐人寫卷子本，存三、五、七三卷。

〇〇4731妙法蓮華經 姚秦鳩摩羅什譯，存三卷，唐人寫卷子本。

一卷。黃楮，三紙，四界，不諱世字。

起首行妙法蓮華經序品第一，訖所親近處。

又一卷，黃楮，一紙，四界，不諱世字。

起妙法蓮華經藥草喻品第五，訖尒時无數千。

又一卷，黃楮，一紙，紙質較厚，四界，不諱世字。筆迹與前二卷不同。

起妙法蓮華經安樂行品第十四，訖入他家若。

總目：「〇〇32妙法蓮華經（存三卷），姚秦鳩摩羅什譯，唐人寫卷子本，存第一、第三、第五、三卷。」似即此卷。

妙法蓮華經安樂行品第十四 一卷，唐人寫卷子本。

黃楮，五紙。四界。無校，無背記。

第一紙起妙法蓮華經安樂行品第十四，訖第二紙若無比丘一心念佛。筆勢勁挺，有隸意。第三紙起復次增長鳩槃茶王，訖第五紙佛以方便隨類音，紙質較厚，字體亦較凡近。

重規案：此卷未編號，在館藏寫經第二箱紙袋中，袋上批注云：原裝漢簡盒，五十三年七月九日移此。

妙法蓮華經如來壽量品第十六 唐人寫卷子本。

此卷未編號，在館藏寫經第二箱紙袋中。夾有編目草簽一紙云：【類別】子部釋家類。【書名】妙法蓮華經。【注釋者】姚秦鳩摩羅什譯。【卷數】一卷，原七卷，存第五卷之如來壽量品第十六。【冊數】一段。【版本】唐人寫卷子本。草簽欄頂批注云：三十七年五月十日京購。

首行標題下有近人題記二行云：如來壽量品，乃唐寫經眞跡，以介席卿老兄同年五十壽，弟嶽棻識。有嶽棻陰文朱印。卷首紙背有張偉篆文朱印。

〇〇4759妙法蓮華經 姚秦鳩摩羅什譯，存一卷，唐人寫卷子本。

黃楮，六紙，行十七字，偈文十六至二十字不等。四界。不諱世字民字。

起十方大菩薩愍衆故行道，訖從地踊出住。有妙法蓮華經從地踊出品第十五標題。

除館藏印外，有「吳倉」方印，「歙許芚父游隴所得」長方印。

總目〇〇35妙法蓮華經（存一卷）姚秦鳩摩羅什譯，唐人寫卷子本，存第十四、十五品，即此卷。

〇〇4778妙法蓮華經 姚秦鳩摩羅什譯，存一卷，唐人寫卷子本。

黃楮，十七紙，第一紙殘缺。行十六、七、八字。四界。不諱世字民字。

起是迦葉於未來，訖末行妙法蓮華經卷第三。第五紙有標題妙法蓮華經化城喻品第七。末二紙字跡較遜，似配抄。

總目：〇〇38妙法蓮華經（存一卷），姚秦鳩摩羅什譯，唐人寫卷子本，存化城喻品。即此卷。

〇〇4776妙法蓮華經 姚秦鳩摩羅什譯，存一卷，唐人寫卷子本。

白楮，二十二紙，多蠹眼，無校，無背記。

起也所以者何，訖末行標題妙法蓮華經卷第二。有妙法蓮華經信解品第四標題。

總目：〇〇37妙法蓮華經，存一卷，存第二第四二品，蓋即此卷。

〇〇4735摩訶般若波羅蜜經 唐釋玄奘譯，唐人寫卷子本。

黃楮，四紙半，字工。四界。有墨筆校字，世字不諱。

首行標題摩訶般若波羅蜜經次第行品第七十四，卷第卅三，訖四萬二千天子得旡生法忍。

總目：〇〇〇2摩訶般若波羅蜜經，存卷三三，即此卷。

〇〇4761大乘密嚴經 唐釋地婆訶羅譯，存一卷，唐人寫卷子本。

黃楮，七紙半，首有缺損。不諱世字。

起若於屋宅及，訖末行題大乘密嚴經卷上。

即總目〇〇17卷。

〇〇4766大灌頂經 東晉帛尸梨蜜多羅譯，唐人寫卷子本。存一卷。

黃楮，七紙。四界。字工。不諱世字，諱民字。

起何殯葬，訖末行題大灌頂經卷第六。

有埊、𢘑、圀、武氏新字。

即總目〇〇〇1卷。

唐人寫經十三節，三百四十四行。

黃楮，十三紙，行十七字。四界。世字不諱。無校記。無背記。

起如是十方盡虛空界，訖末行題「佛名經卷第四」。

此卷未編號，在館藏寫經第二箱紙袋中。

摩訶般若波羅蜜經唐人寫卷子本。

黃楮，九紙，末紙有損缺。行十七字。四界。不諱世字。　又有斷紙，八行。

起迦葉菩薩白佛言，訖善男子慈。

此卷未編號，在館藏寫經第二箱紙袋中。

摩訶般若波羅蜜經卷第一

黃楮，十二紙，行十六、七、八字不等。字精工，卷子完整。有校改字。不諱世字。

起如恒河沙等諸佛國土，訖末行摩訶般若波羅蜜經卷第一。

此卷未編號，在館藏寫經第二箱紙袋中。夾有編目草簽一紙云：【類別】子部釋家類。【書名】摩訶般若波羅蜜經。【註釋者】姚秦鳩摩羅什譯。【卷數】一卷，原二十七卷。存第一卷序品、奉鉢品，習應品。【冊數】一段。【版本】唐人寫卷子本。草簽欄頂批注云：三十七年五月十日京購。

○○4718大乘蓮華寶達菩薩問答報應沙門品 不著譯人，存一卷，唐人寫卷子本。

白楮，一紙半，行十六、十八、十九字不等。四界。世字不諱。

起大乘蓮華寶達菩薩問答報應沙門品第廿八，訖常樂妙智八自在我。

總目○○61即此卷。

○○4726大般若波羅蜜多經 唐釋玄奘譯，存一卷。唐人寫卷子本。

白楮，一紙、有墨污。四界。紙背塗鴉有「張良友」一名。

起至般若波羅蜜多攝受一切，訖一切相智。

總目○○3即此卷。

○○4777大乘無量壽經 宋釋畺良耶舍譯，一卷，唐孟郎子寫卷子本。

白楮，八紙，行三十六、七、八字不等。

起首行標題大乘旡量壽經，訖四紙末結題佛說旡量壽宗要經。第五紙首行標題大乘旡量壽經，訖第八紙末結題佛說无量壽宗要經。字體紙質皆同，蓋一人書此經二本。第四紙尾有「孟郎子」行書三字。

總目：○○４２大乘無量壽經（一卷，又一卷），即此卷。

○○４７７９金光明最勝王經（唐釋義淨譯，存一卷，唐人寫卷子本。）

黃楮，二紙，行十七字，卷多損泐。世字不諱。

起有作无間罪，訖先嚼齒木淨澡漱。有金光明最勝王經大吉祥天女品第十六、金光明最勝王經大吉祥天女增長財物品第十七標題。襯裱紙有僧牒文，並有藏文二行。

總目○○○９蓋即此卷。

○○４７２５大般涅槃經（北涼曇無讖譯，存一卷，六朝人寫卷子本。）

黃楮，一紙半，存廿八行，行十七字。四界，不諱世字。

起令貪繫縛於心。訖菩薩脩大涅槃心得解脫。

總目○○２４蓋即此卷。

○○４７２８佛性觀月燈經名諸法體性平等無戲論（不詳撰人，一卷，唐人寫卷子本。）

白楮，七紙，行十五、十六、十七字不等。字體粗率，烏絲欄，不依格寫。第五紙行間畫人像及虎形。

起名相或名歸，訖此之利益更何可論。卷中引禪師集錄及裴公云云。

規案：此卷無標題。卷末云：「又此佛性，觀月燈經名諸法體性平等无戲論三昧，經中說偈讚云：佛眼所見諸衆生，假使一時成佛道。……」此卷標題「佛性觀月燈經名諸法體性平等無戲論」，蓋未諦。

總目〇〇57即此卷。

〇〇4729佛說大方廣十輪經 不詳譯人，存一卷，唐人寫卷子本。

白楮，三紙，第一紙有缺損，行十七字。紙色菸暗，質粗。字工。不諱民字。

起首行佛說大方廣十輪經離譏嫌品第九，訖無所闕失於一切如來。

總目〇〇56即此卷。

〇〇4756金光明最勝王經 唐釋義淨譯，存一卷，唐人寫卷子本。

黃楮，十六紙，行十七、十八字不等。第一紙有損缺。四界。不諱世字民字。

起重讚歎植諸善根，訖末題金光明最勝王經卷第六，及音兩行：陋陟尸 敞昌兩 敵亭歷從文 整征勤 殿田見 蝕乘力

掠良灼 讒士咸 寠劬矩 麽摩可 颯蘇合 薜薄閉 撦車者 拏奴加 窣孫骨 嚂去盍 呬虛致 叡以芮

卷尾有小字題記一行云：「屈榮子爲父母及合家平安敬寫。 王瀚。」似此卷爲屈榮子所書，或王瀚代屈榮子所書。

總目〇〇10即此卷。

○○4758大方廣佛華嚴經　唐釋實叉難陀譯，存一卷，唐人寫卷子本。

黃楮，十二紙，行十七、八字不等。四界。不諱世字。

起一切衆生安住菩提菩薩受記，訖末行題大方廣佛華嚴經卷第卅一。

總目○○14即此卷。

○○4727觀世音三昧經　不詳譯人，存一卷，六朝成漢人寫卷子本。

白楮，三紙，天線烏絲欄，地欄粗墨線，無直格，行廿一、廿二，廿三字不等。首紙末紙有缺損。不諱世字民字。

起首行口說觀世音三昧經，訖乃能受持斯呪。

規案：字體不似六朝人書，殆唐末人寫本。

總目：○○58觀世音三昧經（一卷）不詳譯人，六朝成漢人寫卷子本，即此卷。

○○4745金光明最勝王經　唐釋義淨譯，存一卷，唐米通信寫卷子本。

白楮。九紙，首紙有缺損。四界，有墨筆校字。不諱世字民字。

起尒時寶積大法師，訖末題金光明最勝王經卷第九，題後有金光明最勝王經諸天藥叉護持品第廿二，金光明最勝王經授記品第廿三，金光明最勝王經除病品第廿四。金光明最勝王經長子流水品第廿五標目。

卷尾有音一行：耄毛報　痰徒甘　癊於禁　玀俱縛　枳俱爾　弭彌氏　媲普詣　睇啼計　梢所交。音後有「米通信書」四小字。

襯裱紙有寫經殘字，有黃楮一行，書「羅蜜多經卷第六十」。

總目〇〇12即此卷。

顏氏家訓歸心篇云：「內教多途，出家自是一法耳。若能誠孝在心，仁惠爲本，須達流水，不必剃落鬚髮」

趙曦明家訓註云：「未詳。」嚴式誨家訓補校注云：「須達爲舍衞國給孤獨長者之本名，祇園精舍之施主也，見經律異相。流水蓋亦長者之名，皆不爲僧而得證佛果者，俟更考之。」規案：北涼曇無讖譯四卷本金光明經及唐義淨譯十卷本金光明經皆有除病品、長者子流水品（曇譯作流水長者子品）。此二品述長者子流水習醫濟治衆生，及拯活池魚十千事。歸心篇流水即出此經。今英法藏金光明經敦煌寫本極多，知南北朝此經盛行，故顏氏用事及之也。

〇〇4757大般涅槃經北涼釋曇無讖譯，一卷，唐人寫卷子本。

黃楮，十五紙，紙薄，行十七字。四界。不諱世字民（眠）字治字，漆軸舊物。

起惠施故，訖末行大般涅槃經卷第十八。

規案：此卷字體似初唐或隋代寫本。

總目〇〇22即此卷。

〇〇4772佛說阿彌陀經姚秦鳩摩羅什譯，一卷，唐人寫卷子本。

黃楮，二紙，第一紙有缺損。行十七字或十八字。字工。

起亦有阿閦鞞佛須彌，訖末行題佛說阿彌陀經。

總目：○○２８佛說阿彌陀經（一卷）姚秦鳩摩羅什譯，唐人寫卷子本，首尾缺。似即此卷。

○○４７２２般若波羅蜜經　不詳譯人，存一卷，六朝寫卷子本。

黃楮，一紙半，卅六行，行十七、十八字不等，首尾四行缺損。四界。

起亦无菩薩，訖中不。

總目○○５９即此矣。

規案：此卷以下十八卷及○○４７７８、○○４７３１妙法蓮華經，凡二十卷，在館藏寫經第三箱，有包皮紙記云：館長在北平購，卅五年九月七日記。

○○４７２３摩訶般若波羅蜜經　姚秦鳩摩羅什譯，存一卷，唐人寫卷子本。

黃楮，二紙，五十五行，首七行損缺，行十六、十七、十八字不等。四界。

起无我若淨若不淨，訖佛告善現諸菩薩摩。

總目○○２７即此卷。

○○４７３４小鈔　不著撰人，一卷，唐人寫卷子本。

白楮，七紙，首紙有損缺，書法不工整。四界。不諱世字。

起首行標題小鈔一卷，訖末行題小鈔一卷。卷尾有題字一行云：乾符貳年四月十七日納邑判官孫興晟分配如後。卷背復有題字云：乾符貳年四月十七日納邑判官孫興晟分配如後，燉煌，莫高，神沙，平康，洪池，玉關，赤心，慈惠，效穀。

此卷雜鈔戒律儀法。

總目〇〇55即此卷。

〇〇4736淨名經關中釋鈔（唐釋道液撰，存一卷，唐釋道眞寫卷子本。）

白楮質粗，十四紙。四界，不依界寫，行草書。有朱圈點。不諱世字治字。

起淨名經關中釋抄卷上，沙門道液撰集，訖名不思議也已。

卷尾有朱書題記二行云：戊戌年夏五月廿日三界寺沙門道眞（一行）念記。俗姓張氏（二行）。字體較拙，又稱念記，蓋讀經之人，非寫經之人。朱筆圈點當出其手。

總目〇〇16淨名經關中釋抄（存一卷），即此卷。

〇〇4737淨名經關中疏（唐釋明眞章草寫卷子本，存一卷。）

白楮，廿一紙，行三十餘字，章草書。四界。朱筆點校。

起口二第一文二此初乘也，訖末題淨名經關中疏卷上。卷尾有題記四行云：己巳年四月廿三日，京福壽寺沙門維秘於沙州（一行）報恩寺，爲僧尼道俗敷演此淨名經，己傳（二行）來學之徒，願秘藏不絕者矣（三行）。龍興寺僧明眞寫，故記之也（四行）。

總目：「〇〇54淨名經關中疏（存一卷），口釋維秘演說，唐釋明眞章草寫卷子本，存卷上。」即此卷。

〇〇4743成實論義記（口釋其甲撰，存一卷，唐人寫卷子本。）

黃楮，十一紙。四界。注釋雙行夾寫，行草書。

起即答一微獨去義，訖末行成實論義記卷中，比丘其甲。

背襯裱紙有一紙題云：辯中邊論一部。

總目〇〇4〇即此卷。

〇〇4744菩薩戒羯磨文（唐釋玄奘譯，一卷，唐人寫卷子本。）

黃楮，二十九紙，有缺損。四界。字工。不諱世字治字。

起諍事後瞋恚作是語，訖餘類准以可知。

總目〇〇2〇即此卷。

〇〇4724道安法師念佛讚文附入山讚文（一卷。五代後梁貞明四年寫卷子本。）

黃楮，一紙。四界。字不工。

起首行道安法師念佛讚文，訖十九行題云：貞明四年己卯歲二月十日書記。隔一行爲入山讚，凡十三行，訖不怕汚塵埃。

總目〇〇6〇即此卷。

〇〇4752佛像 舊刊本，一葉。

白棉紙，一紙。

似刊本，又似淡墨畫。

〇〇4753金光明最勝王經 唐釋義淨譯，唐人寫卷子本。

黃楮，七紙，行十五、六、七、八字不等，首行缺數字。不諱世字。

起妙吉祥菩薩觀自在菩薩，訖少病少惱起居輕利安。第四紙有金光明最勝王經如來壽量品第二標題。

總目：〇〇12即此卷。

〇〇4754觀世音經 不詳譯人，一卷，唐人寫卷子本。

黃楮，四紙，首尾有缺損，行十七字。不諱世字。

起國土滿中夜，訖末行題觀世音經。

總目〇〇51即此卷。

〇〇4762大乘無量壽經宋釋畺良耶舍譯，一卷。唐張畧波寫卷子本。

白楮，四紙，行三十四、五、六字不等。紙幅高，四界。

起首行大乘无量壽經，訖末行佛說无量壽宗要經。

卷尾題記云口畧口藏寫。

總目〇〇41即此卷。

〇〇4768佛說無量壽宗要經宋釋畺良耶舍譯，一卷，唐解晟子寫卷子本。

白楮，二紙，行廿九字至卅八字不等，首紙有缺損。紙幅高，四界。世字不諱。

起若有自書寫教人書寫，訖末行題佛說无量壽宗要經。

卷尾有解晟子署名，當即寫經人。

總目〇〇44即此卷。

〇〇4763大般若波羅蜜多經唐釋玄奘譯，存一卷，唐人寫卷子本。

白楮，十六紙，首紙有缺損。四界。漆木軸舊物。

起故八聖道，訖末行題大般若波羅蜜多經卷第二百卅一。

總目〇〇〇7即此卷。

〇〇4764大般若波羅蜜多經 唐釋玄奘譯，存一卷，唐人寫卷子本。

黃楮，十六紙半，行十七字。四界。原漆木軸。

首紙殘缺，起第一行若波羅蜜多。第二行口信解品第卅四之廿六，訖末行題大般若波羅蜜多經卷第二百七。

總目〇〇〇8即此卷。

〇〇4765大智度論 姚秦釋鳩摩羅什譯，存二卷，唐人寫卷子本。

黃楮，十八紙，第一紙首數行泐損。行十七字。四界。不諱世字民字。

起首行大智度口卷第六十三，訖末行題卷第六十三。

第十紙有大智度第卌一品釋論。

卷首有「歙許芚父游隴所得」長方篆文朱印，與〇〇4759卷朱印同。

總目：〇〇18大智度論（存二卷），印度龍樹菩薩造，姚秦鳩摩羅什譯，唐人寫卷子本，存卷六二，六三，共一卷，蓋即此卷。

〇〇4767大般涅槃經 北涼曇無讖譯，存一卷，唐人寫卷子本。

黃楮，廿三紙，首紙有損缺，行十六、十七字。四界。有朱校字。卷尾有朱書勘訖二字。漆木軸。不諱世字治字虎字。

起何以故諸佛世尊，訖末行題大般涅槃經卷第五。

總目〇〇21即此卷。

規案：此卷字體似唐初或隋代寫本。

〇〇4769咒魅神經　不著撰人，一卷，唐人寫卷子本。

白楮質粗，第一紙殘，上下有橫欄，無直欄，字不工。不諱世字。

起絲縷或，訖末行題佛說呪魅神經。

總目〇〇49即此卷。

〇〇4771殘經　一卷，唐人寫卷子本，附殘葉二紙。

黑楮質粗，二紙，遭煤傷紙脆。行十六十七字不等。

起故爲无邊佛法而作本，訖諸佛不共之法能攝持故。

此卷夾有編目草簽云：【登記號】4771。【類別】子部釋家類。【書名】金光明最勝王經。【注釋者】唐釋義淨奉制譯。【卷數】原十卷，存第二卷，首尾皆缺。【冊數】一段，【版本】唐人寫卷子本。又草簽欄頂批注云：戰時滬購。

附殘葉二紙：一紙，廿行，黃楮，無四界。起其道此人若能不惜身命，訖名爲沙門中濁名爲。一紙，廿二行，黃楮，四界。起何以故文殊師利，訖慧光照一切。

總目〇〇47即此卷。

〇〇4774道經殘卷 子部道家類，一卷，唐人寫卷子本。

黃楮，二紙，第一紙缺損，行十七字。四界。諱民字。

起第一行存「初受」二字，第二行存「岳名山洞天宮館及四」九字，訖神尊曲垂哀愍。

總目〇〇66即此卷。

〇〇4717太上元陽經 不著撰人，存二卷，子部道家類，唐人寫卷子本。

黃楮，四紙，行十七字，四界。

起樹珍寶莊飾然此仙館，訖始年十四乃往久遠日。世字民字不諱。

存第十六（殘），太上元陽經淨土品第十七（全），太上元陽經莊嚴品第十八（存標目及正文一行）。

總目：〇〇65太上元陽經（存二卷），不著撰人，唐人寫卷子本，原十卷，存淨土品第十六（殘）、第十七。按即此卷。

〇〇4721太上業報因緣經 不著撰人，一卷，唐人寫卷子本。

黃楮，三紙半，行十七、十八字不等。四界。不諱世字民字。

起太上業報因緣經卷第一，訖見有皇后常立百座。次行標題開緣品一。

背抄般若波羅蜜多心經。

總目：〇〇64卷，即此卷。

〇〇478〇新菩薩經（一卷，不著撰人，唐人寫卷子本。）

黃楮，一紙，十二行，行十四、十五，十六字不等，字率。

起新菩薩經一卷，訖新菩薩經一卷。

此經云：從西京州正月二日盛申時，雷鳴雨聲，有一石下大如升，遂兩斤，即見此經，報諸衆生，今載饒患。

總目〇〇46即此卷。

〇〇472〇大悲禪門偈（不著撰人，一卷，唐人寫卷子本。）

白楮，六紙，行十九、廿、廿一字不等。無四界。不諱世字。

起塲無柏食茨萁榧，訖苦海深无底衆生流浪幾千迴。

總目〇〇62即此卷。

〇〇4719爲二太子中元盂蘭薦福表（不著撰人，一卷，唐人寫卷子本。）

白楮，質粗，一紙半，行二十餘字。無四界。字拙。

起伏維二太子間生帝子，訖此時大赦不抄欠。

中有云：闢盂蘭之道塲，開超生之論席者，即我　府主太保爲二太子薦福之懇也。

總目〇〇３９即此卷。

〇〇４７７３金剛般若波羅蜜經（姚秦鳩摩羅什譯，一卷，唐人寫卷子本。）

黃楮，受損菸黑碎爛，四紙，行十七字，四界。不諱世字。

起須菩提白，訖忍辱仙人於尒所世无我。

總目〇〇３〇即此卷。

〇〇４７５１佛說金剛般若波羅蜜經（姚秦鳩摩羅什譯，一卷，唐人寫卷子本。）

黃楮，九紙。行十五、六、七、八字不等。四界。有墨筆校字。不諱世字。字佳。

起佛說金剛般若波羅蜜經，訖如來說得福德多。

總目〇〇２９即此卷。

〇〇４７８１佛說無量壽宗要經（一卷，宋釋畺良耶舍譯，唐人寫卷子本。）

白楮，二紙，行廿八、廿九字不等。

起他取六怛性他俺七，訖末行題佛說无量壽宗要經一卷。

總目〇〇４３即此卷。

〇〇７５１７維摩詰所說經（姚秦鳩摩羅什譯，一卷，唐人寫卷子本。）

黃楮，十三紙，首二紙缺損，行十七字。無四界。有墨筆校字。不諱世字治字。

起印可時我世尊聞說是，訖末行題摩詰所說經卷上。

第八紙有菩薩品第四標目。

○○7515金光明經 北涼曇無讖譯，存一卷，六朝人寫卷子本。

黃楮，紙薄，十一紙半，行十七字。四界。不諱世字民字治字。第一紙微損。

起白佛言世尊是金光，訖末行題金光明經卷第二。

○○7528大般若波羅蜜多經 唐玄奘譯，存一卷，唐人寫卷子本。

白楮，十四紙半，首紙缺損，行十七字。四界。

起趣生死衆苦，訖了知所有集滅道聖。

○○7523金光明最勝王經 唐義淨譯，存一卷，唐人寫卷子本。

黃楮，二紙半，行十七字，四界。

起金光明最勝王經堅牢地神品第十八，龍興僧奉，訖末行金光明最勝王經僧愼尒耶藥叉大將品第十九。

重規案：「龍興僧奉」四字，乃後人添寫。

卷中有「覺皇寶壇大法師印」及「斬邪」二印，皆大至徑方二寸有餘。

○○7538大方便佛報恩經不著譯人，一卷，唐初寫卷子本。

黃楮，十四紙，首紙有缺損，行十七字。四界。字工。不諱世字民字治字。有墨筆校字。

起爲繩以界道側，訖歡喜作禮右遶而去。標題有大方便佛報恩經孝養品第二。

規案：字體似隋人書。

○○7537大方廣佛華嚴經東晉佛䭾跋陀羅譯，存一卷，六朝人寫卷子本。

黃楮，六紙，首尾二紙有缺損，行十七、八字。四界。不諱世字。

起萬億那由他不可說佛刹微塵，訖決定信向。

○○7525大乘入楞伽經唐實叉難陀譯，存一卷，唐人寫卷子本。

白楮，十三紙，行十六、十七字。四界。不諱世字。

起喉舌脣齶齒輔而出種種音聲文字相對談說是名爲語，訖末行題大乘入楞伽經卷第四。

○○7546大乘入楞伽經唐實叉難陀譯，存二卷，唐人寫卷子本。

白楮，十三紙。行卅四、卅五字。

起尒時大慧菩薩摩訶薩復白佛言，訖佛說大乘入楞伽經卷第六。

標題有佛說大乘入楞伽經如來常无常品第五（第一紙），佛說大乘入楞伽經刹那品第六（第二紙）、大乘入楞伽經卷第五（第五紙）、佛說大乘入楞伽經變化品第七（第五紙）、佛說大乘入楞伽經斷食肉品第八（第六紙）、佛說大乘入楞伽經陀羅尼品第九（第八紙）、佛說大乘入楞伽經偈頌品第十之初（第八紙）佛說大乘入楞伽經卷第六（第十三紙）。

○○7543佛說如幻三昧經　西晉竺法護譯，存一卷，六朝人寫卷子本。

黃楮，十三紙，行十七字。四界。字工。不諱世字民字。

起正行遊於欲界色無色界，訖末行題佛說如幻三昧經卷下。

規案：字體似隋人書。

○○7535淨名經關中釋抄　唐釋道液撰，存一卷，唐人寫卷子本。

白楮，十六紙半，有天欄，無直界，行二十五、六至三十字不等。字率。有朱校及圈點。不諱世字治字。

起淨名經關中釋抄卷上　沙門道液撰集，訖唯佛菩薩藏所餘諸分。

○○7539大般涅槃經　北涼曇無讖譯，存一卷，唐人寫卷子本。

黃楮，十一紙半，行十六、十七、十八字不等。四界。字不工。

起我時讚言善哉童子，訖末題大般涅槃經卷第三十四。

○○7516大般涅槃經　北涼曇無讖譯，存一卷，六朝人寫卷子本。

黃楮，廿一紙，首紙缺損。行十七字。無四界。不諱世字治字。　原漆木軸。

起如來佛性湼一行亦非三世所攝何故不得名二行，訖末行題大般湼槃經卷第卅七。

○○7519大般湼槃經北涼曇無讖譯，唐初寫卷子本，朱校。

黃楮，紙薄，廿三紙半，行十七字。四界。字工。不諱世字民字治字。

起道菩薩如是欲出，訖末題大般湼槃經卷第十一。

有朱筆校字云：十二卷頭，十二卷尾。

○○7527大般湼槃經北涼曇無讖譯，存一卷，唐人寫卷子本。

黃楮，紙薄，十九紙，首紙有缺損，行十七字。四界。不諱世字民字治字。

起生下老下病下，訖末行題大般湼槃經卷第十三。

卷尾有題記云：菩薩戒弟子尼智行受持，筆跡與寫經相同，當即智行所書。

○○7545摩訶般若波羅蜜經姚秦鳩摩羅什譯，一卷，唐人寫卷子本。

黃楮，十六紙，首紙有缺損，行十七字。四界。不諱世字民字。

起薩各首歸命釋迦文如來，訖悉覺了旡所罣㝵。

標題有摩訶般若波羅蜜分別空品第六（第二紙）、光讚摩訶般若波羅蜜了空品第七（第十一紙）。

○○７５２１番文經 一卷，舊寫卷子本。

白楮，三紙，綾裱甚精。

規案：藏文，末行有佛像方形墨印。友人吳其昱先生云：此經首尾具全，書體工整。藏文本見西藏文大藏經甘殊爾秘密部北京版第十六筴，葉二四三b－二四九a，又同題另一本見同筴葉二四九a－二五四a；東京影北京本第七冊第三六一號三六二號經，頁三〇一・四－三〇三・五，三〇三・五－三〇五・五。此經漢文名「大乘無量壽宗要經」，譯於中唐吐蕃佔領河西期間，失譯人名，收入大正藏第十九冊，編爲第九三六號經（大正藏編者以爲法成譯，尚非定論。）。北宋法天亦有譯本（大正藏十九冊九三七號經）。漢文及藏文本同爲敦煌卷中常見之佛經。又有梵文于闐回鶻文本，數十年前，歐洲日本已有多人研究。

此經首頁梵文經題作：Aparimi-tayur nama maha-yana sutra 。首頁及末頁藏文經題作：Tshe dpag-tu myed-pa shes-bya-ba theg-pa chen-pohi mdo。末行爲書者姓名：Kon-tshe gis bris 意爲 Kon-tshe 所書。（Kon-tshe 疑亦作 Kon-tse ，參巴黎藏敦煌藏文寫本伯九八七、九八八、九九二、一四二九號。）伯一四二九號第三五九葉爲 Kon-tse 書 phab-dsan 校（七五五〇、七五四九號卷子校對人。），故七五二一、七五五〇、七五四九號之書寫校對者似爲同時人。又印文原不清楚，極難解讀，其字母當係近代印度所流行之「天城」體，中古時先流行於孟加拉，次及尼泊爾，以至西藏。

○○７５５〇番文經 一卷，舊寫卷子本。

白楮，一紙。

○○７５４９番文經一卷，舊寫卷子本。

白楮，二紙。

吳其昱先生云：七五五○號適爲七五四九號所缺之前段，二卷恰合成全本藏文無量壽宗要經。二號經文相接，書寫格式及書法均相似，原當共爲一卷。全經共一百二十八行，題記二行。首頁首行有梵文經題：A-pa-ri-myi-tha-a-yu-na-na-ma-maha-na-ya-na-sutra，首頁第二行及末頁第三行有藏文經題：Tshe-dpag-tu myed-pa shes-bya-ba theg-pa chen-pohi mdo。

七五四九號卷子末頁四五兩行爲書寫校對人題記：

Jehu brtan kon bris.

ban-de Phab-dsan shus, Phab-ci yan shus, Dpal-mchog sam shus.

昱按：此二行意謂 Jehu brtan kon 書，比丘 Phab-dsan 校，Phab-ci 再校，Dpal mchog 三校。Jehu brtan kon 一名，亦見巴黎國立圖書館藏燉煌寫本百千頌般若經，伯希和一六二九及一九四四號。Phab-dsan, Phab-ci, Dpal mchog 三名，又同見倫敦舊 India Office 圖書館藏燉煌藏文寫本無量壽宗要經Ch. 87. XIII. b.及Ch. 87. XIII. d.。Phab-dsan 一名尤爲常見，如巴黎藏藏文百千頌般若經伯一三二二、一四○三、一四○四、一四二四、一四二九、一四三七、一四三八等號，皆有其名。

〇〇7547番文經 一卷，舊寫卷子本。

白楮，一紙。

規案：藏文卷子。紙背有漢文題記一行云：倉雜文抄。吳其昱先生云：首藏文經題作：Ses rab-gyi pha-rol-tu phyind-pa ston-phrag-brgya-pa dum-bu bghi-pa bampo sum-cu-gcig-go（百千頌般若波羅蜜多，第四部，第三十一篇）。末句作 dban-po lna dban-po-rnams. ma bral-ba lags-sam（五根於五根，爲遠離爲不遠離。）。

此段經文見西藏文大藏經、甘殊爾、東京影北京本，第七三〇號，百千頌般若經，第二百五十六卷卷首第十七册，第七十一頁，第二葉第四行至同頁第三葉第六行（北京本第十七筴，第二百六十七葉上，第四行至同葉下第六行），相當於玄奘漢譯本大般若經第三百五十四卷，初分，多問不二品第六十一之四，大正藏第二二〇號經，第六册，第八二一頁，第二欄第五行至第廿七行。

梵本百千頌般若經有寫本，其前十二品約爲全書四分之一，曾由 Pratapacandra Ghosa 編訂，於一九零二至一九一四年在印度加爾各答出版。

大般若經初分與無量壽宗要經同爲燉煌漢藏文寫本常見之經文。

〇〇7533諸星母陀羅尼經 卷一，唐人寫本卷子。

白楮，四紙，首紙有損缺，行十六，十七字。四界。舊漆木軸。有墨筆校改，衍字於字旁作「卜」記。不諱

世字。起悉皆口口口大金剛誓願之，訖末行題諸星母陁羅尼經一卷拶姊末反紇胡吉反哆得者反揭許葛反

○○７５３２佛說香火本國經一卷，唐人寫卷子本。

黃楮，五紙半，首紙有缺損，行十七字。四界。字工。不諱世字民字治字。

起白佛言世尊有何罪人，訖我諸法子一時入化城如。

○○７５４○妙法蓮華經姚秦鳩摩羅什譯，存一卷，唐人寫卷子本。

黃楮，八紙，首紙有缺損，行十七字。四界。不諱世字。

起槃者一行比丘尼二行諸天龍鬼神及乾闥三行，訖末行題妙法蓮華經卷第一。

○○７５３○佛頂尊勝陀羅尼經□佛陀波利譯，一卷，唐人寫卷子本。

黃楮，五紙，首二紙損缺菸脆，行十七字。四界。

起希得人身生於貧，訖末行題佛頂尊勝陁羅尼經。

呪中有反語。

○○７５３４淨名經關中疏不著撰人，一卷，唐人寫卷子本。

白楮，四紙，首紙缺損，行廿六、七、八字不等。字細行書。

起天台云首行難量猶須畧二行，訖順物情故也五

〇〇７５２〇大般涅槃經北涼曇無讖譯，存一卷，六朝人寫卷子本。

黃楮，十二紙，首紙有損缺。行十七字。四界。舊漆木軸。不諱世字民字治字。字體似北朝人書。

起別離苦怨憎會苦，訖末行題大般涅槃經卷第十二。

卷尾有題記云：十七字定，一校。

〇〇７５１８妙法蓮華經姚秦鳩摩羅什譯，唐人寫卷子本。

黃楮，十七紙，首四紙有缺損。行十七字。四界。字工。不諱世字民字。

起入七寶臺上升虛空去地七多羅，訖末行題妙法蓮華經卷第七。

標題有妙法蓮華經觀世音菩薩普門品第二十五（第三紙）妙法蓮華經陁羅尼品第廿六（第六紙）、妙法蓮華經妙莊嚴王本事品第二十七（第九紙）、妙法蓮華經普賢菩薩勸發品第二十八（第十三紙）。

呪語中字多作音，如痤誓螺反（規案：〇〇７５４４作誓蠡反。）緻猪履及（規案：〇〇７５４４作猜履反。）娑蘇奈反　哆都餓反　地途賣反（規案：〇〇７５４４作遙賣反。）盧遮畧反，

凡此音切，殆皆譯註梵音，而正文則取音近之漢字耳。

〇〇７５４２妙法蓮華經姚秦鳩摩羅什譯，存一卷，六朝人寫卷子本。

白楮，質厚，七紙，第一紙有缺損。行廿七字至三十字不等。四界。字小。不諱世字民字治字。有墨筆校字。起阿脩羅男女及其諸眷屬，訖廣宣流布於閻浮提无令斷絕。

標題有妙法蓮華經常不輕菩薩品第二十（第二紙）、妙法蓮華經如來神力品第廿一（第三紙）、妙法蓮華經囑累品第二十二（第四紙）、妙法蓮華經藥王菩薩本事品第二十三（第五紙）。

○○7544妙法蓮華經 姚秦鳩摩羅什譯，存一卷，唐人寫卷子本。

黃楮，十七紙，首紙有缺損。行十七字。四界。不諱世字民字。舊漆木軸。此卷字體近虞世南。

起供養親近□□諸佛久植德本又值恒河，訖末行題妙法蓮華經卷第七。

標題有妙法蓮華經觀世音菩薩普門品第二十五（第二紙）、妙法蓮華經陁羅尼品第廿六（第六紙）、妙法蓮華經妙莊嚴王本事品第二十七（第九紙）妙法蓮華經普賢菩薩勸發品第二十八（第十三紙）。

○○7524大般涅槃經 北涼曇無讖譯，存一卷，唐人寫卷子本。

黃楮，十八紙，完好。行十五、十六、十七字。四界。不諱世字。

起標題大般涅槃經卷第十七，訖末行題大般涅槃經卷第十七。

卷尾有「三界寺藏經」長方墨印。卷背原題「大般涅槃經卷第十七　二天」。「二」字朱書。

卷首標題下有「悔庵」陰文方印，「吴盦」陽文方印、「歙許芚父游隴所得」長方朱印。

此卷原裝裱，原漆木軸，原題籤，最完整。

○○7541藥師琉璃光本願功德經（唐玄奘譯，一卷，唐人寫卷子本。）

白楮，十二紙半，首二紙缺損，行十七字。四界。不諱世字。此卷筆勢俊拔，似開瘦金書之先河。

起善哉曼（一行）本願（二行）法轉（三行）爲汝說（四行），訖末行題藥師瑠璃光如來本願功德經。

○○7529大般涅槃經（北涼曇無讖譯，存一卷，六朝人寫卷子本。）

白楮，紙薄，二十紙，首紙缺損，行十六、十七字。四界。不諱世字民字治字。

起是大（一行）是金（二行）能聽如是經者（三行），訖末行題大般涅槃經卷第六。

俗字有「宍」、「丙」。

○○7526大般涅槃經（北涼曇無讖譯，存一卷，六朝人寫卷子本。）

黃楮，十三紙，行十七字。四界。不諱世字治字。

起能分別我唯當與佛，訖末行題大般涅槃經卷第卌九。

○○7551殘經（一卷，唐人寫卷子本。）

白楮，四紙，行十七字、十八字。無四界。字不甚工。

起等當知此三乘法皆是聖所稱歎，訖與諸菩薩及聲聞衆。

此卷夾有草簽云：【登記號】7551，【類別】子部釋家類，【書名】妙法蓮華經，【注釋者】姚秦鳩摩羅什譯，【卷數】一卷，原七卷，存第二卷首尾皆殘，【冊數】一段，【版本】唐人寫卷子本。草簽欄頂批注云：戰時滬購。

○○7531殘經 一卷，六朝人寫卷子本。

黃楮，二十紙，首紙破損，行十六、七、八字。四界。

起得知速利强持力故八。訖隨事即得不義戒。

此卷夾編目草簽云：【登記號】7531，【類別】子部釋家類，【書名】大方便佛報恩經，【編著者】失譯人名，出後漢錄，【卷數】一卷，原七卷，存第六卷一卷，首尾稍缺，【版本】六朝人寫卷子本。欄頂批注云：戰時滬購。

○○7552殘經 一卷，北魏寫卷子本。

白楮，十七紙半，首紙缺損，行十七、十八字。四界。不諱世字民字。端正作端政，顏貌作顏狠。

此卷夾有編目草簽云：【登記號】7552，【類別】子部釋家類，【書名】大方廣佛華嚴經，【注釋者】東晉釋佛馱跋陀羅譯，【卷數】一卷，原六十卷，存五十六卷，首尾皆缺，【冊數】一段，【版本】北魏寫卷子本。欄頂批注云：戰時滬購。

○○7536殘經疏 一卷，唐人寫卷子本。

白楮，三紙，行廿九，卅字不等，行草書。四界。

起羣生封累深厚不可頓捨，訖肇曰正位取證之位也三乘同觀無生惠力弱。

〇〇７５４８殘經注一卷，唐人寫卷子本。

白楮，七紙，無四界，行草書。

起言位擿者即是三種擿之因所謂三十七擿，訖雖有此衆緣之時身即不得生此三雖無作者而成其果也經彼地界亦。

〇〇７５２２殘經卷一卷，六朝人寫卷子本，朱墨點注。

背鈔藏文五紙。

白楮，十七紙，首紙損缺，行廿九，卅字。四界。草書。朱墨點校。

起耶爲更有餘故論答云，訖修等引行故論文言被染汙心。卷尾有朱書「第一卷欲終」題記。

每紙背接縫處有「福惠」署名，此卷蓋即僧福惠所書。紙背有朱筆抄疏文數行。

卷首有「歙許□父游隴所得」長方朱印。

〇〇４７４７十地論存一卷，不著撰人，六朝人寫卷子本，民國袁克文手書題記。

黃楮，十九紙，質薄，行十七字。四界。不諱世字治字。

起經曰佛子是菩薩，訖末行題十地論不動地第八卷之十。卷尾有「一校」題記。軸卷背題一「上」字。

卷頭有袁克文題記云：「六朝人書十地不動論卷子，燉煌莫高窟所出六朝隋唐人書夥矣，古籍固罕，若經論經疏亦鮮于寫經，此十地不動論確爲北朝人書。卷末有一姣二字，殆書者之名也。據此以校大藏，勝于經典遠矣。乙丑冬月，克文。」有「洹上寒雲」、「雙爰龕」二印。規案：此卷有墨筆校字，卷尾「一校」二字，乃寫經人所記，謂經校勘一次，非人名也。寒雲以一校爲一姣，蓋誤。

總目○○52即此卷。

大般涅槃經　存一卷，北涼曇無讖譯，隋大業四年釋慧住寫卷子本。

黃楮，十一紙，行十七字。四界。有朱筆校字。不諱世字民字治字。

起尒時大醫名曰耆婆，訖末題大般涅槃經卷第十九。

卷尾有題記云：「大業四年二月十五日比丘慧休知五衆之易遷，曉二學之難遇，謹割衣資，敬造此經一部，願乘茲勝福，三業清淨，四實圓明，戒慧日增，惑累消滅，現在尊卑，恒招福慶；七世久遠，永絕塵勞。普被含生，遍治有識，同發菩提，趣薩婆若。」又有細字一行，爲裝裱折損，僅「淸信口子口嘉口口口」數字約畧可辨。

規案：題記比丘慧休，休字作体，釋爲慧住，蓋非。

總目○○23即此卷。

佛說佛名經卷第七　唐人寫卷子本。

白楮，三十五紙，紙幅高大，行十九、廿字。書佛名，字幾徑寸。四界，不諱世字。有墨筆校字。
起標題佛說佛名經卷第七，標題下用黃赭諸色繪一佛像，訖末行標題佛名經卷第七。
首數紙有缺損，第一紙標題下繪一佛像，第二紙南无无垢功德威德王佛下繪一佛像，第四紙南无多摩羅跋葉旃檀香佛下繪一佛像，第五紙南无寶波頭摩月淨勝王佛下繪一佛像，第七紙南无金光明佛下繪一佛像，第十紙南无賢高幢王佛下繪一佛像，第十四紙禮三寶已次復懺悔下繪一佛像，第十七紙南无智惠然燈光明勝佛下繪一佛像，第廿一紙世界塵沙諸佛出世佛下繪一佛像，第廿二紙百千萬佛同名一切菩提華佛下繪一佛像。

妙法蓮華經　唐人寫卷子本。
白麻紙，五紙，行十七字。四界。不諱世字。
起妙法蓮華經法師品第十，訖隨順是師學得見恒沙佛。
規案：卷外有批注云：接收澤存。

大佛頂首楞嚴經　一卷，唐人寫卷子本。
黃楮，八紙，首紙有缺損，行十六、十七。四界。有墨筆校字。不諱世字。原漆木軸。
起見外閉眼見暗名見內是義云何，訖末行題大佛頂萬行首楞嚴經卷第一。

惟教三昧　唐釋僧成寫卷子本。

黃楮，十一紙，紙薄，首紙缺損。行十八字。四界。不諱世字民字治字。舊漆木軸。字體似北朝人寫本。起慈心哀之心，訖末行題惟教三昧下卷。卷尾有題記云：金二丈四寺道人僧成敬寫供養，普爲法界衆生。

標目有五部僧服飾品第五。

俗字有乞「乃」、「遣」、虫「狩」、「突」、「虬」。

此卷優婆塞作優披塞，以披代婆。

此卷譯文甚拙樸，如「諸比丘言，坐臥是火中，甚痛劇矣。佛言：寧入此火中，不與他家端政女人臥起一時，何以故，火燒人熱痛須臾間耳。」又「這到後年」、「其人這於餓鬼中」、「這欲耕種」，按這當即適字。

妙法蓮華經一卷，唐人寫卷子本。

黃楮，四紙，行十七字。四界。不諱世字。

起今見此瑞與本无異，訖欲聞具足道。

此卷夾有編目草簽云：【登記號】空白，【類別】子部釋家類，【書名】妙法蓮華經，【注釋者】姚秦鳩摩羅什譯，【卷數】一卷，原七卷，存第一卷序品之下、方便品，【冊數】一段，【版本】唐人寫卷子本。草簽欄頂批注云：三十七年五月十日京購。

有妙法蓮華經方便品第二標題。

卷首第一行有「禮塔園」橢圓篆文朱印，卷尾有「萬松塔下行者囗堪」長方篆文朱印。

總目〇〇36似即此卷。

妙法蓮華經卷第六起十九品，止廿三品，存一百六十二行。

黃楮，十二紙，首紙缺損，行十六、十七字，四界。不諱世字民字。

標目有妙法蓮華經常不輕菩薩品第二十、妙法蓮華經如來神力品第二十一、妙法蓮華經囑累品第二十二、妙法蓮華經藥王菩薩本事品第二十三。

起大千世界內外所有，訖末行題妙法蓮華經卷第六。

大般涅槃經卷八唐高弼寫卷子本。

白楮，二十二紙，紙薄，首紙缺損，行十七字。無四界。不諱世字民字治字。舊漆木軸。「相狠」，貌作狠。

起血則變白草血滅已，訖末行題大般涅槃經卷第八。

卷尾有題記云：高弼爲亡妻元聖威所寫經。

金光明最勝王經唐人寫卷子本。

白楮三十紙，行廿三至廿八字不等。四界。不諱世字民字治字。

起標題金光明最勝王經四天王品第六二，訖末行題金光明經卷第四。

首十紙與末十一紙爲一人手筆，中九紙另一人書。

標目有金光明最勝王經四天王品第六二（第一紙）、金光明經大辯神品第七、金光明經功德天品第八（第八紙）、金光明經堅牢地神品第九（第九紙）、金光明經散脂鬼神品第十三金光明經正論品第十一（十一紙）、金光明經善集品第十二（第十三紙）、金光明經鬼神品第十三（第十五紙）、金光明經授記品第十四（第十七紙）、金光明經除病品第十五（第十八紙）、金光明經卷第三（第十九紙末）、金光明最勝王流水長者子品第十六四（第二十紙）、金光明經捨身品第十七（第廿二紙）、金光明經讚佛品第十八（第廿八紙）、金光明經囑累品第十九（第卅紙）、金光明經卷第四（第卅紙末）。

規案：據標目，所寫當爲北涼曇無讖譯本。

妙法蓮華經 存序品方便品第二，唐人寫卷子本。

黃楮，十九紙，末紙缺損，行十七字。四界。字工。不諱世字。

起妙法蓮華經序品第一，訖末行題妙法蓮華經卷第一。

優婆塞戒 六朝人寫卷子本。

黃楮，二十一紙，首紙有缺損，行十六字。四界。不諱世字。有墨筆校字。原漆木軸。

起者无戒得殺罪何以故，訖優婆塞戒卷第七。卷尾有題記二行，一行云：「校已」。一行云：「優婆郭弘宗經」。

標目有：優婆塞戒羼提波羅蜜品第廿五、優婆塞戒毗梨耶波羅蜜品第廿六、優婆塞戒禪波羅蜜品第廿七、優婆塞戒般若波羅蜜品第廿八。

規案：此卷當是北涼曇無讖譯優婆塞戒經，存卷七。

大般若波羅蜜多經 唐人寫卷子本，一卷。

黃楮，十八紙半，行十七字。四界。舊漆木軸赤縧。

起首行大般若波羅蜜多經卷第二百六十九、第二行初分難信解品第卅四之八十八口三藏法師玄奘奉口詔譯，訖末行題大般若波羅蜜多經卷二百六十九。

大般若波羅蜜多經卷第五百廿四寫本

白楮，灑金十九紙，原裝裱似脫去一紙，四界。

起大般若波羅蜜多經卷第五百廿四、第二行第三分方便善巧品第十六之二　三藏法師玄奘奉　詔譯，訖於一切法如實。

有朱筆校字。且有日文注音，如十五紙菴字旁注ァく，殖字旁注シキ，溉字旁注カイ，視字旁注シ，不可施設名姓有異旁注波羅波多ィ本。

大般若波羅蜜多經 唐人寫卷子本，一卷。

黃楮，二紙，五十六行，行十七字。

起有精進不執由此精進不執，訖善男子善女庄等以。

有武氏新字：𠙺、𡕀、埊、厓。

殘經 唐人寫卷子本。

黃楮，二紙。字工。不諱世字。

起或住不退地或得陁羅尼，訖如今日世尊諸釋中之王道場師子吼說法無所畏。

背鈔雜文。

勸善經一卷 唐人寫本

白楮質粗，一紙，二十行。四界，字不工。

起第一行標題勸善經一卷、第二行勑左丞相賈伉頒下諸州，訖勸念阿彌陁佛不久見太平時。

殘經一卷，唐人寫卷子本。

白楮，四紙，首尾二紙殘損，行十七字。四界。有朱校字。

起心是無爲不應在有，訖世尊見是事已生。

有親近眞善知識品第五、二十一種譬喻善知識品第六，寶明聽衆等悲不自勝品第七。

戒本 唐人寫卷子本。

白楮，三紙，行廿七、八、九、卅字不等。字不工，有朱筆校點。

起律云若以草土擲虫水中，訖已下正明明本此戒因迦留。

標題有覆屋過三節戒第廿、輒教受教尼戒第廿一、說法至日暮戒第廿二、譏訶教授師戒第廿三、與非親尼衣戒第廿四、與非親尼作衣戒第廿五。

觀音經一卷唐人寫卷子本。

白楮，三紙，紙高約五寸許，水漬霉損。

起一心供養觀世音菩薩，訖末行題觀音經一卷。

襯裱紙借券，署時者有癸丑年正月廿二日。

佛說父母恩重經一卷，唐人寫卷子本。

黃楮，二紙半，行十六、十七、十八字不等。四界。不諱世字民字。

起十五日能造作佛，訖末行題佛說父母恩重經。

稱讚淨土佛攝受經一卷，唐人寫卷子本。

黃楮，二紙，行十七、十八字。四界。字工。不諱世字。

起言甚奇希有，訖末行題稱讚淨土佛攝受經。

藥師瑠璃光如來本願功德經唐人寫卷子本。

黃楮，六紙，首紙殘缺，行十七字。四界。不諱世字民字治字。

起瑠璃光如，訖國土交通人民歡喜是。

金剛般若波羅密經　一卷，唐人寫卷子本。

白楮，質粗，五紙，行十六、十七字。四界。

起如來无所說須菩提，訖皆大歡喜信受奉行。

准提大陁羅尼大明呪法　一卷，唐人寫卷子本。

黃楮，二紙，行十七字。四界。

起向東方跏跪誦呪一千八遍，訖諸聖衆等作禮而去。

妙法蓮華經　存卷七，唐人寫卷子本。

黃楮，十紙，行十七字。四界。字工。

首紙殘缺，起伊緻猪履反抳九　韋緻抳，訖末行題妙法蓮華經卷七。

標目有妙法蓮華經妙莊嚴王本事品第二十七（第二紙）、妙法蓮華經普賢菩薩勸發品第二十八（第六紙）。

大乘百法明門論開宗義記　一卷，唐人草書卷子本。京西明道場沙門曇曠撰。

白楮，三紙半，行廿五、六、七、八、三十字不等。草書。

起大乘百法明門論開宗義記，京西明道塲沙門曇曠撰，訖隨攝二人理行果義。　背鈔祭文。

總目〇〇63大乘百法論（一卷），唐人草書卷子本。蓋即此卷。

无量壽宗要經一卷，唐人寫卷子本。

白楮，三紙，行三十九、四十字不等。四界，卷幅高，草書。

起訶論彼現哪三訖末行題佛說无量壽宗要經。

卷尾有藏文數字。

總目：〇〇43佛說無量壽宗要經（一卷），宋畺良耶舍譯，敦煌寫卷子本。蓋即此卷。

殘經敦煌寫卷子本。

黃楮，三紙，行十七字。四界。不諱世字。有[illegible]、窅、家等俗字，字體似北朝人書。

起空者无有內外定法，訖應有生生如是復應有生。

盂蘭盆經唐人寫卷子本。

白楮，八紙，首紙殘缺。有墨筆校改。

起目蓮依教便彼行供養三尊及大衆，訖第六紙佛子上來道理轉殷勤聞道還須行孝行不但自家心裏了也令衆罪速消除。尾有題記云：盂蘭盆經遚觀故題，此經讚𢤱（規案：當是歎字。）不思宜（規案：當是疑字。）留傳天下衆人知，有緣得遇諸佛見，蓮花會裏與君倚。規案：此卷似目蓮救母變文。此下一紙餘鈔阿毗達摩俱舍論頌分別界品第一（伐蘇盤豆造，三藏法師玄奘奉詔譯。）起標題，訖有利有事有漏口口口。

背鈔勑肅州諸軍事牒一件。

毗尼心 唐人寫卷子本。

白楮，二紙，行二十三、四、五、六字不等。四界。字不工。

起首行標題毗尼心一卷，訖四師僧衆滿如法。

式叉摩那尼六法 一卷，唐人寫卷子本。

白楮，質粗，二紙，首紙殘缺。行三十餘字。四界。字不工。有朱校圈點。

起佛及法比丘僧今留毗尼法，訖故善護持著用隨因緣。

殘經論 一卷 燉煌寫卷子本。

白楮，十七紙，行二十餘字。四界。字不工。有黃筆標點。

起知於彼時旡我等相經我於往昔至應生嗔恨，訖故天親論依眞念處更名爲住不動。

背抄賢聖品法門名義第一，共廿一行。

戒律 一卷，唐人寫卷子本。

白楮，卅四紙，首紙殘缺，行卅三、卅四字不等。四界。

起安居及受日法，訖摩德勒伽論云變金作銅度稅處犯偸。

標目有四部律及論明受戒法第二、四部律及論明結界法第三、四部律及論明羯磨法第四、四部律明安居及受日法第六、自恣法第七、四部律及論明衣法第八、功德衣等九、四部律及論明淨地護淨方法第十、匡救僧徒同住法衆法第十一、四部律及論明三寶物法第十二，四部律及論明亡比丘輕重物看病囑受法第十三、四部律及論明五篇七聚犯輕重第十四。卷首標題更有明除罪懺悔法第十五，明諸部雜威儀第十七。

妙法蓮華經 卷三，唐人寫卷子本。

黃楮，十一紙，首紙殘缺，行十七字。四界。字工。不諱世字民字。

起塲咸欲親近，訖末行題妙法蓮華經卷第三。

大悲觀世音菩薩至道禮文 一卷，五代卷子。

白楮，質粗，一紙，廿一行，行廿二，廿三字不等。字率。

起標題大悲觀世音菩薩至道禮文。訖學聞思修第一法。背雜鈔十餘行，有辛巳年正月十日，於何法律曹法律手上領得官分壹拾伍石玖斗云云。

報恩金剛經文十二段 愚癡人弟子楊仙鶴。寫本。

白楮，七紙，首紙殘缺，行十八字。四界。
起首行愚癡人弟子楊仙鶴，訖末行見佛面。
規案：此卷蓋楊仙鶴所撰，第二行起蓋序文，其言曰：報恩經文十二段。其經无相爲宗，般若是體。此經文慳義廣，等量虛空。妙理幽玄，悲愚人之可惻。弟子諸經疏論，不曾披尋；孔子典籍，一字不識。狂言風語，詐惻聖情，恣意无明，漫出道理。大弘器量，不責小僁。拙句寡辭，聽聞者布施。弟子歡喜了知四大本來虛幻，漫執我人衆口口緣妄識，隨六根攀援。結集貪嗔痴煩惱，欲㕵口十二部經，體性一一不離人身心。向外波波求佛，渴鹿徒煩。趁其陽炮，智者細察，不可愛影而嫌身。愚者空裏漫擿狂花，摠緣服其莨菪。衆生錯悞，弃水而求冰。今欲報作須菩提問佛，詐作如來。一一盡答。欲得直拔衆生三毒之根口口除妄相花苗，頓破五蘊煩惱之林，速證淸口口性。言辭疏拙，恐不愜衆情，願發菩薩之心口口庶弟子懺悔。
佛說金剛經，從舍衛大城乞食至歡善奉行，不離衆生身心說第一義。如來所說金剛經，衆生聞者須解佛意。舍衛大城不離身，結孤獨城俱在此。我人受者千二百，五蘊衆生同會理。心佛持鉢入四大，六根次第乞等智。眼耳鼻舌捨色塵，不生分別名普施。戒定惠香湌法食，定水淸淨洗足已。收衣得座解脫床，身心不動無量義。達身空是須菩提。智惠長老會中起。
第二，須菩提再問降心義。
第三，須菩提再問度十類衆生義。
第四，須菩提再問破色身義。

第五，須菩提再問衆生受持金剛經實相。
第六，須菩提再問如來喻恒河沙等七寶不如受持金剛經義。
第七，須菩提再問如來作忍辱仙人義。
第八，須菩提再問日捨三恒河沙身命布施義。
第九，須菩提再問佛供養那由他諸佛不如衆生受持四句義。
第十，須菩提再問五眼淸淨義。
第十一，須菩提再問卅二相正轉輪聖王義。
第十二，須菩提再問破此經有爲法義。
末有弟子自和旡明五言八十字詩一首：
弟子實愚痴，肚撰胸臆傳，理性元不識，經論不曾轉。自疾不能救，勸人作方便。欲得修道者，妄念勤除剪。但知調三業，六根須磨鍊。闇室點明燈，水淸石子見。智杵破邪山，煩惱剎那斷。悟心豁然開，了了見佛面。規案：此卷蓋揚仙鶴用韻語敷陳金剛經要義之作。所云十二部經體性不離身心，亦即心即佛之旨也。

妙法蓮華經卷五 唐人寫卷子本

黃楮，十六紙，行十七字。四界。不諱世字。
起又見自身在山林中，訖末行題妙法蓮華經卷第五。
標目有妙法蓮華經從地踊出品第十五（第一紙）、妙法蓮華經如來壽量品第十六（第七紙）、妙法蓮華經分別法德品第十七（第十一紙）。

佛說八陽神呪經敦煌寫卷子本。

白楮，七紙，質粗破爛。行十三、四、五字不等。無四界。不諱世字。

起解脫若，訖末行題佛說八陽神呪經。卷尾有題記云：淸信弟子行者王與先亡父母作福，奉寫八陽。經一卷現存合家眷屬永生淨土，無經八灘，護福長年，不歷三塗。　規案：蓋唐末五代人寫本。

台〇46金光明經鬼神品第十八北涼曇無讖譯。

黃楮，十四紙半，行十七字。四界。不諱世字民字治字。

起標目，訖末行題金光明經卷第七。

滄縣張溥泉先生舊藏。據標目，蓋合部金光明經。

台〇47大方廣佛花嚴經卷六十六釋實叉難陀譯，唐人寫卷子本。

黃楮，十四紙，行十七字，四界。

起譬如衆合大地獄中，訖尾題大方廣佛花嚴經卷六十六。

滄縣張溥泉先生舊藏。

004739 大般若波羅密多經

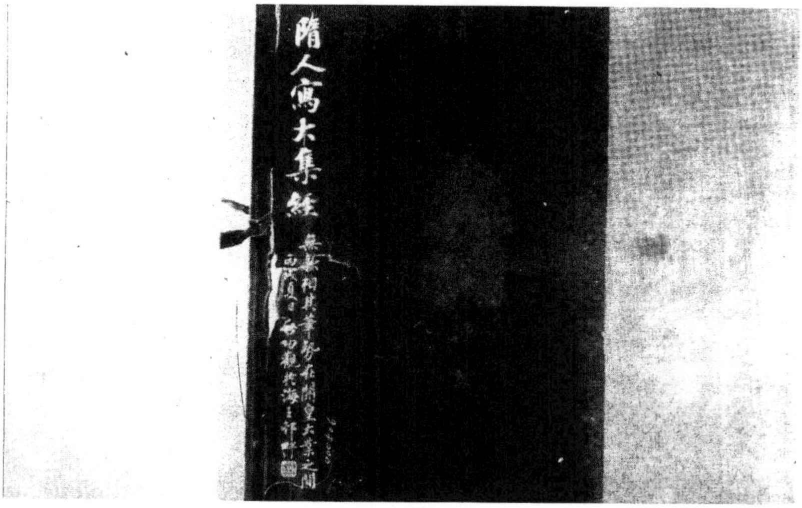

000506 大方等大集經題籤

大方等大集經无言菩薩品第七
尒時世尊故在欲色二界中間大寶坊中与
諸大衆圍遶說法時王舍城師子將軍家產
一子當其生時虛空之中多有諸天作如是
言童子常應念法思惟於法凡所發言莫說
世事常當默宜出世之法常當守口慎言少
語莫於世事起諸覺觀當依於義莫依文
字尒時童子聞是語已不復涕泣无嬰兒相
乃至七日色貌和悅見人歡喜目未曾眴是
時有人語其父母是兒不祥不應畜養何以
故瘖无聲故父母答言是兒雖復瘖不出聲
然其身根具足无缺當知是兒必有福德非
是不祥薄福之人因為立字字曰无言時无
言童子漸漸長大如八歲兒所遊方面人所樂
見隨有說法轉法輪處樂法聽受口无所宣
尒時无言童子以佛神力与其父母眷屬宗
親往寶坊所到已見佛心生歡喜禮敬供養
右遶三匝合掌而立并見十方諸來菩薩生

000506　大方等大集經二

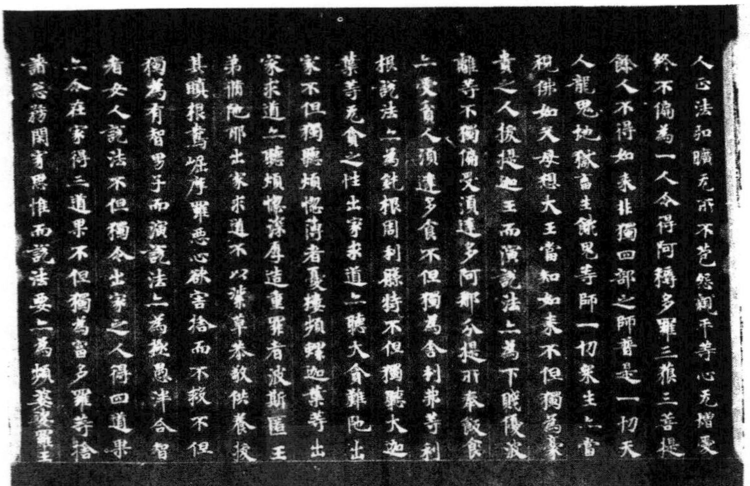
人正法知曠无所不苞怨親平等心无增愛
終不偏為一人令得阿耨多羅三藐三菩提
餘人不得如來非獨四部之師普是一切天
人龍鬼地獄畜生餓鬼等師一切衆生亦當
視佛如父母想大王當知如來不但獨為豪
貴之人扳提迦王而演說法亦為下賤優波
離等不獨偏受須達多阿那邠提所奉飯食
亦受貧人須達多食不但獨為舍利弗等利
根說法亦為鈍根周利槃特不但獨聽大迦
葉等无貪之性出家求道亦聽大貪難陀出
家不但獨聽煩惱薄者優樓頻螺迦葉等出
家求道亦聽煩惱深厚造重罪者波斯匿王
弟脩陀耶出家求道不以藥草恭敬供養拔
其瞋根鴦崛摩羅惡心欲害捨而不救不但
獨為有智男子而演說法亦為癡愚淳合智
者女人說法不但獨令出家之人得四道果
亦令在家得三道果不但獨為富多羅等捨
諸惡務閑靜思惟而說法要亦為頻婆娑羅王

000506　大方等大集經三

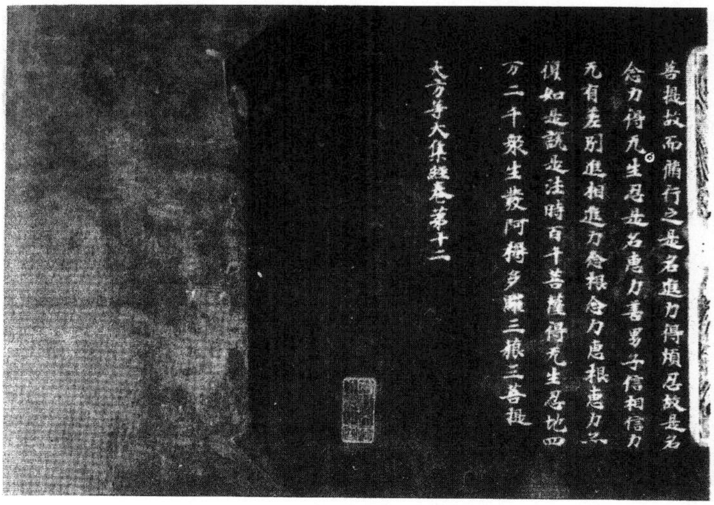
菩提故而脩行之是名進力得煩忍故是名
念力得无生忍是名慧力善男子信相信力
无有差別進相進力念根念力慧根慧力亦
復如是說是法時百千菩薩得无生忍地四
万二千衆生發阿耨多羅三藐三菩提
大方等大集經卷第十二

000506　四經集大等方大

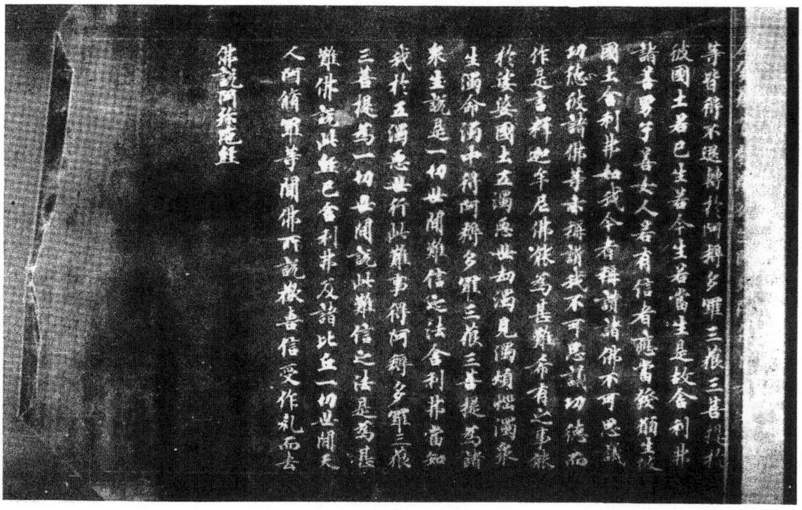
等皆得不退轉於阿耨多羅三藐三菩提於
彼國土若已生若今生若當生是故舍利弗
諸善男子善女人若有信者應當發願生彼
國土舍利弗如我今者稱讃諸佛不可思議
功德彼諸佛等亦稱讃我不可思議功德而
作是言釋迦牟尼佛能為甚難希有之事能
於娑婆國土五濁惡世劫濁見濁煩惱濁衆
生濁命濁中得阿耨多羅三藐三菩提為諸
衆生說是一切世間難信之法舍利弗當知
我於五濁惡世行此難事得阿耨多羅三藐
三菩提為一切世間說此難信之法是為甚
難佛說此經已舍利弗及諸比丘一切世間天
人阿脩羅等聞佛所說歡喜信受作禮而去
佛說阿弥陀經

004772　經陀彌阿說佛

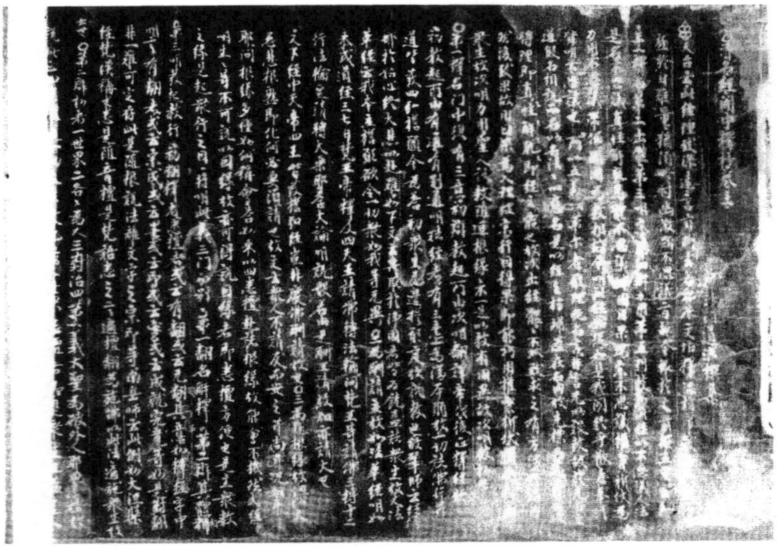

004736　一鈔釋中關經名淨

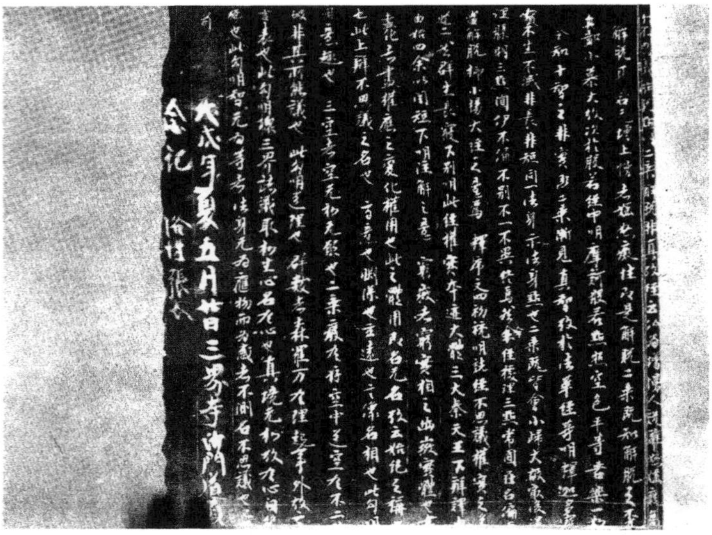

004736　二鈔釋中關經名淨

004737　疏中關經名淨

004754　經音世觀

樹琊寶座餅然此仙錦冨林清園寶樹相林
非過去時无數无量无邊被處一切目在神
力二一香水海有四天下九百万坦香水之池
興諸池交合牙相流入種種寶華弥覆水
上被𡈽香水皆從大輪山中出多有真珠寶
玉化領四海流風隨流入吉芳園溉灌五菓
園林樹木香華雜菓多有異菓味寶華林
綺靡嚴日及諸无量琊琦淨妙階道七寶為
瑤行樹蔚蘇蓊蓊相接水精玉銀以為闌楯
上蘋蓮華一切妙色清淨香水處處波浪衆
音和諧演上部无陽列仙晶品獅種寶帳處
處[illegible]悉无量雜寶迎復蓮入種種香光常流
一切一方境界天人光明時時一現殺无下
照无量衆香世界天人道場寶華灑地衆寶
香河盈流滿澍閣設上作多有龍遊師子猛
獸白鹿騏驎鳳凰鷄鵡妓能遊仙神魚熠熠
投波海源諸羅[illegible]弥覆其上天人浮止漁戲
音聲常不斷絶一切天人普及大士上友无
陽受仙童子[illegible]被寶岸常得安住七十万歲

004717　一經陽元上太

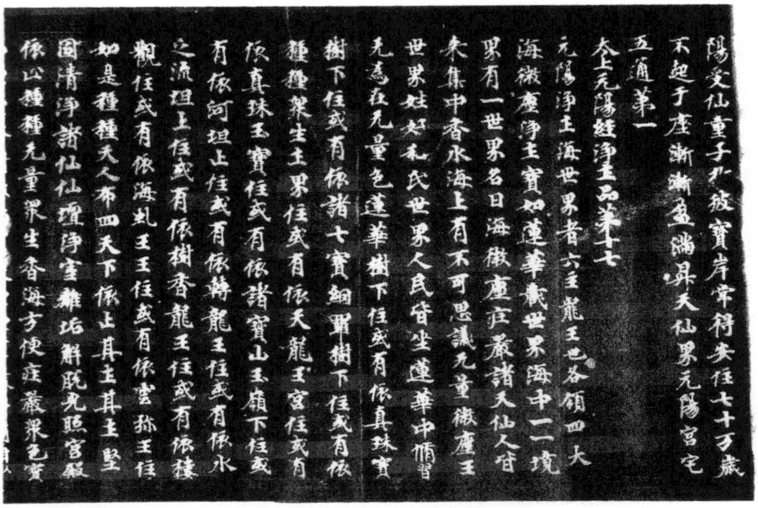

陽受仙童子[illegible]被寶岸常得安住七十万歲
不起于座漸漸盈滿昇天仙界无陽宮宅
五通第一
太上无陽經淨土品第十七
无陽淨土海世界者六王龍王也各領四大
海微塵淨土寶如蓮華藏世界海中一一境
界有一世界名日海微塵莊嚴諸天仙人皆
來集中香水海上有不可思議无量微塵王
世界姓如私氏世界人民皆坐蓮華中脩習
无為在无量色蓮華樹下住或有依真珠寶
樹下住或有依諸七寶網羅樹下住或有依
種種衆生主界住或有依天龍王宮住或有
依真珠玉寶住或有依諸寶山玉嶺下住或
有依河坦上住或有依轉龍王住或有依水
之流坦上住或有依樹香龍王住或有依樓
觀住或有依海虬王王住或有依雲弥王住
如是種種天人布四天下依止其主其主堅
固清淨諸仙仙理淨室離垢解脫光照宮殿
依此種種无量衆生香海方便莊嚴衆色寶

004717　二經陽元上太

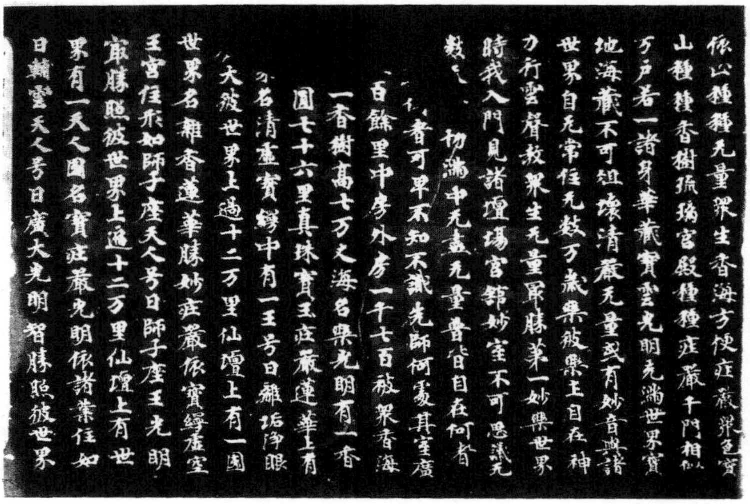
依止種種无量衆生香海方便莊嚴衆色寶
山種種香樹琉璃宮殿種種莊嚴千門相似
万戶著一諸身華藏寶雲光明充滿世界寶
地海藏不可沮壞清嚴无量或有妙音與諸
世界自无常住无數万歲樂彼樂主自在神
力行雲普救衆生无量罪勝第一妙樂世界
時我入門見諸壇場宮舘妙室不可思議无
數也、一切滿中无盡无量普皆自在何者
仙香可畢不知不識先師何處其室廣
百餘里中房外房一千七百彼衆香海
一香樹高七万丈海名樂光明有一香
園七十六里真珠寶玉莊嚴蓮華上有
名清臺寶網中有一王号日離垢淨眼
大彼世界上過十二万里仙壇上有一園
世界名離香蓮華勝妙莊嚴依寶網虛空
王宮住形如師子座天人号日師子座王光明
最勝照彼世界上過十二万里仙壇上有世
界有一天人國名寶莊嚴光明依諸葉住如
日輪雲天人号日廣大光明智勝照彼世界

004717　三經陽元上太

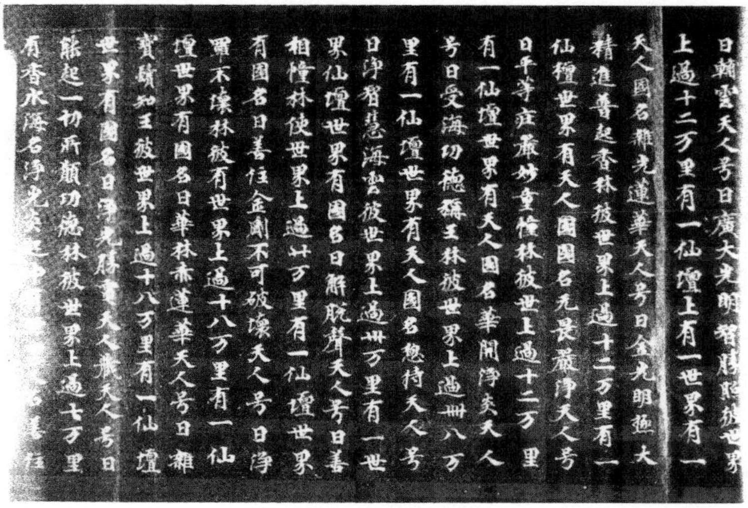
日輪雲天人号日廣大光明智勝照彼世界
上過十二万里有一仙壇上有一世界有一
天人國名離光蓮華天人号日金光明遍大
精進普起香林彼世界上過十二万里有一
仙壇世界有天人國國名无畏嚴淨天人号
日平等莊嚴妙童幢林彼世上過十二万里
有一仙壇世界有天人國名華開淨炎天人
号日受海功德王林彼世界上過卌八万
里有一仙壇世界有天人國名總持天人号
日淨智慧海雲彼世界上過卌万里有一世
界仙壇世界有國名日解脫聲天人号日善
相幢林使世界上過卄万里有一仙壇世界
有國名日善住金剛不可破壞天人号日淨
羅不壞林彼有世界上過十八万里有一仙
壇世界有國名日華林赤蓮華天人号日離
寶蹟知王彼世界上過十八万里有一仙壇
世界有國名日淨光勝寶天人藏天人号日
能起一切所願功德林彼世界上過七万里
有香水海名淨光炎[illegible]住

004717　四經陽元上太

有香水海名淨光炎起中有世界人名善住
氐次上六万里復有香水海名金剛眼中有
界人名法界普起氐次上五万里有一世界名
香水海蓮華平正中有世界人名出十方
化身氐上復有四万里有一香水海名寶地
莊嚴光明中有世界人名寶林莊嚴氐次上
三万里有香水海化香夾中有世界人名清
淨化氐次上二万里復有香水海寶幢中有
世界人名天讃念林次上一万里有世界人
名衆色普光天氐如是次上九千里有一世
界名香水海及世界人名如是一方十方亦
復如是是眇行上行過此世界里數乃至无
陽天宮耳過是无陽天宮卌八万里有一世
界長寶光明長壽无量國土平正名住莊嚴
人娃無為過此世界卌万里有一世界名登
上王大炎天宮人民長壽清淨无為過此世
界卌万里有一世界名天殿雜功德果人民
熾盛壽无量歲過此世界卌万里名重華幢
王宮人民壽无量歲帝上天人名曰无極天

004717　五經陽元上太

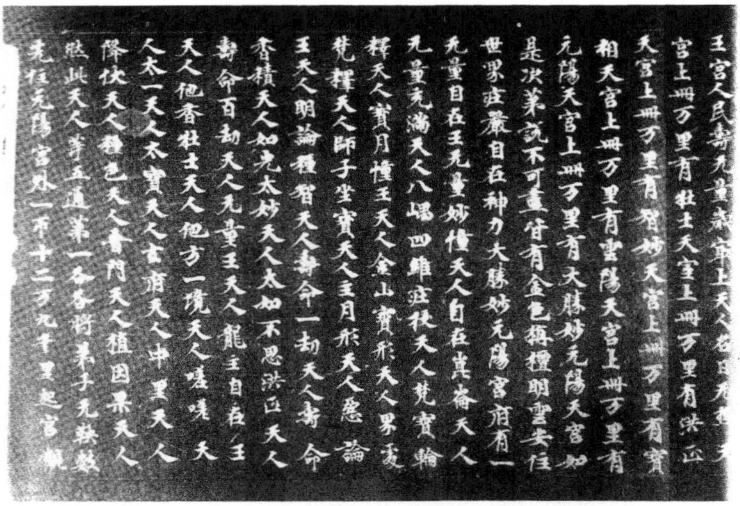
王宮人民壽无量歲帝上天人名[illegible]
宮上卌万里有壯士天宮上卌万里有洪正
天宮上卌万里有智妙天宮上卌万里有寶
相天宮上卌万里有雲陽天宮上卌万里有
无陽天宮上卌万里有天勝妙无陽天宮如
是次第說不可盡皆有金色旃檀明雲安住
世界莊嚴自在神力大勝妙无陽宮府有一
无量自在王无量妙幢天人自在崑崙天人
无量无滿天人八過四維莊校天人梵寶輪
釋天人寶月幢王天人金山寶形天人界處
梵釋天人師子坐寶天人主月形天人急論
王天人明論種智天人壽命一劫天人壽命
香積天人如光太妙天人太如不思洪正天人
壽命百劫天人无量王天人龍主自在王
天人他香壯士天人他方一境天人嗟嗟天
人太一天人太寶天人玄府天人中里天人
降伏天人雜色天人會門天人植因果天人
然此天人等五通第一各各將弟子无鞅數
光住无陽宮外一万十二万九千里起宮觀

004717　六經陽元上太

004717　七經陽元上太

007521　首卷經文番

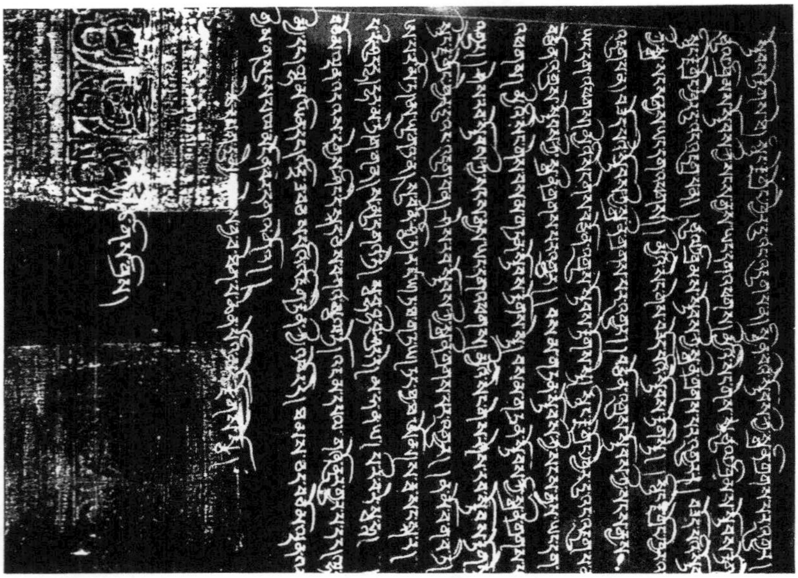

007521　二經文番

004747　一論地十

004747　二.論地十

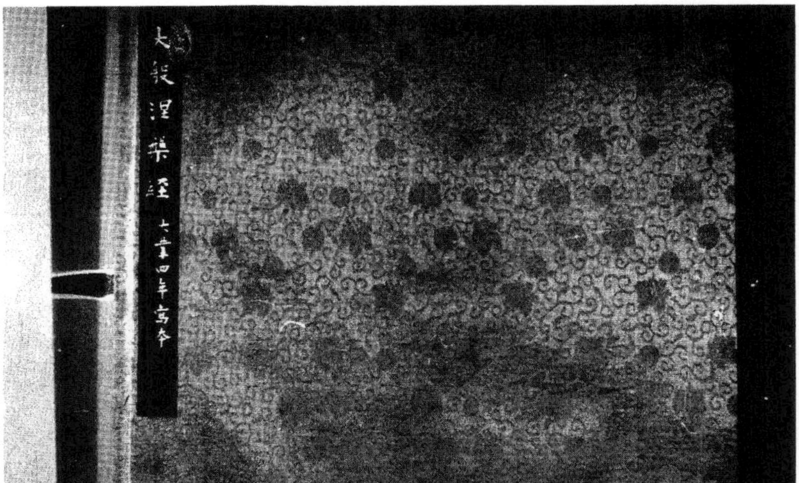

一經槃涅般大本寫年四業大隋

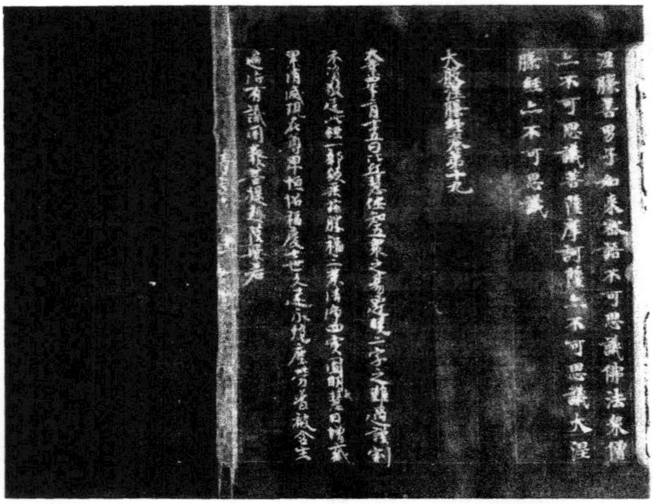

隋大業四年寫本大般涅槃經二

佛說佛名經卷第七一

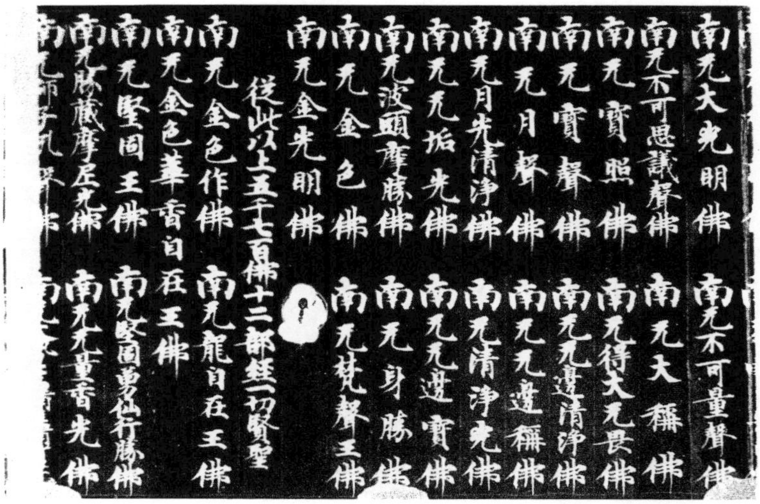
南无大光明佛　南无不可量聲佛
南无不可思議聲佛　南无大稱佛
南无寶照佛　南无得大无畏佛
南无寶聲佛　南无无邊清淨佛
南无月聲佛　南无无邊稱佛
南无月光清淨佛　南无清淨光佛
南无无垢光佛　南无无邊寶佛
南无波頭摩勝佛　南无身勝佛
南无金色佛　南无梵聲王佛
南无金光明佛
從此以上五千七百佛十二部經一切賢聖
南无金色作佛　南无龍自在王佛
南无金色華香自在王佛
南无堅固王佛　南无堅固勇仙行勝佛
南无勝藏摩尼光佛　南无无量香光佛

佛說佛名經巻第七二

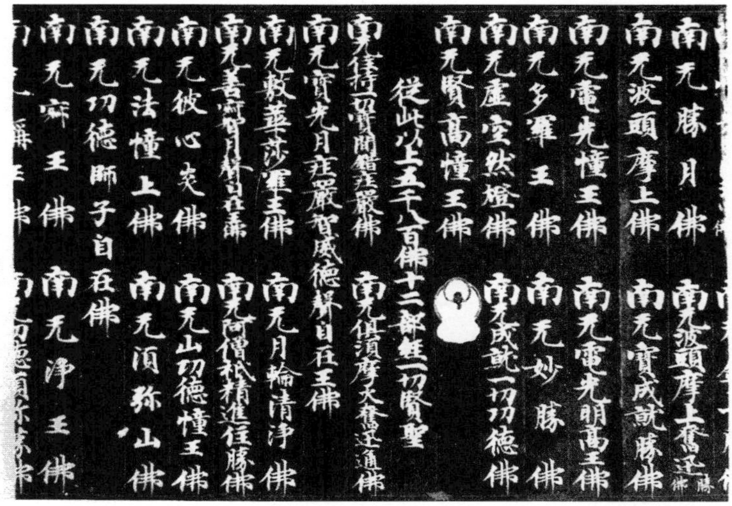
南无勝月佛　南无寶成就勝佛
南无波頭摩上佛　南无電光明高王佛
南无電光幢王佛　南无妙勝佛
南无多羅王佛　南无成就一切功德佛
南无虛空然燈佛
南无賢高幢王佛
從此以上五千八百佛十二部經一切賢聖
南无住持一切寶聞莊嚴佛　南无俱須摩天奮迅通佛
南无寶光月莊嚴智威德聲自在王佛
南无敷華娑羅王佛　南无月輪清淨佛
南无善寂智月聲自在王佛　南无阿僧祇精進住勝佛
南无彼心英佛　南无山功德幢王佛
南无法幢上佛　南无須彌山佛
南无功德師子自在佛
南无寂王佛　南无淨王佛

佛說佛名經巻第七三

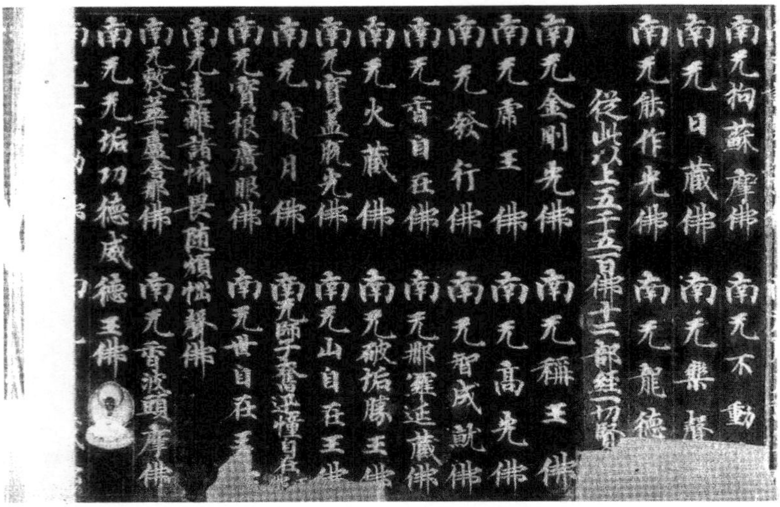

佛說佛名經卷第七四

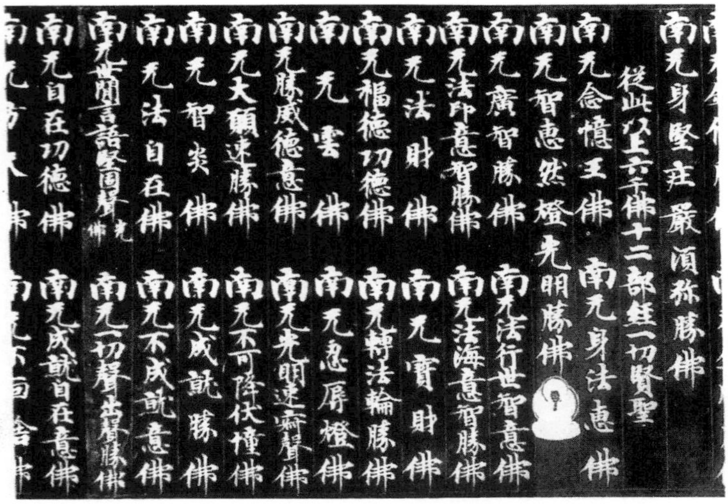

佛說佛名經卷第七五

南无地藏菩薩 南无普現菩薩
南无發行成就菩薩 南无除汙菩薩
南无清淨三輪菩薩 南无寂靜心菩薩
南无无邊功德菩薩 南无盧舍那等智菩薩
南无波頭摩眼菩薩 南无金剛幢菩薩
次礼聲聞緣覺一切賢聖
南无直福德辟支佛 南无識辟支佛
南无香辟支佛 南无有香辟支佛
南无見人飛騰辟支佛 南无可波羅辟支佛
南无泰摩利辟支佛 南无月淨辟支佛
南无善智辟支佛 南无脩隨羅辟支佛
礼三寶已次復懺悔
已懺三塗等報今當復次發狠懺悔人天餘報
相與棄此閻浮壽命輒自百年滿者无幾於其
中間感年夭枉其數无量但有衆苦煎迫形心

六七第卷經名佛說佛

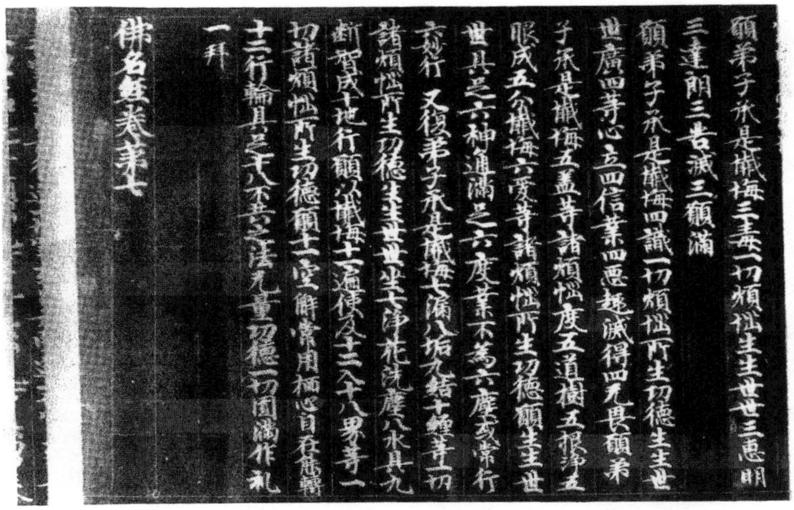
願弟子承是懺悔三毒一切煩惱生生世世三惡明
三達朗三苦滅三願滿
願弟子承是懺悔四識一切煩惱所生功德生生世
世廣四等心立四信業四惡趣滅得四无畏願弟
子承是懺悔五蓋等諸煩惱度五道樹五根淨五
眼成五分懺悔六受等諸煩惱所生功德願生生世
世具足六神通滿足六度業不為六塵惑常行
六妙行 又復弟子承是懺悔七漏八垢九結十纏等一切
諸煩惱所生功德生生世世坐七淨花洗塵八水具九
斷智成十地行願以懺悔十一遍使及十二入十八界等一
切諸煩惱所生功德願十一空解常用栖心自在能轉
十二行輪具足十八不共之法无量功德一切圓滿作礼
一拜
佛名經卷第七

七七第卷經名佛說佛

沸湯以身因投其中行不知法死之不當受人
財物沙門不持正戒死入太山地獄中其數凡十
八夜之數萬年者治甚酷痛其臥不可言沙門
不持戒不得心佛寺中佛言人見沙門道人似
如賢善因有舍宅不能好欲作福德齋妻
子及身持米持作佛寺舍使沙門居其中欲
使沙門得道而沙門殊不持戒反有貪淫之態
復居塔寺中受人飲食衣被臥具時日可
用為大衆其沙門有如是者死入太山地獄中佛
言其有具足戒使可得本人物衣被飲食牀
臥具醫藥不得者當從素之書使民皆得
其福佛告諸比丘若曹善因思惟之佛說是
時有六十比丘解戒既知淫言我不能持是
具足戒有六十比丘即因思惟皆成羅漢有六
十比丘在因思惟身體皆流汗出佛說是時中
有悲哀者中有歡喜者中有自歸作礼者中
有識法者即得道佛語諸比丘諦思惟之道
是身中持之便得道不持不得也諸比丘聞
經歡喜作礼而去

惟教三昧下卷

金光明寺道人僧氏敬寫供養
普為法界衆生

惟教三昧

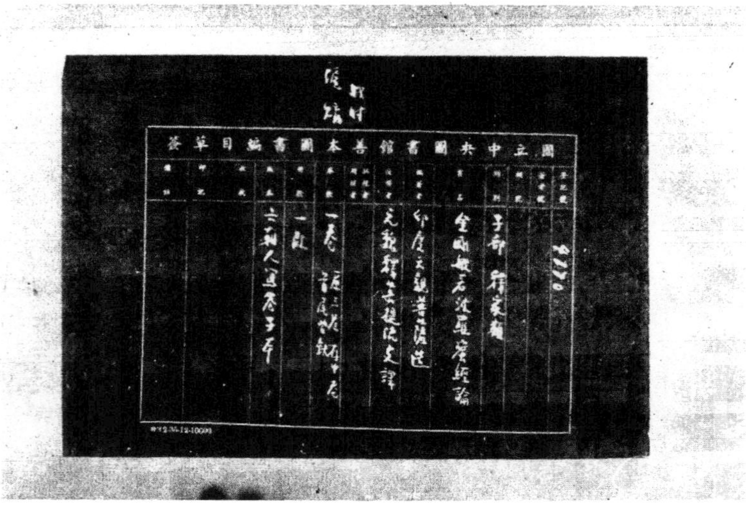
國立中央圖書館善本圖書編目草簽
9270
子部 釋家類
金剛般若波羅蜜經論
印度天親菩薩造
元魏釋菩提流支譯
一卷
一冊
六朝人寫卷子本

國立中央圖書館編目草簽

章實齋史學溯源

蘇慶彬

目次

景印本・第八卷・第二期

一、引言

近代治中國史學史者，多以清代爲中國史學之式微時期。惟評論歷代諸史學家，則又無不推崇清代之章實齋。認爲實齋之史學，不僅爲清代史學界放一異彩，且足與唐代劉子玄比擬。實齋生於浙東，而清初黃梨洲以至全謝山諸大儒均產浙東，又諸儒皆倡言史學，故言清代史學史之學者，遂以史學爲浙東所獨擅。而清代浙東史學，有無淵源可循，或諸儒之間其關係如何？堪爲治史學史所當注意者也。

近人何柏丞先生，嘗撰浙東學派溯源一書，其推斷浙東學派之淵源云：

初闢浙東史學之蠶叢者，實以程頤爲先導。程氏學說本以妄與懷疑爲主，此與史學之根本原理最爲相近。加以程氏教人多讀古書，多識前言往行，並實行所知，此實由經入史之樞紐。傳其學者多爲浙東人。故程氏雖非浙人，而浙學淵源於程氏。（自序）

何氏認爲浙東史學淵源於程氏。並謂程氏教人「多讀古書，多識前言往行，實行所知」是由經入史之關鍵。又謂浙東諸儒傳程氏之學者，又分爲兩派：一爲永嘉，其主要人物有周行己、鄭伯熊；一爲金華，其首領有呂祖謙、陳亮等。又謂浙東之史學，自南宋迄於明初，即因經史文之轉變而日就衰落，至明末劉蕺山出，再開浙東史學中興之局，其言曰：

迨明代末年，浙東紹興又有劉宗周其人出，「左祖非朱，右祖非陸」，其學以愼獨爲宗，實遠紹程氏之無妄，遂開浙東史學中興之新局。故劉宗周在吾國史學史上之地位實與程頤同爲由經入史之開山。

其門人黃宗羲承其衣缽而加以發揮，遂蔚成清代寧波萬斯同、全祖望及紹興邵廷采、章學誠等之兩大史學系。（同上）

據何氏之意見，不僅南宋浙東史學之遠祖爲程頤，而明末劉宗周亦遠紹程氏。何氏辨明浙東學派出於程氏，分析程朱二人思想之歧異，力申朱子非程氏嫡傳，均詳徵博引。但其論斷浙東諸儒受程氏學說之影響而蔚爲浙東史學與傳衍經過，及明末劉蕺山之遠紹程頤，未暇從其思想之根源加以分析，僅就時人或後儒記載其傳授經過作一概說。蓋學說之傳衍，紛紜綜錯，極難確證。且對清代浙東史學之傳衍又未及進一步之推尋。其後姚名達先生撰劉宗周年譜，對劉氏在史學上地位亦極推重，其說大致以何氏之說爲據，亦未作進一步之推求。

然而清代浙東之史學，與宋之永嘉、金華究竟關係如何？金毓黻先生所著中國史學史頗持異議，其言曰：

> 章學誠生於浙東，於文史通義中著有浙東學派（當作術）一篇，因謂史學爲浙東所獨擅，此似是而非之論也。考浙東學派起源於宋，時有永嘉學派，金華學派之稱，永嘉之著者爲陳傅良（止齋）、葉適（水心）；金華之著者爲呂祖謙（東萊）、陳亮（同甫）。……其後又有王應麟（伯厚）籍於浙東之慶元，究心史學，著述最富，亦承永嘉、金華之風而興起者也。浙人研史之風，元明之世，本不甚盛，至清初黃宗羲出，昌言治史，傳其學於萬斯同，繼起者又有全祖望，章學誠，邵晉涵，皆以浙東人而爲史學名家，於是浙東多治史之士，隱然以清代之史學爲浙東所獨擅，並溯於宋之永嘉、金華，以爲淵源之所自，世人之不究其本末者，翕然以此稱之。觀黃宗羲承其師劉宗周之教，而導源於王陽明，蓋以宋代呂、葉、二陳絕少因緣，其源如此，其流可知。（第九章清代史家之成就）

按金氏之說，認爲清代浙東史學，以黃梨洲爲開山，梨洲承其師蕺山之教，而導源於王陽明，與宋代呂、葉、二陳絕少因緣，其說與何氏頗異。至金氏論章實齋之史學，又謂「其地相接，聞風興起則可，謂其具有家法互相傳受則不可。」似又未能深究實齋之史學與清代浙東諸史家之異同。何氏之說重視師門之授受而上溯於程頤；金氏之說則又忽畧其共同精神而失諸學脈之一貫，兩者各有所見而亦有所偏。究實齋之史學其淵源如何？實有待於探討。

然而實齋之史學淵源於何人，實齋嘗自言之：

> 吾十五六歲，性情已近於史學，塾課餘暇，私取左、國諸書，分爲紀、傳、表、志作東周書幾及百卷，則兒戲之事，亦近童子所鮮有者。（遺書第九家書）

實齋自謂其致力於史學，是情性之所近。惟時人指其史學深受劉知幾之影響，實齋則辭而闢之曰：

> 吾……二十歲以前，性絕騃滯，讀書日不過三二百言，猶不能久識。……二十一二歲時，駸駸向長，縱覽羣書，於經訓未見領會。而史部之書，乍接於目，便似夙所攻習然者。其中利弊得失，隨口能舉，舉而輒當。人皆謂吾得力史通，其實吾見史通已二十八歲矣。（家書六）

實齋既不承認其史學淵源於劉氏，故又辯其史學與劉子玄絕然不同，曰：

> 吾於史學，蓋有天授，自信發凡起例，多爲後世開山，而人乃擬吾於劉知幾。不知劉言史法，吾言史意，劉議館局纂修，吾議一家著述，截然兩途，不相入也。（家書二）

大凡一代學術之興衰流變，其起也或承先儒之成業而加闡發；或由前賢之說相盪相激而成，罕有憑空而起者。

實齋自言其史學，謂其「發凡起例，多爲後世開山」未嘗不可，若謂「蓋有天授」不無自誇之嫌。

而實齋史學之所自，雖隱而不言，於其晚年所撰浙東學術一文實已透露其中消息，其言曰：

世推顧亭林爲開國儒宗，然自是浙西之學，不知同時有黃梨洲氏出於浙東，雖與顧氏並峙，而上宗王（陽明）劉（蕺山）下開二萬（斯大、斯同）源遠而流長。

又云：

梨洲黃氏，出蕺山劉氏之門，而開萬氏兄弟經史之學。以至全氏祖望輩，尚存其意。

此可謂實齋自述其史學淵源之所自也。又云：

天人性命之學，不可以空言講也，故司馬遷本董氏天人性命之說，而爲經世之書……夫子曰：我欲託之空言，不如見諸行事之深切著明也。然春秋之所以經世也。……故善言天人性命，未有不切於人事者。三代學術，知有史而不知有經，切人事也。後人貴經術，以其即三代之史耳。近儒談經，似於人事之外，別有所謂義理矣。浙東之學，言性命者，必究於史，此其所以卓也。

此實齋述其史學之特色也。其列舉諸儒，俱生於浙東，其意儼然以淸代史學爲浙東所獨擅，亦以浙東之史學爲正統。但浙東諸儒，如何由心學而轉入史學；又諸史家如何相承，意猶有未盡。本篇之意，是本實齋之說，摘其立論之要旨，上溯陽明，下至謝山，察其異同，以窺章氏史學淵源之所自。

二、王陽明、劉蕺山、黃梨洲之學與章實齋之史觀

（一）理氣合一

欲明實齋之史學，必先探討其對史學之觀念。何謂史學？實齋曰：「史學者，將綱紀天人，推明大道，所以通古今之變，而成一家之言」（答客問上）。實齋以爲史學在於「綱紀天人」，「推明大道」，「通古今之變」。於此又必須了解實齋對「道」之觀念爲何，始可明白其史學之意義。實齋於文史通義曰：

道之大原出於天，天固淳淳然命之乎？曰：天地之前，則吾不得而知也，天地生人，斯有道矣，而未形也。三人居室，而道形矣，猶未著也。人有什伍，而至百千，一室不能容，部別班分，而道著矣。仁義忠孝之名，刑政禮樂之制，皆其不得已而後起者也。（原道上）

道是否在天地之前則已存在，實齋直言「不得而知」。其心中所謂道，必在天地有生人之後。換言之，道即起源於有人類活動之後，漸形漸著，非如宋儒朱子所謂「山河大地都陷了，理畢竟却在。」實齋又云：

道有自然，聖人不得不然，其事同乎？曰：不同。道無所爲而自然，聖人有所見而不得不然也。聖人有所見，故不得不然，衆人無所見，則不知其然而然，孰爲近道？曰：不知其然而然，即道也。非無所見也，不可見也。不得不然者，聖人所以合乎道，非可即以爲道也。聖人求道，道無可見，即衆人之不知其然而然，聖人所藉以見道者也。故不知其然而然，一陰一陽之迹也。學於聖人，斯爲賢人，

學於賢人，斯爲君子，學於衆人，斯爲聖人，非衆可學也，求道必於一陰一陽之迹也。自有天地而至

唐虞夏商，迹既多而窮變通久之理亦大備。（同上）

實齋以爲道有自然，道無所爲而自然，故聖人求道，道無所見，聖人求道，必於一陰一陽之迹以求之。故實齋認爲，道非有一純粹客觀之道在，其所謂道，是萬事萬物之所以然，非萬事萬物之必然。換言之，即天地萬事萬物之自然變則，此實齋所謂「時會」，或曰「勢所使然」之意。由是之故，實齋進而言之曰：

道不離器，猶影不離形，……以謂六經載道之書也，而不知六經皆器也。（原道中）

又云：

夫天下豈有離器言道，離形存影者哉，（同上）

不離器而言道，此爲實齋論史學一極重要觀念，而此一觀念之發端，則不能不畧上溯朱子與陸王論學之爭辯，然後可窺實齋史觀之所由來。

有宋一代，諸儒論學，多主天地萬物與我爲一體。如何達於一體，必涉及本體與工夫問題。宋儒對修養工夫，可分爲兩大派，一以朱晦庵爲代表；一以陸象山爲代表。然而兩者之分別，可於其理氣論中見之。朱子一面上承周濂溪無極而太極之意，一面承程伊川之格物致知之說。故朱子以爲「天地之間，有理有氣，理也者，形上之道，生物之具也。是以人物之生，必稟此理，然後有性，稟此氣，然後有形。」（文集卷五八）其所謂「理者，形上之道，氣者，形下之器。」朱子更認爲「凡有形有象者，即器，所以爲是氣之理者，則道也。」（文集卷三六）朱子確認天下之物，不論其出於自然或出於人爲，皆有其理。所謂「未有物而已有物之理，然亦但

有理而已，未嘗實有是物也。」（文集卷四）朱子所言之理，是在物之先，即「未有天地之先，畢竟也只有是理。」（語類卷一）朱子既以理是客觀存在，欲求認識本體，達於天人一體，則必須「即凡天下之物，莫不因其已知之理而益窮之，以求達乎其極，一旦豁然貫通，則物之表裏精粗無不到，而吾心之本體大用無不明。」（大學章句補格物傳）此朱子之修養工夫。後人稱此派爲理學。

與朱子同時之陸象山，對朱子之學頗持異議，蓋由於朱子認爲「靈處只是心，不是性，性只是理。」是析心與理爲二。是以其學爲支離。象山認爲道即吾心，吾心即道，道外無事。事外無道。此所謂「萬物森然於方寸之間，滿心而發，無非是理。」（全集卷三四）故曰：「宇宙便是吾心，吾心便是宇宙。」又云「心是一個心，某之心，吾友之心，上而千載聖賢之心，下而千百歲復有一聖賢，其心亦如此，心之體甚大，若能盡我之心，便以天同，爲學只是理會此。」（全集卷三五）故象山之修養工夫，以爲「天地萬物皆備於我，只要反求諸心，即可達於天地萬物一體之理。」此象山之修養工夫。由於象山以道即吾心，是以「心即理」。故其修養工夫較朱子爲簡捷。後稱陸子學爲心學。二人之不同處，是朱子主張理氣二元論，陸子則非之。

至明代王陽明出，以發揮孟子與陸象山之遺意，提出「良知」之說。陽明認爲「良知是天理之昭明靈覺處，故良知即是天理。」又云：「良知，是一個天理自然明覺發現處，只是一個眞誠惻怛，便是他本體。」故陽明所謂「良知」，即宋儒所謂「天理」，此天理可在良知上見。即「人心即理」。但如何達於天地萬物一體，則須「知行合一」。陽明認爲「知是行的主意，行是知的工夫。知是行之始，行是知之成。若會得時，只說一個知自有行在，只說一個行，已有知在。」（傳習錄上）此說對於心與外物，皆可溝通，求理無須即凡天下之物而格之，然後一旦豁然貫通。故陽明之說，對宋儒以來論本體與工夫有極大貢獻。陽明此說之異於朱子，在其論理氣中可見之。陽明云：

理者，氣之條理，氣者，理之運用，無條理則不能運用，無運用則亦無以見其條理……原非有二事也。（傳習錄中）

陽明認爲理與氣原非有二事，故其對下學上達一問題更明白言之：

後儒教人，纔涉精微，便謂上達，未當學，且說下學，是分下學上達爲二，夫目可得見，耳可得聞，口可得言，心可得思者，皆下學也。目可得見，耳可得聞，口可得言，心可得思者，上達也。如木之栽培灌漑，是下學也。至於日夜之所息，條達暢茂，乃是上達，人安能與其力哉。凡聖人之所說，雖極精微，俱是下學，學者只從下學理用功，自然上達去，不必別尋上達工夫。（明儒學案卷二姚江學案）

陽明直言無所謂理氣之分，亦無所謂下學上達之別，理氣合一，從下學用功便上達，無所謂上下先後。換言之，氣之外別無一理，主張「理氣一元」之說。此所謂理氣合一。

陽明心學，其功在補救朱子論學過於支離。惟陽明以後之儒者頗因良知之說而滲入禪學。嗣後更演變爲束書不觀，游說無根，空談性天。至明末之劉蕺山，鑒於王學末流之弊，雖力闢王學流於禪學之非，而其講學仍尊宗陽明。蕺山曰：

孔門說個愼獨，於學人下手處，已是千了百當，只爲頭面未見分明，故陽明又指個良知，見得仁義不假外求，聖賢可學而至，要人吃緊上路去，非與古人有差別。故曰良知只是獨知時，吾黨今日所宜服膺而弗失也。（劉子全書一九答秦生履思六）

蕺山之學以愼獨爲旨，實根源於陽明而畧補其偏弊。觀其論理氣，持說亦與陽明無二致，蕺山曰：

一陰一陽謂之道，即太極也。天地之間，一氣而已，非有理而後有氣，乃氣立而理因之寓也。就形下之中而指其形上者，不得不推高一層，以立至尊之位，故謂之太極，而實本無太極之可言，所謂無極而太極也。使實有是太極之理，爲此氣從出之母，則亦一物而已。（全書卷五圖說）

又云：

盈天地間，一氣也，氣即理也。天得之以爲天，地得之以爲地，人物得之以爲人物一也（全書卷十一學言中）

又曰：

道理皆從形氣而立。離形氣而無所謂理。（明儒學案十二蕺山學案）

又曰：

理即是氣之理，斷然不在氣之先，不在氣外，知此則知道心即人心之本心，義理之性即氣質之本性，千古支離之說，可以盡掃，學者從事於入道之路，高之不墮於虛無，卑之不淪於象數。而道術始歸於一乎。（全書卷十一學言中）

蕺山不僅一面沿陽明之說，批評朱子所謂理氣二元，理先氣後之說；一面提出「非有理而後有氣，乃氣立而理因之寓」與「道理皆從形氣而立，離氣而無所謂理。」又云「道心即人心之本心。」綜言之，即一切總歸一原，不容有二，較之陽明之說，又推進一步。其義更爲顯明。

至黃梨洲，學於蕺山之門，受其師之說殊深，對陽明於其不合處，雖有批評，而其學之要旨仍極爲推崇。以爲：

（陽明）先生承絕學於詞章訓詁之後，一反求諸其心，而得其所性之覺曰良知，因示人以求端用力之要曰良知……即知即行，即心即物，即動即靜，即體即用，即工夫即本體，即下即上，無之不一，以救支離眩騖務華而絕根之病，可謂震霆啓寐；烈耀破迷，自孔孟以來，未有如此之深切著明也。（明儒學案師說）

梨洲對陽明學說之貢獻與精神，可謂一語道破，其推服之情亦可見一斑。又論其師蕺山之學云：

師以謂指情言性，非因情見性也，即心言性，非離心言善也。形而上者謂之道，形而下者謂之器，器在斯道上，離器而道不見……夫盈天地間，止有氣質之性，更無義理之性。（文約卷四先師蕺山先生文集序）

梨洲以爲蕺山所言氣質以外無義理，實破宋儒「理氣二元」之誤，梨洲更承陽明、蕺山之餘緒，於心學更進一步。梨洲曰：

盈天地皆心也，變化不測，不能不萬殊，心無本體，工夫所至，即其本體，故窮理者窮此心之萬殊也，非窮萬物之萬殊也。（明儒學案自序）

蓋自陽明以來，言理在乎心，即天地萬物之理具於一心，循此一心，即循乎天地萬物之理。故梨洲所謂「窮理者窮此心之萬殊也。」

綜觀陽明、蕺山以至梨洲之學，均主張理氣合一，與朱子之理氣二元論不同。實齋言道，以道爲自然變則，此變則爲勢所不得不然，故其評當世之儒者曰：「世儒言道，不知即事物而求所以然，故誦法聖人之言，以謂聖人別有一道，在我輩日用事爲之外耳。」（與邵二雲論學）其說可謂與陽明、蕺山與梨洲之意相契合。

（二）理在事中

在理氣論中，實齋既主張「理氣合一」，「道不離器」，以此一理論而推之於人生，則理可在事中見，求理不必向外探求。實齋曰：

夫道因器而顯，不因人而名。（原道中）

道本無形，因事而見，故實齋更明白言之，曰：

夫天下豈有離器言道，離形存影者哉，彼舍天下事物，人倫日用，而守六經以言道，則固不可與言夫道矣。（原道中）

言道不可以空言，亦不能僅守六經而言道，道寓於天下事物，與人倫日用之中。故實齋曰：

夫子之言性與天道，不可得而聞也，蓋夫子所言，無非性與天道，而未嘗表而著之曰此性此天道也。故不曰性與天道不可得而聞，而曰言性與天道不可得聞也，所言無非性與天道，而不明著此性與天道

者，恐人舍器而求道也。夏禮能言，殷禮能言，皆曰無徵不信，則夫子所言，必取徵於事物，而非徒託空言以爲明道也。（原道下）

實齋此一思想，明顯指出，不能徒託空言以明道，此所謂「即器以明道」（與朱滄湄中翰論學書），而必取徵於事物，蓋理在事中也。

陽明嘗曰：

物理不外吾心，外吾心而求物理，無物理矣。遺物理而求吾心，吾心又何物耶，心之體性也，性即理也。故有孝親之心，即有孝親之理，無孝親之心，無孝親之理矣……理豈外吾心耶。（傳習錄上答顧東橋書）

陽明以爲有孝親之心，即有孝親之理，無孝親之心，則無孝親之理，是理在人心流露於人情事變之中，易言之，無其事，則無是理可言，此實齋所謂「天地生人，斯有道矣」之意相合。陽明時有陸澄問象山在人情事上做工夫一語，陽明答曰：

除了人情事變，則無事矣、喜怒哀樂非人情乎。自視聽言動，以至富貴貧賤患難死生，皆事變也，事變只在人情裏。（傳習錄上）

人情應酬事變，雖千頭萬緒，無非是良知之發用流行，除却見聞酬酢，亦無良知可致，故陽明爲學不廢事以言理。傳習錄中有載其屬官謂陽明之學甚好，只是傳書訟獄繁難不得爲學一事，而陽明應之曰：

我何嘗教爾離了簿書訟獄，懸空去講學，爾既有官司之事，便從官司的事上爲。纔是眞格物。……

這是格物致知，簿書訟獄之間，無非實學，若離了事物爲學，却是空著。（傳習錄下）

所謂學，是學此理，陽明以爲一切理均寓於事中，要尋理必須在事中求，不從事中尋理，便是空著，故教人要在事上磨練。要在事上磨練，則不能離却人倫日用之事，人倫日用之事，在人本身而言，最爲親切，亦最重要。陽明此一觀念實爲由心學轉入史學一極重要關鍵。

陽明此一觀念，至蕺山，再加發揮其義，其言曰：

本體只在日用常行之中，若舍日用常行，以爲別有一物可以相湊泊，無乃索吾道於虛無影響之間乎？（劉子行狀）

於此，可見實齋之「道因器而顯」之說，實即陽明、蕺山以人倫日用以明本體之義相合，亦「即器以明道」之說實無二致，實齋據此義而言史學，故曰：「天人性命之學，不可空言講也……故善言天人性命，未有不切於人事者」。切人事而言理，是史學態度，至黃梨洲而復加發揮，遂爲梨洲史學之重要觀念，綜上所述實齋之史觀，實可溯之陽明、蕺山、梨洲之學，顯而易見者也。

三、清代浙東諸史家修史之特色與章實齋之主張

(一)詳近徵實

實齋論撰史，重徵實、詳近代，言事有徵，不可空銓，事必詳於切身，然後可以致用。故言史必以當代爲先，此爲實齋言史之精義，實齋曰：

道不可以空銓，文不可以空著，三代以前，未嘗以道名教，而道無不存者，無空理也。三代以前，未嘗以文爲著作，而文爲後世不可及者，無空言也……易曰，苟非其人，道不虛行，學者崇奉六經，以謂聖人立言以垂教，不知三代盛時，各守專官之掌故，而非聖人有意作爲文章也。(史釋)

實齋認爲古之文章，爲各守專官之掌故，亦後人尊奉之六經，非聖人有意作爲文章以垂訓，此所謂「道不空銓」而有實據，文章非用爲「鬥奇射覆之資，而不復計其實用」之空文，實齋又曰：

書吏所存之掌故，實國家之制度所存，亦即堯舜以來，因革損益之實迹也。故無志於學則已，君子苟有志於學，則必求當代典章，以切於人倫日用，必求官司掌故，而通於經術精微，則學爲實事，而文非空言，所謂有體必有用也。不知當代而言好古，不通掌故而言經術，則鞶帨之文，射覆之學，雖極精能，其無當於實用也審矣(同上)

史必有實徵，若求實之要，則先詳近代爲尚，實齋嘗抨擊當時學者，僅著眼於古史，而不言近代之典制，實屬

不通史義，其言曰：

學者昧於今而博古，荒掌故而通經術，是能勝周官卿士之所難，而不知求府史之所易也，故舍器而求道，舍今而求古，舍人倫日用而求學問精微，皆不知府史之史通於五史之義者也。（同上）

又曰：

史部之書，詳近畧遠，諸家類然，不獨在方志也。太史公書，詳於漢制，其述虞夏商周，顯與六藝背者，亦頗有之，然六藝具在，人可憑而正史遷之失，則遷書雖誤，猶無傷也。秦楚之際，下逮天漢，百餘年間，人將一惟遷書是憑，遷於此而不詳，後世何由考其事耶。（記與戴東原論修志）

實齋以爲史書必須有實據然後可信，不獨在方志，史公作史記亦求徵實，必須詳近，近世而不詳，逮於後世，必茫然無由知其眞相，徒勞後人之考證。故實齋對時人言史學者，以舍今而求古，舍人事而言性天，抨擊甚力，其言曰：

史學所以經世，固非空言著述也，且如六經，同出孔子，先儒以爲其功莫大於春秋，正以切合當時人事耳。後之言著述者，舍今而求古，舍人事而言性天，則吾不得而知之矣，學者不知斯義，不足言史學也。（浙東學術）

陽明論學，言心性必兼論事功，論事功則必注意近身之一事一物。實齋此一觀念，亦可溯之陽明。惟陽明以後，學者每言良知而忽畧其於實事中求理一面，由是轉入禪學。王學之轉入史學，可從兩面而言，一爲此思想之自然演進，一爲社會風氣之激動。在明清之際，學者鑒於王學之流弊，有採考亭之學以救之，有匡正王學而著以新義，淸初中州之孫奇逢（夏峯），關中之李顒（中孚），講學皆宗陽明，不空談心性而注重文獻，可謂王學之功臣。梨洲亦生於其時，目覩學風之趨於空疏，力求實學，影響較之孫、李尤爲重大。故欲了解王學至梨洲而所以折入史學，而不能不先明白梨洲對當時風氣如何抨擊，如何糾正，如何要倡言史學。梨洲論當時之學風云：

> 昔之學者，學道也，今之學者，學罵也。矜氣節者，則罵爲標榜。志經世者，則罵爲功利。讀書作文者，則罵爲玩物喪志。留心政事者，則罵爲俗吏。接庸生數輩，則罵考亭不足學矣。讀艾千子定待尾，則罵象山、陽明爲禪學矣。濂溪主靜，則曰盤桓於腔子中者也。洛下持敬，則曰是有方所之學也。遜志罵其學誤主，東林罵其以黨亡國，相訟不決，以後息者爲勝，東坡所謂牆外悍婦，聲飛灰火，如猪嘶狗嘷者也。（南雷文集卷四七怪篇）

梨洲對明末學風之壞，一面歸咎於人心惝恍，無一定見，一面歸咎於三百年來士人之精神牢於場屋之業而不能破其藩籬，故痛斥之曰：

> 科舉盛而學術衰，昔之爲時文者，莫不假道於左史語策性理通鑑，……今之爲時文者，莫不望其速成，其肯枉費時日載籍乎？故以時文爲牆壁，驟而學步古文，胸中茫無所主，勢必以偸竊爲工夫，浮詞爲堂奧，蓋時文之力不足以及之也。爲說者謂百年以來，士人精神盡注於時文而古文亡。（文案卷二李杲堂文鈔序）

所謂時文之弊，不能假道於史籍，弊在空疏而無濟於實用，故曰：

周元公曰：文之所以載道也，今人無道所載，徒欲激昂於篇章字句之間，組織紉綴以求勝，是空無一物，而飾其舟車也。故雖大輅艅艎，終爲虛器而已，況其無眞實之功，求鹵莽之效，不異結柳作車縛草爲船耳。（文案卷二陳葵獻偶刻詩文序）

可見梨洲論學，在在抨擊虛浮，而倡言以實學爲重，認爲「讀書當從六經入門而後史漢，而後韓歐諸大家」。（文案卷七高旦中墓銘）此所謂有本之學也。其於沈昭子耿巖草序而譽之曰：

是時先生不及文章而談理學，又數年再見先生，先生亦不及文章而讀史學。余於是知先生之文章本之經以窮其原，參之史以究其委，不欲如今之刻劃於篇章字句之間，求其形似而已。（文定後集卷二）

梨洲以爲，刻劃於篇章字句之間，僅求其形似而已，欲求實學必有本原，故不得不精研經史。深於經史，可通世變，然後可應世變。故梨洲於弁玉吳墓誌云：

儒者之學，經緯天地。而後世乃以語錄爲究竟，僅附答問一二條於伊洛門下，便厠儒者之列，假其名以欺世。治財者則目爲聚斂，開閫扞邊者，則目爲粗材。讀書作文者，則目爲玩物喪志。留心政事者，則目爲俗吏。徒以生民立極，天地立心，萬世開太平之濶論，鈐束天下，一旦有大夫之憂，當報國之日，則蒙然張口，如坐雲霧，世道以是潦倒泥腐，使尚論者以爲立功建業，別是法門，而非儒者之與也。（文定後集卷三）

梨洲此種議論，痛絕明末學者之高談性天，束書不觀，鄙薄人倫日用之事，故士大夫一旦遭變，則茫然不知不措者，比比皆是，此爲梨洲所以力倡經史之故也。其言曰：

學必源於經術，而後不爲蹈虛。必證明於史籍，而後足以應務。（鮚埼亭一六甬上證人書院記）

綜觀梨洲上述之議論，是有鑒於世風而發，而其學旨在糾正當時之學風。梨洲論學之根本精神，要人從人倫日用行事實踐之事中見亦由此出發，梨洲以爲：

盈天地皆心也，變化不測，不能不萬殊，（明儒學案序）

所謂工夫，即窮此心之萬殊，此心之萬殊，呈現於人倫日用之事中，換言之，即重實踐而不懸空談本體，或在前人之行事中尋其道理，故梨洲要人多讀書，故曰：

讀書不多。無以證斯理之變化，多而不求於心，則爲俗學。（鮚埼亭集卷十一黎洲先生神道碑）

讀書可證事理之變化，而變化最多者，莫若歷史，故曰：

學者必先窮經，然拘執經術，不適於用，欲免迂儒，必兼讀史。（同上）

梨洲之所以要必兼讀史，由於史不脫人倫日用之事變，知此事變然後知此事之理。故史學之精神，在先了解人事之變化，明白人事之變化，則必須切於人事，由近而致遠，非如是則必爲迂儒矣。

梨洲此種求實事於當代與重視史學精神，至萬季野，更光大之，對於歷史之眞實性尤爲注意，其言曰：

史之難爲久矣，非事信而言文，其傳不顯……而在今則事之信尤難，蓋俗之偷久矣，好惡因心，而毀譽隨之，一室之事，言者三人，而其傳各異矣，況數百年之久乎！故言語可曲附而成，事迹可鑿空而構；其傳而播之者，未必皆直道之行也；其聞而書之者，未必有裁別之識也。非論其世，知其人，而具見其表裏，則吾以爲信，而人受其枉者多矣。（方望溪先生文集萬季野墓表）

某一事件之發生，述者各據已見，故其成書各異，況再經數百年之後，言者亦好惡因心，更難求得此事件之眞相。故治史者務須力求以近者爲是，以切身所見之記錄者爲信，故季野治史未嘗不以實錄爲依據，季野又曰：

吾少館於某氏，其家有列朝實錄，吾默識暗誦，未敢有一言一事之遺也。長遊四方，就故家長老求遺書，考問往事，旁及郡志、邑乘、雜家誌傳之文，靡不網羅參伍，而要以實錄爲指歸。蓋實錄者，直載其事與言而無可增飾者也。因其世以考其事、覈其言而平心而察之，則其人之本末，可八九得矣。然言之發或有所由，事之端或有所起，而其流或有所激，則非他書不能具也。凡實錄之難詳者，吾以他書證之；他書之誣且濫者，吾以所得於實錄者裁之；雖不敢具謂可信，而是非之枉於人者蓋鮮矣。（同上）

實錄誠屬較爲可靠之史料，因其體例有「直載其事與言而無可增飾」。此爲一原始史料，爲季野特別重視之原因。然其亦不得盡信之，而必旁及其他志乘，更不惜親訪長老，以求其遺書，其徵實之情可見。

季野重視實徵，不捨近圖遠，對鄉邦人物之事迹，尤致力焉。其與李杲堂論學有云：

吾郡人才，至宋而盛，至明而大盛。近者鼎革之際，更有他邦所不及者，是不可無以傳之，愚嘗有其志焉，而苦力不能也。先生爲文章宗匠，此事非先生之責而誰責乎？前朝人物，其顯著者既已備列於國史，其側陋者亦已採輯於郡乘。此書可以無作。顧國史但紀政績、而不及家鄉之行，其書既畧而不詳，郡乘多徇請託，而不免賢否之淆，其書亦雜而無別，欲免二者之弊，其惟浦江人物吳郡先賢之例乎？望先生倣二家之法，著爲一書，採實錄之明文，搜私家之故牘，旁及諸公之文集、核其實而辨其訛，考其詳而削其濫，使善無微而不顯，人無隱而不章，此實不朽之盛事，而亦先賢之有待於後人者也。（石園文集卷七，按此書未得親見，轉引杜維運先生所著「萬季野之史學」一文。）

季野不僅本人重視，且寄意他人爲之，應以實錄爲依歸。

梨洲、季野之求詳近徵實之精神，至邵念魯仍受其影響，朱筠作念魯先生墓誌云：

先生少作觀心錄一卷，宗羲規之曰：無實者弗爲。先生輒燬之，又撰明史論百篇，示(徐)景范，曰：未有無紀傳而論贊作者，先生欿然謝不敏。

所謂「無實弗爲」，是史學一重要觀念，嗣後念魯治史，則力求徵實，所著西南紀事，東南紀事，均言當史代史實，及所撰思復堂文集，更能保存鄉邦文獻，故會稽陶思[illegible]撰念魯墓表曰：

故自先生沒後，……即求三百年遺案，與夫勝國軼事而訛舛，隱諱亦無從徵信於萬一已。（思復堂文集末）

又萬經稱之曰：

晚年……所至以筆墨自隨，汲汲蒐羅遺民孤臣之軼事。

念魯畢生致力鄉邦徵信之史實；其文集爲後人所重視亦由此，洵爲梨洲季野之薪傳也。

念魯以後，有全謝山，擅於史學，尤重徵實，對梨洲、念魯之言史事不實者，亦嘗非之。其論史則曰：

史以實紀，非其實者非史也。（帝在房州史法[illegible]）

謝山對於史學，開宗明義，以爲「非其實者非史」，尤爲明晰，謝山又云：

自昔圖經地志，莫不扳援古人，以為桑梓生色，予謂不覈其實，則徒使其書之，不足取信於世。（辨大夫種非鄞產）

歷史須力求事實之眞相，非為桑梓生色，如實齋所謂「人物必徵實事，而不以標榜為虛名」（見為畢秋帆制府撰石首縣志序）此一求實主張，至謝山更加以發揮，以徵實為史學之命脈。故其所著碑傳諸文，無不一一覈其史實，其考覈之要，則以親見親聞為上，或訪諸遺老，冀獲其眞迹。鮚埼亭集所記明、清之際之烈士，無不確然有據之事然後書之。其友人郭芥子嘗謂人曰：

謝山今之行秘書監也，一代文獻之傳，其在是乎？（文集卷二二郭芥子墓銘）

以謝山之追述桑梓烈士，以親見、親聞為貴，此言誠非虛譽也。

綜觀上述諸儒論史，莫不以明當代為務，以紀實為要，此與清代諸史家專以考覈古史截然兩途，故章氏承浙東諸儒之後，所發議論，與浙東諸史家同出一轍，不可謂實齋之史學無脈可循也。

（二）表彰人物

實齋論史，特重文獻。同時之學者持相反之意見有戴氏東原。東原謂實齋所修汾州諸志，皆從世俗，絕不異人，亦無一定義例。且言志以考地理，悉心於地理沿革，則志已竟，侈言文獻，而非急務。戴氏之所指摘者，實為實齋之所貴，故實齋對戴氏之意見絕不贊同，實齋辯之曰：

方志如古國史，本非地理專門，如云但重沿革，而文獻非其所急，則但作沿革考一篇足矣，何為集衆啓館，領費以數千金，卑辭厚幣，邀君遠赴，曠日持久，成書且累函哉。且古今沿革，非我臆所能爲也。考沿革者，取資載籍，載籍具在，人人得而考之，雖我今日有失，後人猶得而更正也。若夫一方文獻，及時不與搜羅，偏次不得其法，去取或失其宜，則他日將有放失難稽，湮沒無聞者矣。夫圖事之要，莫若取後人所不得而救正者加之意也。然則如余所見，考古固宜詳慎，不得已而勢兩全，無寧重文獻而輕沿革耳。（記與戴東原論修志）

實齋以爲僅重地理沿革，非修志之要義，地理沿革，人人可得而考，唯人物之活動，苟非及時詳爲著錄，則日後放失難稽，此實齋寧重文獻而輕沿革之故也。人物又爲歷史之中心，一切事變，皆從人之活動而來，故其修史志，則當表彰人物。戴氏於此亦持異議，曰：「舊志人物類，乃首名僧，而欲刪之，而所載實事，卓卓如彼，又不可去，然僧豈可爲人……余思名僧必居古寺，古寺當歸古蹟，故名僧事實，歸之古蹟，庸史不解此例也。」而實齋則辟而闢之曰：

古蹟非志所重，當附見於輿地之圖，不當自爲專門，古蹟而立專門，乃統志類纂名目，陋儒襲之，入於方志，非通裁也。如云僧不可以爲人，則彼血肉之軀，非木非石，畢竟是何物耶？筆削之例至嚴，極於春秋，其所誅貶，極於亂臣賊子，亦亡正其名而貶之，不聞不以爲人……史於姦臣叛賊，猶以忠良並列於傳，不聞不以爲人，而附於地理志也。削僧事而不載，不過俚儒之見耳。以古蹟爲名僧之留轍，而不以人物爲名，則會稽志禹穴，而人物無禹；偃師志湯基，而人物無湯；曲阜志孔林，而人物無孔子。彼名僧者，何幸而得與禹、湯、孔子同其尊歟？（同上）

景印本・第八卷・第二期

此說雖爲實齋與東原論修志之辨難，但可見實齋對人物特別着重之見解。又實齋既對人物重視，而對人物之節義尤爲表彰，見其與甄秀才論修志書有云：

史志之書，有裨風教者，原因傳述，忠孝節義，凜凜烈烈，有聲有色，使百世而下，怯者勇生，貪者廉立。史記好俠，多寫刺客畸流，猶是令人輕生增氣，況天地間，大節大義，綱常賴以扶持，世教賴以撐柱者乎。每見文人修志，凡景物流連，可騁文筆，典故考訂，可博雅之處，無不津津累牘，一至孝子忠臣，義夫節婦，則寥寥數筆，甚至空姓氏，行述一字不詳，使觀者若閱縣令署役卯簿，又何取焉。竊謂邑志搜羅不過數十年，採訪不過百十里，聞見自有眞據，宜加意採輯，廣爲傳述，使觀者有所興起，宿草秋原之下，必有拜彤管而泣秋雨者矣。尤當取窮僻壤，畸行奇節，子孫困於無力，或有格於成例，不得邀旌獎者，蹤跡既實，務爲立傳。（答甄秀才論修志第一書）

而實齋對於人物之重視，於此可見一斑，所謂有「畸行奇節」之士，莫不網羅，此種搜羅文獻之風，亦可溯之梨洲以來諸儒之所倡也。

梨洲論史，極重人物，以爲人物關乎世運之盛衰。故其治史，尤注意文獻。其撰高元若墓誌銘云：

余於李庭芝守揚之事，蓋未嘗不爲之流涕也。宋已亡矣，猶能死守半載。庭芝一日在揚，則揚一日不速飛，元不能乘其席捲之勢以下揚，而必待之易守之後，然則興亡之故，雖曰天運，固未嘗不由於人矣。

梨洲所謂「興亡之故，固未嘗不由於人」一語，可謂語重心長。蓋歷史上之重大事變，無不由人而興，及其衰也，亦由於人而亡。是故，梨洲治史，無不以表彰人物爲務，尤其高義奇節之士，於其文集中所撰諸碑銘，書忠節之事，可謂不厭其煩。而梨洲何以表其忠節？曰：

古之君子有死天下之心，而後能行天下之事，有成天下之心，而能死天下之事。事功節義，理無二致。今之君子，以偷生之心行嘗試之事，又安有不敗乎？（文定後集卷一明名臣言行錄序）

梨洲以爲事功義理無二致，換言之，即節義爲事功之根源，均爲人物所表現，故又曰：

夫事功本於道德，節義必原於性命，離事功以言道德，考亭終無以折永康之論，賤守節而言中庸，孟堅究不能逃蔚宗之譏。（同上）

又周節婦傳云：

嗟夫，家猶國也，當節婦之稱未亡，馬氏亦中衰矣，而節婦有死之心，卒乃中興。馬氏亦由田單之存燕，汾陽之再造唐室一也。凡今之人，侈社稷苞桑之功，而輕單門風雨之瘁，此所謂不知類矣。（文定三集卷二）

梨洲既以節義爲事功之本源，又進而論名節與道之關係，曰：

白沙子曰：名節者道之藩籬也，程子亦云：東漢之節義一變至於道。蓋道之未融，謂之名節，名節之融，謂之道，非有二也。……夫名節非關生死利害之際不可得見。山谷曰：平居無以導取於俗人，臨大節而不可奪，此不俗人也……吾友蘭生先生……皆有名節於時，改革之際，皆不赴公車，抱道而不仕者也……嗟乎，所謂臨大節而不可奪者，非其人歟？（文案外卷壽徐蘭生七十序）

又曰：

嘗觀興王之師，必有不二之臣，以輯安黎庶，故雖鋒鏑倥傯，而此意未嘗不行其間，蓋天以生物之心，寄此一人耳。（文定三集卷二兵部尙書李公傳）

又曰：

史固無藉乎詩也，逮夫流極之運，東觀蘭臺，但記事功，而天地之所以不毀，名教之所以僅存者，多在亡國之人物。（續文案萬履安先生詩序）

梨洲之重視當代文獻之保存，及標榜忠義名節之士，雖匹夫匹婦，亦蒐集不遺，皆由於其爲「天地生物之心」，「道之藩籬」，「天地之元氣」故也。故梨洲以畢生之力，致力於明末淸初諸節士事迹之保存，可謂其在史學之卓識。而梨洲生於斯世，非僅有感而爲，而負有史家之天職。故曰：

身歷其盛衰，使余不言溪上之風流，後人無有知之者，……余皓首而談往事，叨叨不已，聞者得無厭其頑鈍乎。（文定前集卷六劉瑞當先生墓誌）

又曰：

余多叙事之文，嘗讀姚牧庵，元明善集。宋元之興廢，有史書所未詳者，於此可見，然牧庵明善，皆在廊廟，所載多戰功，余草野窮民，不得名公鉅卿之事以述之，所載多亡國之大夫，地位不同耳，其有裨於史氏之缺文一也。（文定凡例）

梨洲治史之重視當代文獻之用意與責任，於此可見。

又繼梨洲之志者，有萬季野，對於鄉邦人物之表彰尤爲致力。嘗曰：

近者鼎革之際，更有他邦所不及者，是不可無以傳。

又曰：

使善無微而不顯，人無隱而不章。

又曰：

使前人之名蹟得以不泯乎後世（均見石園文集卷七）

則可見季野之注意當代文獻，亦無異於梨洲。

至邵念魯，其治史亦莫不以保存文獻爲務職志，所著後蒙說云：

欲學爲人，須識人倫。……誠者天之道，乃天命之性，思誠者人之道……三代之學，皆所以明人倫，明此而已矣……又曰未識人倫焉知天道，此聖賢之眞傳也……但人之才情，當用於忠孝節義，不當用之於詞章藻繪……忠孝節義，各率其性，無大小一也。（思復堂文集一）

念魯謂「未識人倫焉知天道」，識人倫爲聖賢之眞傳。又人之才情，當用於忠孝節義，此說無異於梨洲所謂「天地之元氣」。而念魯更提倡「先忠孝後文藝」（文集卷三盛將軍傳）。其對顧炎武之遺民風節，極爲仰慕，（見文集卷三顧炎武傳）。所著思復堂文集，名爲墓誌，通篇累牘，無非表彰其人忠節之情，藉此使其人之事迹不致湮沒。邵國麟撰念魯先生傳云：

先生……治史學，著聞髦俊，凡宋、元以來軼事，悉糾其徵信者表之。（附思復堂文集末）

重文獻而表忠義，可謂梨洲以來一貫之旨。至全謝山，更發揮此義，曰：

忠孝者，天地之元氣，旁魄而不朽者也。（鮚埼亭集外編卷六）

又曰：

嗚呼國家不能長存而不亡，忠臣志士成者一，而敗者九，顧其所以長存而不敗者，此配義與道之氣，塞乎天地之間。（鮚埼亭集卷一四外編張太傅祠堂碑）

謝山此番議，無不與梨洲，念魯諸人同出一轍。於其著述中，表彰忠義氣節者居其泰半。華氏忠烈合狀有云：

皇朝雖殺其身，未嘗不諒其心矣，若乃夫人之凜然大節，故國故家，均爲有光。（鮚埼亭集卷一〇外編）

又楊氏四忠雙烈合狀云。

又四世而四忠雙烈出焉，遂以收三百年世臣之局，跡其一門被滅，不可謂不慘，然而故國增重矣。（同上）

忠孝節士，爲天地之元氣，縱其失敗，其人之精神得以長存，故國故家亦可增光。故謝山對於當代諸烈士，無不加以表揚，且常以不得奉諸遺老爲憾，目覩先賢遺迹手稿，不禁潸然淚下。嘗曰：

嗚呼古今賢愚，總隨大化以俱盡，即鏡川之壞土，今亦鞫爲荒邱。惟是殉國之大節，閔忠之古道，天荒地老，終於不朽。（鮚埼亭集二四外編楊氏葬錄序）

明末清初之際，抗淸者以東南諸省爲多，而清代文網甚密，忠烈之事，每多湮沒不存。謝山憫其人之忠節，以其事迹可考者，莫不表而出之，冒刀斧之禍，在所不惜，見其所撰甲甲三忠記，未嘗不隱約其辭，曰：

嗚呼桑海之交，吾鄉死國者六十餘人，遂爲忠義之邦，……惟忠與孝，歷百世而不可泯，於斯祭也，尙其有所觀感哉。（鮚埼亭集卷二外編）

又於朋鶴草堂集序云：

吾鄉當改步之時，足稱忠義之區，其幸而不死者，皆不媿於古逸民。（鮚埼亭集卷二五）

其鄉邦忠烈之事雖多，其事爲人所不敢言，如明大學士熊公傳，謝山謂其「皆本行狀，而乙酉以後起兵之事甚略，蓋有諱而不敢言」。（見鮚埼亭集三〇熊公行狀跋）。謝山於當時抗拒淸人之事蹟，一一表之，若非深信此爲史家之天職，何能至此，其作鄞王公神道碑有云：

公之大節，豈在階列之崇卑，而確史不可以荒朝之命而沒之。（鮚埼亭集六）

謝山在陸先生墓表云：

百年以來，幽光未啓；雖隣比通家如予，亦至今始知之，故國有貞臣，乃勵置之詩人之列，苟不亟爲表章，豈非里社後死者之過乎？（鮚埼亭集卷一四）

又云：

嘗聞稺山先生在翁洲輯文史一書，其中皆同時諸公之作，足備桑海以來之史料者，其部帙甚侈，錢退山侍御史兄弟曾及見之，此尤勝國之寶書，而今不可問。嗚呼！兵火之際，忠義之翰墨，往往難存，其幸而傳者，蓋百之一。（鮚埼亭集卷二四）

謝山對於前賢表現之事迹，莫不珍之重之，其在杲堂詩文續鈔序云：

殘明甬上諸遺民述作極盛，然其所流布於世者，蓋亦將有殉之，埋之之志而弗洩，百年以來，霜摧雪剝，日以陵夷，以予所知董戶部……其秘鈔甚多，然而半爲烏有，而苦得次公荔堂披雲三家於刧灰中……嗚呼！諸公之可死者身也，其不可死者心也……表章舊德，盡發羽陵之藏，加以疏證，使後世昭然見先生之大節，討論文獻者，不致冬青歲月，西臺姓氏之疑。（鮚埼亭集二五外編）

謝山之苦心搜羅文獻，其表彰之用意，無非欲使後人知其節義，使國史有所參考（語見張廷綬行狀），或曰「異日國史將有取焉」耳。或曰：「爲之墓表以作史局立傳之底本」（鮚埼卷二蔣公墓表），謝山又云：

嗚呼！故國喬木，日以陵夷，而遺文與之俱剝落，徵文徵獻，將於何所，此予之所以累唏長歎而不能自已也。（鮚埼亭集雪交亭集序）

謝山有鑑於此，自謂其志云：

留心桑梓文獻久，其爲諸志所失者已多，以文章表之。（鮚埼亭集四七寄萬九沙編修論寧志補遺雜目）

綜觀自梨洲而迄於謝山，其治史不斤斤於史籍中一二文字之考證，而其志則在於網羅當時人物之事畧，尤以其人有凛然大節者，可謂以保存一代文獻爲職責，毋使後之修史者失其事之眞相，以誣蔑先賢，實齋生於浙東，風氣相趨，故其論史，重文獻而輕沿革，可謂繼承上述諸儒之脈絡也。

（三）因時制宜

撰史之要，體例至爲重要，然亦不能拘守前人之成法。蓋歷史事件，因時、地、人之不同，其事亦隨之而異。故撰史者，不能繩之以一例，此所謂「圓而神」也。實齋以爲時代、人物各有不同，其事必異，敘史之方法，亦無須盡同也。故云：

自古聖人，其聖雖同，而其所以爲聖，不必盡同，時會使然也。（原道上）

此番議論，可謂深悉歷史之變化不測，其義雖似，而事則不同。其論周、孔二聖，亦謂各有其時，不得專尊孔子而輕周公。故曰：

儒家者流，尊奉孔子，若將私爲儒者之宗師，則亦不知孔子矣。孔子立人道之極，豈有意於立儒道之極耶？儒也者，賢士不遇明良之盛，不得而大行，於是守先王之道，以待後之學者，出於勢之無可如何爾。人道所當爲者，廣矣、大矣，豈當世皆無所遇，而必出於守先待後，不復涉於人世哉。學易原於羲畫，不必同其卉服野處也。觀書始於虞典，不必同其呼天號泣也。以爲所處之境，各有不同，然則學夫子者，豈曰屏棄事功，預期道不行而垂其教耶。（原道中）

周公之所以爲聖，在於創制，孔子之所以爲聖，在於垂教。孔子所生，非周公之時世，孔子述而不作，限於時也，非孔子有意而爲，是時勢之不得已，故學孔子，亦無須學其「不得已」也，實齋所謂「人物挺生，各隨時世」，故其修史，力主因時制宜，不可拘守成法。其言曰：

遷書紀表書傳，本左氏而畧示區分，不甚拘拘於題目也。伯夷列傳，乃七十篇之序例，非專爲伯夷傳也。屈、賈列傳，所以惡絳灌之讒，其敘屈之文，非爲屈氏表忠，乃弔賈之賦也。倉公錄其醫案，貨殖兼書物產，龜策但言卜筮，亦有因事命篇之意，初不沾沾爲一人具始末也。張耳、陳餘，因此可以見彼耳。孟子、荀卿，總括遊士著書耳。名姓標題，往往不拘義例，僅取名篇……不知古人著書之旨，而轉以後世拘守之成法，反訾古人之變通，亦知遷書體圓而用神，猶有尚書之遺乎！（書教下）

實齋斯言，可謂能發揮撰史者貴於變通，不應因前人之成例而一繩不變，然後可以保存一代之史實，可以言一代之精神與特色，能如是，始可謂之通。故曰：

夫史爲記事之書，事萬變而不齊，史文屈曲而適如其事，則必因事命篇，不爲常例所拘，而後能起訖自如，無一言之或遺而或溢也。（同上）

實齋深明此義，對於史學，倡「因時而制宜」，爲實齋史學中之一特色，實齋於書教篇上曰：

上古簡質，結繩未遠，文字肇興，書取足以達微隱通形名而已矣。因事命篇，本無成法，不得如後史之方圓求備，拘於一定之義例名義者也……世儒不達，以謂史家之初祖，實在尚書，因取後代一成之史法，紛紛擬書者，皆妄也。

實齋此一見解，可謂深識史學之言，亦爲史家撰史之圭臬。然其意見，亦非自創，浙東諸儒，亦先言之。誠如梨洲所言「變化不測，不能不萬殊」。在萬殊事態中，治史者，亦不得不著眼於萬殊之事件中。故梨洲曰：

學問之道，以各人自用得着者爲眞，凡倚門傍戶依樣葫蘆者，非流俗之士，則經生之業也，有一偏之見，有相反之論，學者於其不同之處，宜著眼理會，所謂一本而萬殊也。以水濟水，豈是學問。（明儒學案凡例）

梨洲教人，於其不同處著眼理會，是要人在不同之個別事件中注意，不同之事件中始可洞悉其變化之根源，此意誠足以啓發後人治史於不同史實中了解一時代之精神，故其治史，極力抨擊因襲而無新意之作。曰：

余觀當世，不論何人，皆好言作史，豈足有三長，足掩前哲，亦不過此因彼襲，攘袂公行，……奈何今之作者，夫口遷固而不能屑於悅宏，夫作者無乘傳之求，州郡鮮有上計之集，不通知一代盛衰之始終。徒據殘書數本，諛墓單辭，便思抑人物，是猶兩造不備而定爰書也。（文定前集卷七談孺木墓表）

梨洲所謂「此因彼襲，攘袂公行」，爲治史者之通病，「不通知一代盛衰之始終，徒據殘書數本，諛墓單辭，便思抑人物」，是治史識見之淺陋。故其論史，無不注意一代之變化，以求其通。

至邵念魯，其治史，未嘗不注意一時代有一時代之特色，論史者當於時代不同之表現而著眼。其撰劉門弟子列傳序云：

先人有言，世之論王子者，概之以事功，不知其事功由學而出。王子之事功，斯眞事功斯眞學也。論劉子者，概之以節義，不知其節義本學而成，劉子之節義，斯眞節義，眞節義，斯眞學也。士之生各隨其世，故孔孟皇皇游騁，程朱亦事科舉，王、劉二賢並起進士，爲時名臣，顧王子當明世之隆，爲其弟子者遵遺教，謹取與進退而已。劉子際末流，守死善道，其弟子之出而仕者，多以生死明學術……蓋以言明道，不若以身明道之爲能眞知而實踐也。（思復堂文集卷一）

所謂「士之生各隨其世」如孔孟、程朱、王劉、所處時代不同，不能繩之一例也，與梨洲所言「變化不測，不能不萬殊」，與「以各人自用得著者爲眞」之意相類。

至謝山，對於梨洲、念魯之意，加以發揮運用。謝山於移明史館帖子五云：

惟隱逸一傳，歷代未有能言其失者。少讀世說載向長禽慶之語……愛其高潔，及考其軼事，則皆不仕新室而逃者，然後知其所謂富不如貧，貴不如賤，蓋皆有託以長往，非遺世者流也。范史不知其旨，遂以逢萌俱歸逸民，於是後之作史者，凡遇陶潛周續之宗炳之徒，不知判然兩途也。（鮚埼亭集卷四二）

此事不同則義亦互異，撰史者昧不異而一歸之隱逸，此所以不知其事判若兩途也。謝山又再申其義曰：

史之有表，歷代不必相沿，要隨其時之所有而作。東漢之宦者侯表，唐之方鎭年表，遼之外戚世表，此皆歷代所無，而本史必不可少者也……遼金三史，世多置之，自鄶以下無譏之列，豈知其中體例固自有可采者乃任耳。（同上）

又讀史通表序云：

然則表固有足以兼志者而志之，不可以去表也，其餘功臣，諸王，外戚，恩澤諸表，封爵之籍，欲以不泯，故馬氏節畧諸表載入封建考中，雖新唐書宰相世系表，世多誚其無補，然未嘗不與官氏志相表裏也。列傳所載更繁，甲乙互混，前後迭移，大畧以表正之，或者名薄功微，行事既不少，概見姓氏，又莫可附麗，即籍本表以當附傳，即其有傳者，功罪事實，傳中之所未備，亦多於表見之。故吳江朱處士鶴齡，謂史既無表，則傳不得不多，傳愈多事愈繁，而其中或反有漏而不舉者。然則史之於

表，其何所係爲何如也，至於列朝史例，不必相沿，其因革離合之當折以用之。（鮚埼亭集二五外編）

謝山雖論史表，其用意在言史例不必相沿，時代各異故也。若撰史者不悟此意，一一沿襲前史之例，則必失其至當。見其所撰華氏忠烈合狀，實行其說，其言曰：

在昔文章家，無合狀之體。惟葉水心集，嘗爲陳同甫，王道甫作合志。蓋出於史之合傳，予因援其例於狀，但古人於夫婦之間，未有不以婦統於夫者，今雙舉之，何也？曰，華夫人之烈，非凡婦者所可同也。作華氏忠烈合狀。（鮚埼亭集卷一〇外）

謝山能援前人之例而撰合狀，且夫婦相舉，可見其能以因事命篇，前例不相沿也。於移明史館帖子四言之更爲透澈，其言曰：

遼史於屬國之外，更有部族一表……大小雖有不同，然但取其有關於一代之故，則某所謂隨其時之所有而作之者也。（鮚埼亭集卷二四）

按隨其時之所有而作，可謂自梨洲、念魯以來一貫之旨，故實齋論史，所謂「所處之境不同」之觀念倡言撰述當圓而神。如同出一轍。實齋史學見解，不可謂與浙東諸儒不無關係。

四、清代浙東諸史家之史學精神與章實齋之史意——藏往知來

實齋論撰述云：

蓋官禮制密，而記注有成法，記注有成法，而後撰述可以無定名，以謂纖悉委備，有司具有成書，吾特舉其重且大者，筆而著之，以示帝王經世之大畧。（書教上）

撰述之要，非徒以著述爲能事，史學之要，在於經世。故實齋有撰述與記注之分。所謂記注，藏往也；撰述，知來也，此所謂以示帝王經世之意。故曰：

撰述欲其圓而神，記注欲其方以智。夫智以藏往，神以知來，記注欲往事之不忘，撰述欲來者之興起。故記注藏往以智，而撰述知來擬神也。藏欲其賅備無遺，故體有一定，而其德爲方；知來欲其抉擇去取，故例不拘常，故其德爲圓。（書教下）

「撰述欲來者之興起」，是實齋論史之重經世致用之意。撰述貴一家之言，亦爲實齋之一貫主張。故曰：

史之大原，本乎春秋，春秋之義，昭乎筆削，筆削之義，不僅事具始末，文成規矩已也，以夫子義則竊取之旨觀之，固將綱紀天人，推明大道，所以通古今之變，而成一家之言，必有詳人之所畧，異人之所同，重人之所輕，而忽人之所謹，繩墨之所不可得而拘，類例之所不可得而泥，而後微茫杪忽之際，有以獨斷於一心，及其書之成也，自然可以參天地而質鬼神，契前修而俟後聖，此家學之所以可貴也。（答客問上）

實齋對史學，以爲其功不僅可以經世致用，且有爲來者興起之功。所謂史在於「藏往知來」。此爲實齋之史意。而此種思想，溯之浙東諸儒，亦未嘗無此意也。

梨洲認爲史學之重要，有甚於一姓一國之興亡。其在董公墓誌銘有云：

> 國可滅，史不可滅，後之君子，能無憾耶。……江東草創，孫公嘉績，熊公汝霖，錢公肅樂，沈公宸荃，皆聞文陸陳謝之風而興起者。（文案卷六）

國者，一姓之國耳，而史則爲一民族之史，史不僅記一民族盛衰之迹，且有關乎風化之作用，若無文陸陳謝之風，江東諸先烈何得而興起，此史之爲用也。梨洲於四明施公神道碑强調此義曰：

> 雖然，國可滅，史不可滅，後之君子，推尋桑海餘事，知横流在辰，猶以風教爲急務也。（文案卷七）

念魯對於史學，嘗曰：

> 文章無關世道者，可以不作，有關世道者不可不作（龔翔誠邵念魯墓誌附文集）

謝山對於史學之重視，亦如梨洲，其在七賢傳云：

> 吾特表而出之，使天下爲父兄者，弗爲敗行以貽子孫，戚而子弟之不幸而罹此者，能愼所趨則幸矣。
>
> （鮚埼亭集卷十二外編）

謝山所以表彰其事者，欲「弗爲敗行以貽子孫」，實以史爲教化之具，此所謂「藏往知來」之意。於沈隱傳云：

明之滅也，熹毅二后亡國而不失陰教之正，有光前史，而臣僚之母女妻妾姊妹亦多並命，降及草野，烈婦尤多，風化之盛，未有過於此者，以爲明史當列一傳，以表章一朝彤管者也。又降及南中吳中，以及淮揚之歌妓，亦有人焉，此不可以其歲之失身，而隔之淸流者也。

從梨洲以至謝山之意，無非藉事以垂訓，亦爲實齋「藏往知來」之淵源所自也。

五、結語

綜上所述，可知章氏之史學。其自謂「蓋有天授」，絕非實言。其史觀深受陽明、蕺山、梨洲諸儒之心學而轉入史學；其論著史之方法，亦未嘗不以梨洲、季野、念魯、謝山諸儒之緒而加以推演；其論史意，亦爲浙東諸儒一貫之旨，亦可謂中國史學之傳統精神，固非實齋所獨創也。故實齋之史學，均有脈絡可循，惟其貢獻，特異於諸儒者，在能集諸家之大成，綜合諸家之說，闡述其義蘊而更臻精微，再加之以一有系統之史學理論，所著文史通義，所以爲後人推崇，而比之劉知幾之史通者此也。

至於章氏抨擊當代學者不言當代之史而專以訂譌正謬，或以校補箋注爲務，是昧於淸代文網甚密，學者莫敢言之。如浙東諸儒之激昂，當代之事，亦多隱寓於碑誌中。此實齋所謂「勢所使然」，非淸代學者皆願相率趨考證之途也。實齋之學能洞悉古人學術之原委，論古人官師不分，誠爲卓見，若以其所處之時代猶倡此說，則又囿於知古而不知今矣。

清初鄭成功殘部之移殖南圻（下）

陳荊和

目次

四、高棉政局之分裂與明鄭部隊之拓殖（一六八二—一六八五）

擁有五十至七十艘船、三千餘弁兵及眷屬之楊彥廸及陳上川所部船隊之抵達東浦，顯然對於高棉王國形成一件莫大之威脅；清廷及暹羅當局亦甚爲關懷，不斷注視其動靜；至於順化之阮府則因擺脫此批大船隊之糾纏而頗覺輕鬆。鄭懷德撰嘉定通志（以下簡稱通志）卷四疆域志曰：

> 時以北河（筆者注：即指北圻之鄭主）屢煽，而彼兵遠來，情僞不明，況又異服殊音，猝難任使；然他窮逼奔投，忠節欵陳，義不可絕，且高蠻國東浦地方沃野千里，朝廷未暇經理，不如因彼之力委之闢地以居，斯一舉而三得矣。

此段史文已將阮府之態度清楚地道出，我們不難推想鄭氏所謂「一舉三得」當意味由於採取這個措置而阮府可以達成下列三點目標，即（一）盡了道義上責任及地主之誼，（二）藉此扶植勢力於東浦地方以及（三）隔離此批情僞不甚明瞭之武力集團。如上文所述，賢王一決定差遣楊部往東浦，即派舍差司官員文貞(缺姓)及將臣吏司官員文昭（缺姓）賚遞諭文給高棉秋王（即匿秋，Chey-Choetha IV）要求割地安揷，結果楊彥廸所部入殖美湫，而陳上川所部則入殖盤轔（邊和）（1）。歷朝雜記（卷一）畧述楊氏船隊抵達高棉後，繼曰：

> 廸、進（筆者注：即楊彥廸與黃進）等與高棉結爲兄弟，歲修貢獻於勇國公（即賢王）焉。

此條史文令人推想南來之華人部隊與高棉王廷間之友好關係，但實際上事態之演變並非如此簡單且輕易。值得注意者是此段引文中之「高棉（王）」乃指在柴棍之高棉二王匿嫩（Angk Non），而此人與正王匿秋正在敵對，所以楊部抵柬浦後，與之結盟者是親阮之二王匿嫩，並非一向親暹之正王匿秋。茲摘錄天和三年（一六八三）由暹羅航抵日本長崎之兩艘華船（五番及十九番暹羅船）之申口（報告）以資參考。兩船之申口均提及楊部之抵達高棉，繼述高棉正王匿秋周章狼狽之窮狀。五番暹羅船申口云：（２）

柬埔寨之屋形楊二之勢攻來ると心得，柬埔寨を明ケ人民共に悉奥之山中に引籠り申候。然而柬埔寨之儀軍民共に數千には至不申候由に御座候，依夫右之通山中に逃げ退申候事に御座候。然るに付楊二元より柬埔寨を數取申覺悟に而無之より，山中に使者を立て是非歸國有之候樣にと屋形江申遺候得共，誠と存不申，山中より出不申候故，楊二之勢今程は柬埔寨に在軍仕候。此段暹羅國に相聞江申に付暹羅之屋形より態々迎船を遣し，楊二方に申越候には，其元柬埔寨之儀は人民も無之，兵糧も續申間敷候間，是非此方に罷參可給候，左候は國中之軍勢をも賴度之由罷申越候得共，楊二元より東寧方之者に而海上之諸勢を承罷在候に付，致辭退，暹羅江は參不申候。其使者歸帆之船に私船出船之節暹羅河口に而逢申，右之樣子承申候。

（中譯）柬埔寨王（即高棉王）以爲楊二（即楊彥迪）所部來攻，故撤離柬埔寨（城），偕人民悉數逃匿於內地山中。據說柬埔寨軍民總數不及數千，故可隨時逃避入山。不過楊二本無佔取柬埔寨之意，故派使前往山中，懇請國王返駕。惟國王不予置信，未肯下山，任由楊二所部仍然駐軍柬埔寨。此訊傳至暹羅國，暹羅國王特地派出迎接之船隻（往柬埔寨），向楊二勸告曰：柬埔寨人民既少，兵糧亦不足，務請前來本國，當可借重於本國軍隊。竊以楊二本爲東寧（即指明鄭時代之台灣）

之部屬，曾統率海上諸船隊，故拒其請，不肯赴暹。當本船（指五番船）啓程時，於暹羅河口（即湄南河口）與（暹羅）國使所乘之船相遇，因獲悉此項消息。

十九番暹羅船之申口則稱：（3）

柬埔寨之儀邊鄙之國に而，惣而人民迄も少き所に而御座候に付，屋形を初め諸官に至迄楊二勢に驚き，攻來候と存申候歟，屋形は奥之山中に引籠り申候。依夫楊二儀私共出船仕候迄も柬埔寨に寄住仕罷候。元より柬埔寨を取敷申本意に而は無之に付，人民を害し申事も無御座候。右山中に罷在候屋形江も使者を遣し，御國を妨事に而は無之候間御出候得と申遣候得共，屋形疑之心ふかく御座候而出不罷申候。右柬埔寨之儀も他之國程御座候而取敷可然所に而御座候者，楊二ためには天のあたふる儀にて御座候間，屋形立のき罷申候を幸に致し，不及軍戰にも取得申候。仕合之至に御座候得共，惣而柬埔寨之儀は柬埔寨人國主に成不申候得者不成所に而御座候。他國より國主に成申事前代より無御座候。勿論唐人國主に成申候事も不成儀に御座候。他國より自然暫時に而も取敷申樣子も御座候得者，國之土産之諸色も無之，人民歸服不仕候而，所勢之物少も出不申候。依夫右楊二事本意は柬埔寨を取敷申との事に而無御座候。今度楊二柬埔寨に罷在候儀暹羅屋形に相聞申に付，屋形より楊二に使官を差遣し申入候趣は，其元柬埔寨之儀は此方屬國に而御座候，殊に此方と東寧之儀は互に好之有る兩國に而御座候，貴殿御事東寧之御手下に而御座候得者，定而御異心之儀御座有間敷候承申候得者，今度其元江寄住有之由に在候者，必柬埔寨之人民御妨給間敷候者，何に而も不如意之事候者，此方に可罷依候，左候者此方領內江成共御來臨可有之と申遣候所に，楊二返事にもいかにも御來意之通得其意申候，元より國に妨可仕覺悟有之入船仕候に而も無御座候，御氣遣爲之間敷候，御國に罷渡り候樣にと被修候，其段にも及不申候，暫時此元に罷在候者，追付東寧に歸國可仕覺悟に候條，其元には參申間敷と申來候。依夫柬埔寨も別儀無御座候。

（中譯）柬埔寨爲一邊鄙之國家，連人口也稀少之處，所以上自國王下至各官均被楊二之軍勢嚇倒，國王疑楊部來攻，便逃匿於內地山中。因此，在本船起程時，楊二仍駐兵於柬埔寨。（楊二）本無侵佔柬埔寨之意，故未曾傷害人民。（楊二）曾派人向山中之國王解釋稱伊等實無意擾亂其國，並請返駕，但國王疑心至深，仍不肯露面。竊以柬埔寨幅員大致與其他諸國相同，當可佔而據之，（此次對於）楊二實一天賦之良機，乘國王蒙塵之際，不損一兵而取得其國，實屬僥幸之至。然而柬埔寨者非柬埔寨人當王則不成體統之處，未曾有外邦人士稱王之例。當然唐人爲王亦行不通，即使外邦人暫據其地，但國內之土產既少，百姓又不馴服，則更無法獲得補給，所以楊二並無意佔取柬埔寨。此次楊二來柬之事聞於暹羅國王，暹王曾派使官至楊二處，告稱：柬埔寨向爲鄙國屬邦，尤以東寧與鄙國一向友好，足下爲東寧屬將，定不會懷有不軌，但足下如想逗留該處，柬埔寨人民必起而抵抗，從長計實屬不智之舉，不如來臨鄙國境內較爲兩便。楊二答覆稱：本當遵命，惟鄙人等無意擾亂柬國，請勿見怪，又蒙邀前赴貴國，竊想尚無此需要，祇想暫留此地，不久將返東寧，故未便前往貴國。因此，柬埔寨不至發生什麽異變。

按暹羅阿瑜陀耶朝歷代國王一向視高棉爲藩屏，此爲近世以來暹廷一貫之傳統性對棉態度。當時之暹王P'ra Narai（1657—1688）是一位外交上頗有作爲之君王，正在盡力拉攏路易第十四時代之法國政府，欲藉法人勢力以牽制荷蘭東印度公司在暹經濟界之跋扈。當然 Narai 王不能袖手旁觀楊部之開入高棉，因之，便派使赴高棉慫恿楊氏一行離棉來暹，但爲楊彥迪所拒。上引兩篇暹羅船申口均可揭曉楊彥迪及其部下寧願留在國力孱弱之高棉，而利用其國內動搖不定之局面以策發展。

關於清廷之態度，上引康熙廿二年十月（一六八三年十二月）間施琅之奏文已暗示將派人諭令楊部及東寧販外國船艘之歸附，以副聖祖根絕明鄭海上勢力之意。事實上有不少跡象證實此種方策確由施琅付諸實行。貞享甲子年（一六八四）十二番廣南船之申口云：

東寧秦舍大清に降參被致候に付，大清方之大將，施琅と申官より船一艘，廣南江越罷申候，則其船に施琅より之使者兩人，壹人は賞功廳と申官號に而，名は楊安舍と申候，今壹人は蔡榮官と申候，是は無位に而，右之使官之副使に罷成被罷渡候，別之子細に而も無之，秦舍之商船十艘余方々江打散罷有に付，施琅方江招寄せため指越被申使官に而御座候。廣南江被乘渡候元船は厦門江致歸帆候に付，今度私船に便乞，秦舍手之者相添罷渡仕申候，御當地に而秦舍手之船共江爲告觸に御座候。（4）

（中譯）由於東寧秦舍（即鄭克塽）已向大清降服，清方大將施琅便差派一艘船前往廣南。該船載有施琅之兩名專使，一名爲賞功廳官員之楊安舍，另爲蔡榮官，此人無官銜，以充副使抵達（廣南）。其目的不外勸告在海外各地秦舍所屬十餘艘商船歸投施琅。因使者所乘原船已返厦門，故該兩使者及秦舍人員改搭本船同來，以便向停泊貴國（即指日本）之秦舍船艘傳達通令云。

海國聞見錄之撰者陳倫炯亦在其書之自序中述及其父陳昂曾隨施琅參加征台之役，及明鄭歸服後，復承施琅之命，前往南海各處訪查隱匿各海島之鄭氏殘部，爲時五年之久；（5）由此可推知清廷曾採取較溫和之招撫政策，派出若干官員以促使鄭氏殘部歸順。（6）不過，如此措置對於殘留柬埔寨之明鄭部隊並未發生效果。康熙廿四年（一六八五）三月十三日施琅之海疆底定疏就稱：（7）

今德威遠播，四海歸心，惟南之柬埔寨尚有僞鎮楊彥迪下餘孽黃進聚艘百餘號。

可知楊部已爲環境所逼，決意下居柬浦，並盡其所能展開軍事、拓殖及經濟活動。關於他們活動之史事，中、日、越、柬各種史料之內容至爲分歧，甚至互相矛盾，令人不易窺見可靠之具體事實。就一般情形而言，華夷變態所收錄各販日唐船之申口大致可以補充大南實錄前編（以下簡稱實錄前編）及其他越南史料之缺，但是高棉之編年史所載之年代未必與實錄前編或唐船申口之所載符合；雖是，由於各種史料之互相引證，我們尚可尋找楊部南移後大約三十年間事績的概況。茲參考各種有關史文，就南移明鄭部隊之活動以及圍繞他們之高棉及南圻情勢畧予論考。

如上文所述，自從一六七四年之匿烏苔（Neak Angk Chey）叛亂事件以來，高棉分立兩王，即正王匿秋（Angk Saur，或Chau Ponhea Sor，或Nac Son，王號爲Chey-Choettha），都於龍澳（或稱幽東，即Oudong）；二王（副王）匿嫩（Angk Non，或Nac Non，或Preah Keo Fa）則駐於柴棍（即今西貢、提岸地區）。據實錄前編所誌，廣南阮主此種措置目的在加强控制高棉，使兩王均向阮主稱臣納貢；不過事實上，正王匿秋也向暹羅阿瑜陀耶王廷稱臣，暹王視同卵翼，因之，演成了暹羅及廣南兩勢力在高棉對抗之局面。華夷變態所收由；羅、柬埔寨及廣南各地來販日本長崎之唐船申口普通稱匿秋或爲大王，或正王，或山王，或六輸（NacSaur）暹一面，稱匿嫩爲二王，或水王或六恁（Nac Non）；至於兩王間之親屬關係，各篇申口或爲兄弟，或爲「嫡子屋形」（即嫡出之國王）與「庶子屋形」（庶出之國王）。實錄前編祇稱「匿秋」爲「嫡派」，並未講明兩者間之親屬關係；Leclère 所撰之高棉史則以兩人爲堂兄弟；以此種種推之，視兩人爲異母兄弟似較妥當。

正、副兩王於一六七九年間曾發生過一次衝突。其始末雖不見於實錄前編，但 Francis Garnier 之高棉編年史却有提及，其文曰：（8）

> 匿嫩（Angk Non）與國王匿秋（Chau Ponhea Sor）相戰。國王曾向暹羅乞援。暹王由海陸急派援軍赴棉。此事曾發生於一六七九年，結果匿嫩敗退，奔於交趾支那（即廣南）。

Nicolas Gervaise之暹羅王國史亦曰：（9）

> 兩王間之戰事極其慘烈。匿嫩（Nac Non）自覺軍力不夠，便向交趾支那王（即阮主）求援；匿秋（Nac Son）亦感不安，便接受暹羅王之保護，由暹王接濟金錢及軍援。雙方經過一次激戰後，匿秋獲勝，擊走了交趾支那軍，並逼匿嫩率衆逃亡於交趾支那。

可知阮主曾挿手一六七九年兩王間之交戰，並可推知二王匿嫩自該年亡命於順化，或者留在南圻之阮氏屬地。賢王之差派楊部入殖東浦，表面上雖說「闢地以居」，但事實上等於增强匿嫩之戰鬥力量以反擊匿秋，並恢復阮主在高棉之聲望，實可謂一種非常巧妙之措置。果然，楊彥迪所部一到達東浦，高棉兩王間勢力之均衡就被打破了。Leclère高棉史曰：（10）

這批華人便與佔據該地之越人勾結，但對當地土著，尤對高棉官員則非常不友好。他們不斷滋事，無意安居樂業；其蔑視當地法規比越人更甚。他們仍然結羣而居，不屑爲高棉籍民，令人猜疑他們不願與土著相處而我行我素。當一六八二年遜王(Obayureach)匿嫩決意與國王（即匿秋）攤牌時，這批華人便在Bangkon率領之下，自願爲匿嫩効勞；復有避亂來棉之占人（Chams）响應；於是匿嫩先發制人，先後畧取巴忒（Bassak）、Preah Trapeang、金邊（Chado Moukh，即Phnom Penh）及幽東諸城。國王被攻於不備，無法拒戰，當匿嫩之軍剛離金邊，國王則棄幽東城，而逃往 Samrong Tong 省之 Tranam Chroeng 村。但不久，國王以民兵及少數暹羅援兵擊破敵軍；華人部隊不支，遂放棄遜王而走，遜王則奔於 Koh Teng（即嘉定），並隱匿於該處（一六八四年）。因此，國王駕返幽東城（一六八五年）。

Gervaise 之暹羅王國史亦在上引文之後，繼稱：（11）

不過，匿秋未能長期享受此次勝利所携來之和平。僅閱兩、三載，被韃靼人（即指滿清）所逐之三千華人南來加入越人與匿嫩之聯軍。匿嫩恃此捲土重來，屢破匿秋，來援之暹軍也被打垮，匿秋不得不逃匿於森林。匿秋面臨絕境，只好再向暹王伸手求援。暹王却樂於冒險，便派五百精兵赴棉，但衆寡不敵，幾遭全軍覆滅……以上是一六八五年底我（指Gervaise 本人）留暹時所聽聞有關高棉戰爭之最新消息。當我離暹時，暹王正在籌備由陸路增派一萬八千士兵，由海路派出四、五艘由葡人及英人（傭兵）指揮之大船及六十艘大戎克船急援高棉正王，人々都以不安之心情期望此次遠征之成功。

上引癸亥年（一六八三）五番及十九番暹羅船之申口均稱因楊部之抵達高棉，正王匿秋驚惶之餘避居山中，雖經楊方促駕返都，仍未敢露面；一面暹王亦派專使來棉勸諭楊部撤離高棉前往暹羅。按五番船於五月廿八日離暹（即阿諭陀耶京，僑胞稱大城），同年七月朔日抵長崎，而其所報消息是在湄南河口從暹羅使官之所聞；一面十九番船於同年閏五月廿六日離暹，七月十四日抵日，其消息之來源當是從高棉返國後之暹使，可知兩篇申口所言者不外是同年（一六八三）前半年高棉之實況。再看 Leclère 與 Gervaise 兩人之所誌，我們不難認出其間顯然有重複之處；前者謂一六八四年間正王及暹羅援兵曾擊退楊部及匿嫩；反面 Gervaise則稱一六八五年底當時正王尚未扭轉劣勢，暹王正擬派出大批軍隊赴援之。綜考這些史文，可知一六八二年十二月間楊部一到東浦，便與二王匿嫩聯合，進而反擊匿秋，並佔領了其都城幽東。楊部佔領此城兩年多，到一六八五年，可能爲了發生黃進殺害楊彥迪之事件（詳於後文）而退返美湫，盤據前江々口一帶之地方。

關於楊部在美湫活動之情況，越方史料之中祇有通志（卷六）城池志定祥鎮條略有提及；其文曰：

世宗己未三十二（一六七九）年五月文貞經引龍門兵弁船艘進營于美湫地方，起房舍，集華夷，結成廛里。暨顯宗（即明王，一六九一——一七二五）時，於市北立爲府治，隸藩鎮營。（12）

一面，W. Dampier 之旅行記亦引曾指揮暹羅戰船襲擊楊部據點之英籍船長 Howell 之言，稱：（13）

這批中國海盜們（即指楊部）在湄公河口附近之一砂洲建設鎮市，周圍以大木設柵，嚴密設防…

他們攜帶各種農具，且其附近之地極其肥沃；據英人（船長）所言，倘有恒心，他們必可過着安逸之生活。可惜他們依然攜帶武器，且視武器重於農具，所以他們過着幾近掠奪之生活，不斷地刼掠鄰近之商民。

可知楊部抵達美湫以後，不曾鬆解防務，雖起房舍，結成市鎮，但無暇從事稼穡。據管見其搶刼之對象必定是往販高棉之中，暹商舶，因而引起暹羅船隊之報復性攻擊（詳於下文）。楊部之如此行動固因其好戰性所致，但也是環境所迫之自衛行動吧。

至於陳上川所部入殖之邊和大舖洲，通志（卷六）城池志之所誌較詳；該志邊和鎮農耐大舖條曰：

農耐大舖在大舖洲西頭，開拓初陳上川將軍招致唐商營建舖街，瓦屋粉牆，岑樓層觀，炫江耀日，聯絡五里，經畫三街。大街舖白石甃路，橫街舖蜂石甃路，小街舖青磚甃路，周道有砥，商旅輻輳，洋船江船收風投碇，舳艫相啣，是爲一大都會，富商大賈獨此爲多。

此文所指者雖是十八世紀中葉西山之亂勃發以前之情況，但足以想見該舖建置之輪廓，惟陳上川時代之建築而仍有所存者，僅有邊和鎮關帝廟而已。通志（卷六）邊和鎮關帝廟條曰：

關帝廟在大舖洲南，三街之東，面矚福江，殿宇宏麗，塑像高丈餘，後觀音觀，外包甎牆，石麟蹲於四隅，與大街西頭福州之會館、東下廣東之會館爲三大祠。經西山亂，人民離散，三（二？）祠毀廢，惟此是本舖公共之廟，竟得獨存。世祖己未二十二年（一七九九）秋，鎮邊大水，像被浸壞，而棟樑簷瓦以經年多所朽弊。丁丑嘉隆十六年（一八一七）鄉人會謀重修而力不逮，懇臣做主，以臣舊貫之所在也。初臣口勉許諾姑以悅之，而心猶未果。及其撤下正樑，上有附釘一板，雖蟲蠹並已侵蝕，而字刻宛然，止爲香燈烟霉久所薰黑，令輕加洗刷，及細觀之，其漆髹堅厚，字刻分明，前列主會八名，間有臣顯祖姓名，餘人甚多，俱不識認，後刻歲次甲子正和五年（一六八四）四月吉日；左樑一板，刻主會十一人，間有臣顯考姓名，後刻歲次癸亥景興四年（一七四三）仲春穀日。臣徬徨久之，而衆人爭觀其板，尋自壞爛。爰向廟前祝而焚之，厪念神與臣家三世旣有宿緣，臣如何敢不成先世之善願，故毅然募衆共襄事焉，新其廟，塑其像，修理祀事，今獲粗備，並此志之。

按此文中之「臣顯祖」即是鄭會，與該志農耐大舖條之「臣顯祖師孔」同一人物，可知師孔是鄭會之別號。至於「臣顯考」即是鄭慶。如上文所考，陳上川所部之入殖邊和大舖洲是在一六八二年至一六八三年之間，而大舖洲關帝廟初建之年代爲甲子正和五年（一六八四），當可令人推想鄭會是隨同陳上川南移之明人，或者陳上川所招致唐商之一；同時可知該廟亦由陳上川部所建。（14）總之，陳上川及其部下所建設之農耐大舖是一個純然商業性之市鎭，不像美湫大舖，其處境較爲安定，事實上在柴棍舖（即今提岸）成聚以前爲南圻最大之都會。據鄭懷德艮齋詩集自序，其原籍福建省福州府長樂縣福湖鄉，顯祖鄭會當滿淸初入中國，不堪變服剃頭之令，留髮南投，客於邊和鎭福隆府平安縣淸河社，受一廛而爲氓，初試陶朱之技，終博陶朱之名，竟成庭洞（俗名同狔，即農耐）巨擘。再據上引通志農耐大舖條，懷德祖妣王氏儀，俗名婆儀，與四豊府周俱稱巨擘。（15）又鄭氏外族祖林祖觀係福建省泉州府晉江縣人，因其字唐音曰蜜，故俗稱翁蜜，均是通國馳名之富豪。顯然他們都是陳上川時代農耐大舖之初期居民；於是又可推知該舖居民大多爲閩籍。

五、黃進事件始末（一六八五—一六八九）

南移之明鄭將士異地作客，照理應當和衷相處，竭力合作，可惜南移後不久，楊部却發生了內訌，副將黃進殺害楊彥迪，代領楊氏所部，擅離防地，引起阮府懷疑，致被阮軍討滅。關於此段史事，實錄前編（卷六）英宗戊辰元年（一六八八）六月條曰：

龍門副將黃進殺其主將楊彥迪於美湫海口，自稱奮勇虎威將軍，統龍門餘衆，移屯難溪（今屬定祥建和縣）據險築壘，鑄大礮，繕戰船，縱兵擄掠。眞臘正國王匿秋怨之，與其臣屋牙貢沙謀，乃絕職貢，築碧堆、求南、南榮三壘，貫鐵鎖於江口爲固守計。二王匿嫩知其謀，馳報鎮邊營。副將枚萬龍驛上其書。上怒，召羣臣議出兵。掌營宋德明進曰：匿秋癬疥小蠻，不必勞朝廷大將，鎮邊該奇阮勝龍（阮楊林之子）有智略，習知眞臘水土，可使爲統兵以代之。黃進擅殺主將，擁兵難溪，其心亦未可測，請令進爲先鋒以觀向背，倘心懷猶豫即進兵擊之，匿秋阻其前，大兵逼其後，進可擒矣。既勝進，乘勢直擣眞臘，此萬全計也。……以萬龍爲統兵，阮勝龍、阮新禮爲左右衞陣，首合文渭爲參謀，將兵討眞臘，令黃進爲先鋒，受萬龍節制。

實錄前編（卷六）英宗己巳二年（一六八九）春正月條曰：

枚萬龍軍至美湫海口，次於岑溪（今屬定祥建登縣），遣人赴難溪召黃進率所部詣軍。

上引實錄前編之文先述黃進之叛變及移駐難溪、正王匿秋之反應及備戰、二王匿嫩之態度以及阮府對南圻新事態之決策；以這一連串史事都繫在戊辰（一六八八）年六月。其次，以枚萬龍所部阮軍之抵達南圻美湫海口繫在己巳年（一六八九）正月，如此治史之方法無異暴露了編年史常犯之缺陷，即年代與史實脫節之現象。其實，如參照日、棉、歐各方面史料，戊辰年（一六八八）六月祇可認爲阮府決定派軍南下之年代，至於黃進之殺害楊彥迪，正王與二王間之敵對與抗爭則經已發生於較早之年代。Leclère高棉史之所誌與實錄前編上引文大致相同，可以互相參證；其文曰：（16）

一次新的叛變又困擾了（柬埔寨）王國之南部 。此不外爲美湫地區華人之叛亂。彼等在Huynh Tam（即黃進）主謀之下 ，殺其主將楊彥迪，推立黃進，共策建立一個獨立邦。彼等鑄造大礮，集中船隻，封鎖道路，設立稅關，肆意拘捕柬人以收取贖款。國王深知若不先發制止，將被攻襲，因下令築寨於金邊、Bakau nam（求南）及Go-bich（碧堆），並在Banam用鐵鎖連結竹筏以封鎖江面，嚴陣以待。當時治於Prey-kor（即柴棍，今提岸）之遜王匿嫩知華人部隊因發生內訌，不能結爲盟友而深感不安，所以再度向越人乞援。越人（即指阮主）正擬向國王開戰，便命黃進當其前鋒。

關於黃進之出身，中越史書之所載都不足供給我們以充分可靠之資料，惟元祿二年己巳（一六八九）五十二番柬埔寨船申口之所言較詳，其文云：（17）

右黃震と申者之來歴は前廉台灣を東寧と申候節，東寧之國守秦舍と申候而，大明之流を汲，大清江久久致敵對罷在候得共，時節を考，近年大清方江致降參候。此秦舍手下之楊禮武と申者，秦舍より人數兵船大分に支配致させ，海邊之防に仕をき申候所に，秦舍降參已後，秦舍に背き，其節之船卒を令押領，一分に海賊仕罷在候所に，其比黃震儀も物頭に而、楊禮武之手下に罷在候，於海上不圖致逆意，大將楊禮武を討，其身船卒を領し候而，於所々賊盜仕，剩柬埔寨に罷渡り，右之通に川口之地を理不盡に敷取居申候者に而御座候。

（中譯） 至於該黃震之經歷，前此台灣稱爲東寧之時，東寧之國守秦舍（即指鄭克塽） 効忠大明，與大清敵對許久。後有鑑於時勢，近年已向大清降服；此秦舍手下之楊禮武者（即禮武鎮總兵楊彥迪）奉秦舍命，統率大批兵卒及兵船以担當海邊防務。及至秦舍降清後，（楊禮武）便違背秦舍，押領從來之船卒，一直當作海盜；當時該黃震者亦爲楊禮武屬下，於海上突然叛逆，殺害大將之楊禮武，代領船隻兵員，在各處做海盜橫行無忌，甚至來抵柬埔寨，並非法盤據河口之地。

此篇申口中之黃震當然指黃進其人，因閩音「震」與「進」音同，以致於誤。文中又視楊、黃爲海盜，固然有其事實之根據，但也由於這隻船之洋商事實上都是清人，對於明鄭之殘黨總有一些歧視所致。

至於黃進殺害楊彥迪之年代，貞享四年丁卯（康熙廿六年，一六八七）五月初六日離暹之百七番暹羅船申口已提及此事，其文云：（18）

右楊氏之者手下之副將黃氏之者，楊氏を窺致叛逆，楊氏を討，則柬埔寨之二王と申候而，本屋形之甥に而御座候を取立，海邊之分押領仕罷在候を，兩年已前よりがぼぅちや本屋形，山中より暹羅江加勢を乞被申。

（中譯）該楊氏部屬之副將黃氏者，窺伺叛逆殺害楊氏，擁立「本屋形」（正王）之侄稱二王者以佔據沿海之地，因之，隱匿山中之正王兩年前就向暹羅求援。

上引康熙廿四年（一六八五）三月十三日施琅之海疆底定疏亦言明尚有「僞鎮楊彥迪下餘孽黃進聚艘百餘號」於柬埔寨，可知當時（即一六八五年四月間）南圻之明鄭部隊已易師了。又大南列傳初集（卷卅一）高蠻傳云：

先是東浦鬬土後六年，楊彥迪爲其屬黃進所殺。

顧實錄前編以楊部之入殖東浦繫在太宗（賢王）己未三十一年（一六七九），以此視爲「東浦鬬土」之伊始，那麽，照實錄前編編者之觀點，黃進之殺害楊氏應在己未年之六年後，即乙丑（一六八五）年。以此種種推之，黃進殺害楊氏之年代應在一六八五年初。至於楊氏被害之原因則無史文可徵。

據上引實錄前編之文，楊氏被害後，黃進自立之傾向日益露骨，一面正王匿秋則嚴密設防，且向阮府紹貢，其間尚未見雙方交兵之記事。但事實上阮府決定出兵以前，南圻已有戰事矣。上引Gervaise暹羅王國史已稱，在一六八五年底，暹王擬派出一萬八千士兵、四、五艘葡人和英人指揮之大船及六十艘戎克船馳援正王；惟晚至一六八七年始可見雙方交鋒之消息。丁卯年（一六八七）百七番暹羅船申口繼稱：（19）

暹羅より之兵卒千餘遣し被申候得共兩年已（20）來は何たる儀も無之，暹羅より之加勢之勢山中江被留置候に，今年山中より本屋形うち出被申，二王幷に黃氏之者共悉く追拂被申候。黃氏方にも前廉之通之人數も無之，兵船も僅に罷成申候由に而，尤二王を取立分に而罷在候得共，最早勢を失ひ居申節に而，山中之軍勢打出候とひとしく致敗北，黃氏之者，又々二王を守護し，廣南へ逃罷

參候由承申候。依而山中之本屋形，已前之通柬埔寨江在國被仕候段承申候。

（中譯）雖然暹羅派來一千餘士兵到柬，但兩年來並無什麽大事發生。暹羅援軍一直留在山中，直至今年正王才從山中出擊，將二王及黃氏所部悉數驅走。黃氏手下既無從前之兵員，兵船亦所剩無幾，雖仍依靠二王，但已大喪聲威，（正王）之軍隊從山中一出師即被擊潰，黃氏所部再度擁二王逃亡於廣南。因之，山中之正王已如前坐鎮於柬埔寨（都城）云。

關於黃進與二王匿嫩之關係，上引實錄前編之文含糊其詞，但這篇申口就明白道出黃進與二王同盟，正王早在一六八五年就獲得暹羅援助，但到一六八七年前半年雙方才交戰，結果黃氏與二王敗退廣南屬地之事實。Dampier 所引英人船長 Howell 之言也與百七番暹羅船之申口相合，而且載有生動的戰鬥之情況。其文曰：(21)

暹王之臣民早就受這批海盜們之困擾。暹王當初由陸路派遣一批軍隊以驅走他們，但未償所願。及至一六八七年，暹王再派兩艘快速戰船赴柬埔寨，而此船隊始將其砦寨完全炸燬。據 Howell 船長所言，湄公河之河口甚寬且深，可通大船到七十浬之上游……海風助他們順利航抵海盜們所據之河洲。他們先予以砲擊，然後登陸，使海盜們潰亂之後，焚燬其房舍及防禦施設，獲得許多俘虜之後，始告撤返。……該兩位英國船長完成此次襲擊，原擬帶同俘虜逕返暹羅，惟其時西南信風已吹起，不得先返暹羅，因而轉駛澳門，以等候東北信風，並期望獲得清人之好感，蓋他們相信清人定會讚許他們對該批海盜們所採取之行動。果然清方官員歡待他們，而他們亦將俘虜交予清方。及至信風改變方向，他們便航返暹羅。

按 Howell 船隊之襲擊時期正在風期改為西南信風之時，一面丁卯年（一六八七）百七番暹羅船於同年五月初六日離開暹羅（即大城）赴日，其申口所報告柬埔寨戰亂照理應該在同年三月中旬至四月初旬發生。所以綜考此兩種史文，可知在一六八七年三、四月間，二王匿嫩與黃進之聯軍已為正王匿秋與暹羅之聯軍所擊敗；Howell船隊所襲擊之「中國海盜基地」當指黃進所據之難溪（今定祥省建和縣），其進襲當是暹羅遠征軍作戰之一環；結果，匿嫩與黃進被迫再度出走廣南，難溪華人部隊之一部被俘，且被引渡給廣東淸方官憲，於是南圻明鄭部隊遭受了嚴重的打擊。到了同年（一六八七）下半年，正王與二王間之對立似較為緩和，據實錄前編同年十一月條云：

眞臘正國王匿秋、二王匿嫩遣其臣屋牙瀝多施那來進香。

此條所言乃指兩王共同派使臣來弔已故阮主賢王之喪，但到了翌年（一六八八）陳上川與二王匿嫩再計劃一次反攻，而又告失敗。Leclère 之高棉史記述其始末如下：（22）

翌年（一六八八），Samdach Chauponh-ea Kân 與華人領袖 Tang Chong-Sear（陳上舍，即指陳上川；又稱 Tan Chong-ea，即陳上爺）決意推翻國王(即正王匿秋)。他們先抵 Srey Santhor 由叛變之遜王匿嫩（Obayureach Angk Non）供應兵士武器及舟艇等，然後進佔了金邊城。當他們將開往幽東，國王率軍突至，將他們打敗，逼之奔逃，國王收得機械及兩艘戎克船……此年（一六八八）遜王匿嫩奔於交趾支那（即廣南），由阮主助以 Thuyen-Khuen（統軍？）及 Thum-muu（參謀）所領之兩萬援軍，以此遜王復攻幽東，幽東隨之易手。Kompong Luông及 Banteay Lêu 之居民被迫遷往金邊前面之 Changva 島。王姑 Sâmdach Préah Teau，時十五歲，亦混在被遷移居民之中。至於國王則退却於 Pram Damloeng 地方。從此，國王派 Chauponhéa Phéakady Songkream 往救王姑……匿嫩獲悉王姑逃亡，連派五千越兵追跡之。此部隊在 Veal-hong 與 Phéakadey Songkream 之軍相遇，越人部隊潰敗，不得不撤回 Changva 島；Songkream 見越軍潰走，便乘筏過江，攻奪洲上之堡壘；越軍恐慌而潰散，其將領及遜王脫險奔返交趾支那。

關於這一連串阮方之敗績，實錄前編隻字不提，也未見阮府採取任何處置，其主因當是丁卯年（一六八七）三月間賢王去世，義王（即英宗、阮福湊，一六八七—九一）剛繼立，未暇顧及高棉之事態。雖是，丁卯、戊辰兩年（一六八七、一六八八）二王與黃、陳所部明鄭部隊之軍事挫折顯然迫使阮府採取強硬的措置，於是，阮府於己巳年（一六八九）正月派軍南抵美湫海口了。

關於阮府討伐黃進之因，實錄前編含糊其詞，令人難於把握眞相。祇因他「移屯難溪，據險築壘，築大礮，繕戰船，縱兵擄掠」而阮府就要消除這一批阮軍之前鋒部隊？己巳年（一六八九）六十九番廣南船申口云：（23）

唐人の賊首黃震と申者，兵船數拾艘，唐人兵卒多勢を引率致し柬埔寨江亂入仕，國をも奪取可申樣子に御座候。

（中譯）唐人之賊首黃震者引率了兵船數十艘唐人兵士多數亂入柬埔寨，甚至有意奪佔該國。同

年（一六八九）七十四番柬埔寨船申口則云：（24）

大淸之内廣東より出申候海賊之大將黃震と申者，兵船九艘，人數三、四百，何れも廣東人に而，……柬埔寨之湊口を塞，商船之出入など妨罷在，事之序も有之ば柬埔寨屋形を追拂，其身押領可仕樣子に相見申候。

（中譯）大淸國内廣東出身海賊之頭目黃震者，以兵船九艘，人員三、四百，均屬粵人……來封鎖柬埔寨港口，妨碍商船來往，大有待機趕走柬埔寨國王，代之佔領該國之樣子。

按黃氏這些行動，例如，企圖佔據柬埔寨（都城），封鎖港口，或者妨碍商船之出口等等對於阮府侵蝕柬埔寨之傳統政策，照理是有益處，至少也無壞處，所以可推想阮府所担憂者可能是黃進不受管束的越軌行動。據管見，阮府消除黃進之理由可能有三種：一則追究丁卯年（一六八七）黃進對正王匿秋作戰失敗之責任，二則可能承中國廣東當局之援意，以淸除明鄭殘部（詳見後文）；三則疑慮黃氏跋扈柬埔寨，控制湄公河交通，日益坐大，可能成爲獨立勢力以危及阮府在南圻之權益，因而斷然予以制裁。

至於阮軍消滅黃進之年代及經緯，實錄前編繫於英宗己巳二年（一六八九）閏正月條。該條把阮軍將領、黃進及正王匿秋間之交涉與關係記述甚詳，其間還有柬埔寨美女占遙律與廣義謀士日文通者先後遊說黃進之插話，頗富有戲劇性，茲不嫌其長，將全文摘錄於下：（25）

匿秋聞我兵壓境，大懼，與其臣屋牙加呈謀綏兵，乃擇美女有口辯者名占遙律使齎貨寶詣黃進營，說曰：「將軍居眞臘地已有年矣，古人一飯必報，今聞將軍受命伐眞臘，竊爲將軍不取也」。進曰：「萬龍召我非其誠心，蓋先取我而後滅匿秋耳，我豈爲他所賺耶，歸語汝主勿疑」。進遂駐兵據險。萬龍屢促之不至，知進果有異志，深以爲憂。麾下文通（缺姓 廣義人）有機辯，素諳諸國言語，因說萬龍曰：「統兵如欲取進，非要他離險不可，僕聞龍門人有張老爺者，聲名籍甚，進素重其名而未識其面，僕請扮作張老爺往說利害，誘以相會，統兵因掩擊之，擒進必矣」。萬龍喜而遣之。文通遂易裝，自稱張老爺，詣進軍求謁。進喜延之坐。文通從容言曰：「僕自龍門兵敗，落魄南來，蒙天王援爲該隊，今從鎮邊統兵調遣，故來相見以敍州里之情」。進信之。文通因謂進曰：「將軍受命伐眞臘，何故許久不與統兵相會？」。進曰：「念我流落，先王畀居此地，何忍忘恩，顧我衣食所資皆眞臘出，今率兵攻之，是不義也，爲眞臘而拒君命是不忠也，進退兩難，將欲按兵自守，徐觀其勢耳」。文通曰：「不義過小，不忠罪大，將軍何擇焉，爲將軍計，莫如親與統兵一會以釋其疑，然後徐爲之計，則善矣」。進曰：「先生既教我與統兵會，相會之日，統兵能出郭以迎我乎？能與我分左右坐乎？能聽我以兵會而不之疑乎？」。文通曰：「避席待士，統兵本心，僕歸以告統兵必如約，幸將軍勿失信耳」。遂辭去。進謀士霍生謂進曰：「僕聞張老爺寡言，今此人言語便捷，莫是萬龍說客，願勿信之」。進不聽。文通歸告萬龍，萬龍復遣文通往請進，而伏兵要處以待。進果乘舟出江相會，伏兵卒起四面攻之。進棄舟走潛，向雷巤海口遁去。萬龍入其壘，獲進妻子，皆斬之。

讀這段引文，我們不難瞭解黃進凄慘之心情與進退維谷之處境。我們相信「欲按兵自守，徐觀其勢」必是黃進眞正之意圖，但因前面有阮軍，後面有正王匿秋，黃氏及其部屬被挾於具有敵性、存心不良之兩個勢力之中間，不得不先設法消釋阮方之疑念，後謀脫身之策，終而不幸中計。關於阮軍與黃進間交涉乃至交鋒之始末，同年（己巳年，一六八九）六、七月間從柬埔寨及廣南來日之中國商客們都言之嘖嘖。

己巳年五月二日離柬赴日之五十二番柬埔寨船申口云：（26）

柬埔寨屋形之儀，六恁（ラッルン）と申候。六輪（ラッスゥ）と申候弟，去年十一月逆心をおこし，兄之位を奪可申逆意有之之儀致露顯候所に，其節黃震と申者，廣東人に而，於海上賊船之大將仕，方々致流浪，人數五百人程有之，船も大船五艘所持仕，柬埔寨川口之地に致在黨，時節を以柬埔寨をも押領可仕心底に而罷在候之內に，右屋形之弟六輪叛逆露顯に付，則黃震を賴，人數一所に成り，屋形に致敵對罷在候。然ば廣東之守護，右之黃震外國に而無道を振廻，惡逆を働申候上は，往々大淸海邊之害に成可申と被存，廣南之屋形へ書簡を差越，廣南勢を以，右之黃震を誅討可仕謀を廣南江申含，則黃震江加勢と名付，屋形六恁を可討とたばかり，其實は黃震を可討との儀に御座候而，廣南勢六千餘，船大小七拾艘黃震方にさし越申候。其節黃震儀，柬埔寨之川口を守り，在船仕罷在候を，廣南大將使官貳人船江差遣し，軍議を評議可仕之間，此方へ被參候樣にと陸より申赴候所に，黃震是はたばかり事と存，廣南より之使官貳人共に即時に討取，兵卒も五百人餘被討申候。依夫廣南勢大きに致立腹，即刻猛勢をさし向，黃震方の船燒拂ひ，兵卒も四五百人程手つよく討取，無二無三に攻戰申候に付，黃震並六輪共に其所を捨，悉く山中江引籠り申候。則當三月初之儀に而柬埔寨之地外匡郞（グハコンロン）と申所におゐて合戰仕候。尤右之通，逆徒ども山中には引籠申候得共，廣南勢其儘に而不召置，間もなく山中江追懸け入申候迄を見及承及申候。其後山中に而之様子いかに様有之候敕，私共出船仕候迄は山中より之便りとて承不申，本屋形は無別條，柬埔寨江在鎮に而御座候。

（中譯）柬埔寨國王稱六恁，其弟稱六輸。於去年十一月間六輸起了叛逆之心，圖謀兄位，而其謀敗露。時有一廣東人黃震者，曾爲海上賊船之首領，流浪多處，手下有部屬五百人左右與五艘大船。此人盤據柬埔寨河口一帶，窺候欲動以吞併柬埔寨。因王弟六輸謀逆洩漏，（六輸）便投依黃震，共同聯合以敵對國王。廣東之「守護」（巡撫？）獲息黃震在國外圖謀不軌，行動悪逆，担憂長此下去將累及大清海邊之安寧，故致函廣南國王（即阮主），囑以廣南兵討滅黃震。（阮主）允之，便派兵六千餘，大小船隻七十艘南下，佯命黃震助戰以征討國王六恁，其實則擬消滅黃震。時黃震乘船把守柬埔寨河口，廣南主將便差遣兩名使官前往黃船，促其登陸赴阮方軍前商議軍畧。黃震知其謀詐，立即殺死該兩名使官及阮方士兵五百餘人。廣南軍大爲震怒，即刻派出精兵攻燒黃方之船，斬獲士兵四、五百名，並續予猛攻，致使黃震與六輸放棄基地，悉數退入山中。此次交戰於本年（己巳年，一六八九）三月初發生於柬埔寨外匡郎之地。叛徒們雖遁入山中，但廣南軍並不放過，不久即開入山中追擊。其後情形如何，迄我們出帆時，仍無消息從山中傳出。至於正王六恁則仍然坐鎮柬埔寨（幽東）云。

此文中之六恁是 Nac Non，即匿嫩，六輸是 Nac Saur 之譯音，即匿秋，所以五十二番船之商客們顯然以六恁誤爲「屋形」（正王），又以六輸誤爲「其弟」（二王）。除這一點誤會之外，關於阮軍與黃進交戰之始末，其所言大致可信且與實錄前編之所誌大同少異。此篇申口特有之消息是：（一）指出阮府之消除黃進可能受廣東當局之慫恿乃至要求之結果；（二）以阮軍與黃進所攤牌之時日爲己巳（一六八九）三月初，地點爲外匡郎；但與實錄前編上引文同樣證實被枚萬龍卑屈可恥之手段玩弄之黃進能夠逃避阮軍之殺戮而安然遁走。關於雙方攤牌之時日，實錄前編把雙方之交涉，匿秋與黃進間虛虛實實之關係以及黃進之中計被伏擊都繫在閏正月，一面七十四番船申口則以黃進之敗殘爲三月初，可知大致上相合。至若外匡郎，華夷變態原文於此名傍邊以片假名註曰：グハコンロン，即 Gua kon ron。據管見，此名是 Cua con rong 之譯音。Cua 是門或海門之義，而 Con rong 指湄公河前江江口之日本洲，俗稱 Culao rong 或「混艚」（Con tau）（詳於下文）。所以外匡郎乃指 Culao rong 附近之海門。

與己巳年（一六八九）五十二番柬埔寨船申口同樣之消息亦見於同年七月六日離會安赴日之六十九番廣南船（A）、同年六月廿九日離廣南之七十三番廣南船（B）以及同年七月十日離會安之七十四番柬埔寨船（C）申口，惟其細節則畧有相異。例如，關於黃震（進）之下落，A船申口云：「黃震も討取申候」（中譯：連黃震也斬獲了）；B船申口則云：「唐人の賊首黃震と申者を致追討，其外人數共或は討取，或は生捕にも仕，黃震一黨は相ほろぼし申候」（中譯：追擊唐人賊首之黃震者，其他人員也或被殺或被俘，於是黃震之黨已告消滅矣）；C船申口則云：「黃震一黨を致追討，黃震勢或は被討、或は生捕，又は逃げ散申候而無難致平治候」（中譯：追擊了黃震，使黃震所部或被殺，或被擄，或逃散，其動亂遂平定了）；可見三船申口之中，B、C、兩船都未講明黃進被捕殺。又關於正王與二王之關係，A、B兩船申口爲「嫡子與庶子」，C船申口則爲「嫡子之二王與庶子之三王」；關於阮軍（枚萬龍）之兵力，A船申口爲「兵船數十艘，人數三千餘」，B船申口爲「大小兵船數十艘與許多兵員」，C船申口則稱「大小兵船六、七十艘，兵員數千」；至於黃進所部之兵力，A船申口爲「兵船數十，唐人士兵多數」，B船申口爲「賊船數十艘，賊徒數千」，C船申口爲「兵船九艘，人數三、四百名」，其所報數目頗爲分歧，孰是孰非，未便遽加斷定，但上引五十二番柬埔寨船申口已云黃氏手下四、五百名被斬獲，一面七十四番柬埔寨船亦講明黃震（進）所部當中已有一百八十餘人被俘，而被押至廣南，南移明鄭殘黨所遭受無情之損失與打擊由此可想見。

六、陳上川所率龍門部隊之活動與阮府南進之挫折（一六八九—一六九七）

以阮府之立場來說，黃進之打倒是阮軍南征之第一個目標，此目標既然達成，義王便下令邊和之陳上川代領華人部隊，並以此部隊爲先鋒，進攻幽東之正王匿秋。因越南史籍都以楊彥迪爲龍門總兵，所以隨楊南來之人員也一概稱爲「龍門之衆」、「龍門將士」或「龍門餘衆」。大南列傳前編（卷六）陳上川傳云：

上（即義王）乃命鎭邊營副將枚萬龍將兵討之，進走死。萬龍招集龍門餘衆，使上川管領爲先大南鋒，駐兵瀛洲（今屬永隆），尋進攻眞臘，克之。

實錄前編之所誌較詳，其文曰：

（枚萬龍）招集龍門餘衆，使楊彥迪部將陳上川管領，爲先鋒乘勝進攻匿秋，燒斷橫江鐵鎖，連克碧堆、求南、南榮三壘。匿秋退保龍澳城。

可見陳上川統率下之龍門部隊連克碧堆（Go-bich）、求南（Bakau Nam）以及南榮（Phnom Penh），迫至龍澳（即幽東），可惜因一部阮軍行動之挫折，匿秋固守龍澳城，阮軍撤退，終而按兵不動。實錄前編（卷六）英宗己巳二年（一六八九）閏正月條繼云：

該隊阮勝權輕敵貪進，爲匿秋所敗。該奇阮勝山引兵救之，衝陣力戰，匿秋退走入城固守。會雷雨大作，萬龍欲駐兵大江，勝山曰：眞臘地多林莽，江水湍流，我駐兵於此，倘彼結筏從上流而下，何以制之，不若撤回本營，蓄威養銳，彼見我師既退，必自懈弛，乘其無備攻之，一舉可滅矣。萬龍從之。我兵既退，匿秋與諸將校謀，乃使勒沙齎禮詣萬龍軍求緩兵，萬龍怒囚之。匿秋復遣女使占遙律以金幣來獻。萬龍詰之曰：汝國不輸歲貢，又治城壘繕戰船欲何爲者？遙律曰：小國前日修貢皆爲黃進所奪，又苦其侵擾，故謀自備耳，豈敢反乎。萬龍信其言，乃遣遙律與勒沙齎檄回報匿秋，責令修貢。遙律多以金幣賂諸將。既歸月餘貢不至，萬龍疑焉，會諸將議。阮新禮曰：王師進討以服叛爲先，今江水奔湍，戰船逆流不便，未可輕進，況我軍不服水土，姑按兵以待其來，此爲上策。萬龍稱善。勝山曰：眞臘反覆多詐，不如急擊之，豈可坐待以老王師乎。萬龍曰：爲將以恩信爲尚，非以殺伐爲威，吾欲以誠信服蠻人，彼既降服，又安用戰鬥爲也。於是令諸將分兵闢地而耕，不爲戰備。

此段文淸楚地揭露阮府南征軍將領之間有鷹派與鴿派之對立，而主將之枚萬龍却屬於鴿派。枚萬龍這種消極的，妥協性態度深爲阮府當局所不滿。實錄前編同年（一六八九）八月條云：

時鎮邊將士久駐無功，統兵枚萬龍惑於遙律之言，頓兵不進，衆情由是憤怨。該奇阮勝山具狀以聞。上大怒，曰：匹夫貪利違法罪不可貰，即召羣臣擇他將代之。掌奇宏畧（缺姓）薦該奇阮有豪（有鎰之子）智勇可任。上乃命有豪爲統兵，文職和信爲參謀，首合曜德（缺姓）爲視戰，阮勝山爲先鋒，增揀富安、泰康（筆者註：即今慶和）、潘里兵進討眞臘，免萬龍爲庶人，降文渭爲將臣吏。

阮軍新帥阮有豪是上王及賢王時代南河名將阮有鎰之長子。阮有鎰自從一六四〇年左右就與阮有進一齊任北邊廣平、南布政之防備，不但幾次擊退北圻鄭主南侵之師，且揮兵渡灄江，攻取北布政及乂安七縣；從軍四十年間屢建奇功，後卒於賢王辛酉三十三年（一六八一）。義王之起用阮有豪，當然囑望名將之子領導邊師打一場硬仗以恢復阮府在南陲之聲威。但事與願違，易帥之阮軍躊躇不前，未能副義王之期待。實錄前編（卷六）英宗庚午三年（一六九〇）正月條云：

阮有豪進次碧堆，分列營壘，水步相接，爲犄角之勢，軍令嚴肅，諸將皆稱其能。

同年（一六九〇）五月條續云：

遣中使諭阮有豪曰：眞臘匿秋如欲贖罪，須獻雄象五十匹、黃金五百兩、白金二千兩、犀角五十座，具禮陳謝，方可還師，不然宜於急進剿。有豪使人宣示匿秋。匿秋復遣遙律以牛羊金幣來獻。有豪見之笑曰：爾今又欲作說客耶，我非萬龍比，歸語匿秋早自獻貢，不然大兵進至，爾城邑爲墟矣。遙律曰：以小事大，如子之事父，敢有異心。曩者小國方修職貢，適天使徑來，致未備耳。願將軍假以旬日，敢不應命？有豪欲許之，和信、勝山等皆言眞臘詭詐多端，勿可深信，萬龍之鑒不遠，不如擊之。有豪曰：彼既歸命，而我攻之，是乘人之危，不武也。況今匿秋如兔之墮坑，鳥之投網，尙憂其詐乎？乃放遙律回。匿秋尋使屋牙阿勒施以小象二十匹、黃金一百兩、白金五百兩來獻。有豪納之。自是匿秋數遣遙律就軍哀訴，有豪信之，在軍中日與諸將酣歌為樂。自謂不亡一簇而眞臘自服，自古名將亦不是過，諸將皆暗笑之。視戰曜德曰：金銀、犀象皆眞臘地產，今所獻止此，非眞情也，不如擊之。有豪曰：綏懷遠人貴禮而不貴物，古者包茅之貢，豈以物耶？曜德無以答，於是有豪與諸將不協。

實錄前編同年（一六九〇）六月條繼云：

匿秋又遣遙律以小象十匹、犀角六座，黃金五十兩、白金百兩來獻，阮有豪又納之。和信曰：我等成師以出，惟敵是求，臨敵不戰，將復何待？勝山及諸將亦請先斬遙律，後取匿秋，不可為彼所弄。有豪厲聲曰：閫外之事責在大將，我自少隨父歷行陣，今豈畏此小蠻哉。但我已有成算，諸君勿可雷同，乃令各撤兵回婆地（今屬邊和）駐札，尋引還。和信、勝山密以事聞，上大怒曰：有豪罪與萬龍等，姑待回軍，明正其罪。

同年秋八月條繼云：

師至，和信等具言阮有豪逗留誤軍之狀，上令奪有豪官，黜為庶人。

讀上引實錄前編之文，實不易瞭解阮府重罰阮有豪之原因。據實錄前編所載，庚午年（一六九〇）五月間阮府曾向統兵阮有豪指示匿秋贖罪之條件，可知阮有豪所接獲之訓令並非不顧一切而莽撞地進攻匿秋。一面，阮府贖罪條件數目之巨，顯然表示阮方留下若干討價還價之餘地。就實際數目而言，對於阮府所要求，匿秋在五、六月間分兩期已繳了三十頭（小）象（阮方所要求之五分之三）、一百五十兩黃金（十分之三）、六百兩白金（即銀）（十分之三）以及六座犀角（廿五分之三），其數目雖離阮方所要求者尚遠，但可謂正在履行所謂贖罪條件，照義王五月間之指示，阮有豪不能借辭進襲匿秋。那麽，何故阮有豪於六月間就班師回國，且被義王黜爲庶人？

從事實的經過來講，自從己巳年（一六八九）初，阮府在南圻的遠征軍僅達成了消除黃進之目的外，始終對正王匿秋未能予以有力的打擊，不但如此，阮方統帥枚萬龍、阮有豪先後爲匿秋女使占遙律所玩弄，貽笑中外，枚、阮兩將被處罰之重可證實阮府也承認此次出兵之失敗。據管見，逼使阮軍撤離柬埔寨之主因當是暹羅援軍之全力支撐匿秋。我們有不少跡象暗示匿秋巧妙之遷延策不過是掩飾棉方求援暹羅之行爲。雖然實錄前編不提此事，但庚午年（一六九〇）七十五番柬埔寨船申口及辛未年（一六九一）八十八番暹羅船申口均言之嘖嘖，不容置疑。例如，辛未年八十八番船申口云：（28）

數年已來內亂有之候而，二王より暹羅江加勢を乞被申候に付，暹羅より將卒爲加勢被差越候所に，今年に罷成、大王、二王和談仕，事靜り申候に依而，暹羅勢も本國江致退軍，平治に罷成申候。

（中譯）數年以來（柬埔寨）內亂頻仍，由於二王（筆者註：應作大王）向暹羅求援，暹羅曾派將士來柬，但到今年大王與二王言和，情勢平靜，所以暹羅軍也撤回本國，國中無事。

所以我們可以推想暹羅軍隊之支援匿秋可能是阮軍班師之主因；阮有豪之被處罰乃因苒荏待望匿秋之貢獻，爲匿秋所乘而貽誤戎機，其罪不可恕！

阮有豪率部撤離棉境後，阮府仍圖恢復在棉之頹勢。庚午年（一六九〇）八十九番廣南船（七月二日離廣南）及同年九十番廣南船（六月廿二日離廣南）之申口均證實己巳年（一六八九）及庚午年（一六九〇）前半年阮府曾兩次增派將士赴柬，但未能獲得任何効果。（29）及至翌年（辛未，一六九一）正月阮主義王去世，明王（顯宗，阮福凋，一六九一—一七二五）繼承，接着阮府又忙於應付中圻南部占城國王婆爭之叛亂，迫使阮府暫時放棄插手柬埔寨之意圖。

阮有豪班師回北後，柬埔寨境內發生了新的局面。就是一向在阮府保護之下存續的二王匿嫩失去了依靠，不得不設法與正王匿秋言好。（30）辛未年（一六九一）六十九番柬埔寨船（五月十三日離柬）申口及同年八十八番暹羅船（六月三日離暹）之申口均稱在同年（一六九一年）五月以前正、二兩王之間成立了和談，來援正王之暹羅軍隊亦引返本國。（31）再據壬申年（一六九二）五十八番柬埔寨船（六月初一離柬）、六十一番柬埔寨船（六月十二日離柬）、六十三番柬埔寨船(六月初一離柬)及六十八番廣南船（五月廿一日離廣南）各船之申口，可知在辛未年（一六九一）秋間，二王匿嫩已病死，嗣子幼冲且無力，因之二王之屬下紛紛離開嗣子而歸附正王匿秋；就是嗣子本人也不堪匿秋之威迫，故於壬申年（一六九二）初，便出奔廣南以求阮主保護，又匿嫩手下之唐人官員七、八十名也集體逃往廣南。（32）這一連串事件足以證實庚午年（一六九〇）六月間阮有豪部之班師返國表示阮府勢力不但從柬埔寨，同時也從南圻東浦地區之全面性撤退。阮府勢力之退出當然也引起柬埔寨正、二兩王對立之結束；兩王於辛未（一六九一）年前半年言和之後不久，同年秋間二王匿嫩病卒，其嗣子苦零無依，於翌壬申（一六九二）年初也偕手下之唐人官員們逃往廣南，至此，阮府勢力從柬境及東浦地區完全被掃淨了。

茲有一件事值得特別注意者是阮軍撤回廣南後，陳上川所部之龍門餘衆仍駐留湄公河口。關於此間情形，庚午年（一六九〇）七十五番柬埔寨船（四月十五日離柬）申口云：（33）

屋形は惣領に而大王と申候，其弟を二王と申候，同父異母之兄弟に而御座候。數年已來二王謀逆を含居被申候得共，存儘罷成不申候內に，台灣之儀，元は東寧と申候節，秦舍と申國主居被申候節，海手之大將禮武官之手下に、陳尙川と申者，兵船數拾艘領し，諸所之海邊亂奪仕候序に，柬埔寨海邊迄兵船乘參候所に，柬埔寨少々內亂之儀有之段承候而，柬埔寨之湊口工代馬と申所江兵卒を上げ，陣をすへ，往來を亂奪仕罷在候。惣而柬埔寨人之素性，別而余之國々よりは人之生れ付おろかなる上，武勇なとの道曾而不存，臆病至極之國に而御座候。然るに右之陳尙川，湊口を押領仕候段，弟之二王承候に付，即時陳尙川江組し，兄之大王を一攻之儀有之に付，大王其節敵對仕不被申，奧山江引籠被申候。元より軟弱成國に而御座候故，前廉より暹羅國江屬國に成り，貢禮を勤申候，依夫大王より暹羅江加勢を乞請，二王並に陳尙川を攻申候所に，暹羅勢手づよく候而，二王は他之山中江引取，陳尙川は船江取乘り，當分工代馬を立のき樣に而，又は湊口江陣取仕候，海手を自由致し罷在に付，大王より何程攻候ても一圓ひるみ仕不申，爾今工代馬を押領仕罷在候。然共最早數度大王之勢と多戰仕候に付，人數も減じ，只今漸人數四五百人，船數六七艘も所持可仕歟と相見江，何之威勢も無之候。

（中譯）（柬埔寨）國王爲嫡長子，號稱大王，其弟爲二王，乃屬同父異母之昆仲。數年以來二王謀逆而尚未付諸行動。適有陳尙川者，原爲台灣稱東寧時之國主秦舍水軍大將禮武官（即禮武鎮總兵楊彥迪）之部屬。此人率領兵船數拾艘，乘掠奪各地海邊之勢，航抵柬埔寨沿海，獲悉該國內部稍有內亂，便在該國港口「工代馬」登陸，構造陣地，以搶奪來往之商船。總之，柬埔寨人之性情比其他國人民較爲愚蠢，也不懂軍事，是一個極其怯懦之國家。二王獲知陳尙川霸佔港口，便與之聯合以進攻大王，但大王當時未敢與之作對而退却於內地。（柬埔寨）原爲軟弱之國家，一向成爲暹羅屬國，並向之朝貢，因此，大王懇求暹羅援助以攻二王及陳尙川。（結果）暹羅援軍獲勝，二王逃往內地，陳尙川則駛船暫時撤離工代馬，但不久復佔據該港口，橫行海邊；大王怎樣攻襲亦不示弱，迄今依然盤據工代馬。雖是，因曾幾次與大王之軍交戰，致其人數減少，目前似僅擁有四、五百人員與六、七艘船，毫無聲威矣。

此段文未講明陳尙（上）川和二王之連軍與正王間之戰鬥所發生之年代；是指上引 Leclère 高棉史所載一六八八年（戊辰）之戰鬥，或指己巳年（一六八九）陳上川任枚萬龍麾下阮軍之先鋒進攻幽東之戰事，未便遽予斷定，但有一事確實可言者，就是陳上川部軍事失利之後，仍退據湄公河口之工代馬；他們曾幾次與正王之軍相戰，但在庚午年（一六九〇）四月間，亦即阮有豪所部之阮軍快撤離柬境之時，仍在工代馬並維持六、七艘船及四、五百戰鬥人員。

上引文所見陳上川部基地之工代馬，原文註云：唐音コンタイマア（Kon Tai ma），顯然是海國聞見錄

及南洋記所載之「崑大嗎」，同時也是嘉慶一統志（卷三十一）與清文獻通考（卷二九七）所載「尹代嗎」之異譯。此名中之頭字應爲「工」或「崑」；而「尹」字可能是「工」之譌。關於工代馬之位置，E. Gaspardone 教授曾提議以此考爲 Pontémas（即河仙，或稱港口）（34），但據管見，「工」、「崑」或「尹」諸字之音離 Pon（-témas）之音太遠，恐其說難於成立。據清文獻通考（卷二九七），尹（工）代嗎國離厦門一百四十更；該國接連安南與暹羅，風俗與港口及柬埔寨畧同。一面，同書港口條則云港口離厦門一百六十更。此兩條文及其所載兩種距離可證實尹（工）代嗎與港口（即河仙）是柬埔寨沿海之兩個海港，而前者比後者較近於厦門。再根據杉本直治郎教授及金永鍵氏之研究，當十七、八世紀時所有駛往柬埔寨金邊或幽東之外國船舶通常經由小海門（Cua Tieu），遡前江（Tien-Giang）而至。庚午年（一六九〇）七十五番柬埔寨船申口以工代馬之位置爲「柬埔寨之湊口」（柬埔寨港口），而柬埔寨河顯然指湄公河，由此可知工代馬應當坐落在前江小海門之附近。事實上在前江之江口有兩洲，北者稱大洲（Culao Dai-chau），南者稱龍洲（Culao rong）。大洲荷蘭人稱爲 Krabben eylandt；法人稱爲 Ile des crabes（均爲蟹島之義）；而龍洲，嘉定通志（山川志）稱爲日本洲，俗稱「混艚」（Con Tau，即船義）。據管見，此日本洲也就是實錄前編所見之瀛洲。己巳年（一六八九）五十二番柬埔寨船申口所言之グワコンロン外匡郎（cua con rong，即龍洲海門），當指此洲附近之前江小海門。由此可知「工代」兩字不過是 Con Tau（即龍洲，或日本洲）之譯音，而「馬」即是柬埔寨語 meat（港口、江口義）之譯音（36），所以工代馬，也就是龍洲港或混艚港之謂。

一六九〇年阮有豪所部撤回廣南後，辛未年（一六九一）、壬申年（一六九二）以及癸酉年（一六九三）

廣南、柬埔寨及暹羅船各申口稱柬境之內亂停止，國內平靜；尤其癸酉年六十七番柬埔寨船(六月一日離柬)申口特別强調該年（一六九三）柬埔寨國內雨量充足，穀價降低，國中毫無亂象。（37）又甲戌年（一六九四）六十一番暹羅船（閏五月六日離暹）及六十二番柬埔寨船（閏五月十三日離柬）均異口同聲稱柬埔寨國泰民安（38）。雖上揭各船之申口均未提及幾年來陳上川部隊之動靜，但我們另有若干史文可證實陳部仍然佔據前江河口之工代馬，一直至甲戌年（一六九四）前半年。一六九四年八月十四日長崎出島（Deshima）荷蘭商館長 Gerrit Van Heere 之日記第一項云：（39）

"Dat de Chinese rovers op de cust van Cambodia, waarop verleden jaar kennis was gedaan, 't eenemal benevens den pretendent van dat koninkryk verjaagt, en weg gedreven waren, sulx die custe nu veylig gepassert conde verden, dog."

（中譯）去年吾人所獲悉柬埔寨海岸之中國海盜已被該王國之篡位人物所驅逐，致使現在該國沿岸之航行已暢通無碍了。

此段文中之篡位人物（pretendent）當指一六九二年初以來兼併二王匿嫩舊領之正王匿秋，可推知陳上川部於一六九四年上半年已被迫暫離工代馬而他往。那末陳部遷往何處？

同年六月廿四日出島荷蘭商館舊館長 Gerr it de（van）Heere 與新館長 Hendrik Dykman 連署之「暹羅風說書」之第一項云：（40）

かうちとかぼうちやと近年不和に罷成り，此子細者かうちの民共，年々數人かぼうちや國江落行申候に付，かうちの守護よりかぼうちや國江申遣候は，其地江落行申候此方之民共，差返し申候様にと申遣し候處に，かぼうちや國守護返答仕候は，彼者共儀，此方より呼寄せ爲申者共に而は無之候，此方を賴參爲申者共之儀に候得ば，差返し申儀は不罷成候由返事仕候。如此年々かうちのもの共かぼうちや國江參申儀は，彼地に而，民共困窮仕候に付，右之通に御座候と阿蘭陀人共推量仕候。然所に當春かぼうちや國よりしやむ屋形江使者を以申遣候は，かうちと軍仕候間，加勢を致くれ候様にと申遣候處に，しやむ屋形より返事仕候は，かうちも兼而しやむと心安致入魂儀に有之候間，兎角雙方和睦被仕候様に扱ひ可申由，返事仕候旨，しやむに居申候かひたん方より申來候。

此文中之「かぼうちや」（Kabochya）當然是柬埔寨（Cambodia）之譯音；「かうち」（Kauchi）亦作「河內」，是「交趾（支那）」之譯音而指阮主所轄廣義之廣南。阿蘭陀人即荷蘭人；「しやむ」（Shiamu）即暹羅（Siam）之譯音。以下請看全文之中譯。

（中譯）交趾（廣南）與柬埔寨近年不睦。其原因乃交趾之居民年々有數名逃亡柬埔寨國。交趾之守護（即指廣南之阮主明王）曾向柬埔寨要求將逃亡該國之人民遣囘。柬埔寨國守護（國王）答稱：該批逃民並非鄙國所招來，實彼等自願投依本國，故不便將之遣返。據荷蘭人推想，如此每年有交趾之民逃亡柬埔寨，似因該地人民之窮困所使然。然而今年春間柬埔寨國派遣使節赴暹，向暹羅王告以該國將與交趾交戰，並請求相援；惟暹王答稱：交趾與暹羅邦交一向敦睦，總希望雙方（即指交趾與柬埔寨）設法言和爲宜。以上是駐留暹羅之甲比丹（即荷蘭商館長）所轉告者。

關於此文所提「交趾居民」之奔投柬埔寨，我們應注意壬申年（一六九二）以來廣南々部占人部落一連串之叛亂。據實錄前編所載，壬申年八月間，平順之占主婆爭叛變；至次年（癸酉，一六九三）三月間始被敉平。繼之，同年（一六九三）十二月，僑寓順城（即平順）之華商阿班（即吳朗）與占官員屋牙撻謀亂，阮軍南下討伐，至甲戌年（一六九四）二月間始被討平。（41）這一連占人之叛亂，顯然迫使許多廣南境內之占籍難民就近逃亡柬埔寨。Leclère 之高棉史亦云當一六九二年就有一位占王宗族帶五千難民投依柬國，因此，柬王Chey Choetha（匿秋）便劃羅壁（Lovek）附近之一地以安插之。（42）荷蘭商館長之報告告知我們阮府對於如此風潮頗感不安，因向匿秋要求引渡占城難民，爲匿秋所拒。匿秋惟恐阮方藉口滋事，所以派專使赴暹，向暹王（即Ramesuen, 1688—1703）乞援，反爲暹王勸止。因此，柬國小康之局面尚可維持下來。關於陳上川部撤離柬國海岸之原因，我們缺乏直接之史料以供稽考。據現有之史料而言，因癸酉、甲戌兩年（一六九三、一六九四）之柬埔寨及暹羅船之申口均稱柬境平靜無戰事，未便推考陳部爲正王匿秋所逐；所以祇可推想陳部之撤退行動可能與上述平順地區占民之叛亂有關。更具體地講，陳部似受阮府之命而參加討伐阿班叛亂之隊伍。蓋因該亂之主體雖是占民，但其領袖却是華僑吳朗，阮府很可能調動陳上川部隊，拿出「以毒制毒」的方策來對付吳朗了。

不管其眞相如何，陳上川部之撤離柬埔寨海岸是暫時性的。乙亥年（一六九五）前半年，陳上川率其部屬數百名重新出現於柬埔寨河口，以從事控制往販柬埔寨之船隻，並强奪商船之載貨。乙亥年（一六九五）七月三日出島荷蘭商館舊館長 Hendrik Dykman 與新任館長 Cornelis van Outhoorn 連名向長崎奉行所呈「阿蘭陀

三番船しやむ出風說書」云：（43）

一、柬埔寨國、占城國、廣南國、此三個國互に軍仕候由，天川と申所よりしやむ江申來候由承之申候。

一、柬埔寨國之川口に海賊共數百人罷有，往來之船なやまし諸貨物等奪取申候由，しやむに而承之申候。

（中譯）一、由天川（Amakawa，即Macao，澳門）傳到暹羅之風聞說柬埔寨、占城及廣南三國互相攻戰中。

一、據在暹所聽聞消息，柬埔寨河口有海盜數百名盤據，煩擾來往船隻，並掠奪各種貨物云。

另一方面，同年（一六九五）八月十二日出島荷蘭商館長 Hendrik Dykman 之日記第四項亦云：（44）

"Eyndelyk dat de Chinese rovers in de Cambodise revier nog al bleven nestelen en dat dien Coning sulks toetiet; omdat in den buyt participeert: en soude selffs eenige van haar in de regeering hebben getrocken........"

（中譯）中國海盜們終於盤據了柬埔寨河。國王放任如此行動以便分享他們掠奪物之一部份，甚至收用若干海盜於其政府裏面。

在上引兩段文中，柬埔寨、占城及廣南互相攻戰之消息是從廣南之葡萄牙人傳至澳門，從澳門再傳至暹羅之荷蘭商館，然後再傳至長崎出島之荷蘭商館，其間，不但閱過長久之時間，而且其內容亦難免傳訛；據管見該項消息似指上述占人婆爭及華商吳朗在一六九二—一六九四年間之叛變以及大批占籍難民之投靠柬埔寨王匿秋而造成之廣南柬埔寨間緊張之事態；荷人可能以此誤會爲三國間之交戰。至於七月三日阿蘭陀風說書第二項消息及 Hendrick Deykman 之日記則無不揭露陳上川部隊之重新佔據湄公河々口以及陳上川與匿秋間之新關係。以南移華人之立場而言，既然捨東寧而走依廣南，本就甘心爲阮主執犬馬之勞，但身在柬埔寨，寄人籬下，事事未便過於計較，尤其在阮府未暇南顧之時，更需要委曲求全。筆者相信此種顧慮促使陳上川部與正王匿秋之間達成如 Hendrik Dykman 之日誌所載之妥協。緣有此事，以後乙亥（一六九五）、丙子（一六九六）及丁丑（一六九七）之三年間，柬埔寨可以維持了平靜的局面。事實上，乙亥年（一六九五）五十九番寧波船串口，丙子年（一六九六）五十一番柬埔寨船（六月十八日離柬）串口，以及丁丑年（一六九七）七十七番柬埔寨船（五月八日離柬）串口均稱柬境海不揚波，相安無事。（45）

七、嘉定府之設置與陳上川之去世（一六九八—一七一五）

廣南之明王（阮福凋，顯宗，一六九一—一七二五）是一位年青有爲，有朝氣有魄力之君主，但自從辛未年（一六九一）正月繼業後（時十七歲），占主婆爭、平順僑商吳朗（阿班）以及廣義華商靈（欠姓）（乙亥年，一六九五年九月）相繼倡亂，使阮府忙於應付，無法顧及南圻。迨明王繼業之第七年（一六九八），阮府終於向柬埔寨採取行動以謀打開僵局。實錄前編（卷七）顯宗戊寅七年（一六九八）二月條云：

初置嘉定府。命統率阮有鏡經畧眞臘，分東浦地，以鹿野處爲福隆縣（今陞爲府），建鎭邊營（即今邊和）；柴棍處爲新平縣（今陞爲府），建藩鎮營（即今嘉定）。營各設留守、該簿、記錄及奇隊船、水步精兵、屬兵。斥地千里，得戶逾四方，乃招募布政以南流民以實之。設立社村坊邑，區別界分，開墾田土，定租庸稅例，攢修丁田簿籍。又以清人來商居鎮邊者立爲清河社，居藩鎮者立爲明香社（今明鄉），於是清商、居人悉爲編戶矣。

阮有鏡是南阮名將阮有鎰之次子（即阮有豪之弟），少從父征伐有功，授該奇，於壬申年（一六九二）平順占主婆爭叛變，奉命往征。其傳見於大南列傳前編（卷三）。

嘉定府所轄之範圍是從前之東浦地區，而主要之行政劃分爲兩縣兩營兩社。具體地講，鹿野處(Dong Nai，即農耐，亦稱同泥）爲福隆縣，屬於軍政單位之鎮邊營（設在現今之邊和）；一面，柴棍處（Prey-kor，即今西貢、提岸一帶）爲新平縣，屬於藩鎮營（設在現今嘉定），兩縣之總人口約有四萬多戶；另外特設清河社在鎮邊，明香社在藩鎮以收容南來經商或居住之華（清）人。從實錄前編此段文，我們尚可知道：

一、嘉定府之開設是阮府「命統率阮有鏡經畧眞臘」的結果。此句文實耐人尋味，幾可解釋作阮府向眞臘（即柬埔寨）之軍事行動乃至軍事征服。

二、嘉定府包括陳上川部入殖之邊和（大舖洲）地區，而未將楊彥迪及黃進所部佔據之美湫地區列入。這個事實當可證實邊和之成聚與發展比美湫爲早，且較爲可觀。

三、明香社原爲明末清初南移之明人在中圻會安（Hoi-an; Faifo）所設立之特殊村落；其設立之年代在一六五〇年左右（46）。一面，清河社之名顯然沿襲順化城北香江河岸之「（大明客屬）清河庯」之名。該庯亦

在一六四〇年左右爲南渡之明商所建立，是十七、八世紀順化之港口及商業區。（47）有不少跡象可令人推想

新開地鹿野、柴棍地區吸引了會安明香社及順化淸河庯之許多華商及華裔南來經商或從事開拓（48），及至阮府開設嘉定府，便取其籍貫之名以稱新設之社村。

總之，嘉定府是阮主，也是越人之政權在南圻首設的行政機構，在南圻開拓史上佔有特殊之重要性。一向中外史家無不根據實錄此條文，以明王之戊寅七年（一六九八）視爲該府設置之年代，而其主持人爲阮有鏡。其實，實錄前編之如此年代觀頗有疑問。據管見，此年阮有鏡之南來祇帶有外交交涉之使命而已。戊寅年（一六九八）四月廿三日離柬赴日之三十八番柬埔寨船申口云：（49）

次に柬埔寨之儀，相替儀は無御座候得共，當二月に廣南屋形より使者被差越，船數四艘に人數三百人余乘渡り申候。其趣旨は，前廉柬埔寨より廣南江貢禮相勤申候處に，近年貢禮相勤不甲候，依之如舊例貢禮相勤申候樣にとの儀に有之候，若承引無之においては，兵船を差向可申之由に御座候段承申候。尤右使者船，私共出船之時分迄は，滯船仕罷在候。其後何程に成行申候も存不申候。且又柬埔寨近鄰之奧國，何方も異變之沙汰無之段傳承申候。

（中譯）柬埔寨（之局面）雖無改變，惟於本年二月間廣南國王曾派使節及隨員三百餘人搭四艘船來至柬國；據說其目的是：緣前柬埔寨向廣南執朝貢之禮，而近年來則告絕；因此勸告該國如前向廣南納貢，假使柬方不聽，（廣南）將派兵南來問罪。迄我們出航時，該使節之船隻依然停泊於柬國，未聞其後情勢之演變。至於柬埔寨鄰近之內地諸國都未聞異變之消息云。

此篇申口所言阮使南下之日期恰恰與上引實錄前編所言統率阮有鏡之經畧眞臘屬於同年同月（戊寅年二月）；再者，戊寅年三十八番柬埔寨船是「柬埔寨屋形より仕出し之船」，即柬埔寨王家所派販日之船，船上之搭客除四十九名唐人外還有兩名柬埔寨人同來。此兩名柬埔寨人無疑是匿秋親信之官員而奉派隨船赴日，以料理商務，足見該篇申口所言之出處是柬國官方，具有絕大之可靠性。另一面，看幾年來高棉之政局，如上文所述，自從一六九〇年阮有豪所部退出南圻後，一六九一年秋間二王匿嫩死，嗣子（即匿淹）於翌年（一六九二）年初也逃亡廣南，於是匿秋收回柬埔寨全土，正王、二王對峙之局面已不再存在。一面，自從一六九二年八月至一六九五年九月之間，阮府為占主婆爭，吳朗、華商靈等人在占城地區之叛亂所困擾，不夠餘力顧及南陲，在此情形之下柬埔寨王匿秋毅然斷絕向廣南阮府之朝貢關係，是十分可以發生的事情。同年（戊寅，一六九八）四十番柬埔寨船（五月廿一日離柬）申口也述及廣南王遣使南下之事，且言明廣南使臣之船業於「五月中旬」返國（50）；又同年六十九番柬埔寨船（六月初一日離柬）則云柬埔寨國中極其泰平（51），更可證實上引實錄之文所謂阮有鏡之經畧眞臘，不過是南來向匿秋王傳達恢復貢禮之要求，事畢則同年五月中乘原船返國，其間根本未有開設嘉定府這一回事。

阮有鏡之南來是否僅向匿秋催促恢復貢禮，或者也包含土地割讓之要求，實錄前編並無明文交代，不過有一件事確實可言者，是此次阮府之要求未為匿秋所接受，致使雙方之關係日趨險惡。至翌年（一六九九）七月間駐留瀛洲之陳上川已將匿秋防備之概況報告阮府。實錄前編顯宗己卯八年（一六九九）秋七月條云：

眞臘匿秋反，築碧堆、南榮、求南諸壘，擾掠商民。龍門將陳上川防駐瀛洲（今屬永隆），以事聞。冬十月復命阮有鏡爲統率，該簿范錦龍爲參謀，鎮邊營留守阮有慶爲前鋒，領平康、鎮邊二營兵及廣南七船屬兵同龍門將士伐之。

可見明王已決意出兵南征柬埔寨，於十月間已開始任命各將領以組成遠征軍。己卯年（一六九九）六十番廣南船（七月廿七日離會安）之申口云：（52）

柬埔寨國之儀，小國にて御座候に付，前々より廣南へ致貢禮來り申候。然ば去年廣南屋形より柬埔寨屋形へ申遣候は，自分に廣南へ罷越，貢禮相勤可然候，左候はば向後君臣之禮義に可致との儀に御座候處に，右之趣柬埔寨屋形承引不仕，依之廣南屋形より兵船數百艘去今用意仕，柬埔寨へ差向け申筈に議定有之候。兵船壹艘に漸五拾人之兵卒乘組申程之小船にて御座候。然處に兼而柬埔寨湊口に居申候海賊陳尙川と申者，此儀を承，幸に存，則廣南屋形へ馳參，致一味を，權柄を請取，兵船之頭人に罷成，柬埔寨へ差向け申筈に御座候。私共彼地出帆仕申候迄は，未兵船共乘出し不申候，如何和睦仕申候哉，彌右之通に騷動仕候歟，以後之程は存不申候。

（中譯）因柬埔寨是小國，歷來向廣南貢獻。去年（一六九八）廣南王曾派人促柬埔寨王親來納貢，並告以如肯聽命則今後當可增張君臣間之禮儀，但柬埔寨王却不答應該項要求。因此，日來廣南王忙於調動兵船數百艘，議定將之差遣柬埔寨每艘兵船是祇可載兵率五十名左右小船。此時一向佔據柬埔寨港口之海盜陳尙（上）川者聞悉，自度良機可乘，連忙來謁廣南王，與之結盟，並求得權柄，成爲兵船之頭目，正擬開往柬埔寨。當本船從彼地出帆時，該批兵船尙未啓行，將來雙方可否言和，或者掀起騷動，不得而知。

同樣的消息亦見於同年六十一番廣南船（七月廿九日離廣南）及六十二番廣南船（七月廿二日離廣南）之申口。（53）這些申口首先揭露匿秋拒絕阮府要求之眞相是因阮方强要匿秋本身到廣南，親自向明王辦理貢禮！這是古來遠東國際社會中宗主國要考驗附庸國忠誠與否，或者要藉口滋事時所採取之常套手段，匿秋怎猜不出謎底而敢冒險以赴？其次，阮有鏡之奉命南來必定使陳上川與匿秋之妥協關係破裂；陳上川知悉阮府將對柬國採取强硬政策，便拋棄一切與匿秋之關係而恢復與阮府全面的合作。實錄前編（卷七）己卯八年（一六九九）七月條猶稱上川爲「龍門將」，而在翌庚辰九年（一七〇〇）三月條則稱他爲「統兵」，此應指陳上川之任廣南「兵船之頭人」，當在己卯年（一六九九）七月間六十番、六十一番及六十二番廣南船未離開廣南之時。

再據己卯年（一六九九）三十四番及五十三番兩艘柬埔寨船之申口，陳尙（上）川之船隊於同年五月底以前已開始封鎖湄公河之交通，亦即開始向柬國實施了戰略性及經濟的制裁。照其所述，同年(一六九九)從中國赴柬之七艘商船當中，有四艘於返唐時在柬埔寨港外（當指幽東港外）爲陳上川部數十艘「賊船」所阻，被强徵過半載貨之後折返柬埔寨。又在三十四番及五十三番兩船當中，洪鐘官之三十四番船（六月十五日離柬）曾擺脫陳上川船隊之攔截而安抵日本；劉三官之五十三番船則同年二月間從寧波抵柬時爲陳尙川之「賊船」所攔截，被搶奪許多貨物，但到同年六月十八日劉船離柬赴日時，販柬各唐船與「賊船」之間已商定爾後每艘唐船交出若干載貨予「賊船」以換取陳上川部不干擾之保證，因此劉船並未被奪商貨而安然抵達長崎。（54）

按當時往販柬埔寨、暹羅及廣南之中國海客們都視南移之明鄭部隊爲「海賊」。這可能由於雙方立場及環境之不同所致。這一羣商客們都是籍貫在東南沿海之淸商，所以對於明鄭殘黨之船隊總抱有一種嫌惡乃至恐怖感。反面，以楊彥迪、陳上川等人之立場而言，這一羣商客們等於向異族投降的無恥的靠攏份子，得自由往還日本、南海各地經商以收到莫大利潤，那末向他們索取一些商貨那有不當？何況己卯年（一六九九）六，七月間，陳上川船隊明明是配合廣南阮府之對柬強硬策而實施湄公河之封鎖，務使柬埔寨就範，絕無往販柬國之船可以自由航行之理。還有一事値得注意者是己卯年三十四番及五十三番兩艘柬埔寨船之申口均言明海賊們雖奪取載貨之一部份乃至過半，但並未加害船上任何人；他們既不奪船，也不收取全部載貨，且對任何商客都不加害，由此可知他們並非普通之海盜。

阮府之柬埔寨遠征籌備了七，八個月，至翌庚辰年（一七〇〇）二月即開始作戰。戰爭繼續約兩個月，其間陳上川所部始終担當阮軍之前鋒，而獲得彪炳的戰績。實錄前編（卷七）顯宗庚辰九年二月、三月及四月條云：

> 二月，阮有鏡率諸道兵入眞臘，次於魚溪，使人覘虛實，分道進發。　三月，統兵陳上川與賊連戰，皆克之。師至南榮碧堆壘，匿秋以兵迎戰。阮有鏡戎服立於船頭，拔劍麾旗，督諸軍急戰，礟聲如雷，匿秋大驚，棄城走。匿淹（二王匿嫩之子）出降。有鏡入城，安撫居民。夏四月，匿秋詣軍門降，乞修職貢。阮有鏡以捷聞，退兵屯於牢堆，經理邊事。

此文告知我們阮軍之作戰非常順利，從庚辰年（一七〇〇）二月阮有鏡所部抵達魚溪（Rach Ca），三月即開始行動，不出兩個月，阮軍不但攻佔了南榮（即金邊），而且匿秋也來降，乞修職貢，可謂阮有鏡，陳上川等將領指揮有方，迅速地達成了作戰目的。在此次戰事之中引人注意的事象是二王匿嫩遺子之匿淹（Angk Em）在南榮向阮軍出降一事。此人就是壬申年（一六九二）五十八番柬埔寨船所提於壬申年初奔於廣南依靠阮主之匿嫩幼子；該船之商客們雖未言明其名，但我們毫無疑問地可相信這位幼子就是匿淹。投歸廣南後匿淹之處境如何不甚分明，但戊寅年（一六九八）二月阮有鏡出使柬埔寨時匿淹似隨之返南。實錄前編（卷七）顯宗乙酉十四年（一七〇五）七月條云：

（匿）淹，匿嫩之子也。先是匿嫩死，匿秋封淹爲參的詫膠錘（Samdach chey choettha?），以其女妻之。

據管見，此條文所言應該指戊寅（一六九八）年匿淹返國後的事情。

再據高棉方面史傳，一六九九—一七〇〇年間阮軍在柬埔寨之征戰並不像實錄前編所述那麽輕易。據Leclère高棉史所載，此次戰事之主角一位柬埔寨官員Okhna Narin Em。他陰謀不軌，獲得廣南王兩萬援軍以進攻匿秋。匿秋雖一度出走Pothisath，但其子匿深（Préah Srey Thommo Réachéa）與從前叛變過的副王（Obayureach，即匿嫩）之遺子而年前（一六九八）由廣南返國之淹王子（Prince Em，即匿淹）却合力擊退阮軍，逼阮軍遺留主謀者之Okhna Narin Em而退據廣南王不久以前交還柬埔寨國王之柴棍、邊和及婆地（Baria）等南部諸省。該書繼云：

這些省份從此就留在越人手裏。吾人未詳當一六九一年（筆者註：應是一六九〇年）副王匿嫩（Obayureach Angk Non）叛變時是否向廣南王相約割讓此等地方；或者Okhna Narin Em將這些省份交給廣南以爲獲得援軍之交換條件。也有人說，爲了避免廣南軍隊之背離，廣南王曾准許其將領們佔取之…………總之，自從翌年（一七〇〇）該地方被劃分地界，被置於廣南官員管治之下。這些官員由指揮遠征軍之統帥所任命；該統帥坐鎮柴棍，且握住軍、政全權。於是柬埔寨完全喪失此塊土地矣。（55）

據Leclère之所誌，阮軍之佔據柬南三省是在南榮戰線敗退的結果。實錄前編當然不提此事，不過有一段似乎暗示阮軍敗退之記事。實錄前編（卷七）顯宗庚辰九年（一七〇〇）五月條云：

統率掌奇阮有鏡卒。初有鏡屯兵牢堆，會大風雨，牢堆山崩聲如雷，夜夢一人赤面白眉手持斧鉞謂曰：將軍宜早回轅，久留將不利。有鏡笑曰：命在天，豈在此地耶。既覺身體倦瀸，亦談笑自若，以安軍情。及疾篤，乃嘆曰：我欲竭力報國，奈天數有限，豈人力所能爲哉，遂引兵回至岑溪（屬定祥省）而卒，時年五十一。上聞之悼惜，贈協贊功臣，特進掌營，謚忠勤，賜金帛厚葬，其後大著靈異，眞臘人立祠祀之。

此文之所言是有關阮有鏡陣歿之傳說，但也講明阮軍從柬境牢堆退至美湫附近之岑溪(Rach Gam)，幾可令人推想實錄前編之撰者故意舞文弄墨以統率阮有鏡之死亡來掩飾阮軍敗退之事實。不管其動機與用意何在，如果綜合上面所考，我們要率直承認一個很明顯的事實，就是阮府在南圻地區首設嘉定府應在庚辰年（一七〇〇）阮有鏡軍南征柬埔寨的直接結果，並非像實錄前編之所載，設於兩年前之戊寅（一六九八）年間。

阮府之柬埔塞出兵以及嘉定府之設置在柬國內政方面造成了一種新事象，就是同年年底匿秋宣布第三次的退位，由匿淹繼位為國王一事。這個事件令人推想柬廷鑑於阮主在柬埔塞東南部（即今南圻）重獲基地，自願（或被迫）擁立一向親阮之匿淹為國王以應付嘉定府之開設所帶來之新局面，同時也藉此表示柬國王室匿秋、匿嫩兩派之爭執已告解消。可惜，兩派間如此友好的關係未能維持長久，翌年（一七〇一）匿淹突被廢立，再由匿秋復位（第四次）。此事無異暗示柬廷與阮府間之協調發生破綻，雙方的關係又告緊了。

果然柬國境內不久就發生柬人 Phiren Kim 之叛亂。Phiren Kim 係柬國顯貴，處心積慮，陰謀篡立，靠阮兵之助突攻幽東，乘勝直薄 Pothisath，後被匿秋擊敗成虜。這段史事祇見於 Leclère 之高棉史（56），實錄前編片言隻字不提，但在販日商客們之報告中却有若干蛛絲馬跡可尋。例如，辛巳年（一七〇一）五十八番占城船（七月八日離歸仁？）之申口云：「從來柬埔寨向廣南王進貢，因近年來違約，風聞廣南王擬將興師問罪，惟確否尚未可知」（57）；又壬申年（一七〇二）八十九番（廣南？）船申口也畧云：「迄去年（一七〇一）廣南與柬埔寨國王不和，但從今年（一七〇二）春間起雙方已和解矣」（58），可知在辛巳年（一七〇一）之間阮府與柬廷之間確有過糾紛乃至衝突。

Phiren Kim 事件解決後不久，於一七〇二年匿秋又倦政而宣布退位（第四次），而此次乃由其十二歲之長子匿深（Préah Srey Thommo Réachéa）繼位。匿深治下之數年間柬埔寨維持了小康狀態；四年前（一六九九）遷往 Pothisath 之柬國王廷也於一七〇三年遷回幽東，足見柬國局勢確實緩和了。但到一七〇四年，未詳何故，匿深突告退位，復由匿秋重祚（第五次）（59）。匿秋之第五次朝代似乎甚短，據 Leclère 所誌，不出兩年，一七〇六年匿秋又宣布退位（第五次），復由匿深承統（60）。惟據管見，柬埔寨王位之授受可能在一七〇五年前半年就發生，蓋因實錄前編（卷七）乙酉年（一七〇五）有關柬埔寨之記事已以匿深爲交涉之對象。匿深繼承後，新王與匿淹之關係日益冷淡，互相疑忌，終於發生內戰，引起了暹羅及阮主先後派兵介入。實錄前編將此亂發生之年代繫於顯宗乙酉十四年（一七〇五）秋七月條。該文曰：

命正統該奇阮久雲（阮久𪟝之子）伐眞臘，送匿淹還國。淹匿嫩之子也。先是匿嫩死，匿秋封淹爲參的詫膠錘，以其女妻之。後秋以年老，傳位於其子匿深。匿深疑淹有異志，構兵相攻，又援暹羅爲助。淹奔嘉定請援于朝，上乃命雲領嘉定水步兵進攻匿深。雲至岑溪，遇暹兵，大破之。深與其弟匿新奔于暹，匿淹復歸羅壁城……眞臘既平，雲因墾田於虬澳（屬定祥省）爲軍民倡，又以賊兵常出此地擾我軍後，乃起築長壘以固備禦焉。

此段文之所載與高棉史書之所傳大致符合，不過，Leclère以此次戰事發生於一七〇八年，並以其主因爲柬境牢人（即寮國難民）領袖匿吹盆（Sokonnobat）、匿淹及阮府三者合謀以攻襲匿深與暹羅之援軍，頗有國際紛爭性格。（61）惟據管見，此次戰事殆不可能發生於一七〇八年間。按越、柬雙方史料，均以此亂之發生繫在匿深第二次朝代；一面丙戌年（一七〇六）之四十六番廣南船及丁亥年（一七〇七）七十七番廣南船申口均稱廣南境內平靜無事（62）；戊子年（一七〇八）一百零四番柬埔寨船亦稱柬埔寨及鄰近諸國毫無異變（63）；所以綜考這些史文，以該亂發生於一七〇五年後半年當較爲合理。

由於阮久雲所部之擊敗暹羅援軍以及匿淹之復歸羅壁城（Lovek），柬埔寨境內重新出現了親阮政權。遜王匿秋仍留幽東，向阮府表示恭順（64），但匿深及其弟匿新（Angk Tong）則亡命暹羅，在暹羅王廷保護之下伺窺恢復之機會。這種不明朗的局面一直繼續至一七一一年：阮久雲軍在虬澳（Cu-ao）墾田之目的當然是在擁護匿淹政權，一面以提防柬境局面之惡化。

在此五、六年間，越柬雙方之史料均未提及陳上川及其龍門部隊之動靜。我們僅知當一七一一年時陳上川已任藩鎮營總兵。由於柬埔寨政局之緊張，陳上川之名也再出現阮朝史書。實錄前編（卷八）顯宗辛卯二十年（一七一一）冬十月條曰：

眞臘匿深自暹還，與屋牙高羅歆謀害匿淹。匿淹使哀牢人匿吹盆馳報，鎮邊、藩鎮二營請兵赴援，副將阮久雲，總兵陳上川以聞。上賜書報曰：匿淹歸命稱臣，固宜慰納，但匿深乃匿秋之子，匿秋朝貢不廢，何忍加兵，卿等須細探敵情，隨機應變，使匿深解怨，匿淹保全，策之上也。

此文反映一七一一年匿深返國後匿淹政權周章狼狽之狀，但明王却採取愼重的態度，指示兩將不要動武，以和平手段設法使匿深、匿淹兩者解怨媾和爲上策。明王如此溫和鎮定之態度於翌年（一七一二）八月間藉派人赴柬採購漆料之便，似乎再向匿秋表明（65）；即使到癸巳年（一七一三）正月間，嘉定府當局將匿秋謀反之具體證據報告明王時，明王還再三致書匿秋，勸其愼思，勿生邊患，宜弭兵戈以安生民，結果使匿秋打消原來之企圖（66）。明王保持如此愼重態度的主因，據管見，與阮府對北圻鄭主之政策有關。自從一六九一年明王繼業後，北鄭、南阮兩主間雖未發生過軍事衝突，但雙方嚴陣以待，未曾鬆弛。庚寅十九年（一七一〇）四月及癸巳二十二年（一七一三）九月，明王兩度出巡廣平、布政、留屯等前線諸壘，頗有意揮軍北進（67）。顯然明王在遂行父祖相承統一南北越南事業之前，不願在南境滋事以分散其軍事力量。

儘管明王温和求全的態度，到甲午年（一七一四）十月柬埔寨境內兩派勢力之對立終於變成武門了。此時陳上川已昇任藩鎮都督。實錄前編顯宗甲午二十三年（一七一四）十月條云：

眞臘匿深與其臣高羅歆興兵圍匿淹甚急。匿淹求吹盆栫應接，吹盆栫選所屬兵二千人回陸道。時匿深兵四萬，匿淹與吹盆栫兵不滿萬，匿淹慮其兵少，求援于藩鎮、鎮邊二營。藩鎮都督陳上川發兵過柴棍，鎮邊副將阮久富發兵駐雷巤，水軍駐美湫，遙爲聲援，使人具事以聞。上報曰：閫外之事悉委二卿，當審其攻守之宜，以安藩服，因命平康營左步該奇阮久霑領平康水步二十六船爲二營應，以廣南營左水奇四船兵接守平康，又令鎮邊營選內府各屬民，以充兵數，諭以事平，仍依舊制。

同年十一月條云：

鎮邊、藩鎮二營將士與吹盆栫、匿淹合兵圍匿深于羅壁城。高羅歆先已遁去。匿秋具書請罪言，匿深信用佞臣高羅歆，遂致兄弟不和，激成亂釁，請立新王以守其國，無使屠害生靈。陳上川、阮久富以聞，上大喜報二將曰：閫以外將軍制之，當臨敵決勝，制服遠人，至如請立新王，待後徐議。

乙未二十四年（一七一五）春正月條繼云：

眞臘匿深在羅壁城，勢日窮蹙，遂放火燒賊中廬舍，出南門遁去。匿秋聞之亦遁，陳上川、阮久富督軍入城，盡收其器仗，復偵得匿秋在冰水塔，使匿淹招之。匿秋懼不敢出，願以位讓匿淹。二將以狀聞。上命封匿淹（一名孺葩）爲眞臘國王，賜書諭匿秋，（諭文從畧），又以匿深、高羅歆一時逃難，或復滋蔓，密諭匿淹安集其民以備之。

關於一七一四—一七一五年阮府出兵之經過，上引實錄前編之文與高棉史傳之所載大致相同。據 Leclère 高棉史，一七〇五年從永珍（Vieng chan）被逐之寮國王族 Obareach 或 Phya Nakan（Nakor Nagara）偕眷屬五千名遁入高棉要求庇護，獲准下居 Bati 地方。三年後（一七〇八）這批寮人移民與柬埔寨官員衝突，遂分成三批，一批奔入內地，一批在領袖吹盆桴(Sokonnobat）率領之下亡命廣南，另一批則去依靠匿淹，匿淹便連合吹盆桴及廣南官員，武裝了兩萬越人，另外再組或一萬山地民 Kuoy 族及 Samré 族（即上引文中之「內府各屬民」）之部隊以進襲幽東城。匿深及十八歲之弟匿新被困於城中。他們被圍三個月後，利用黑夜突圍遁走。（68）

關於這次的戰亂，暹羅船唐商的所述也大致上相同。丁酉年（一七一七）暹羅船（缺號碼；丙申年一七一六年四月六日離暹）之申口云：（69）

暹羅之儀，國中は相替儀も無御座候。乍然屬國柬埔寨之兩屋形，山王、水王と申候は緣者に御座候處に，去る甲午年山王之臣偓雅洪之官吳達舍と申者之勸により，兩屋形及鉾楯申候。然處而に水王より却而廣南國江援兵を求候得ば，廣南王より總兵之官陳氏、翁氏兩營之兵を進め，山王を攻討申候に付，山王方及敗軍，翌未正月に，山王幷吳達舍共に暹羅江逃去申候。

（中譯）至於暹羅，國中並無改變，然其屬國柬埔寨之兩位國王山王及水王原爲親屬；於去歲甲午年（一七一四）由於山王之臣偓雅洪之官吳達舍之慫恿，致兩王以干戈相見，因水王請援兵於廣南國，廣南王便派總兵陳氏及翁氏率兩營之兵攻討山王，結果山王潰敗，於翌（乙）未年（一七一五）正月偕吳達舍逃亡於暹羅。

此文中之山王與水王，當然指匿深與匿淹。山王與水王之別，一如七世紀時陸眞臘與水眞臘之對立，令人推想以「陸」(山)與「水」冠於兩個對立政權之習慣仍然在高棉存續。其次，「愬兵之官陳氏、翁氏」無疑的指陳上川與阮久富，越語「翁」（ong）是男性第二、第三人稱之敬稱。至於山王（匿深）之臣「偓雅洪之官吳達舍」顯然是實錄前編之「高羅歆」。「偓雅」或作「屋雅」、「握雅」、「握耶」、「屋牙」等，均是高棉語 Okhna 之譯音，義同「大臣」(70)；「高羅歆」(越讀 Cao-la-ham)是棉語 Kalahom 之譯音，義同「元帥」；所以「偓雅洪」可能是 Okhna Kalahom 之譯音，與「握亞往」同。値得注意者，是此位偓雅洪之姓名爲吳達舍，「舍」是閩南語指官員或社會上有地位人物之敬稱，可知此人物是南移之一位閩人；一面藩鎭都督陳上川是廣東人；河仙鎭總兵鄚玖是雷州人（71），足見十七世紀後葉廣南、柬埔寨、暹羅國際關係史上南投華人曾担任主要角色。

一七一五年初明王正式冊封匿淹爲眞臘國王，表通上看來，親阮之匿淹君臨柬埔寨全土，暹羅勢力後退，廣南在南境之聲威重振，但匿深，匿新兄弟與謀臣吳達舍仍在暹羅，暹王 Tai Sra（1709—1732）鼎力支持，伺機欲動，使柬國局面不容樂觀。因此，明王便有「密諭匿淹安集其民以備之」。事實上，在乙未年（一七一五）二月，匿深已引暹兵來寇河仙（Ha-tien），總兵鄚玖拒之不克，走據隴棋（Ream），匿深盡掠財物而去。再到同年四月，暹方也正式開始干與柬國內政了。實錄前編（卷八）顯宗乙未二十四年（一七一五）夏四月條云：

> 暹羅使人齎書責眞臘匿淹啓釁，又欲發兵以助匿深。匿淹告急於鎭邊、藩鎭二營，陳上川、阮久

富以事聞。上以兵難遙度，令二將隨宜措置，又慮淹兵力不給，悉以所獲器仗賜之，併還所俘人口，匿淹感謝，獻象六匹，命受之。

此文未講明暹羅之出兵，但棉方史傳則肯定的說暹羅之援軍於本年已來棉了。Leclère高棉史云：（72）

次年（一七一五）暹羅國王差遣使臣及一千五百名士兵抵棉，以要求篡立之王子（即匿淹）將王位交還Thommo Réachéa王（即匿深）。時匿深、其弟匿新、其子Angk Em與暹將 Chauponhéa Pohul-latep和Chauponhéa Réachéa Sauphéa vodey所率領暹軍逗留在Battambang。高棉新王（即匿淹）拒絕此奇異的提議，並不准該三位王子停留國內，蓋因他們之出現可能困擾王國。

一面，Garnier之高棉紀年史也云：（73）

小曆一六三七年（公元一七一五年） Prea Keo Fea（即矯葩，匿淹之別名）三十五歲時， Prea Srey Thomea（即匿深）與Prea Ang Tong（即匿新），時廿四歲，前往阿瑜陀耶京(Srey ay juthjea)求援。暹王差遣兩將Chau Ponhea Pol Tep和Chau Ponhea Reach Sophea Vodey領兵一千五百赴Battam-bang 以修和並護送上述高棉王族返國。但因Prea Keo Fea 拒納他們，所以小曆一六三八年（公元一七一六年）兩Chau Ponhea 再護送高棉王族們返阿瑜陀耶京。

可見在一七一五年間，支持匿深之暹羅援軍與匿淹之間曾有一次衝突，結果，暹軍不敵而引返本國。不過，暹王 Tai Sra 堅決扶助匿深，在翌年（一七一六）再度下令出師以貫徹匿深復位之意願。關於此次戰爭，實錄前編未予提及，但棉方史料及販日商客們都有留下記錄。上引丁酉年（一七一七）暹羅船申口繼稱：（74）

其後呉達舍も去年正月に於暹羅死仕候。依之暹羅より人を遣し柬埔寨之消息承申候處に，柬埔寨に罷在候山王之父王より申來候は，元來呉達舍反逆に付，如此之國亂と罷成候間，前々之通暹羅江貢納いたし，和睦之扱ひに可仕由に御座候。然共暹羅王，殊外山王を取持被申，去年三月に暹羅より大象百疋，數千之兵卒を以，陸路より直に柬埔寨之黃杲と申所江差向被申候處に，水王より防守之兵を國境に出し，堅固に相防ぎ申候に付，暹羅王大に怒を發し，重而水陸兩手より兵を進め被申筈之由，私共出船之砌承申候。

（中譯）其後，吳達舍於去年（一七一六）正月在暹羅病死，因之暹羅方面派人 探視柬埔 寨消息。留在柬國之山王之父王（即指匿秋）告稱：原來爲了吳達舍叛變，引起如此舉國大亂，（今吳達舍既死）願向暹羅如前納貢以謀雙方和睦。然而暹王非常袒護山王，便於去年（一七一六）三月派大象百隻及數千士兵由陸路直達柬埔寨之黃杲。水王也派出防守之兵於國境，堅固地防戰。暹王獲悉大發雷霆，正擬重新由水陸兩路派兵，這是我們啓程時所聽聞之消息。

此文中之黃杲（日音：Ko-ka）無疑的是Cancao（港口）之譯音，乃指鄭玖所經營之河仙（Ha-tien）。此文所言是一七一六年三月間暹軍之東來以及匿淹積極之防戰佈置，但未述及雙方戰鬥之經過。 Garnier 之高棉紀年史繼曰：（75）

（公元一七一六年）Prea Srey Thomea（即匿深）告辭暹王，先差其弟Prea Ang Tong(即匿新)返國以策動人民起義。暹兵亦開至Battambang 及Puthisat以煽動高棉人民。時Prea Keo Fea即匿淹率領安南人部隊來攻，使Prea Ang Tong王子受傷而奔於Prey Rusanh以待暹軍救援。Prea Srey Thoméa當小曆一六三九年（公元一七一七）時廿八歲。此年暹王遣Prea Casa及Phuhea Dechu兩將領水兵五千，另派Phuhea Cha Krey與許多將領督陸兵一萬。國王（暹王?）亦親率暹兵而至。Preah Ang Tong從Sery Rusanh引率山地民參戰。Prea Keo Fea 攻擊登陸在 Bonteay Meas（即河仙）之暹軍。結果有一隻暹方大船被焚，暹軍終於引返阿瑜陀耶京。

此文講清楚安南軍（即阮軍）與鄚淹之聯軍在河仙與暹軍及鄚深之盟軍間之戰鬥，由此可知，雖然實錄前編未予述及，實際上陳上川及阮久霑所屬之廣南軍隊也參戰，而且擊退了暹軍。（76）同樣的記載也見於Leclère之高棉史及W.A. Wood之暹羅史（77）；一面戊戌年（一七一八）二十三番暹羅船（五月廿九日離暹）申口亦提及在黃杲（河仙）一帶之戰爭，並稱廣南王幫助水王（鄚淹），曾有幾次攻戰，戰事未停，致使該船經過廣南近海時被阮方誤認而被炮擊（78），可知到一七一八年五、六月間雙方仍在對敵交戰之狀態。不過最具體且仔細的記載見於一七二〇年親睹河仙戰蹟之A. Hamilton 之旅行記。其文曰：（79）

> 其地（Ponteamas，即河仙）直至一七一七年遭暹羅水軍刧掠爲止甚爲繁榮。暹軍入侵時，高棉王（即鄚淹）以無法抗拒，乃命堅壁淸野，並求援於交趾支那王（即廣南阮主）。阮王以納貢稱臣爲條件，趕派一萬五千陸軍及三千裝備良好之水軍兼程赴援。暹陸軍雖擁有越棉聯軍兩倍以上之兵員及四倍以上之船隊，但其陸軍一入棉境即發現一片焦土，不久軍糧不繼，遂屠殺從軍挽獸、象及馬以充餓，致使疫病蔓延，不出兩月軍士減至一半，餘衆則不堪棉軍之遊擊而撤回本國。暹水軍亦未有更

佳之表現。暹船隊一到河仙，即遣小戰船往攻鎮城，獲得相當可觀之戰果，只象牙一項，則有兩百噸以上被焚。暹方大船及輸送船則集結於四哩餘之港外。廣南戰船乘機襲擊大船，將其若干艘燒燬，並强迫其餘船隻靠岸，一面暹軍小舟艇則已深入狹小河川，非漲潮無法出援。廣南軍作此次攻擊之後則告退，不願與優勢之敵人交鋒。暹羅船隊深恐發生饑饉，乃蒼惶引回暹羅。於一七二〇年余曾親睹若干殘破之船以及 Ponteamas 鎮之廢墟。

列傳前編（卷六）陳上川傳敍述顯宗乙未二十四年（一七一五）夏四月陳上川、阮久富兩將向阮府報告暹王差人來責問匿淹起釁，擬發兵助匿深復位之消息後，繼稱：

上川尋病卒，鎮邊人思其功立祠祀之。

可知藩鎮都督陳上川於乙未年（一七一五）四、五月間辭世，結束了他波瀾萬丈之生涯。關於陳上川之身世，列傳前編（卷六）僅謂「字勝才，廣東人」；鄭懷德艮齋詩集，退食追編，題陳將軍廟下註曰：「陳大明總兵，名勝才，廣東高州府吳川縣人」，（80）此當屬最可靠之所傳。上川卒後，阮府篤念其生前功勞，追贈「輔國都督，春秋二祭」。另外，通志，城池志，永清鎮禮公祠（阮有鏡祠）條云：

其陳將軍屢與賊戰，彼素敬畏，後亦於其處立祠，與藩鎮之新安社，鎮邊之新鄰村慨慕其開墾之功，而廟亦香火不絕。

據上文，陳上川祠凡有三；分別坐落於：

一、永清鎮後江大洲（即禮公洲）；

二、藩安鎭（鎭邊營）之新安社；

三、邊和鎭（鎭邊營）之新鄰村。

此外，大南一統志，嘉定省，祠廟條載錄另一處陳將軍祠。其文曰：

陳將軍祠在平陽省從政村地，將軍姓陳，名上川，廣東人，爲明總兵。明祚告終，不忍臣淸，歸義本朝，征高蠻有功；又於柴棍建立舖市，招商客。後人追思功德，立祠祀之。明命（一八二〇—四〇）、紹治（一八四一—四七）年間並封贈爲上等神。至今社民奉祀，香火常新。

又癸卯年（一七八三）鄭懷德避西山之亂前往高棉時，路經鐵壘之陳將軍廟，因之題曰：

國破臣心不二操，陳家一葉濟風濤，途窮寧作巢南鳥，
命蹇空懷伐北刀，鐵壘至今寒膽魄，崖州從此絕明旄，
行人亦有英雄淚，爲向祠前洒一澆，

並於「鐵壘」名下註曰：

眞臘時以鐵索截江拒戰，陳破降之，後于其處建祠，地名鐵壘。

是則陳將軍祠又加一處，共有五處，可知越南官民及華裔紳商對陳上川將軍敬慕之熱忱，值得吾人重視。

如上文所述，己卯年（一六九九）六十番、六十一番及六十二番廣南船之申口均稱陳尙（上）川爲「廣南兵船之頭人」；翌庚辰年（一七〇〇）阮有鏡南征時陳上川以「統兵」資格率龍門部隊從軍；再據實錄前編（卷八）顯宗辛卯二十年（一七一一）條及列傳前編（卷四）阮久雲傳之所載，同年秋久雲陞任鎭邊營副將時，陳

上川又是「總兵」，又是「守將」，可知上川自從嘉定府之開設（一七〇〇年）以降就任爲阮府之統兵或總兵，惟未知其屬於鎭邊營（今邊和）或藩鎭營（今嘉定）。不過，如顧及嘉定府所屬兩營之中，以對高棉之關係而言，鎭邊營明々是位置於邊界或者前線（81），那末與鎭邊營副將之阮久雲並稱之總兵陳上川也應該認爲駐屯在鎭邊營（也就是陳上川部之基地）較爲合理。至於陳上川被任命爲藩鎭都督，其年代意外的晚。列傳前編（卷六）陳上川傳顯宗二十三年甲午（一七一四）條云：

甲午冬，匿深發兵圍匿淹，匿淹兵少，求援於藩鎭、鎭邊二營，乃以上川爲藩鎭都督，發兵赴柴棍。

可見甲午年（一七一四）冬，上川始升任爲藩鎭都督而帶兵坐鎭柴棍。所以陳上川與柴棍發生直接關係之年代，自從甲午年（一七一四）冬以至乙未年（一七一五）夏間去世爲止，僅有半年。雖然時間甚短，但上川之駐軍柴棍，幾可認爲柴棍，即今堤岸區成聚之開始，可視爲柴棍發展之第一個階段。上引大南一統志，嘉定省，祠廟條所言：「（上川）又於柴棍建立舖市，招商客」應指此時期。

不用說，當時南圻最大之商埠是今邊和東南農耐河中之大舖洲（即農耐大舖），華商都集中於此。及後西山之亂發生，阮主睿宗於一七七五年避走南圻後，阮軍經常集合於嘉定，一般商船則一面爲商業方便起見，一面爲避開西山軍之侵掠，逐漸改泊新平江及其支流灓檥江（又稱牛渚、牛津或牛新，即今Ben Nghe），僑居華商亦相率遷居其畔，此乃柴棍舖發展之第二個階段。

以目前史料之情況而言，我們未發現有關陳上川建設柴棍之直接性史料。不過陳上川建設柴棍舖之事實却無人懷疑之。除上引大南一統志之文外，據李文雄、崔瀟然兩氏之越南雜紀，嘉盛明鄉廟（今堤岸水兵街門牌二四六號）建立於一七八八年；明命（一八二〇—一八四〇）初年經鄭懷德、吳仁靜等明鄉人士重修，內祀明朝歷代皇帝與陳上川、陳安平等先賢，（82）可證當地之明鄉社會也視陳上川爲柴棍舖之創建人物。

通志（卷六）城池志，藩安鎮，柴棍舖條云：

柴棍舖距鎮南十二里，當官路之左右，是爲大街，直貫二街，際於江津，橫以中街一，下沿江街一，各相貫穿，如田字樣，聯簷鬥角，華唐雜處，長三里許。貨賣錦緞、瓷器、紙料、珠裝、書坊、藥肆、茶舖、麵店，南北江洋無物不有。大街北頭本舖關帝廟，福州、廣東、潮州三會館分峙左右。大街中之西天后廟，稍西溫陵會館，大街南頭之西漳州會館。凡佳辰良夜，三元朔望，懸燈設案，鬥巧爭奇，如火樹星橋，錦城瑤會，鼓吹喧闐，男女簇擁，是都會鬧熱，一大舖市。大街中古井甘水洋溢，四時不竭，橫街小溪，架大板橋，兩廊瓦店列構其上，帷幔蔽日，街路陰涼，如行高堂之下。舖中大街東平安市海錯山肴，地產土貨，夜猶燒燭以買賣。

此文所言雖是十八世紀末年柴棍舖繁榮之概況，但該舖初建時代之規模亦可想而知。

八、陳大定之寃案與龍門部隊之解散（一七一五—一七三三）

一七一五年陳上川卒後，其所率龍門部隊歸誰指揮，實錄前編並無明文交代。唯列傳前編（卷六）陳上川傳則記述上川病逝後，祇云：

子大定以父蔭，歷官統兵，

但未說大定馬上就接任龍門部隊領袖之地位。同時我們也未詳龍門部隊曾否參加一七一五—一七一七年在暹、棉、越交界一帶之戰爭。不過，陳上川生前爲鎮邊營之統兵及藩鎮都督，那末，其所領之部隊也應該屬於藩鎮營，照理也在參戰之列。

據Leclère高棉史之所載，一七一七年暹羅援軍與匿淹、阮府之聯軍交戰之結果，暹軍雖然失利而引返，但匿淹終於承認暹王對高棉之宗主權，表示願永爲暹羅附庸。(83)此當可揭露雙方達到妥協，以匿淹表示向暹羅之臣屬爲條件，暹王不再向高棉出兵，並斷擁立匿新之念。雙方妥協之主因，可能是廣南之明王對南圻、高棉之問題不再感興趣所致。當時之明王可謂專心想揮軍北進。實錄前編（卷八）顯宗丙申二十五年（一七一六）秋八月條云：

時國內彊盛，上欲大舉北伐。以鄭將黎時寮鎮乂安，守備嚴密，乃密使福建商人平、貴（二人名俱缺姓）如廣西，由諒山關入，細探北河虛實。平、貴既抵東都，訪知軍國兵民情狀，居二月復由舊路回廣東。

丁酉年二十六年（一七一七）春二月條繼云：

平、貴自北歸，具言北河勢未可乘。北伐之議遂寢。

可見一七一六—一七一七年間明王之關心都集中在北河，因之，不願在南境消耗兵力，盡量採取綏靖政策。雖是，匿淹一面爲阮主附庸，一面又向暹羅稱臣，實不易維持越暹兩國在高棉勢力之均衡，未幾便引起大臣們及人民之不滿。匿淹未克維持國內之統制，於一七二二年便讓位其子匿他（ Neak Angk Chey ， 亦稱 Préah Sotha ）。匿他登位後國內暫安。及七年後（一七二九）宣布退位，由其父匿淹重祚，但祇過一年，於一七三〇年，匿他又復位，而匿淹則從此隱居於羅壁城。（84）關於此段時期之高棉國情，實錄前編（卷九）肅宗辛亥六年（一七三一）夏四月條匿他名下之註文僅稱：「匿淹之子，匿淹老，使攝國事」，此外一直保持緘默，當然我們亦無法知悉陳大定及龍門都隊之動靜。

匿他復位的翌年（一七三一），南圻又演成新的動亂，而在此亂當中陳大定任統兵，率領龍門屬將轉戰於高棉，馳驅前線，但不幸却遭阮軍統帥張福永之誣譏而招致巨禍。其間之情形，實錄前編（卷九）肅宗辛亥六年（一七三一）夏四月條，壬子七年（一七三二）春正月條，同年四月條都有記載，但是通志（城池志），藩安鎮，高棉橋條有較詳細的記述。茲引其全文於下（括弧內之文爲筆者之附註）：

先是高棉膠華淹王（即 Keo Fea Em，亦即匿淹）老至倦，委國于其子匿他權接政事，蒞羅壁城（即 Lovek）。值肅宗（阮福澍　，寧王，一七二五—三八）辛亥七年（一七三一）夏四月十八日，「唐牢人詫卒（Sotot）自求南起僞，與荒林高綿亂下嘉定，殺掠華民（通志以「華民」指越人；並以「唐人」指中國人）。時境內無事，不加防備，賊至猝迫，公私震驚。調遣迅揮該奇達成侯（缺姓）出禦於瀀標（實錄作栗江），孤軍無援，爲賊所殺。統兵定策侯陳大定率龍門屬將邀擊於芙園，破敵前兵，兇鋒稍戢。大定築華峯一面土壘拒之。統率永長侯張福永再調監軍該隊霑恩侯阮福霑（實錄作阮久霑）救應瀀標，兵殺牢賊，退回涍虬（實錄作虬澳）。福永遂分兵三路，自提水兵由前江路，福霑由八玆中路，大定由光化陸路一齊並進。牢兵奔潰竄伏深林。高棉掩他（即匿他）父子懼其殃及，亦走匿山逋府。大定按據求聞。匿他來書歷敍牢人開邊釁，懇請大兵暫停，彼願剿捕兇渠，一體向軍前解納待罪。大定以事轉報，福永不聽，必欲窮追。匿他聞之大懼，益自遠匿，適七月雨淹，福永因而許之，檄三路兵撤回嘉定。匿他返轅羅壁，而牢人萃聚求南，復行殺掠如故。匿他力少不敵，方號召諸府兵共謀合攻。

壬子八年（一七三二）正月，福永接得邊報，再勒兵進征，則牢人尋復遠颺，而匿他亦走山浦，多行賄遺，求得緩師，以徐圖殺賊。三月，福永遂留大定應捕，親率大衆回屯營休養。時連年用兵，罪人未獲，朝廷嚴加督責，福永懼罪諉稱大定前年行兵逗遛，與高綿私相結納，今利牢人之變，久擁兵權，追剿不力，密封馳奏。四月，大定進屯爐越（與羅壁同），攻撫兼施，匿他得展猷爲，遂計賺牢人，盡數殺之，自縛軍前請罪。大定留匿他於爐越，招撫流民，回兵報捷。大定既至嘉定，福永欲先發制人，遂訂日會同諸將問議。大定知之，自思前此大師調度失宜，致達成侯爲賊所殺，繼又受賄回師，進退無狀，今反歸罪於我，若受拘問，彼以權勢壓倒，煆煉成獄，將覆盆之寃，伊誰暴白，如來京請審，死亦甘心。遂乘夜與屬下駕戰船一隻詣京。船近筆羅山（實錄作筆山，屬廣義洋分），大定從弟⿱宀歲（實錄作嵗）諫云：福永是南國世臣，在廷頗多親戚，爾欲求伸曲直，誰爲辯明？豈若駛回粵東尋地安身，以免爲人魚肉。大定曰：且我考上川公，仰荷聖朝厚恩，曾有「阮爲王，陳爲將，代代公侯不絕」之諭，何等榮遇！今以一時邊帥蒙蔽之私，不就朝廷昭雪，則反逆罪成，其祖宗事業如山墜爲川谷，不但爲臣不忠，爲子亦不孝矣。何以立於天地之間哉？叱使船入瀚門（即沱瀼海門），⿱宀歲毅然不從，與舟人爭舵，使船望東洋直去。大定見南風驟發，恐船到瓊海，難得返帆，心甚著急，竟拔劍斬寇，厲聲督舵工灣入瀚海門下椗，具由移呈廣南營官，求爲題達。

先自大定夜遁，調遣（即指張福永）以爲逃回廣東，畢捕全家，具事請旨。至是廣南代題一時齊到。百官議以陳大定既交通高綿，復故違將令，請勅下正法，以警頑夫。聖德鴻 慈，念陳若背 國之心，海外巨魚誰能制其死命，今來京求審，其間情理自有可原，諭下縻留陳大定於廣南，命定赴嘉定覆審，候案結裁斷。大定牢中經日不勝氣憤，嘔血數升，尋病連綿，十二月死。及奏讞呈進，則阮福霑劾證大定無逗遛交通狀，於是大定得邀恩典，追贈都督同知，諡襄敏。以牢賊有畏福霑如虎之稱，加福霑該奇職。張福永坐失機宜，奏對不實，罷統率權，降爲該隊，調該奇阮有允往行調遣事。

關於上引文中「調遣」之名，實錄前編（卷九）肅宗辛亥六年（一七三一）四月條提及牢人詫卒侵寇嘉定後，繼云：

時嘉定諸營各設守將，上以閫外軍事須有統攝，故命福永行調遣事，諸營官兵皆屬焉。又於藩鎮營之南，別設衙莅，曰調遣營，調遣之設始此。

可知調遣之職位等於嘉定地區阮軍各單位之總司令官。實錄前編（卷九）壬子七年四月條敘述陳大定冤案及阮有允之行嘉定調遣事後，繼稱：

以阮久霑統鎮邊營。久霑在軍中眞臘畏之如虎，上聞之，故有是命。上以嘉定地勢廣漠，命閫臣分其地，置定遠州（今定遠府），建龍湖營（即今永隆省）。

綜觀上引諸文，我們不禁對陳大定悲慘的下塲深予同情。上川、大定父子爲南阮彊域之拓展出死入生，克盡厥職，其在越南近代史上之豐功偉績昭然若揭，不料大定爲邊帥張福永揑造事實，誣枉忠良而招無妄之災，成爲代罪之羔羊。所幸，南阮諸將當中尙有阮久霑仗義執言，主持正義，因而挽回陳家之名譽。不然大定死也不能瞑目矣。按阮久霑、張福永均屬南阮數一數二之望族世家。據列傳前編（卷四）諸臣列傳二所誌，阮久霑之祖阮久喬，淸化貴縣人(即與阮太祖阮潢同鄉)，本性阮氏，後因功賞賜從國姓，改稱阮福氏，至明命元年（一八〇二）又改賜爲阮久氏。通志（城池志）稱阮久霑爲阮福霑實因之。阮久喬於熙宗（佛王）十年癸亥（一六二三）春歸投南阮後，尙佛王第三公主玉鼎，又在文治，武功頗有建樹。其子久應、孫久世、久翊、曾孫阮久雲都當將領或顯官。久霑則久雲之長子。綜觀阮久族歷代人物，多是奉公守法，不亢不卑，爲人所敬重。一面，張福氏之祖爲張公岉，亦是淸化貴縣人，初姓張公氏，後改賜國姓「福」字，遂稱張福氏。當阮太祖（阮潢）南鎭順化（一五五八年），張公岉挈家從之，爾來歷代多在軍界服務，屢建奇功。淸化貴縣出身之望族尙有宋福洽派下之宋福族，阮有鎰派下之阮有族，事實上阮主時代奉命征戰之將領，或者顯要職位大多由此幾家所獨佔。張公岉之子爲張福奮，福奮長子福雄、次子福崗均有武功。福崗之子福攀尙英宗（義王）第三公主玉苒，官至掌營，於顯宗（明王）第十年代（一七〇〇年左右）出領鎭邊營鎭守。其女張氏爲顯宗長子（即肅宗，寧王）之元妃（即孝寧皇后）。雖然張氏於庚子年（一七二〇）七月，即寧王繼業之五年前已去世，但在寧王時代(一七二五—三八)張福族仍然以國戚自居，在阮府擁有舉足輕重之權勢。列傳前編雖無張福永之傳，但由於其生存年代推之，當是與福攀同輩。陳大定從弟，陳⿱宀歲（嵗）之勸止大定不應直訴阮府，其因即在此。當時張福族之操縱阮府可由事後對於張福永之處置察出一班。陳大定明明爲了福永之含血噴人而含恨寃死，惟眞相大白之後福永僅被降職爲該隊，而將嘉定調遣之職位讓給阮有允而已。這簡直是私相袒護，以瞞天下耳目之作爲。這件事當可證明在寧王時代之阮府，外戚之跋扈已甚，以張福攀爲首的張福族橫行無忌，主持正義之人士消聲匿跡之事實。無怪乎，四十年後福攀次子張福巒之專橫便引起西山大亂，終於斷送了阮府之社稷。

還有一件値得注意者，是上川、大定父子對於阮主不貳之忠誠。陳上川南投以前之所作所爲暫且不談，流亡南投，於南圻得一枝棲後，則始終保持鞠躬盡瘁之態度以報答賢王以下歷代阮主之知遇，一面在軍事、建設各方面都奠立了今日南越發展之基礎。又大定明知張福族權勢之大，仍情願抵阮府辯明是非，其所恃者顯然是對阮主全副之信賴與尊崇。尤其，陳上川遺諭云：「阮爲王，陳爲將，代代公侯不絕」，這句話充分表示陳家對於阮主一貫之赤胆忠心，也可當作南遷我國僑胞能充分與土著政權戮力同心，和衷共濟之實例。

關於一七三一—三二年間牢人詫卒（Sotot）之亂以及阮府之出兵，Leclère 高棉史也有記載。（85）據其所誌，詫卒是僑寓 Preah Saut（Ba Phnom）之寮國難民，爲人瘋癲，自稱先知，揚言將殲滅在南圻之所有越人，因之掀起叛變。據管見，詫卒似與上述一七〇五年從寮國永珍流亡到高棉來的 Phya Nakon 集團有關係；他們之抵棉無不使已經夠複雜之高棉局勢更加錯綜了。再據 Leclère 所誌，阮軍（即陳大定部隊）之撤離爐越實因被匿他（Préah Sotha）之棉軍擊敗之結果，而敗殘之阮軍終於退據高棉屬地之美湫與永隆，從此而後，廣南便將此兩地歸併於嘉定府。此段記載與上引實錄前編以及通志（卷四）彊域志之所載大致相符。定遠州是新設之行政單位，包含美湫、永隆一帶，而軍事單位之龍湖營即設在永隆。通志（卷四）以其莅所在定祥鎮建登縣，安平東村地，俗名丐觥營。

此次阮軍之作戰導致了定遠州之設置，表示廣南之彊域擴張到湄公河三角洲，但也引起了一七三三年初陳大定在廣南營之寃死以及龍門部隊之解散。因越方史籍在陳大定事件以後不再提及此批華人部隊，足以令人推想陳大定一去，該部隊已被張福永解散或整編了。自從一六八二年南投以來，直至一七三二年陳大定之失腳爲止，整整五十年間，這批華人部隊或在邊和、柴棍地區，或在前江々口「工代馬」（瀛洲）地區，或在高棉之南榮，羅越地區，東奔西走，攻城奪地，爲阮主之南進屢奏奇功。當然在半個世紀之間，南投時之老兵逐漸絕跡，至陳大定時則以二世、三世之少壯爲部隊之核心，但大多是不見經傳之無名戰士，爲南圻之開拓而捐軀。

至若陳大定之身後，列傳前編（卷六）陳上川傳敍述大定卒後，僅云：「子大力，官至該隊」。實錄前編（卷十一），睿宗丁亥二年（一七六七）三月條記述暹羅爲緬甸所破，暹瘋王（Ekat'ot）次子昭翠奔河仙鎮依靠河仙都督鄚天賜；天賜恐緬甸藉辭來侵，便派屬將勝水隊該隊陳大力率兵船往戍眞奔（Chantaboun）。實錄前編此條文在大力名下註曰：「陳大定之子」。另一方面，通志（卷五）河仙鎮亦提及此項河仙鄚氏之眞奔出兵，而在「（天賜）外侄勝水隊該隊丑才侯陳文方」名下註曰：

高雷廉將總兵定策侯之子，都督勝才侯之孫，琮德侯妹子。

就是河仙勝水隊該隊丑才侯陳文方是定策侯（陳大定）之子，都督勝才侯（陳上川）之孫，也是琮德侯（鄚天賜）之妹子。以此條註文參照實錄前編之註文，我們不難認出列傳前編與實錄前編所載之「陳大力」與通志之「陳文方」乃屬同一人物。「大力」與「文方」字形相近，在兩名之中顯然有一名是誤傳。按中國人習俗與越俗不相同，父諱既爲「大定」，照理兒子不會用「大」字起名。以此看來，似以「文方」爲正名較合理。但實錄前編、列傳前編均爲阮朝官撰之正史，且爲國史館刻刊本；一面通志雖是鄭懷德之私撰，且爲寔錄前編，列傳前編等官書史料之主要來源，但向來以抄本流傳，可能在流傳之間有筆耕之抄錯亦未可知；所以究竟是「大力」或「文方」，孰是孰非實難予以斷定。因此，在未發現第三種更具決定性史料以前，筆者擬暫從實錄及列傳之所載，視大定遺子之名爲「大力」。

根據上面之考察，我們發現過去之華僑史研究者未曾注意之一項事實，就是陳大定曾娶河仙都督鄭天賜之妹（也就是鄭玖之女兒，俗傳名曰金定）爲妻，大力爲鄭氏所出，大力呼天賜爲舅父，易言之則藩鎮營之陳家與河仙鄭家之間曾有聯婚的關係，足以推想兩家之間曾有過某種提携或合作。同時可知陳大定寃死後，大定之夫人便携眷離藩鎮營走依天賜，很可能偕一部龍門將士同往，爲後日河仙勝水隊之核心。河仙鎮雖隸屬南阮，但是一個內政上有自主權之自治邦，由天賜全權統治，而天賜又是大力之舅父，豈有忍心將這位備嘗憂患之寡婦與孤兒們置之不顧之理？我們相信陳大力與其眷屬們終於在河仙找到了溫暖且安適的生活環境。

我們不難相見，陳大定悲劇性之寃死，龍門部隊之解散在南圻華僑社會中所引起之動搖與衝擊。越方史籍雖隻字未提及此事，但調遣張福永之坐誣告與降職，又陳大定之同僚而主持正義，竭力爲大定辯護之阮久霑被任爲鎮邊營統兵等事實，當可揭露阮府對於陳大定事件之善後處理似也顧及當地華僑之態度與情緒。

附註

註一　拙著，清初鄭成功殘部之移殖南圻（上），新亞學報，第五卷，第一號，頁四三三——四五九，一九六〇年。

註二　林春勝、林信篤編，浦廉一解說，華夷變態，東洋文庫叢刊第十五（上、中、下），昭和三十三——三十四年，頁三六七。

註三　華夷變態，頁三九八——三九九。

註四　華夷變態，頁四三一。

註五　陳倫炯，海國聞見錄（藝海珠塵本）1a—2a。

註六　據貞享乙丑年（一六八五）十番厦門船之申口，由於楊安含等人之勸誘，原屬東寧之四艘船（即甲子年九番廣東船、十一番廣南船、十四番暹羅船及二十番暹羅船）已遵施琅通令駛返厦門以投歸清朝。參看華夷變態，頁四六三。

註七　施琅，靖海記事，卷二。

註八　Francis Garnier, Chronique royale du Cambodge, Journal Asiatique, 6e serie, t. XVIII, P. 373-.

註九　Nicolas Gervaise, Histoire naturelle et politique du royaume de Siam, 276—277, Paris, 1688.

註一〇　A. Leclère, Histoire du Cambodge, depuis 1er siècle de notre ère, p. 356—357, Paris, 1914.

註一一　Nicolas Gervaise, op. cit., p. 277—279.

註一二　己未年爲公元一六七九年。此年代之不可靠筆者已於本文上篇予以論考。請參看本文上篇，頁四四六以下。

註一三　W. Dampier, Un voyage au Tonkin en 1688, Revue Indochinoise 1909, p. 326-.

註一四　大南一統志，邊和省，祠廟條稱此廟爲關公廟。其文不載鄭氏主持修復該廟之事，惟畧云：經西山亂，二祠（即福州會館與廣東會館）毀廢，惟此獨存，屬省淸人明香，歲辰香火，廟貌如故。

註一五　「婆儀」即 Ba Nghi 。「婆」是越語女性第二、第三人稱之敬稱。據大南一統志所載，於嘉定省（即藩安鎭）平陽縣有兩處紀念婆儀之地：一則「氏儀市」，見於同志嘉定省市店條；再則「氏儀橋」，見於津梁條。其文曰：「在平陽縣，橋九尺（丈？），相傳氏儀統率阮久雲之女，開墾田宅，建造橋梁以渡行人，故名。明命十七年（一八三六）重修。」此文中「相傳氏儀統率阮久雲之女」一句文恐屬誤傳，此「氏儀」應視爲鄭懷德祖批「王氏儀」較合理。

註一六　A. Leclère, op. cit., p. 357—363.

註一七　華夷變態，頁一一二八。

註一八　華夷變態，頁七八四。

註一九　華夷變態，頁七八四。

註二〇　東洋文庫本之華夷變態缺此句文。茲以台灣大學所藏內閣文庫倣鈔本補之。

註二一　W. Dampier, loc. cit., p. 326—327.

註二二　A. Leclère, op. cit., p. 357—359.

註二三　華夷變態，頁一一四九。

註二四　華夷變態，頁一一五五。

註二五　大南實錄前編，卷六，7a—10a。

註二六　華夷變態，頁一一二七——一一二八。

註二七　華夷變態，頁一一四九、一一五三——五四、一一五五。

註二八　華夷變態，頁一一六五、一一九五。

註二九　華夷變態，頁一二九〇、一二九二。

註三〇　據庚午年（一六九〇）八十九番廣南船（七月二日離廣南）之申口，廣南屋形（阮主）於去年（一六八九）派士卒約三千名赴柬，然因該批軍隊敗潰，所以今年（一六九〇）阮主復選拔一批將士重派南下，但未聞戰鬥之結果。同年九十番廣南船（六月廿二日離廣南）亦云：廣南於去年及今年派出士兵數千馳援二王，但未聞戰績如何。可見廣南阮府挽回頹勢之努力都告失敗。參看華夷變態，頁一二九〇、一二九二。

註三一　華夷變態，頁一三七三、一三九五。

註三二　華夷變態，頁一四七〇、一四七三、一四八三，

註三三　華夷變態，頁一二六五——六六。

註三四　E. Gaspardone, Un Chinois des mers du Sud, le fondateur de Ha.tien, Journal Asiatique, année 1952, P. 367, n, 3.

註三五　杉本直治郎、金永鍵共著，印度支那に於ける邦人發展の研究，頁八——十二，東京，昭和十七年。

註三六　E. Aymonier, Dictionnaire Khmer-Francaise, P. 317, Saigon, 1878.

註三七　華夷變態，頁一三七四——七五、一三九五、一四七〇、一四七三、一四七六、一五七八。

註三八　華夷變態，頁一六七五、一六七七。

註三九　板澤武雄，阿蘭陀風說書の研究，頁一六八，東京，一九三七年。

註四〇　板澤武雄，上引書，頁一六九——一七〇；華夷變態，頁一六七六。

註四一　大南實錄前編，卷七，四a——四b；六a——六b；七b——八a。

註四二　A. Leclère, op. cit., P. 364.

註四三　華夷變態，頁一七四〇——四一。

註四四　板澤武雄，上引書，頁一七三。

註四五　華夷變態，頁一七七〇、一八〇九、一九二三。乙亥年（一六九五）五十九番寧波船之行程是乙亥年春間赴柬埔寨交易；一但返浙江後，於八月廿五日離寧波赴日。

註四六　Chen Ching.ho, Some observation about the villge of Minh.huong and Monuments at Faifo(Hoi.an), Central Viet.nam (in Vietnamese), Viet.nam Khao.co Tap-san, so 1. P, 16—18. Saigon, 1960.

註四七　拙著，承天明鄉社與清河庸，新亞學報，第四卷，第一期，頁三〇六——三〇九，香港，一九五九年。

註四八　拙撰，承天明鄉社陳氏正譜，東南亞研究專刊之四，頁三一——三三，香港，一九六四年。

註四九　華夷變態，頁一九九三。

註五〇　華夷變態，頁一九九五。

註五一　華夷變態，頁二〇二一。

註五二　華夷變態，頁二〇八七——二〇八八。

註五三　華夷變態，頁二〇八九、二〇九〇。

註五四　華夷變態，頁二〇六三、二〇七九——二〇八〇。

註五五　A. Leclère, op. cit., P. 365—366.
註五六　A. Leclère, op. cit., P. 366—367.
註五七　華夷變態，頁二二三五。
註五八　華夷變態，頁二二九六。
註五九　A. Leclère, op. cit., P. 367—368.
註六〇　A. Leclère, op. cit., P. 368—369.
註六一　A. Leclère, op. cit., P. 369—370.
註六二　華夷變態，頁二四五一、二四九二。
註六三　華夷變態，頁二四五一。
註六四　大南實錄前編，卷八，十二b。
註六五　大南實錄前編，卷八，十三b。
註六六　大南實錄前編，卷八，十五a—十五b。
註六七　大南實錄前編，卷八，8b—9a；17a。
註六八　A. Leclère, op. cit., P. 368—370.
註六九　華夷變態，頁二七一九——二七二〇。
註七〇　三木榮，山田仁左衛門尉長政，頁五八——五九，東京，一九三六年；張燮，東西洋考，卷二，暹羅條。
註七一　關於鄭玖之籍貫，參看拙著，河仙鎮叶鎮鄭氏家譜註釋，國立台灣大學文史哲學報，第七期，頁八三，台北，民國四十五年。

註七二 A. Leclère, op. cit., P. 370—371.

註七三 Francis Garnier, loc. cit., P. 379—380.

註七四 華夷變態，頁二七一九——二七二〇。

註七五 Francis Garnier, loc. cit', P. 380.

註七六 乙未年（一七一五）十一月鎮邊營副將阮久富被召回，以阮久霑（阮久雲子）為鎮邊營留守。實錄前編，卷八，25b—26a。

註七七 A. Leclère, op. cit., P. 371; W. A. Wood, A History of Siam, P. 227—228, London, 1926.

註七八 此船是由暹羅王家派遣往日貿易之船，船頭胡應候，載有暹人兩名與唐人六十二名。華夷變態，頁二八〇五。

註七九 A Hamilton, A New Account of the East Indies, vol. II, P. 196—198, Edinbourg, 1727.

註八〇 拙編，鄭懷德撰，艮齋詩集，東南亞研究專刊之一，頁三五——三六，香港，一九六二年。

註八一 大南實錄前編（卷二）熙宗己巳十六年（一六二九）十月條鎮邊營名下註曰：「拓土之初，凡界首者名為鎮邊」。

註八二 李文雄編著，崔瀟然校訂，越南雜紀，頁四一，堤岸，民國三十七年。

註八三 A. Leclère, op. cit., P. 373.

註八四 A. Leclère, op. cit., P. 373—374.

註八五 A. Leclère. op. cit., P. 375.

（一九六八年三月十九日，於清水灣泰廬）

A STUDY OF THE HIGHWAY LINKING HAN-CHUNG WITH CH'IN-CH'UAN, AS MENTIONED IN THE T'UNG-TIEN

通典所記漢中通秦川驛道考

By Yen Keng-wang（嚴耕望）

According to the T'ung-tien, Vol. 175, Han-chung Chün: "starting from Ch'ang-an, one may take the Lo-ku route which is 652 li long, or the Hsieh-ku route which is 933 li long, or the highway which is 1223 li long". There is no need to discuss here the Lo-ku route. The Hsieh-ku route actually covers the so-called "Hui-ch'e-tao" route linking Pao-ch'eng with Feng-chou, which I have studied in detail in an earlier issue of this journal (Vol. 8, No. 1). The highway was the most important means of communication, but its itinerary has not been clearly identified. Now, by examining the distances between the various districts as mentioned in the T'ung-tien, in the Yuan-ho-chih and in the Huan-yu-chi, we have come to the conclusion that this highway, starting from Han-chung towards the west, should have passed through Hsing-chou (the present Lueh-yang-hsien), Feng-chou (the present Feng-hsien), then running north through the Ta-san-kuan pass, reached Feng-hsien-fu (the present Feng-hsiang-Hsien); then, turning east, it followed the northern bank of the Wei until Ch'ang-an. This itinerary is still further confirmed by the itinerary taken by the Emperor Hsuan-tsung on his return to the capital from Szechuan, as well as by the itineraries generally followed by government officials and other travellers.

After the end of the T'ang period, and during the period of the Five-Dynasties, the repeated ebb and flow of armies attacking or retreating, has constantly followed that same line Ta-san-kuan Pass-Feng-chou-Hsing-chou-Hsi-hsien, while the Pao-hsieh, Lo-ku and

Tze-wu routes were rarely followed. Although longer, the first route was in effect broader and less steep.

This article not only establishes that the highway mentioned by the T'ung-tien actually followed the route described above, but also analyzes in detail the various regions, counties, boroughs, stations, passes, ferries through which this highway passed.

THE LEARNING OF WANG YANG-MING AND AN EVALUATION OF SIMILARITIES AND DIFFERENCES BETWEEN CHU-TZU AND LU HSIANG-SHAN'S THOUGHTS.

陽 明 學 與 朱 陸 異 同 重 辨

By Tang Chun-i（唐 君 毅）

This is a continuation of and supplement to my former paper "An Evaluation of the Similarities and Differences between Chu-Tzu and Lu Hsiang-Shan's Thoughts as Seen from Their Origin" which was published in Vol. 8, No. 1 of the New Asia Journal.

In the present essay, the similarities and differences between the thoughts of Chu-Hsi and Lu Hsiang-Shan are not seen from their historical origin, but from their influences on Wang Yang-Ming, a later thinker of equal greatness as Chu and Lu.

In this essay, the general idea that Wang Yang-Ming belongs to the same school as Lu Hsiang-Shan is re-evaluated and his relations with Chu-Tzu are emphasized and explained. As the problems concerned are complicated and involved in many respects, this essay is divided into three chapters.

In the first chapter, the fundamental similarities of their attitudes of learning are pointed out as an introduction of this essay. Then the four points of similarity of thoughts of Lu Hsiang-Shan and Wang Yan-Ming, and the peculiarities of Lu Hsiang-Shan's thought of moral cultivation, are discussed so as to have a clearer understanding of Lu's thought. Generally speaking, in this first chapter, the thought of Lu is a central topic, as related with the thought of Chu-Tzu and Wang Yang-Ming.

The second chapter which takes Chu-Tzu's thought as the central topic concentrates on discussing certain so-called differences of Chu-Tzu from both Lu and Wang. In this chapter, Chu-Tzu's ideal of sage,

attitudes of learning, and doctrines of investigation of things, are re-interpreted and some points of misunderstanding are criticized.

It ends with the conclusion that the differences of thought between Chu-Tzu and Lu Hsiang-Shan are not so incompatible as generally supposed, and their similarities are pointed out.

The third chapter which is not published in this issue, takes the thought of Wang Yang-Ming as the central topic. Then the close relationship between the thoughts of Wang and Chu is discussed. Wang's thought is considered as a system which begins with the problems of Chu-Tzu and ends in the same type of thought as Lu Hsian-Shan; it is actually a synthesis of the thoughts of Chu and Lu from the historical point of view.

EMPEROR HSIAO-WEN OF THE NORTHERN WEI DYNASTY: THE REMOVAL OF HIS CAPITAL TO LO-YANG AND THE TRAGEDY OF HIS FAMILY

北魏孝文帝遷都與其家庭悲劇

By Lu Yau Tung (逯耀東)

It is axiomatic of all cultural contacts that, if two cultural systems mix together and fail to find a balance, conflicts between them will emerge. The tragedy of marginal culture and marginal man reappears again and again.

After the establishment of the To-ba Wei Dynasty nearly a hundred years before him, the Emperor Hsiao-wen devoted himself to sweeping away the traces of a marginal culture which was neither purely agricultural nor entirely nomadic, but which comprised a mixture of the two, formed into a new brand of culture. This had materialized when the To-ba Wei Dynasty was founded. Thus Emperor Hsiao-wen departed completed from the nomadic mode of life. But unfortunately his attempt met with enormous difficulties. The conservative To-ba nobles were absorbed in a desperate struggle for the preservation of their inherited culture. Emperor Hsiao-wen made some concessions to them, but it was all in vain. At last, he was compelled to move his capital to Lo-yang.

Apart from those Chinese who had assisted Emperor Hsiao-wen to achieve sinicization and supported him in moving the capital, there were many To-ba nobles and other tribesmen who also followed him to Lo-yang. The author has examined the names inscribed on the back of the tablet that Emperor Hsiao-wen set up in memory of Pi-kan, the loyalist of the Shang Dynasty, on his way to Lo-yang. Two kinds of loyal northerners emerged: A. the younger generation of To-ba nobles: they either intermarried with Chinese gentry families

or became very sinicized; B. people such as the Kao-ch'e who suspended their nomadic ways when the To-ba tribe changed its mode of life to settle down and cultivate farmland.

Certain further facts however have become apparent: A. Military power was controlled by the conservatives who disagreed both with sinicization and with the moving of the capital. B. The younger generation of To-ba nobles lost their ability to fight on horseback, so that Emperor Hsiao-wen had to call on Kao-ch'e tribesmen to form his bodyguard.

As Emperor Hsiao-wen moved to Lo-yang, those To-ba nobles who followed him and those who remained in the old capital broke into two hostile groups. It led swiftly to insurrection. Although the rebellion was repressed, Emperor Hsiao-wen lost his crown prince To-ba Hsun. The crown prince was only fourteen years old; he disliked the Chinese education in which Emperor Hsiao-wen had thoroughly trained him, and constantly hankered after the nomadic life of the northern frontier, so that eventually he attempted to escape from Lo-yang to P'ing-ch'eng and join the conservative group against his father. Emperor Hsiao-wen had no option but to order him to commit suicide by poisoning. This was not only the tragedy of the Emperor's family, but also the tragedy of his own original culture.

ON PROHIBITING THE CIRCULATION OF SUNG *VERITABLE RECORDS*

宋代禁止實錄流佈之原因

By Han-ch'ao Huang（黃漢超）

The memorials of officials and the imperial decrees show the reasons why the Sung government prohibited the circulation of its *Veritable Records*. The main reason was to prevent the Liao and the Chin dynasties from knowing the national affairs of the Sung dynasty such as financial situation, military affairs, population changes and so forth.

CH'IEN CHU-T'ING'S METHODS OF TEXTUAL CRITICISM AND RELATIONSHIPS WITH THE BOOK-COLLECTORS OF HIS TIME

錢竹汀的校勘學和同時代藏書家

By Lo Ping Min（羅炳綿）

Textual criticism underwent a remarkable development during the Ch'ing period and presented various aspects and characteristics. As regards Ch'ien Chu-t'ing, his methods of textual criticism have found their best illustration in his critical examination of the twenty-two Dynastic Histories. In his textual criticism, he borrowed from a wide gamut of knowledge which goes well beyond the scope of that particular discipline. Far from limiting himself to mere problems of textual variations, he brought to bear notions of astronomy, chronology, administrative institutions, epigraphy etc. etc.

Not contest simply with rectifying mistaken words, he brought out the hidden meanings of words; he restored the original passages where later authors had introduced unwarranted modifications; he pointed out the origin of certain information and indicated doubtful passages. So, as much by these methods as by their scope, he enlarged the field of textual criticism until it became that of historical criticism. Ch'ien Chu-t'ing was master of a firm and encyclopaedic culture; in his personal life he advocated a scrupulous respect for concrete reality, and we can say that he applied that principle to his works of textual criticism.

Another factor which enabled him to achieve such remarkable results in the field of textual criticism, springs from the fact that he had a large personal library. Moreover, he maintained close relation with the leading book-collectors of his time (such as Chou Hsi-tsan,

Yuan Shou-k'ai, Ku Pao-ch'ung, Huang P'i-lieh — the "four great bibliophiles of Su-chou"—, and also with Wu Ch'ien, Ch'en Yun-t'ao, Ku Au-tao etc.) exchanging with them rare editions, manuscripts and various ancient documents. Therefore a discussion of Ch'ien Chu-t'ing's methods of textual criticism should ideally be accompanied by a study of the great book-collectors of his time.

A STUDY OF THE JOINT FUNCTIONS OF PRIME MINISTER AND ASSISTANT MINISTERS IN THE SUNG DYNASTY

論宋宰輔互兼制度

By Leung Tin Sek（梁天錫）

This practice which was put into effect only in times of crises, appeared occasionally since the time of T'ai-tsung. Established as a system after the reign of Jen-tsung, it reached its highest point of development under the Southern Sung. It was followed over a period of 285 years which may be divided into four parts.

As for the modalities of the system:

1. The Prime Minister could add to his functions those of the Assistant Ministers.

2. An Assistant Minister could add to his function those of his colleagues but not those of the Prime Minister. In the case of Assistant Ministers, a terminological distinction was made between the joint power exerted by an Assistant Minister with high qualification on the one hand, and on the other, that of an Assistant Minister with lesser qualification, or on a simply temporary basis.

In practice, when the Prime Minister carried out the functions of other ministers, it was always the question either of taking the direction of military operations, or carrying out institutional reforms. When an Assistant Minister carried out the function of a colleague as well as his own, he was either filling a vacancy or was employed on a probationary basis.

This system allowed the Prime Minister to take over the command of the armed forces, thereby reducing military authorities to the simple possession of an empty title, and hastening the process which was to lead, in the Southern Sung period, to the concentration of all power in the hands of the Prime Minister.

A SURVEY OF THE TUN-HUANG MANUSCRIPTS IN THE TAIWAN NATIONAL LIBRARY

國立中央圖書館所藏燉煌卷子題記

By Pan Chung-kwei（潘 重 規）

The Tun-huang manuscripts form one of the most important collections of Chinese documentary material. Individual catalogues of the holdings in the Paris and London libraries are already available, and these have been a centre of interest among scholars throughout the world. But the manuscripts preserved in the National Library in Taiwan remain relatively unknown to the world of scholarship, largely because no specialised catalogue of this material has hitherto been published.

The author of the present article was able, in the course of a summer spent in Taiwan, to examine the whole set of manuscripts available there and to prepare the present analytical survey of them. At the same time he has endeavoured to correct a number of inaccuracies in the National Library catalogue. He hopes that the present survey will contribute usefully to the documentary information available to specialists in Tun-huang studies.

ORIGIN OF THE HISTORICAL METHOD OF CHANG SHIH-CHAI

章 實 齋 史 學 溯 源

By Su Ch'ing Pin（蘇 慶 彬）

Chang Shih-chai is an historian of the Ch'ing period who has been compared by later critics to Liu Chih-chi in the Tang Dynasty.

Opinions differ concerning the origin of Chang Shih-chai's historical method. He himself said that it was a natural gift. This paper relying on various reflexions made by Chang in his "Che-tung hsüeh-shu" concerning some historians from the East of Chekiang, attempts to outline the historical school to which Chang belongs.

It shows that Chang, in his conception of history as well as in his historical method, is very close to his predecessors; actually, he made a synthesis of the Ch'ing historical studies, bringing them to a higher level of clarity and systematization.

THE MIGRATION OF THE CHENG PARTISANS TO SOUTH VIETNAM (Part II)

清初鄭成功殘部之移殖南圻(下)

By Dr. Ch'en Ching-ho (陳荊和)

1) After arguing the motives and the date of the Cheng partisans' migration to South Vietnam under the command of Yang Yen-ti 楊彥迪 (V. N. Duong-Ngan-Dich) in 1682 and 1683,* the author, relying upon the various historical materials, traces in this article the activities of the partisans (called by the Thuc-luc Tien-bien, Long-mon troops 龍門之衆) in the area during a period of about 50 years. Originally Yang had been an influential corsair on the southeast coast of China, but later he took up the post of "Li-wu-chan tsung-ping" 禮武鎮總兵 (Commandant of Naval Detachment of Li-wu), in compliance with the conciliatory invitation of Cheng Ch'eng-kung (Koxinga), leader of anti-Ch'ing movements and de facto ruler of Taiwan. In fact, Yang Yen-ti and his junk fleet were playing an active part in the revolts of the Three Principalities (1674-83) and in other anti-Manchu operations led by the Cheng of Taiwan. These facts show clearly that Yang and his followers became a kind of military-political force whose basic character was quite similar to the maritime power of the corsair Cheng Chih-lung 鄭芝龍 and his son Cheng Ch'eng-kung.

2) This group of Chinese refugees had to overcome numerous difficulties in a foreign land where they were obliged to settle down. They also envisaged various unfortunate happenings. The first was the assassination of leader Yang by his lieutenant Huang Chin 黃進 (V. N. Huynh Tan) at the beginning of 1685. The reason remains unknown. Huang, taking over consequently the position of Yang,

removed his forces to Nan-khe 難溪 without the permission of Ngay-vuong, Chua (Lord) of Quang-nam (Cochinchina), and showed increasingly the tendency of independence by cutting his alliance with the puppet King Angk Non, and became alienated from the Nguyen Court of Hue. The second event was that: since the movement of Huang Chin caused inevitably a serious suspicion of Ngay-vuong, the latter decided, probably at the insistence of the Manchu governor in Canton, to exterminate Huang, and sent to Cambodia a punitive force led by Commandant Mai-Van-Long 枚萬龍 who succeeded in annihilating Huang and his family with trickery at the middle of 1689.

3) After the death of Yang and Huang, Ch'en Shang-ch'uan 陳上川 (Tran-Thuong-Xuyen in V.N.) became the commandant of the "Long-mon troops" and the leader of Chinese settlers in Cambodia. As a matter of fact, the Chinese refugees under the command of Ch'en began to cooperate closely with the Nguyen government. In 1689, immediately after the fall of Huang, the Long-mon troops as the vanguard of Vietnamese forces took action to attack the First King Angk Saur 正王匿秋. Having occupied successively the three ramparts of Bich-tuy, Cau-nam and Nam-vang (Phnom Penh), the Chinese drew near to Oudong where the King was still maintaining his own forces. However, though the Chinese had paved well the way, the Vietnamese forces were obliged to retreat owing to a failure of operation.

4) The failure of the Vietnamese expedition in 1689 together with the eloquence of the Cambodian ambassadress Chiem-dau-luat 占遙律 finally forced the Vietnamese to evacuate Cambodian territory in 1690. The absence of the Vietnamese forces made it possible for a conciliation to be reached between the two Cambodian kings, at least temporarily. Nevertheless, the sudden death of the Second King 二王 Angk Non in the autumn of 1691 made the Nguyen Lord lose almost all its influences on Cambodia, leaving behind the Chinese

fighting men of Ch'en who continued to be stationed at "Kon-tai-ma" 工代馬(i.e. Con Tau Meas, near the mouth of the Tien-giang). Though he was attacked by the hostile forces of King Angk Saur, Ch'en was still commanding a fleet containing 400 to 500 soldiers on board six or seven large junks, with the purpose of holding the bridgehead for the Vietnamese. Ch'en and his men temporarily left Tien-giang in early 1694. Then Ch'en returned there the next year (1695) with his vessels and resumed control of the traffic on the river. There was concrete proof to show that Ch'en at this time had not only made a compromise with King Angk Saur but had offered a certain amount of cooperation to the King. Without any protection from the Nguyen, Ch'en was probably obliged to take such a measure for preserving the integrity of his forces in Cambodia.

5) On the other hand, in Hue, Minh-vuong succeeded his father Ngai-vuong, and became Chua in 1691. Minh-vuong had to deal with the uprisings led respectively by the Cham prince Ba-tranh 婆爭 and two Chinese traders A Pan 阿班(i.e. Wu Lang 吳朗) and Linh 靈 in the southern part of his territory. After the quelling of the revolts had been accomplished, Minh-vuong dispatched in 1698 envoy Nguyen-Huu-Kinh 阮有鏡 to Cambodia to ask Angk Saur to resume the paying of tributes to the Chua. As the demand was rejected by the King, great tension was brewing between the two kingdoms. In 1700, Ch'en Shang-ch'uan, leading the Vietnamese junk fleet, attacked the Cambodian forces in concert with the Vietnamese troops under the command of Nguyen-Huu-Kinh. At the beginning of the war, the naval forces of Ch'en achieved remarkable results. But afterwards, the Vietnamese were obliged to retreat and came to occupy the three Cambodian provinces of Prey-kor (nowadays Saigon), Bien-hoa and Baria, where they have remained, and put these provinces under the control of the Nguyen Lord, thus establishing

the "Gia-dinh-phu" 嘉定府, first Vietnamese administrative division in the territory of Cambodia. The Gia-dinh-phu contained two huyen (prefectures) of Phuc-long and Tan-binh, two dinh (military posts) of Tran-bien and Phien-tran, also two xa (villages) of Minh-huong, and Thanh-ha intended to accommodate Chinese traders and settlers in the district.

6) The establishment of Gia-dinh-phu proved that the Nguyen Court wanted to put an end to the policy of maintaining the two puppet kings in Cambodia which had been adopted since 1674. With the creation of Gia-dinh-phu, however, a new trend appeared in the political situation of Cambodia. A concrete example was the enthronement in 1700 of Angk Em 匿淹 (son of King Angk Non), representative of the pro-Vietnamese faction in the country. Angk Em remained on the throne for less than one year, and was dethroned in 1701. Thereafter Angk Saur restored himself as King of Cambodia. This event inevitably led to bitter hostility between the two factions, and became the cause for the uprising of Phiren Kim supported by the Angk Em faction in 1701 which was subdued without difficulty by King Angk Saur.

7) After Thommo Reachea succeeded his father Angk Saur in 1702, the increasingly bitter hostility between him and the ex-king Angk Em developed into an open war in late 1705. Thommo Reachea was supported by the Siamese forces, while Angk Em was allied with Vietnamese and a number of Laotian refugees in Cambodia. At the close of the war, Angk Em occupied Lovek, at the evacuation of the Siamese expeditionary troops who were defeated by the Vietnamese forces under the command of Nguyen-Cuu-Van 阮久雲. Thommo Reachea, deprived of military support from the Siamese, could do nothing except to flee to Siam with his brother Angk Tong. The Vietnamese consequently regained undisputed control over Cambodia.

8) Ch'en Shang-ch'uan, who had been thong-binh 統兵 or tong-binh 總兵 (commandant) at the dinh of Tran-bien (Bien-hoa) since 1700, was promoted to do-doc (governor 都督) of Phien-tran (Gia-dinh) in 1714. On the other hand, the situation of Cambodia continued to worsen. Thommo Reachea attempted in 1711 to return to Cambodia to regain the throne, but failed. At the beginning of 1713, Angk Saur who was staying in Oudong showed an unfriendly attitude towards the Nguyen. Finally, at the end of 1714, Thommo Reachea, at the instigation of his "oknha" (minister) Wu Ta-she 吳達舍, came to besiege Oudong where Angk Em took lodge. On receiving the news, Ch'en Shang-ch'uan, together with Nguyen-Cuu-Phu 阮久富, at the head of the Vietnamese forces of Tran-bien and Phien-tran, rushed to rescue Angk Em from the besieged city; then, together with the latter and the Laotian leader Sokonnobat, made a counter-attack on Thommo Reachea who was consolidating himself in the citadel of Lovek. The allied forces obliged Thommo Reachea to seek refuge once again in Siam, after the fall of Lovek in early 1715. As a natural consequence of the events, Minh-vuong officially installed Angk Em King of Cambodia. The Vietnamese authority in this kingdom seemed quite incontestable. Nevertheless, T'ai Sra, King of Siam (Ayuthia), persistent patron of Thommo Reachea, continued to send troops to Cambodia, attempting to restore the position of Thommo Reachea, but in vain.

9) Governor Ch'en Shang-ch'uan died suddenly in 1715 at the moment of increasing tension prevailing in the Vietnamese colony of Cambodia. The people of Gia-dinh-phu mourned over the death of the governor and dedicated shrines to him in memory of his brilliant merits both on the battlefield and in the task of colonization in South Vietnam. According to Vietnamese sources, five temples were constructed for the veneration of governor Ch'en at the following places:

(1) Vinh-thanh tran (Hau-giang Dai-chau);
(2) Tan-an xa (Province of Phien-tran);
(3) Tan-lan thon (Province of Tran-bien);
(4) Tung-chinh thon (Province of Binh-duong);
(5) Thiet-luy (inside Cambodia).

10) After the death of governor Ch'en, his son Ch'en Ta-ting (V.N. Tran-Dai-Dinh) became the commandant of the Long-mon troops, and, carrying on his father's will, he continued to render services to the Nguyen government. When a certain Sotot, leader of a faction among the Laotian refugees, came to make a raid on Gia-dinh in 1731 in concert with some tribes of Cambodian aborigines, Ch'en Ta-ting rushed to the scene with his men in an effort to stop the allied enemy forces. The outcome of the battle was that King Angk Tha (son of Angk Em) had to seek refuge in the country and quit the capital. At the beginning of the next year (1732), the Laotians renewed their disturbances. The rebels were met with a strong resistance of Long-mon troops who fought magnificiently at the Cambodian front. Ch'en's troops marched on Lovek where they annihilated the rebels with the collaboration of King Angk Tha. In spite of the victories of the Long-mon troops, the dieu-khien 調遣(commandant-in-chief) Truong-Phuc-Vinh made a false report to Minh-vuong, charging that the inefficiency of Ch'en's troops had slackened the Vietnamese operations in Cambodia. Ch'en Ta-ting hurried to Quang-nam dinh secretly in a junk, and submitted a petition to Minh-vuong with the hope of justifying himself at the Nguyen Court. The Chua ordered the dinh officials to keep Ch'en in custody, while he dispatched envoys to Gia-dinh for a close investigation of the matter. Unfortunately, before the truth came to light, Ch'en Ta-ting died of illness in the prison. This tragedy compelled his son Ch'en Ta-li 陳大力(V.N. Tran-Dai-Luc) to flee to Ha-tien 河仙 with his family and probably some of the

Long-mon troops, putting himself under the protection of his uncle Mac-Thien-Tu 鄭天賜, do-doc (governor) of the province. Later, Ch'en Ta-li was nominated cai-doi 該隊 (captain) of Thang-thuy-doi 勝水隊, the principal naval force of Ha-tien. With the departure of Ch'en Ta-ting, the Long-mon troops were presumably disbanded by Nguyen-Phuc-Vinh. This means that the close cooperation offered by the Cheng partisans and their second generation to the Nguyen Lords had come to an end. All the while, we notice an interesting fact, i.e., there existed close relations between the two influential families: the Mac of Ha-tien and the Ch'en (Tran) of Phien-tran. Ch'en Ta-ting married a sister of Mac-Thien-Tu, and Ch'en Ta-li was born from this couple. This family relationship amply justified the refuge of Ch'en Ta-li at Ha-tien.

11) Apart from his remarkable military accomplishments, Ch'en Shang-ch'uan laid a solid foundation for the establishment of Vietnamese settlements in South Vietnam. He first built up the Nong-nai Dai-pho 農耐大舖 (near today's Bien-hoa) immediately after his arrival from the South China Sea. This had been a prosperous commercial center in South Vietnam before the establishment of Sai-con pho 柴棍舖 (nowadays Cholon & Saigon). Later, entering into office as do-doc (governor) of Phien-tran, he took initiative in constructing the streets and market at Sai-con and encouraged Chinese merchants to come to trade, thus laying the foundation for the commercial prosperity of the present Cholon and Saigon.

12) The Chinese traders, as well as the staff of the Dutch East Indies Company who frequently travelled to Nagasaki (Japan) from Siam, Cambodia and Quang-nam, treated the partisans of Cheng as "pirates". This was due to the damages they had suffered from the various activities of the bands of Yang and Ch'en. However, one thing merits our attention and that is, after the band of Cheng partisans

had sought refuge in the South, and in compliance with Hien-vuong's order, settled in the districts of Dong-pho inside Cambodian territory, they gave up the idea of returning to their homeland and submitted themselves to the Nguyen Lords, taking part in the various battles fought in the course of Vietnamese infiltration into the eastern provinces of Cambodia. They founded, on the other hand, the important Vietnamese cities, such as Bien-hoa, My-tho and Cholon-Saigon, and contributed greatly to the foundation of Gia-dinh-phu which became the first Vietnamese administrative organ in Cambodian soil. We have ample reason to believe that their militant nature and their military operations were forced on them by circumstances. Among their various activities, one might easily find the vigorous spirit of a pioneer and a high moral consciousness. According to Gia-dinh Thong-chi, Ch'en Shang-ch'uan once said: "We regard the Nguyen as King, and ourselves generals; such relations should never be changed". This phrase shows clearly the loyalty of the Ch'en to the Nguyen Lords and revealed that he was fully content with his new life in Cambodia. The five shrines erected in his memory after his death in 1715 were sufficient proof of the respect he had inspired for his personality and his talent of leadership, and helped to wipe out the image of a fearful chief of Chinese pirates.

* See The Migration of the Cheng Partisans to South Vietnam (Part I), The New Asia Journal, Vol. 5, No. 1, p. 433-459, 1960.

Acknowledgement

The Research Institute of New Asia College, Hong Kong, wishes to acknowledge with gratitude the generous contribution of the Harvard-Yenching Institute towards the cost of publication of this Journal.

一九六八年八月一日初版

新亞學報第八卷・第二期

定價 港幣二十元
美金三元

編輯者 新亞研究所
九龍新亞書院

發行者 新亞書院圖書館
九龍農圃道六號

承印者 人文印務公司
九龍新蒲崗新區工廠大厦
第三座二樓第十一號AB

THE NEW ASIA JOURNAL

Volume 8 *August 1968* *Number 2*

THE NEW ASIA RESEARCH INSTITUTE